国家棉花市场监测系统

·国家电子政务工程重点项目

·中国棉花行业市场监测与信息发布权威渠道

·中储棉花信息中心承担建设与运行管理任务

监测系统依托监测网络体系开展监测工作。目前监测网络体系包括国家棉花监测网络信息中心（即中储棉花信息中心）、22个区域办事处、181个监测站及2430个典型农户等四个层次。为进一步提升监测工作水平，监测网络体系仍在不断扩展中。

现有监测指标体系包括棉花价格、生产、购销、库存、国际市场、进出口、纺织品市场7个方面，通过23张监测报表（包括日报、周报表、月报表和专题调查报表）和动态信息监测平台开展监测。经过不断努力，目前监测系统已经能够有效地反映市场变化，积极开展各项监测工作，形成了丰富的监测成果，监测质量在国内外同类机构中处于领先水平。监测系统在不断扩大监测范围、完善数据采集方式、强化数据应用与共享，以主动适应宏观经济环境和国内外棉花市场格局的变化。

- 国家发展和改革委员会
  - 中国储备棉管理总公司
  - 国家发展改革委价格监测中心
- 国家棉花市场监测系统
- 中储棉花信息中心
  - 完善的监测体系
    - 22个区域办事处
    - 181个监测站
    - 2430个植棉户
  - 全面的监测内容
    - 384个监测指标
    - 产购销全面监测
    - 全面的监测成果
  - 强大的数据库
    - 功能强大 结构先进
    - 技术领先 设计科学
    - 安全保障 体系完整
  - 权威的专家团队
    - 官产学权威专家顾问组合

- 国家棉花价格指数
- 国际棉花指数
- 中国棉花综合价格指数
- 中国棉花收购价格指数
- 国内外棉花市场日评
- 购销监测周报
- 中国棉花市场周报
- 中国棉花市场月报
- 每月涨跌因素列表
- 纺织经济运行月度报告
- 中国棉花工业库存报告
- 中国棉花意向种植面积调查报告
- 中国棉花实播面积调查报告
- 中国棉花长势调查报告
- 中国棉花产量调查报告
- 中国棉花种植成本调查报告
- 中国棉花市场信息
- 中国棉花年鉴
- 监测内参

NCMMS

地址：北京市海淀区紫竹院路116号嘉豪国际中心B座15层　网址：http://www.cncotton.com
电话：010-58931122-267　传真：010-58931123　邮政编码：100097

经营范围

BUSINESS SCOPE

国家储备棉的购销、储存、运输、加工业务；仓储设施的租赁、服务业务；棉花储备库的建设、维修、管理；相关的信息咨询服务；自营和代理各类商品和技术的进出口；棉花国营贸易进出口业务。

经营宗旨

BUSINESS AIM

遵守国家法律法规，执行国家棉花政策，强化管理，搞活经营，不断提高企业经营管理水平和经济效益，确保国家储备棉存储安全，质量良好，调运通畅，促进国有资产的保值增值，完成国家宏观调控任务。

控股公司

HOLDING COMPANY

中储棉库尔勒有限责任公司
中储棉广东有限责任公司
中储棉德州有限责任公司
中储棉青岛有限公司
天津中储棉有限公司

全资子企业

SUBSIDIARY COMPANY

中储棉徐州有限公司
中储棉盐城有限公司
中储棉阜阳有限公司
中储棉绍兴有限公司
中储棉漯河有限公司
中储棉武汉有限公司
中储棉岳阳有限公司
中储棉九江有限公司
中储棉西安有限公司
中储棉兰州有限公司
中储棉花信息中心
中储棉新疆有限责任公司
中储棉阿克苏有限责任公司
中储棉四川有限责任公司
中储棉菏泽有限责任公司
中储棉襄阳有限责任公司
中储棉物流有限公司
中储棉永安有限公司
中储棉如皋有限公司
中储棉山东诸城有限公司

棉泽天下，富民强国

中储棉物流有限公司
China Cotton Logistics Corporation Limited

中储棉物流有限公司作为中储棉管理总公司在棉花产业新形势下的重要抓手，将继续服务国家棉花宏观调控政策，提升国内外棉花市场核心竞争力，引领中国棉花行业发展；同时，公司承诺将以最优质的服务为广大棉纺企业提供一个汇集商流、物流、信息流和资金流的棉花物流综合服务平台。

有朋自远方来，不亦乐乎！我们愿以真诚的态度、专业的知识、热情的服务，与海内外的合作伙伴携手，互惠共赢，共同谱写美好的胜利篇章。

——中储棉总公司副总经理、中储棉物流有限公司董事长

刘宝平

中储棉物流有限公司全资隶属中国储备棉管理总公司，是集仓单质押、运输、购销、进口等多项业务于一体的全国性棉花物流企业。公司成立以来，充分依托政策和资源优势，利用国际、国内市场，积极创新进取，以高效、优质的服务，赢得了广大新老客户的关注和信赖。

一、棉花仓单质押

中储棉物流有限公司依托中储棉总公司遍布全国的仓储网络体系，竭诚为广大涉棉企业提供低成本、高质量、个性化的金融和物流解决方案。截至2016年底，质押总量达到40万吨，提供资金42亿元。

仓单质押业务管理办法及相关资料了解请登录中储棉物流有限公司官网：http：//www.sinocotton.cn/。

业务垂询电话：010-66018089

物流运输交易平台登录方式：

1、登录中储棉物流有限公司官网http：//www.sinocotton.cn/，点击下方“运输平台”链接；

2、点击“中国棉花网”右上角“棉花运输交易平台”图片链接。

二、棉花运输业务

中储棉物流有限公司是国内规模最大覆盖范围最广集约化程度最高的棉花公路运输服务商。运输线路覆盖新疆、河北、山东、河南、江苏、湖北、广东等我国主要棉花产销区，自2014年以来，总运输量达到130多万吨。

目前，公司建成了棉花物流运输交易平台，实现了运输业务网上招、投标和运输费用的结算，具有信息发布、在线竞标、在线保险、会员管理等功能，并与保险、银行、运输公司、物流需求企业等多渠道合作，确保客户在享受货物绝对安全、性价比极高的服务同时，享受高效的物流配送。该平台也是一个公平、公开、高效的“阳光平台”，它将信息平台与管理平台相结合，使信息服务与运输管理服务及增值服务实现三位一体，做到了商流、物流、金流一体化，为涉棉企业和运输公司提供安全、高效、快捷的物流运输服务。

业务垂询电话：010-66013618/66015600

三、棉花代购代销及联合收购

中储棉物流有限公司开展棉花代购代销业务，凭借雄厚的资金和信息资源优势，致力于解决客户在棉花购销中资金、货源、信息等各种问题。代理采购储备棉业务，是公司为顺应储备棉竞拍改革，为客户精心打造的精准代理采购新模式。联合收购业务，公司为涉棉企业提供收购资金，并为市场提供价廉质优的加工皮棉。公司汇集棉花需求，以数量规模优势为客户争取价格优惠，提供从采购到提货的一站式服务。同时，公司与各知名国际棉商均建立了密切的合作，与海关、商检等均保持了良好的关系。公司亦可代理采购不同国别进口棉，并提供多种结算方式。

我们把诚信、安全、效率与共赢作为工作的宗旨，致力于为客户提供最优质的服务。

业务垂询电话：010-66010218/66018089

新的棉花年度即将开始，中储棉物流有限公司将秉承“棉泽天下，富民强国”的信念，以更加优质高效的服务，与广大新老客户资源共享，价值互补、合作共赢，共同谱写更加美好的未来！

河北星宇纺织原料有限公司

河北星宇纺织原料有限公司以“诚信服务、永续经营”为宗旨，以构建新疆棉购、运、销大通道为己任，年经营棉花近20万吨，年销售额近30亿元，下设冀州恒通棉花仓储有限公司、新疆中纺锦华棉业有限公司、尉犁县恒通棉业有限公司、河北恒星科技设备检测有限公司、山东星辉国泰物流有限公司。

冀州恒通棉花仓储有限公司，位于河北省衡水市冀州南工业区106国道东侧，皮棉室内仓容45万吨，散货垛台5万平方米，皮棉总储存能力50万吨。地理位置优越，实力雄厚，信誉优良。作为当地棉花购销集散中心，可辐射河北、山东、河南，是全国棉花交易市场指定交割仓库、中国储备棉管理总公司质押监管仓库，现又成为出疆棉公路运输核查点。

我仓库已经成为新疆棉运费补贴核查点，希望广大纺织厂、贸易商、新疆轧花厂客户通过我们的核查渠道，我们将尽心尽力为您提供一站式服务，让您省时省心省费用。我们承诺：

效率高，秉承7×24小时全天候服务（装卸车，融资打款）的理念，专人负责，随时满足您的需求。

费用低，核查后就地存储，省时省运费，仓库费用包干30元/吨/半年，含出入库费、保管费、保险费。

服务全，可提供仓储、物流、融资以及销售渠道，购销双方都可以在库免费吃住；购销双方可以直接现场对接业务。

销售快，依托河北星宇纺织原料有限公司的销售渠道，提供近两千人关注的网络销售平台，近20人的销售团队为您线下推销，给您提供销售建议，甚至我方可以直接买断。河北星宇销售能力有保障，拍储量全国居前，销售进度快，销售队伍可24小时为广大客户服务，并为每个客户配备专职客户经理，希望来我仓库的客户都能享受增值服务，让轧花厂享受内地销售价，让纺织厂可以直接对接轧花厂买到货物。

融资易，自新疆上站到销售完毕，任意时间点可随时融资，手续便捷，当日可付款，按日计息，免服务费，同时还可垫付运费、代领运费补贴。

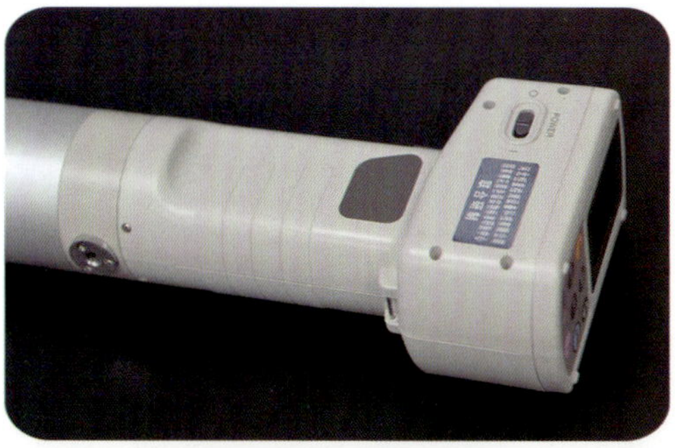

星宇总经理：郭超 13573184321
恒通总经理：顾杰 18603185379
恒通副总经理：侯俊宏 15127819958
物流联系人：顾辉 18631802156
新疆联系人：顾志严 13131261525
徐鹏 13899089988

客户经理：
王新月：18631216101
王安全：18631216108
刘铁山：18931261585
宋　涛：18603298286
李俊书：18031882602
保金生：18031882601
刘国勇：18031882614
郁风龙：18831837778
高国中：18031882604
耿世铖：18031882607

欢迎关注河北星宇服务号
点击放大后，长按点识别
可查报价，查证书，看新闻，算成本

新疆鲁泰丰收棉业有限责任公司

XINJIANGLUTAIFENGSHOUMIANYE CO.,LTD

总经理：李景泉先生

ABOUT US
企业简介

新疆鲁泰丰收棉业有限责任公司成立于2003年6月，是阿瓦提县委、县人民政府通过招商引资渠道，引进鲁泰纺织股份有限公司参与原阿瓦提县丰收三场的改制，共同组建的一家农、工、贸、产、供、销一体化经营的综合型企业。公司注册总资本2.5亿元，主要从事棉花育种、种植、皮棉及棉副产品的生产、加工、销售及棉纱的生产销售。公司现有棉花基地面积1.03万公顷，有3座棉花加工厂和1座12.8万锭精梳纺纱厂，具有年产皮棉2万吨和高支纱5000吨的能力。2016年，公司总资产达到8.78亿元，实现销售收入4.4亿元，净利润6155万元，上缴税金4255万元。

公司采用现代化管理模式，先后引进应用工作计划、全面预算、绩效管理等管理方法，并通过良好棉花体系认证、ISO9000质量管理体系认证、安全生产标准化三级达标，促进公司管理制度化、规范化、标准化。

公司现已被中国特产之乡推荐及评审委员会命名为“中国长绒棉之乡”“中国红提子葡萄之乡”；被国家农业部评为“全国诚信守法乡镇企业”“全国乡镇企业创名牌重点企业”，被国家工商行政管理总局认定为“守合同重信用企业”；被自治区确定为“农业产业化重点龙头企业”“扶贫开发重点龙头企业”“自治区就业先进企业”“自治区民营企业‘千企帮千村’精准扶贫行动先进单位”，连续被阿克苏地委、行署确定为地区“重点扶优扶强企业”。公司生产的“丰海”牌长绒棉已连续五届被评为“新疆农业名牌产品”，并荣获“第十届中国国际农产品交易会金奖”“丰海”牌长绒棉、精梳纱被自治区名牌战略推进委员会认定为“新疆名牌”产品，“丰海”商标连续五届被评为“新疆著名商标”。

为充分利用长绒棉资源优势，拉长棉花产业链，向棉花深加工、精加工要效益，推动公司经济持续稳步发展，公司累计投资近4亿元，建成了12.8万锭精梳棉纺项目，进一步增强企业发展后劲，解决了当地富余劳动力就业，2017年，公司计划投资4.5亿元，实施10万锭棉纺扩建项目。项目建成后，公司棉纺规模将达到22.8万锭，新增就业岗位500个，新增工业总产值2亿元，为进一步促进当地经济发展和社会稳定发挥积极作用。

棉花新品种

农业全程机械化

棉花滴灌节水技术

高产棉田

皮棉加工车间

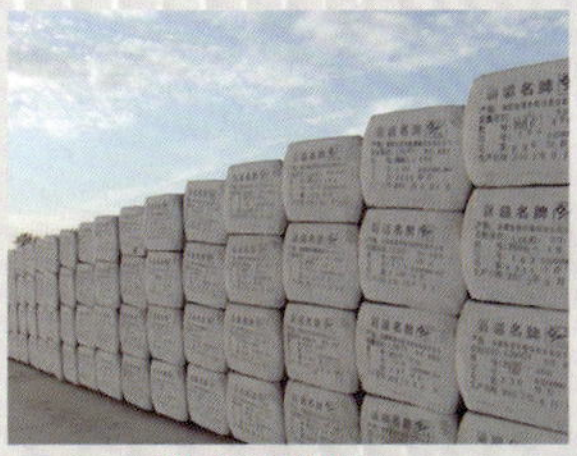
优质长绒棉

纺纱车间

优质精梳纱

公司办公区外景

室内游泳馆

业余文化丰富多彩

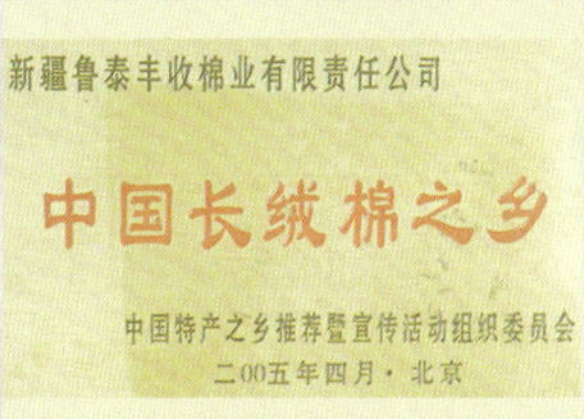

中国长绒棉之乡

全国诚信守法乡镇企业

全国乡镇企业创名牌重点企业

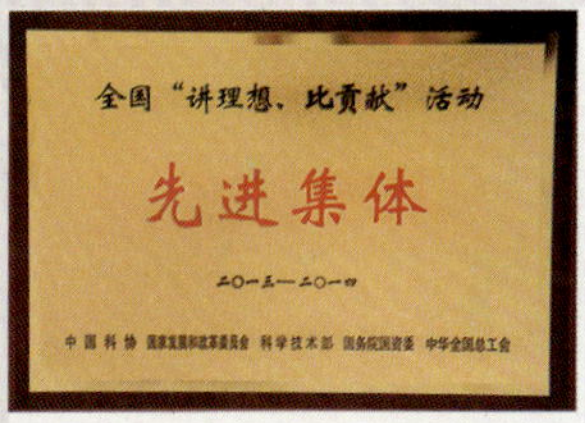

全国"讲理想、比贡献"活动先进集体

新疆著名商标

中国国际农产品交易会金奖

新疆名牌（棉花）

新疆名牌（棉纱）

新疆农业名牌产品

质量管理体系认证证书

安全生产标准化证书

全国产品和服务质量示范企业

全国质量检验稳定合格产品

单位地址：新疆阿克苏地区阿瓦提县丰收三场　　邮政编码：843202

联系电话：0997-5229000/5229006　　传　　真：0997-5229113

郑州商品交易所
Zhengzhou Commodity Exchange

郑州商品交易所简介

郑州商品交易所（以下简称“郑商所”），是经国务院批准成立的我国首家期货市场试点单位。郑商所隶属中国证券监督管理委员会。

郑商所按照《期货交易管理条例》和《期货交易所管理办法》履行职能。依据《郑州商品交易所章程》《郑州商品交易所交易规则》及其实施细则和办法实行自律性管理。遵循公开、公平、公正和诚实信用的原则，为期货合约集中竞价交易提供场所、设施及相关服务，对期货交易进行市场一线监管，防范市场风险，安全组织交易。

郑商所实行会员制。会员大会是郑商所权力机构，由全体会员组成。理事会是会员大会常设机构，下设战略发展、品种、监察、交易、交割、会员资格审查、调解、财务、技术、结算10个专门委员会。截至2014年6月底，郑商所共有会员202家，分布在全国27个省（市）、自治区。其中，期货公司会员161家，占会员总数的80%；非期货公司会员41家，占会员总数的20%。

郑商所总经理为法定代表人。根据工作需要，内设办公室、理事会办公室（监事会办公室）、党委办公室、纪检监察室、农产品部、非农产品部、期货衍生品部、交割部、结算部、市场监察一部、市场监察二部、法律及审计部、新闻信息部、技术规划与开发部、系统运行部、技术服务部、财务部、人力资源部、行政部（安全保卫部）19个职能部门。全资易盛信息技术有限公司、郑州商品交易所期货及衍生品研究所有限公司，以及北京研发中心等5个下属机构。

郑商所目前上市交易期货品种有小麦（包括优质强筋小麦和普通小麦）、早籼稻、粳稻、棉花、油菜籽、菜籽油、菜籽粕、白糖、动力煤、甲醇、精对苯二甲酸、玻璃等，基本形成了综合性品种体系覆盖农业、能源、化工、建材等国民经济重要领域。

郑商所实行保证金制、每日涨跌停板制、每日无负债结算制、实物交割制等期货交易制度。积极适应市场创新发展要求，不断优化制度安排。

郑商所拥有功能完善的交易、交割、结算、风险监控、信息发布和会员服务等电子化系统。会员和投资者也可以通过远程交易系统进行期货交易。期货交易行情信息通过路透社、彭博资讯、世华信息等多条报价系统向国内外同步发布。

郑商所注重加强对外交流与合作。1995年6月加入国际期权（期货）市场协会。2012年10月加入世界交易所联合会。先后与美国芝加哥期权交易所、芝加哥商业交易所、纽约—泛欧交易所集团、印度多种商品交易所、尼日利亚证券与商品交易所、香港交易及结算所有限公司、墨西哥衍生品交易所、泰国农产品期货交易所等多家期货交易所签订了友好合作协议，定期交换市场信息，进一步扩大了郑商所在国际上的影响力。

面向未来，郑商所将始终坚持“公开、公平、公正”原则，牢牢把握服务实体经济根本要求，加强市场一线监管，充分发挥市场功能，切实保护投资者特别是中小投资者合法权益，努力将郑商所建设成为在国内和国际市场上具有重要地位和影响力的期货交易所。

联系方式 contact

- 通信地址：郑州市未来路69号
- 邮政编码：450008
- 电话：0371-65610069
- 传真：0371-65613068
- E-mail：czce@czce.com.cn

奎屯新亚科工贸有限公司

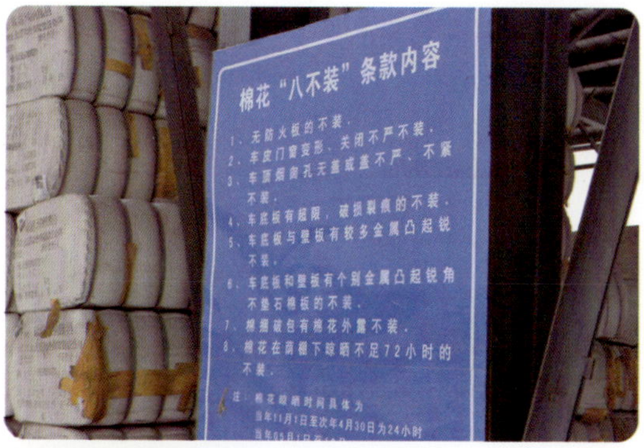

奎屯新亚科工贸有限公司，于2008年12月12日经奎屯市人民政府批准,在奎屯市工商局注册成立。是集公铁联运、仓储物流、大宗物资交易市场、电子商务信息等行业为一体的现代化、综合性仓储物流企业，下属九家企业。是中国储备棉总公司、中国石化集团、神华集团有限责任公司、乌鲁木齐铁路局、中国铁路集装箱总公司等多家国有大型企业的战略合作伙伴。

新亚公司地处奎屯市保税物流中心区域内，毗邻奎屯西站，312国道、乌—奎高速公路、奎—赛高等级公路、北京西路（奎—乌苏市）、217国道、 奎—克高速公路、西环路（市），形成“四横四纵”的公路网。兰新铁路、精伊霍铁路、奎北铁路三条国铁干线在此交汇。“四横四纵”的公路网和国铁干线形成高效、便捷的公铁、公铁海联运的网络体系，可为客户提供交通便利，四通八达，东连西出，辐射国内外的物流运输服务。

公司占地面积约173.3万平方米，总投资8.6亿元。建有铁路装卸车站1个， 850米的铁路装卸专用线5条，可实现年运量300万吨以上。建设有国内先进的“快速卸车系统”，可实现年储运煤炭近百万吨。集装箱业务能实现年装卸1万个TEU约80万吨货物。120万平方米的仓储库区，能储存货物约100万吨。26万平方米的“四大专业”交易市场：棉花、矿石及化工原料、钢铁及建材、农资农副产品市场，可容纳近千家商户。并通过综合信息平台的建设实现物流、信息流、资金流的有机结合，形成可持续发展的态势。

联系电话：0992-7376079/7376085

金塔县巨龙华盛棉业有限公司

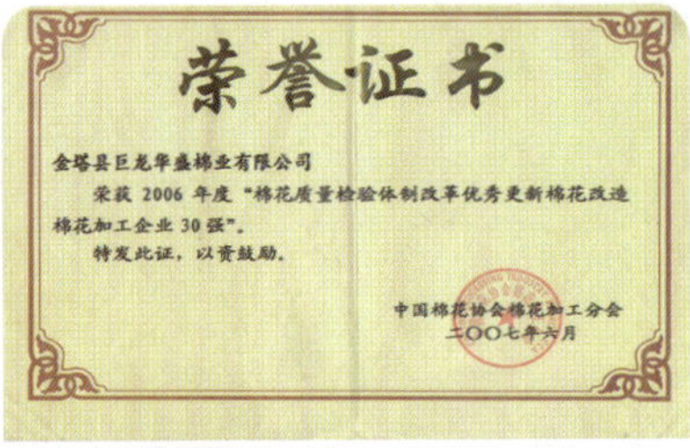
荣誉证书

金塔县巨龙华盛棉业有限公司

荣获2006年度"棉花质量检验体制改革优秀更新棉花改造棉花加工企业30强"。

特发此证，以资鼓励。

中国棉花协会棉花加工分会

二〇〇七年六月

金塔县巨龙华盛棉业有限公司成立于2004年，总投资2200万元，占地面积88540平方米，地处"航天故乡"金塔县境内，与酒航公路毗邻，棉花资源丰富，交通便利，是集棉花收购、加工、销售、仓储为一体的经营企业。

公司多年来始终坚持"诚信敬业，质量满意，安全第一"的经营服务宗旨，开拓创新、不断提升，曾被中国棉花协会授予"棉花质量检验体制改革优秀改造加工企业30强"荣誉称号，是甘肃省唯一通过《ISO9001：2000质量体系认证》棉花企业，公司生产的"祁连雪"品牌细绒棉被授予"甘肃名牌"产品，曾多次被各级政府评为"先进单位"，荣获省金融机构"AA"信用等级企业和金塔县"重合同、守信用"企业，2013年被市安监局评定为"安全生产标准化三级企业"。

2012年被中储棉确定为社会承储库，仓储总量6.5万吨，配套设施规范、健全，实行安全标准化管理，并得到中储棉总公司和国家消防局的一致好评；具有年加工籽棉2万吨、国内先进的400型棉花成套设备和质量检验仪器标准化作业生产线，各类产品畅销山东、湖北、四川等省市，建立了长期、良好的合作关系。公司董事长刘纬琳先生真诚愿与业内同行、广大客户长期携手合作，实现共赢！

联系电话：刘纬琳（董事长）13909378990　王学元（总经理）13893766256

传真：0937-4481015

河南亿丰仓储有限公司

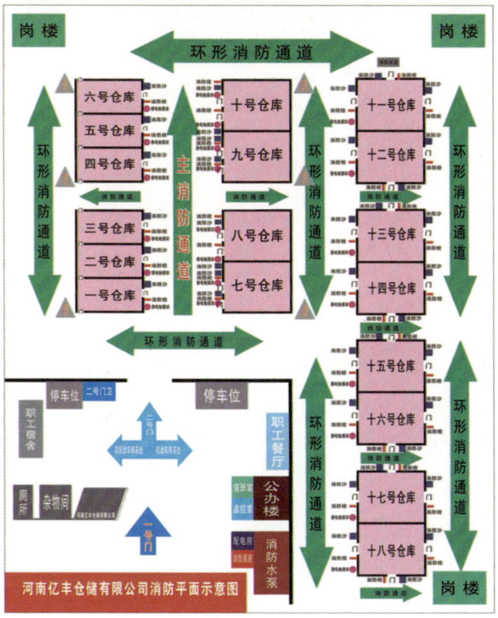

河南亿丰仓储有限公司消防平面示意图

河南亿丰仓储有限公司是中储棉社会承储库，2005年成立，位于河南省滑县瓦岗寨乡，东临大广高速，南临307省道，交通便利。

我公司现有员工36人，目前占地5万平方米，现有标准化仓房18座，库容达5万余吨，交通运输设备充足，消防设施器材齐全，具备双配套供电设施与消防泵设施，监控设施实现库区网络全覆盖，24小时不间断巡控。

我公司仓储设备、仓房建设符合国家棉花承储标准，防汛、防火、防盗、防雷击、防虫蛀鼠咬、防霉变等设施齐全。结构坚固、全库区地面硬化，承载能力强，来往车辆装卸、运输方便；日仓库吞吐能力可达1500吨以上。所有库房均配备温、湿度计，随时掌握气候变化，定时检查、记录库内温、湿度，严格执行标准化。

公司坚持“预防为主、防消结合、突出重点、保障安全”的安全工作方针，实行一岗双责制，树立“隐患险于明火，防范胜于救灾，责任重于泰山”的理念，全面落实各项防范措施，不断提高企业综合防控能力，企业安全状况取得了很好的效果，库区布局合理，是一座现代化的棉花社会承储库。

自2005年成立以来，公司充分利用地理位置优越、交通便利、自有资金雄厚，员工整体素质高、各种设施齐全、规章制度健全等优势，经济效益得到了长足发展。

在公司领导的带领下亿丰仓储正以崭新的精神面貌，务实的工作作风，顽强的开拓创新精神，一如既往开创更加辉煌的新局面。

联系电话：0372-8581208

新疆农资集团北疆农佳乐有限责任公司

Xinjiang Group of Agricultural Resources Beijiang Nongjiale Co., Ltd

新疆农资集团北疆农佳乐有限责任公司隶属于自治区供销社新疆农资（集团）有限责任公司，是专业从事仓储物流业务的企业，主要经营农资商品、化工产品、棉花等农副产品的仓储发运和进出口贸易，拥有铁路专用线、仓库等储运设施。

公司在奎屯拥有2个专业仓库：奎储运分公司仓库占地20万平方米，静态存储货物15万吨，有4条铁路专用线。北疆农佳乐公司仓库占地147.4万平方米，静态存储货物80万吨，有6条电器化铁路专用线，并设有奎屯保税物流中心，库区占地面积67.3万平方米，其中，海关集中监管场所占地33.9万平方米，配套服务区占地33.3万平方米，设立海关、国检等分支机构，可供多家商贸物流企业同时入驻。已开行了奎屯至格鲁吉亚、吉尔吉斯斯坦、塔吉克斯坦、俄罗斯等中亚和欧洲国家的西行国际货运班列。公司各库区库容整齐，管理规范，消防、视频监控等设施齐全，是全国棉花交易市场指定的监管库，是郑州商品交易所确定的棉花期货交割库，是中国储备棉管理总公司指定的国家储备棉承储库，是乌鲁木齐铁路局指定的战略装车点和首个企业铁路货运制票点，是北疆地区西行国际货运班列的发运点和进出口货物的集散地，可为棉花企业提供仓储、中转、质押、监管、销售、进出口等全方位服务。

公司在江苏盐城建有江苏银海农佳乐棉花仓储库，占地面积40万平方米，室内静态棉花仓储量达35万吨，可为新疆涉棉企业在内地沿海棉纺织聚集地移库销售棉花提供平台。

公司地址：新疆奎屯市南环路翠竹园50-A区
联系电话：北疆农佳乐公司业务　0992-3337116
奎屯储运分公司业务　0992-3292239
保税物流公司业务　0992-3337101

中储棉库尔勒有限责任公司

中储棉库尔勒有限责任公司位于新疆库尔勒市火车西站，由中国储备棉管理总公司和新疆农资（集团）有限公司共同出资设立。注册资本1000万元，其中中储棉总公司占55%，新疆农资（集团）占45%。董事长戴民中。

主要经营项目：棉花收购，棉花、化肥、塑料薄膜、其他化工产品、其他农畜产品，仓储服务，机械设备租赁，铁路运输代理服务，货物进出口业务，经济贸易咨询。

公司于2011年9月建成并投入运营。占地约23.2万平方米，有4幢共0.8万平方米的钢结构库房，2条铁路专用线，1.5万平方米的钢罩棚站台，9万平方米的混凝土场坪和5万平方米的观察场。可露天存放棉花15万吨，室内存放1.6万吨，年货物吞吐量达25万吨。

公司下设5个职能部门，现有员工54人。公司仓储设施设备先进，消防监控系统完备，管理经验丰富，连续多年实现安全无事故，多次受到中储棉总公司、地方政府及有关部门的表彰。2015年顺利通过安全生产标准化一级达标企业现场评审，是目前新疆自治区仓储物流行业唯一的安全生产标准化一级达标企业。

公司自2014年成为自治区棉花目标价格改革试点专业监管仓库以来，已与全国棉花交易市场、内地各中国储备棉管理总公司直属企业、路易达孚等贸易商及一大批纺织企业建立了战略合作，已开展了储备、中转、质押、监管等多项业务，持续保持着与棉花供应链上下游诸多企业的良好互动，实现了互利共赢。

公司秉承“诚信、高效、团结、进取”的企业精神，遵循“客户第一、服务至上”的服务宗旨，竭诚为疆内外各企业提供优质和高效的服务。

地址：新疆库尔勒市火车西站（大二线原农资二级站院内）

业务联系人：窦超美 0996-6878088 13070009393

铁路联系人：马　涛 0996-6878090 15999346611

传真：0996-6878090 0996-6878100 0996-6878078

四川省棉麻集团有限公司

集团总部大楼

棉花资源基地

出口加工基地

仓储物流

伴随着棉花流通体制改革，四川省棉麻集团有限公司不断发展壮大，到2016年末，企业总资产达10亿元，经营规模达20亿元，位列全国供销合作社企业百强，是四川省农业产业化重点龙头企业，跻身四川省出口企业50强、进出口综合100强行列。公司坚持科学发展观，以“棉花产业”为经营主线，推进“深耕主业、轻重融合、多元发展”的发展战略，着力搭建一、二、三产业互动发展架构，外构网络，内炼管理，形成了以棉花产业、涤纶短纤维、农业产业化、物流配送、外贸进出口为主的五大经营格局。公司年经营棉花7万吨，化纤4万吨，短绒2万吨，营销网络遍及全国20多个省市，是中石化涤纶短纤四川总经销商，是西南地区最大的纺织原料综合供应商，在新疆库尔勒、和田、乌苏等地建立了数个棉花收购加工基地，在吐鲁番联合建有12万纱锭的纺织加工基地；仓储物流设施齐备，在成都、德阳、内江等地拥有近8万平方米的仓储物流设施，旗下龙泉库是川渝中烟公司醇化样板库，年周转农副产品达20万吨；外贸进出口突破6000万美元，在省内建成了蜡染布和皮革手套两大出口加工生产基地；在四川射洪等地拥有200公顷柠檬种植和生态猪、黑山羊养殖农业产业化基地，搭建了现代农产品产销对接网络。

公司秉承“追求创新，潜心服务，锐意进取，永续发展”的经营理念携手与您共创美好明天。

联系方式

地址：四川省成都市白丝街56号

电话：028-86615356

传真：028-86624791

邮箱：scmmjt@163.com

呼图壁县云龙棉业有限公司

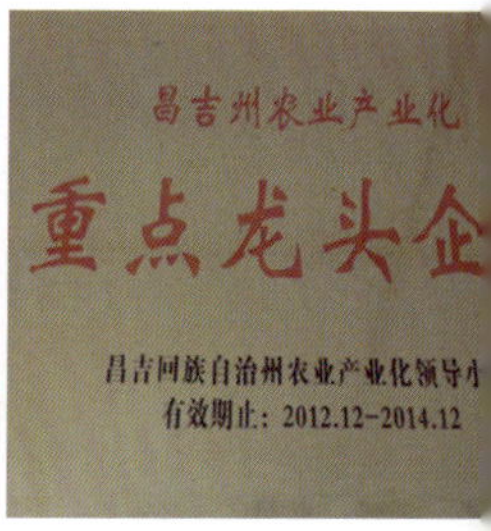

一、企业基本概况

呼图壁县云龙棉业有限公司成立于2010年7月15日，注册地址：呼图壁县五工台镇82千米处；法定代表人：叶建华；注册资金：2000万元；主要经营项目：籽棉收购加工、棉短绒加工和销售、皮棉及棉纱销售。

呼图壁云龙棉业公司厂区总占地面积约5.3公顷，年收购能力4万吨，加工皮棉2万吨以上。2010年投资更新改建了轧花设备，新上400型打包机2台及辅助烘干设备、清华设备，手采棉及机采棉生产线共2条，安装了条形码信息系统、棉包回潮率在线测量等配备辅助设备。成为呼图壁县第一家具有加工机采棉资质的龙头企业。2013年新增了两台地坑式喂花机，企业生产的所有皮棉包都经过棉花公检系统检验，客户通过互联网可以详细地看到我公司产品的所有信息，从而使皮棉的质量得到可靠的保障，有力地提高公司产品的竞争力。在棉花加工行业中建立了良好的信誉。我公司在同行业中企业产品质量居州内领先水平，产品质量稳定，从未出现过质量问题，产销率达到100%。

二、企业股东出资情况

叶建华，出资额为2000万元，出资比例占注册资本金的比例为100%。

三、企业组织机构及高管人员情况

公司固定职工45名中，具有大中专以上学历的15人，高级棉检师2人；中级职称7人，初级职称5人。公司设立行政部、财务部、收购部、生产部、销售部五个部门。

公司董事长兼总经理：叶建华，女，汉族，49岁，大专学历，经济师职称，从事经济管理工作26年，呼图壁县云龙棉业有限公司担任党支部书记、总经理兼董事长等职务，品行端正，身体健康。近几年先后被评为“优秀共产党员”称号，具有较强的开拓精神。

四、企业生产经营状况

我公司位于呼图壁县五工台镇82千米处，所在位置为高产棉基地及大型棉花交易市场，当地土质适用于种植棉花作物，秋季棉花交售是困扰当地村民的老大难问题。我公司解决了当地农户交售棉花的后顾之忧，带动了当地农户种植棉花的积极性，自2010年以来，每年棉花种植面积在6666.67公顷以上，533.33公顷土地实施机采棉种植，有效地促进了当地农业的发展，同时也为我公司的生产原料提供了充足保证，确保更好地走入市场。

生产及销售方面，企业有着先进的生产设备、科学管理、熟练的操作技术力量作后盾，使产品在市场上具有极强的竞争力。产品主要销往阿克苏建光棉业有限公司、河南嘉达棉业有限公司等疆内外纺织企业。

我公司还将充分利用当地丰富的资源优势和地理优势，充分依托自身优势和现有的设备能力，牢牢抓住市场机遇，提高产品质量，大力开展农业产业化经营，进一步开拓市场，积极发挥本公司在呼图壁县轧花行业中的主导作用，继续做好棉花的收购、加工、销售工作，最终达到农业增产、农民增收、企业增效的目的。

联系方式：15599790888　陈志满
电话传真：0994-4280936

天津宏棉股份有限公司

天津宏棉股份有限公司是1999年9月经天津市人民政府批准正式注册成立的股份制企业，办公地点位于天津市和平区大沽路174号。公司由市供销合作总社所属五家企业投资，注册资金4388万元，现有棉花流通、仓储物流、创意产业园、房产经营和项目投资五大主业，是一个综合性企业。公司目前拥有两个直属仓库，占地近29万平方米，库房面积约11余万平方米；两个酒店以及1.4万多平方米商业店铺等优质资产。

棉花流通业：主要从事棉花现货流通、电子撮合棉、期货棉、商品棉、仓单质押等业务，公司以诚信为宗旨，搭建棉花加工企业和棉纺织企业之间沟通和流通的桥梁，为双方提供方便、快捷、优质的咨询和服务。

仓储业：公司旗下的杨柳青仓库是中储棉公司签约的社会承储库、期货棉交割库、电子撮合棉交割库，库房面积6.6万平方米，棉花最大存储量达12万吨，日最大卸货能力1000吨，仓库具备优良的储存、运输、办公条件和完善的管理、服务、安全体系，在历次棉花代储库综合评比中获得业务先进管理单位、安全管理先进单位等荣誉称号，在本市及周边棉花行业中知名度较高。

创意产业园：为贯彻落实供销社深化改革的工作要求，2016年，公司与世欣东方（北京）文教集团共同出资，利用杨家台仓库库区建设京津文化创意产业园，园区以“互联网+”创意设计为主，主要由“工业设计、创意设计、数字媒体产业”三类客户组成的文商产业集聚区。文创园的建设落成将成为天津市第一家社有企业大型创意产业园。

房产经营：主要从事自有房屋的租赁、管理、服务业务，并不断向承接社会资产的经营管理拓展。公司始终以“创造一流的服务水平，最大限度地满足客户需求”为宗旨，管理严谨、服务优良，企业发展迅速。

项目投资：公司凭借自身优势，在合资合作、项目开发等方面取得突出进展，公司资产保值增值率不断提高。主要有天津信托有限责任公司、天津市北辰村镇银行、天津银行等对外投资项目。

公司秉承“团结、务实、创新、发展”的企业核心理念，以科学的管理，一流的服务，与社会各界致力于合作事业发展的企业真诚合作，携手共绘企业发展宏图。

联系方式

电话：022-23311241

传真：022-23321241

中储棉花信息中心
CHINA NATIONAL COTTON INFORMATION CENTER

ABOUT
CNCIC
中储棉花信息中心

专注于提供世界一流的棉花综合信息服务

Devote to provide world's first-rate integrative cotton information service

中储棉花信息中心是中央直属企业中国储备棉管理总公司的全资子企业，成立于2004年，主要业务是建设和维护国家棉花市场监测系统（该系统是国家“金宏工程”中唯一一个棉花专业监测信息系统），监测和研究国内外棉花市场，为国家有关部门棉花宏观调控决策提供信息参谋服务，同时为国内外涉棉企业提供市场资讯、商务信息、专业咨询等服务。

信息中心全体员工始终坚持“共享价值，创新未来”的企业价值观，秉承“志向高远、脚踏实地，朝气蓬勃、胸怀宽广，勇担责任、务实创新”的企业精神，专注于提供世界一流的棉花综合信息服务。

Founded as a wholly-owned subsidiary of China National Cotton Reserves Corporation in 2004, China National Cotton Information Center (CNCIC) is mainly in charge of the construction and maintenance of National Cotton Market Monitoring System (NCMMS), the only professional cotton market information monitoring system of China's Macroeconomic Management Information System. NCMMS monitors and analyzes the cotton market in and outside of China, assists Chinese government in macroeconomic regulation decision making, and provides market information, trade information and consulting service for all cotton-related entities around the world.

CNCIC's staff will always adhere to the value sense of “shared value, creative future” and persist in the corporate spirit of “lofty ideal with down-to-earth efforts, vigorous, broad-mindedness, sense of responsibility, practicality and creativity”.

中国棉花网
CNCOTTON.COM
ABOUT
CNCOTTON
中国棉花网
及时、准确、全面、权威
全球最权威的棉花专业信息服务提供者之一
Timely, Accurate, Comprehensive, Authoritative
One of the most authoritative cotton information
service provider in the world
中储棉花信息中心微信订阅号
中国棉花网今日头条订阅号

中国棉花网是中储棉花信息中心下属的全球权威的棉花专业信息网站和专业网络媒体之一，秉承“及时、准确、全面、权威”的服务宗旨，与国内外主要涉棉机构、企业均建立了长期稳定的合作伙伴关系，在国内外棉花行业颇具影响力。

中国是全球棉花生产和消费大国，生产和消费均占世界总量的三分之一左右。同时，棉花关系着广大棉农收益、纺织就业和经济增长，在我国一直深受政策青睐和呵护。在党的十八届三中全会提出“市场将在资源配置中起决定性作用”精神指导下，中国棉花产业正在步入完全市场化、全球一体化轨道。中国棉花网作为专注于棉花的专业媒体，将亲历产业转型升级的点滴业绩，见证产业蓬勃向上的辉煌成就。

品牌优势：

※ 凝练十余年的行业口碑和品牌影响力

※ 覆盖全国的棉花市场监测网络体系

※ 翔实、全面而有效的专业数据库

※ 专业团队打造独一无二的前瞻性报告

※ 遍布上下游快速而有针对性的资讯传播

※ 细致入微的商务服务和个性化企划宣传

※ 不断突破的技术与持久追求的创新力

As a subsidiary platform of CNCIC, CNCOTTON is one of most authoritative professional cotton information websites and Internet media in the world. With timely, accurate, comprehensive and authoritative service its principle, CNCOTTON has entered into partnership with major cotton-related organizations and entities worldwide and has strong influence in the world's cotton industry.

As the largest cotton producer and consumer in the world, China accounts for one-third of the world's total cotton production and consumption. Meanwhile, cotton is related to the income of growers, the job opportunity of textile sector as well as the growth of national economy. The cotton industry has been enjoying the protection from policies in China. The 3rd Plenary Session of 18th CPC Central Committee points out that the market should plays decisive role in resource allocation. In light of the spirit, China's cotton industry is undergoing marketisation and globalization. As a professional cotton media, CNCOTTON will undergo the progress of industry transition and upgrading, and witness the great success of China's cotton industry in the future.

2015/2016

中国棉花年鉴

CHINA COTTON ALMANAC

中储棉花信息中心　编

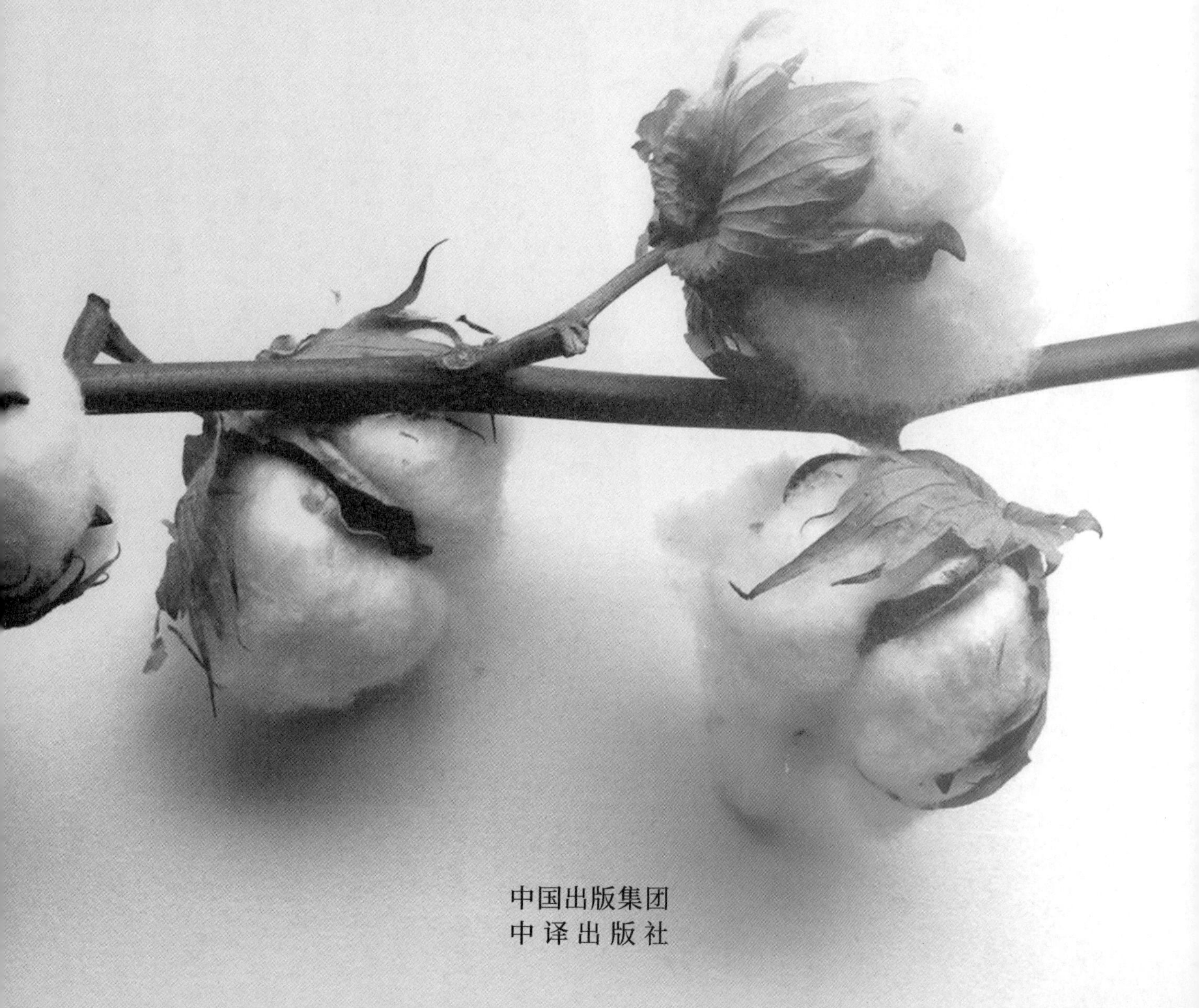

中国出版集团
中译出版社

编写说明

2015/2016年度，全球经济稳步复苏，中国经济进入“新常态”，全球棉花总体供大于求，中国棉花出现一定程度上的结构性矛盾，纺织行业负重前行。作为棉花目标价格补贴政策试点的新疆自治区，将棉花定价权重新交回市场，在有效激活棉花市场活力的同时，也增加了棉纺企业的经营风险。储备棉轮出机制初步形成，得到市场认可。《中国棉花年鉴2015/2016》全面系统客观地反映了2015/2016年度中国棉花市场运行情况，主要涵盖行业发展概况、主要产棉省区概况、年度报告、统计资料、大事记、政策文件和附录七个部分。

《中国棉花年鉴》（以下简称《年鉴》）是至今我国唯一一部集中反映棉花行业年度发展与趋势的工具书，《年鉴》集权威性、史实性、研究性、收藏性为一体，主要面向国内外棉花加工流通企业、纺织企业、金融与投资、贸易与咨询、科研与教育机构以及各级政府管理部门和行业社团组织发行。

本书涉及大量统计数据和史实资料，总体上按照棉花年度计算（2015年9月1日至2016年8月31日）。除国家棉花市场监测系统外，统计数据主要来源于国家统计局、棉花主产省（市、自治区）统计局、中国海关总署、中国纺织品进出口商会、郑州商品交易所、美国农业部（USDA）、国际棉花咨询委员会(ICAC)和美国洲际交易所（ICE）等相关涉棉机构。

为增强可读性，我们在编写过程中对部分数据进行了二次整理，相应部分的原始数据以原出版单位为准，年度报告中所涉及的数据、资料、观点均由文章作者提供，政策文件部分均采用相关部门的政策原文，未标明来稿单位的文章均由《年鉴》编辑部编撰。书中所涉及的计量单位，在使用法定计量单位的原则下，因历史沿革及行业惯用等原因，也采用了部分传统计量单位，如公斤、公顷等。

在编写过程中，国家发展改革委等主管部门给予我们大力支持，各相关单位、地方有关机构也给予了热情帮助，我们在此表示诚挚的感谢。

由于编写时间紧迫，书中难免有不足之处，望各位读者不吝赐教，我们将认真改进，把《年鉴》做得更好，为推动中国棉花行业发展贡献微薄之力。

《中国棉花年鉴》编委会

2017年2月

目录

第一部分　行业发展概况

第二部分　主要产棉区概况

第三部分　年度报告

第四部分　统计资料

第五部分　大事记

第六部分　政策文件

第七部分　附录

行业发展概况

第一部分

行业运行概况

2015/2016 年度（2015 年 9 月 1 日至 2016 年 8 月 31 日），全球经济延续复苏态势，中国经济处于阶段更替、结构转变、动力切换和风险缓释的关键时期。国内外消费逐步结构性调整，全球棉花总体仍供大于求，储备棉轮出去库存进度加快，新疆目标价格补贴政策引导国内棉花由量向质转变，全球棉价联动性增强，内外棉价差缩小。

内外棉价差缩小，价格联动性增强　2015/2016 年度，目标价格补贴政策进一步推进，国内棉花市场价格初期在 12000—13000 元 / 吨，在储备棉轮出竞拍底价确定后，国内棉价企稳上涨至 14000 元 / 吨左右，全球棉价联动性增强，国际棉价与国内棉价价差缩小。

目标价格补贴政策成效良好　2015/2016 年度是新疆棉花目标价格补贴政策的第二年。目标价格补贴政策发挥市场价格信号的作用，建立了科学有效的市场化机制，政府在产业发展过程中不再占主导地位，而是通过完善制度和有效监管来营造良好的改革环境，充分发挥市场在配置资源中的决定性作用，激发市场活力。为保障棉花供应，稳定市场预期，国家决定自从 2016 年 5 月 3 日—2016 年 8 月 31 日公开竞价销售国家储备棉。因多方面原因，2016 年 8 月 8 日，国家相关部门发布了 2015/2016 年度国家储备棉轮出延期且不限量的公告。销售底价每周调整确定一次，本周储备棉轮出销售底价（折标准级 3128B）= 上一周国内市场棉花现货价格指数算术平均值 × 权重 50% + 上一周国际市场棉花现货价格指数算术平均值 × 权重 50%。本次轮出首次采用内外棉价格联动机制，进一步促进了国内外棉价接轨。

棉花总体供大于求　2015/2016 年度全球棉花总量依然呈现过剩状态。从总量来说，2015/2016 年度全球棉花产大于需，中国储备棉去库存节奏加快，缓解了一定的储备压力。并且继续收紧棉花进口配额，也使得国际棉花总体呈现供大于求的局面。美国农业部（USDA）数据显示，2015/2016 年度全球棉花库存减少 65.3 万吨，全球期末库存为 2290.5 万吨。

纺织行业稳中向好　2015/2016 年度，纺织行业产品产量稳步提升，产品需求乏力，顶端略有减少，库存情况得到一定改善。由于内外棉价差缩小，纺织企业竞争力回升，但国内棉价跌宕起伏，也给企业经营带来一定风险。原料结构上，化纤替代棉花的趋势愈加明显。

棉　花　生　产

2015/2016 年度，全国棉花种植面积产量继续下降。棉花生长期间，自然灾害发生频繁且旱涝并发，黄河流域病虫害发生依然较重。尽管农资价格总体低于 2014/2015 年度同期，但由于人工成本居高不下，棉花收购价格同比下跌，农户植棉收益仍然较低。预计 2016/2017 年度农户植棉意向面积继续下降。

棉花种植面积减少　按照国家统计局统计数据，

2015/2016 年度全国棉花播种面积 85476 千公顷，同比减少 9526.5 千公顷，减少 10.0%。据农业部全国棉花生产监测系统分析，2015/2016 年度全国棉花监测县播种面积平均播种面积为 26522.1 千公顷，减幅为 22.7%。

棉花单产持平略减，总产下降 据国家统计局公布数据，2015/2016 年度全国棉花平均单产 1476 千克 / 千公顷，同比增加 12 千克 / 千公顷，增幅 0.8%；全国棉花总产量 560.5 万吨，同比减少 57.4 万吨，减幅 9.3%。根据农业部全国棉花生产监测系统监测县 2015 年 10—12 月测产分析，预计 2015/2016 年度籽棉平均单产为 313 千克 / 千公顷，同比下降 2.9%。其中，长江流域、黄河流域和西北内陆棉区籽棉平均单产分别为 3390 千克 / 千公顷、227.4 千克 / 千公顷和 4782 千克 / 千公顷。

棉 花 收 购

棉价上下波动剧烈 在 2015/2016 年度籽棉收购初期，虽然棉企抬价抢收优质资源，但受制于国内棉市低迷影响，收购价格持续走低，最终从 6.05 元 / 公斤降至 5.63 元 / 公斤。此时皮棉市场表现低迷，3128 级价格始终维持在 12000—13500 元 / 吨。郑棉表现也不尽如人意，甚至一度跌破 10000 元 / 吨大关。然而出乎人们预料的是，棉价突然在 4 月份迎来大翻身，在郑棉经历多次涨停后现货价格也屡破新高。即便在储备棉轮出期间，也未能阻止棉价飙涨。棉市疯狂的表现引起了政府相关部门的重视，4 月 20 日，国家发展改革委紧急召集有关部门针对近期国内棉花期货价格异常上涨的问题进行研讨并明确表示，国家将在原有 200 万吨投放量的基础上继续增加，保障每日至少 3 万吨投放量。最终经过市场逐步消化，2015 年度末期棉市终于恢复了平静，此时价格也上涨至 14500 元 / 吨以上。

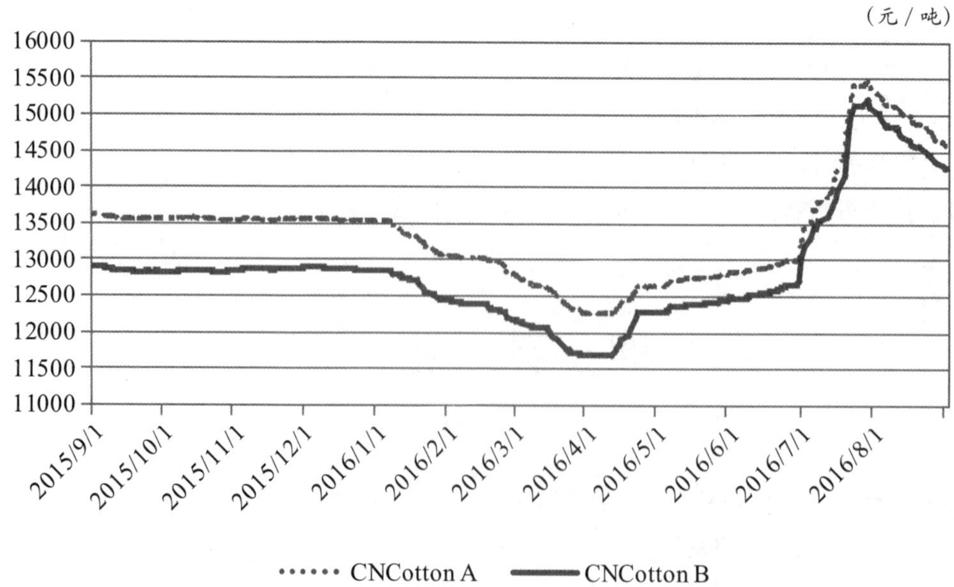

图 1-1 2015/2016 年度中国棉花价格指数走势

皮棉购销进度加快　据国家棉花市场监测系统调查，截至2016年6月底，全国皮棉销售率为98.1%，同比增长19.6%，其中新疆棉的销售率为98.8%。皮棉销售速度加快的原因是2015年度初期新疆棉市不景气，棉企为了降低经营风险，纷纷采取了快加工、快销售的模式。特别是地方棉企承受风险能力有限，为了抓紧还贷、降低风险，甚至亏损出售皮棉。由于市场棉价出现倒挂，兵团并不急于销售。因此在2015年度初期地方棉企的销售进度明显快于兵团。

棉　花　加　工

机采棉是我国棉花产业发展的方向。近十年，随着我国棉花生产综合成本（特别是人工成本和租地成本）的大幅上涨、农业机械化水平的不断提高、机采棉种植模式和加工技术的逐渐成熟，我国机采棉产业呈现快速发展趋势，机采棉效益不断提升。但机采棉发展水平全国尚不平衡，目前主要集中在新疆棉区，内地机采棉仍处于起步探索阶段。

机采棉技术发展水平全国不平衡　目前机采棉主要集中在新疆棉区，内地机采棉仍处于起步探索阶段。新疆兵团与新疆地方之间差异很大，整体看，新疆兵团较快、新疆地方较慢、北疆快于南疆。据统计，2015/2016年度新疆棉花种植面积50700千公顷，其中新疆兵团种植14100千公顷，机采模式种植面积接近100%，实际机采面积9750千公顷，机采率达68.8%；新疆地方种植36600千公顷，机采种植模式面积约有25%，实际机采面积约5850千公顷，机采率为16.0%；全疆平均机采率为30.8%。

国产机采棉的内在质量整体偏低　据中国纤维检验局提供的2007—2015年公证检验数据，同样是用锯齿轧花机加工，但机采棉主要品质指标均下降：高等级棉减少、长度减短、强度降低、短纤维含量和棉结增加、地膜碎片增多、品质一致性较差，严重影响到我国棉纺织行业产品档次（新疆机采棉纺纱的支数主要集中在40支以下，少数品种在40—60支以内，纺60支以上的产品很少）的提升，国产棉的市场竞争力显著下降，这也是国内高档纺织品生产企业喜欢采用澳棉、美棉的主要原因。

棉花加工生产信息化程度不断提升　2015/2016年度，在棉花加工生产线新设计安装了一套“机采棉轧花智能监测管控系统”，实现了对籽棉收购、存储、喂花、清理、加工、打包的全程适时监控，为保证机采棉加工生产线的稳定运行、优化棉花加工质量、防范生产事故提供了现代化管理手段，取得了重要的阶段性成果，为促进我国棉花加工生产技术转型升级奠定了工作基础。

棉花加工工艺呈现多元化　实施棉花质量检验体制改革以来，我国棉花加工生产企业的规模化、自动化和信息化水平得到显著提升，棉花加工工艺相对稳定发展。但近年来，国家行业政策对加工企业生产活动的影响越来越大，许多企业对个性化加工有一定需求。

棉花目标价格改革以来，棉花加工企业高度重视棉花加工质量，不再单纯追求加工产能。农七师棉花团场，近年来在机采棉品种选育、田间管理和机械化收获等方面不断探索，取得了显著的效果。为了进一步提高机采棉加工质量，提升企业生产效益，师里开始投入对在用机采棉加工生产线进行柔性改造，取得了初步成效。

国家棉花加工工程技术研究中心正式挂牌运行　2015/2016年度，国家棉花加工工程技术研究中心正式挂牌运行，标志着代表中国棉花加工工程技术研究最高水平的创新平台正式建成。中心聚集了国内相关研发机构和高新技术企业，建立了一支高水平的技术研发团队和成果转化服务团队，建成了在国内处于领先水平的试验研究设施设备和工程化应用示范基地，软硬件条件在国内一流。中心通过承担各级科研计划项目，突破了多项关键技术，取得了一批技术水平高、拥有完全自主知识产权的科技成果，创制了一批市场急需、技术先进、工作性能优良的高技术产品。几年来研发产出的重点成果都实现了批量化推广应用，散状籽棉喂料机、籽棉异纤清理机、MY128-19.4 锯齿轧花机、MDY 系列化高效液压棉花打包机以及棉包信息化管理系统等大型棉花成套装备均成为目前棉花加工行业的主力产品，市场占有率达到 60% 以上，较好地解决了新疆机采棉快速发展中出现加工工艺不完善、加工技术落后、机采棉加工质量不高的现实生产问题，有效补齐机采棉加工技术短板，整体提升了新疆机采棉加工技术水平，极大地促进了我国棉花加工技术进步，为深化国家棉花质量检验体制改革、落实国家纺织振兴计划、构建现代棉花物流体系、实施国家棉花目标价格改革政策、增强国产棉国际竞争力、实现棉花生产丰产丰收提供了有效的技术与装备支撑，必将促进我国棉花加工产业科技创新工作迈上新台阶，将成为推动我国棉花加工行业技术进步的新“引擎”。

棉 花 质 量

2015/2016 年度，全国新体制棉花细绒棉公证检验涉及的产棉省（自治区、直辖市）及新疆生产建设兵团共 13 个，涉及加工企业 1100 家，比上一年度减少 28.66%，检验量 1589 万包，360 万吨，分别比上一年度减少 30.03%、29.96%，检验量为近 5 年来最低水平。

从新体制企业检验数量级及近 5 个年度的变化趋势来看，新疆作为我国棉花最主要产区，检验量占比仍在进一步扩大，达到 91.11%。内地棉区在 2014/2015 年度棉花检验量大幅下滑之后，在本年度棉花检验量进一步萎缩，黄河流域棉区同比下降 59.17%，长江流域棉区同比下降 85.34%。其中，河南、陕西两省在本年度没有检验量，同比下降 100%。

2015/2016 年度，全国新体制棉花细绒棉各项质量指标有好有坏。从颜色和轧工质量来看，颜色级以白棉为主，且绝大多数都集中在白棉 2 级与白棉 3 级两档。其中，淡点污棉占比较高的长江中下游地区由于产量及检验量减少较多，全国淡点污棉占比下降明显。轧工质量主要集中在中档，中档及以上占比达到 96.35%；全国各省份轧工质量为中档及以上的棉花比例均占到 95% 以上，山西、浙江、江西、湖南达到 100%。从纤维长度来看，平均长度略有下降，平均长度整齐度指数显著提高。其中，长度指标体现在 25—27 毫米长度级与 30—32 毫米长度级的棉花占比均有所增加；长度整齐度指数指标表现在低及以下档的棉花保持下降，而高及以上档的棉花也略微下降，整体向中等集中。从纤维内在品质来看，马克隆值和断裂比强度两项指标呈现相反趋势。其中，马克隆值指标下降明显，A 级占比大幅降低，C2 档过成熟棉占比大幅增加；平均断裂比强度指标明显提高，全国绝大多数产棉区该项指标相比上一年度均有不同程度的提升。对比各省数据来看，新疆棉表现最为突出。新疆 2015/2016 年度棉花与上年度相比，平均长度减少 0.18 毫米、长度整齐度减少 0.03%、马克隆值 A + B 级占比减少 26.37 个百分点、平均断裂比强度提高 0.32 cN/tex，总体质量状况略差于 2014/2015 年度。

棉　花　消　费

棉花消费量持续下降　全球经济延续复苏态势，中国经济处于阶段更替、结构转变、动力切换和风险缓释的关键时期。2015/2016 年度，新疆纺织企业迅速发展，对棉花消费有提振作用。根据国家棉花市场监测系统测算，2015/2016 年度棉花消费量 759.8 万吨，同比减少 2.1%。

纺纱产量在时间结构上 V 字分布　我国纺纱产量受假期因素影响，产量波动较为明显。2016 年 1—2 月份产量较低，10—12 月份达到高位，相对集中在秋冬季节。2016 年我国纱产量最高月份为 2016 年 12 月，我国每月纱产量均在 330 万吨以上。

棉花消费在地区分布上相对集中　分省来看，2016 年山东、河南、江苏三省纱产量位居全国前三位，分别为 867.90 万吨、628.90 万吨和 536.86 万吨，占全国总产量的比重分别为 21.49%、15.57% 和 13.29%。

表 1–1　2016 年各省纺纱产量及占比情况

（万吨）

排名	地区	纱产量	占比
1	山东	867.90	21.49%
2	河南	628.90	15.57%
3	江苏	536.86	13.29%
4	福建	484.67	12.00%
5	湖北	321.55	7.96%
6	河北	222.15	5.50%
7	浙江	215.80	5.34%
8	江西	162.70	4.03%
9	四川	121.61	3.01%
10	安徽	114.94	2.85%
11	新疆	108.37	2.68%
12	湖南	105.14	2.60%
13	陕西	39.22	0.97%
14	广东	33.42	0.83%
15	重庆	18.42	0.46%
16	天津	12.64	0.31%
17	广西	10.08	0.25%
18	辽宁	6.59	0.16%
19	山西	5.38	0.13%
20	宁夏	5.22	0.13%
21	贵州	5.19	0.13%
22	黑龙江	3.39	0.08%
23	吉林	3.06	0.08%

续表

24	上海	2.65	0.07%
25	甘肃	1.53	0.04%
26	云南	1.05	0.03%
27	青海	0.54	0.01%
28	内蒙古	0.49	0.01%
合计	全国	4039.50	100.00%

资料来源：国家统计局。

纺织品服装出口同比下降 据海关总署统计，2015/2016年度，我国纺织品服装累计出口额为2778.33亿美元，同比下降4.06%。分月来看，我国纺织品服装出口同比增速波动较大。其中，受春节影响，2016年2月出口额同比大幅下降。

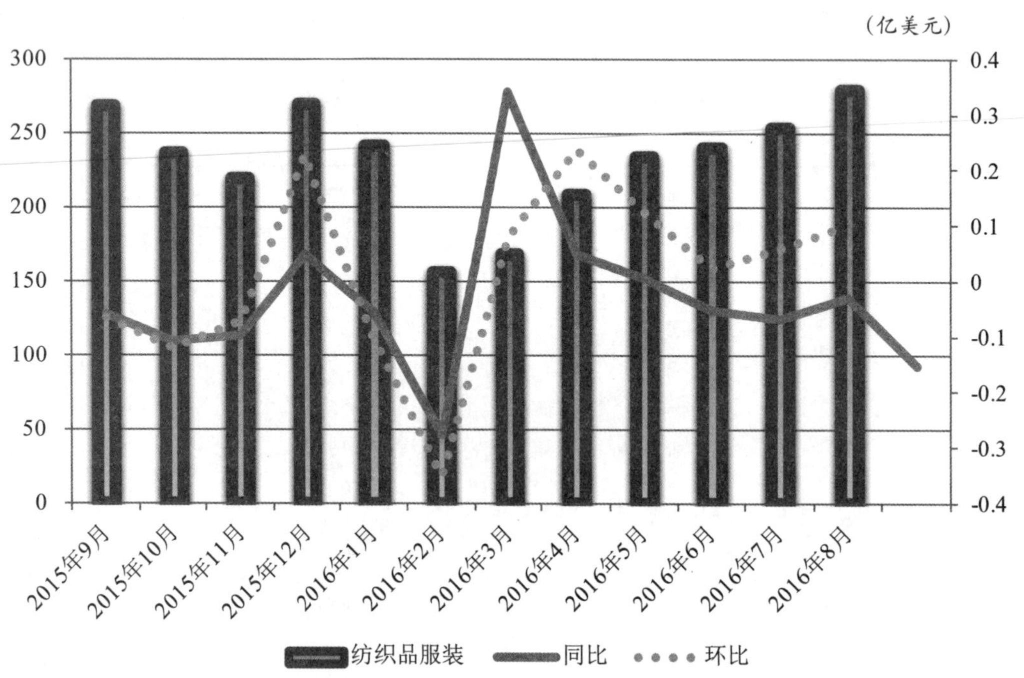

图 1–2 2015/2016 年度纺织品服装出口额分月统计及对比

棉花进出口

2015/2016年度，我国棉花进口量同比减少42.11%，棉花出口量同比减少103%。

一、棉花进口量同比减少42.11%

1．按贸易方式统计

2015/2016年度，我国棉花进口量约为96.73万吨，同比减少70.36万吨，减幅42.11%。

表 1–2　2015/2016 年度我国棉花进口分贸易方式统计

项目＼年度	2015/2016	2014/2015	同比（±）	幅度（±%）
合计	967349	1670944	- 703595	- 42.11
一般贸易	239266	360026	- 120761	- 33.54
来料加工装配贸易	494	6162	- 5667	- 91.98
进料加工贸易	323430	551200	- 227770	- 41.32
边境小额贸易	0	0	0	0
保税监管场所进出境货物	145543	252841	- 107298	- 42.44
特殊监管区域物流货物	258616	500715	- 242099	- 48.35

资料来源：中国海关总署。

2．按时段统计

2015 年 12 月，我国棉花进口量骤增，从 2015 年 11 月的 8.45 万吨增加至 18.82 万吨；2015 年 9 月—2016 年 8 月，我国棉花平均进口量在 9.6 万吨左右。

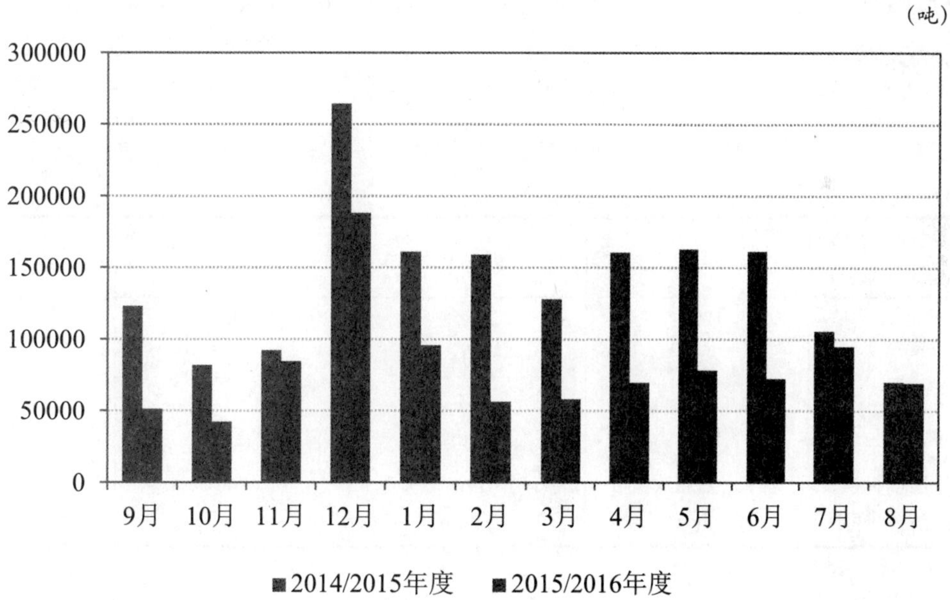

图 1–3　2015/2016 年度我国棉花进口量分月统计

3．按港别统计

2015/2016 年度，棉花进口的主要港口是青岛、南京、济南和上海，分别进口棉花约 40 万吨、19 万吨、12 万吨和 12 万吨，共占全年度我国棉花进口总量的 86.4%。

表 1–3 2015/2016 年度我国棉花进口分港别统计

（吨）

港别	数量	港别	数量
合计	**958848**	合肥海关	4467
青岛海关	397426	广州海关	4060
南京海关	193338	湛江海关	3783
济南海关	119324	南宁海关	3492
上海海关	118564	杭州海关	3111
乌鲁木齐海关	32507	大连海关	2948
黄埔海关	23072	西安海关	1975
南昌海关	13028	郑州海关	1735
武汉海关	11456	福州海关	1521
天津海关	8174	厦门海关	1425
银川海关	6024	江门海关	1373
拱北海关	5805	宁波海关	240

资料来源：中国海关总署（不含已梳的棉花）。

二、棉花出口量同比减少 103%

1. 按贸易方式统计

2015/2016 年度，我国棉花累计出口量为 1.71 万吨，同比减少 9.69 万吨，减幅 103%。

表 1–4 2015/2016 年度我国棉花出口按贸易方式统计

（吨）

项目＼年度	2015/2016	2014/2015	同比（±）	幅度（±%）
合计	17064	26758	－9693	－103
一般贸易	0	0	0	0
进料加工贸易	66	84	－18	－21
边境小额贸易	2434	940	1495	+159
保税监管场所进出境货物	4933	3994	940	+24
特殊监管区域物流货物	9073	21740	－12667	－58

资料来源：中国海关总署。

2. 按港别统计

青岛和大连海关是 2015/2016 年度我国棉花出口的主要港口。其中，青岛海关累计出口 11868 吨，占全年度出口总量的 69.8%；大连海关累计出口 2434 吨，占出口总量的 14.3%。

表 1-5　2015/2016 年度中国棉花出口分港别统计

（吨）

港别	数量	港别	数量
合计	16998	南京海关	1140
青岛海关	11868	南昌海关	21
大连海关	2434	黄埔海关	2
上海海关	1532		

资料来源：中国海关总署（不含已梳的棉花）。

3．按国别和地区统计

2015/2016 年度，越南和印度尼西亚是我国棉花出口的主要目的地，分别对其出口 5954 吨和 3714 吨，共占全年度我国棉花出口总量的 56.9%。

表 1-6　2015/2016 年度中国棉花出口分国别和地区统计表

（吨）

国别（地区）	数量	国别（地区）	数量
合计	16998	喀麦隆	315
越南	5954	马来西亚	221
印度尼西亚	3714	印度	167
朝鲜	2452	泰国	165
韩国	1962	德国	98
孟加拉国	1017	日本	7
美国	506	中国香港	2
菲律宾	418		

资料来源：中国海关总署（不含已梳的棉花）。

棉　花　库　存

棉花期末库存继续增加　根据国家棉花市场监测系统 2016 年 8 月对中国棉花产销存的预测，2015/2016 年度我国棉花期初库存 1209.3 万吨，同比上升 1.7%；棉花消费量 759.8 万吨，同比下降 2.1%；期末库存 1035.6 万吨，同比下降 14.4%；库存消费比 135.87%，同比下降 19.4%。

纺织企业棉花库存回升　2015/2016 年度，全球经济缓慢复苏，纺织用棉需求较之 2014/2015 年度相对持平，由于目标价格补贴和储备棉轮出政策执行，内外棉价差激剧缩小。国内纺织企业经营状况得到改善，皮棉采购由消极转变为正常采购。据国家棉花市场监测系统监测数据显示，2015/2016 年度后期，棉花工业库存缓慢增加，纺织企业用棉稳中有降。2016 年 8 月，纺织企业棉花平均库存使用天数约为 37.8 天（含到港进口棉数量），环比增加 4.2 天，同比增加 5.4 天。

棉 花 价 格

籽棉收购价格平稳运行 2015/2016年度，棉花上市初期，籽棉收购价格呈现平稳走低的态势；随着中期花大量上市，籽棉质量提升，收购价格有所抬头，但持续时间不长。2015/2016年度籽棉收购区间较2014/2015年度大幅缩小。2015/2016年度，国内棉花整体质量明显提高，高等级棉花因结构性矛盾，受到市场欢迎。2016年4月中旬开始，由于棉花市场供给紧缺，棉花进入了大幅上涨的空间，此时存棉的收购价格也出现大幅上涨，甚至出现较2015年底翻倍的情况。

皮棉销售价格进入大幅波动 2015/2016年度，国内棉价出现近3000元/吨的大幅波动。据国家棉花市场监测系统数据，2015/2016年度国家棉花价格B指数为12865元/吨，最低跌至11686元/吨，最高涨至15213元/吨。由于棉花供不足需、新疆棉出疆速度缓慢、运输费用大涨等多方面原因，棉价大幅波动，但储备棉轮出延期确定后，棉价再次下调并逐步稳定。

国内棉价略高于外棉折人民币成本，内外棉价差急剧缩小 2015/2016年度，国内外棉价联动性不断增强，价差最小仅为300元/吨。国际棉花价格整体与国棉价格走势基本一致，2015年9月—2016年3月下调，2016年4月开始上涨，截至2016年8月，涨幅在2000元/吨左右。总体上而言，国内棉价略高于国外棉价，整年度内外棉价差大致保持在1000—1200元/吨。

国 际 市 场

一、概述

根据美国农业部（USDA）的数据，2015/2016年度全球棉花期初库存增加8.1%，产量下降19.1%，进口量下降2.3%，消费量减少0.1%，出口量增加0.4%，期末库存下降13.3%。总体看，2014/2015年度全球棉花产需缺口扩大至323万吨，同比增加近一倍，期末库存在连续五年增加后首次下降，库存减少数量与产需缺口一致。

2015/2016年度，ICE棉花期货近月合约平均价63.08美分/磅，同比下跌0.47美分/磅，跌幅0.74%；国际棉花指数（M）平均价71.27美分/磅，同比下跌0.77美分/磅，跌幅1.07%。2016年8月31日，ICE棉花期货主力合约（2016年12月合约）收盘价为65.32美分/磅，同比上涨2.32美分/磅。

表1–7 2015/2016年度全球产销存预测

（万吨）

年度	期初库存	产量	进口量	消费量	出口量	期末库存
2015/2016	2431.3	2100.1	766.8	2422.7	766.1	2107.6
2014/2015	2249.4	2595.1	785.2	2425.9	768.9	2431.3
同比（±）	181.9	–495	–18.4	-3.2	–2.8	- 323.7

资料来源：美国农业部。

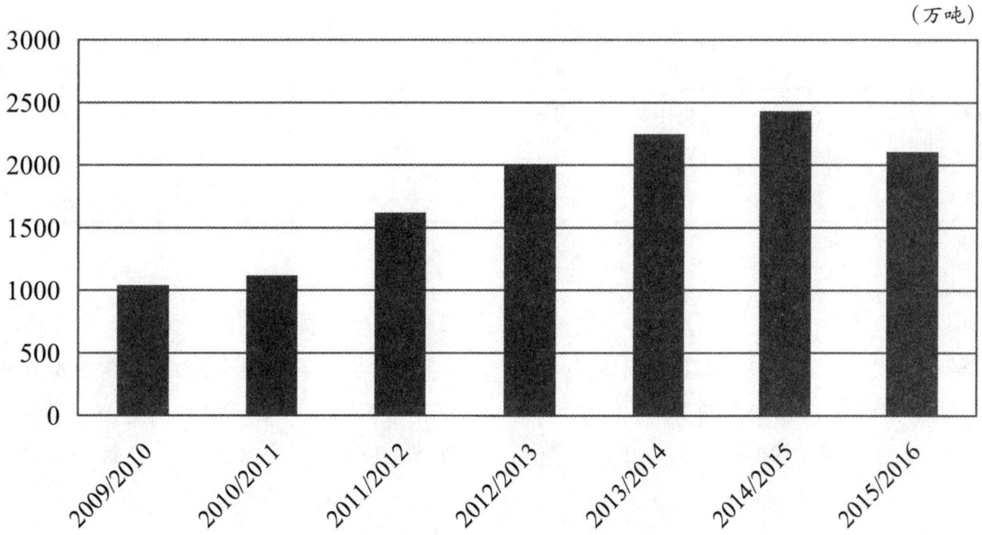

图 1–4　2009/2010—2015/2016 年度全球棉花库存变化趋势

二、产需状况

1. 产量

2015/2016 年度，除澳大利亚产量略增和乌兹别克斯坦产量略减以外，全球其他主产棉国的产量均大幅减少。其中，中国减少 174.2 万吨，为 479 万吨；印度减少 67.5 万吨，为 574.8 万吨；美国减少 74.7 万吨，为 280.6 万吨；巴基斯坦减少 78.4 万吨，为 152.4 万吨；巴西减少 23.9 万吨，为 128.5 万吨；土耳其减少 12 万吨，为 57.7 万吨；西非减少 19.8 万吨，为 90.4 万吨；乌兹别克斯坦减少 2.2 万吨，为 82.7 万吨；澳大利亚增加 6.5 万吨，为 56.6 万吨。

表 1–8　2015/2016 年度主要国家棉花产量同比对比

（万吨）

年度	中国	印度	美国	巴基斯坦	乌兹别克斯坦	巴西	土耳其	澳大利亚	西非
2015/2016	479.0	574.8	280.6	152.4	82.7	128.5	57.7	56.6	91.0
2014/2015	653.2	642.3	355.3	230.8	84.9	152.4	69.7	50.1	110.8
同比（±）	- 174.2	- 67.5	- 74.7	- 78.4	- 2.2	- 23.9	- 12	6.5	- 19.8

资料来源：美国农业部。

2. 消费量

2015/2016 年度，主要棉花消费国中，印度、巴基斯坦和美国的消费量分别减少 5.4 万吨、6.5 万吨和 2.7 万吨，为 528 万吨、224.3 万吨和 75.1 万吨。中国、土耳其、孟加拉国和越南的消费量分别增加 21.7 万吨、5.5 万吨、6.5 万吨和 6.5 万吨，分别为 762 万吨、144.8 万吨、132.8 万吨和 95.8 万吨。

表 1–9　2015/2016 年度主要国家棉花消费量同比对比

（万吨）

年度	中国	印度	巴基斯坦	土耳其	孟加拉国	越南	美国
2015/2016	762.0	528.0	224.3	144.8	132.8	95.8	75.1
2014/2015	740.3	533.4	230.8	139.3	126.3	89.3	77.8
同比（±）	21.7	– 5.4	– 6.5	5.5	6.5	6.5	– 2.7

资料来源：美国农业部。

3．进口量

2015/2016 年度，全球主要棉花进口国中，中国、印度尼西亚和印度的进口量减少。其中，中国减少 84.5 万吨，进口量为 95.9 万吨；印度尼西亚减少 8.8 万吨，为 64 万吨；印度减少 3.4 万吨，为 23.3 万吨；孟加拉国、越南、土耳其、巴基斯坦进口量增加，其中孟加拉国增加 9.8 万吨，为 135 万吨；越南增加 4.9 万吨，为 98 万吨；土耳其增加 11.8 万吨，为 91.8 万吨；巴基斯坦增加 51.1 万吨，为 71.8 万吨。

表 1–10　2015/2016 年度主要国家棉花进口量同比对比

（万吨）

年度	中国	孟加拉国	越南	土耳其	印度尼西亚	印度	巴基斯坦
2015/2016	95.9	135.0	98.0	91.8	64.0	23.3	71.8
2014/2015	180.4	125.2	93.1	80.0	72.8	26.7	20.7
同比（±）	– 84.5	9.8	4.9	11.8	– 8.8	– 3.4	51.1

资料来源：美国农业部。

4．出口量

2015/2016 年度，除美国棉花出口量同比大幅减少以外，其他国家和地区的出口量同比有不同程度的增加。美棉出口量同比减少 45.6 万吨，为 199.3 万吨，印度、乌兹别克斯坦、西非、澳大利亚和巴西的出口量分别为 125.5 万吨、54.4 万吨、105.8 万吨、62.1 万吨和 93.9 万吨，同比分别增加 34.1 万吨、1.1 万吨、14.1 万吨、9.8 万吨和 8.8 万吨。

表 1–11　2015/2016 年度主要国家棉花出口量同比对比

（万吨）

年度	美国	印度	乌兹别克斯坦	西非	澳大利亚	巴西
2015/2016	199.3	125.5	54.4	105.8	62.1	93.9
2014/2015	244.9	91.4	53.3	91.7	52.3	85.1
同比（±）	– 45.6	34.1	1.1	14.1	9.8	8.8

资料来源：美国农业部。

5．期末库存

2015/2016 年度，除美国期末库存增加以外，其他主产棉国的期末库存普遍下降。其中，中国减少 189.9 万吨，为 1267.1 万吨，印度减少 10.3 万吨，为 283.6 万吨，巴西减少 29.9 万吨，为 134.1 万吨，巴基斯坦减少 6 万吨，为 56.9 万吨，澳大利亚减少 4 万吨，为 34.5 万吨。美国库存增加 3.2 万吨，为 82.7 万吨。

表 1–12 2015/2016 年度主要国家棉花期末库存同比对比

（万吨）

年度	中国	印度	巴西	美国	巴基斯坦	澳大利亚
2015/2016	1267.1	283.3	134.1	82.7	56.9	34.5
2014/2015	1457.0	293.6	164.0	79.5	62.9	38.5
同比（±）	−189.9	−10.3	−29.9	3.2	−6	−4

资料来源：美国农业部。

三、价格走势

总体看，除了年度末期的快速上涨和迅速回落之外，2015/2016 年度 ICE 棉花期货走势与 2014/2015 年度大体一致，依旧长时间在 60—65 美分之间盘整，而且在大部分时间里低于 2014/2015 年度。价格走势大致分为两个阶段，第一个阶段是 2015 年 9 月 1 日至 2016 年 3 月初，这段时间 ICE 期货处于下探寻底过程；第二个阶段是 2016 年 3 月中旬至年度末期，这段时间 ICE 期货打开上行通道，重心逐渐上移，前后共经历三波上涨行情，第一波上涨从 3 月中旬到 5 月初；第二波上涨从 5 月中旬到 6 月中旬；第三波快速上涨从 7 月初到 8 月初，之后棉价迅速回落到 70 美分下方盘整。

2015/2016 年度，ICE 期货近月合约最高价是 2016 年 8 月 5 日的 76.64 美分，比 2014/2015 年度高 5.85 美分，最低价是 2015 年 3 月 9 日的 56.59 美分，较 2014/2015 年度低 0.71 美分，年度平均价为 63.08 美分，较 2014/2015 年度低 0.47 美分。2015/2016 年度，代表进口棉中国主港到岸均价的国际棉花指数（M）与 ICE 棉花期货近月合约走势保持一致，最高价是 2016 年 8 月 8 日的 86.10 美分，较 2014/2015 年度高 7.23 美分，最低价是 1 月 26 日的 64.18 美分，较 2014/2015 年度低 2.35 美分，年度平均价为 71.47 美分，较 2014/2015 年度低 0.52 美分。

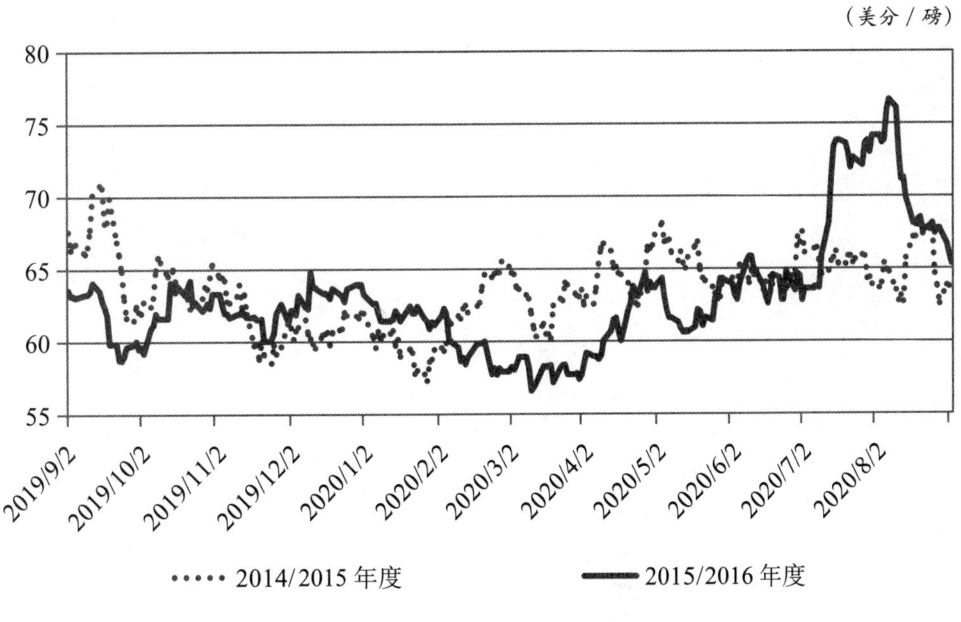

图 1–5 2015/2016 年度 ICE 棉花期货走势同比对比

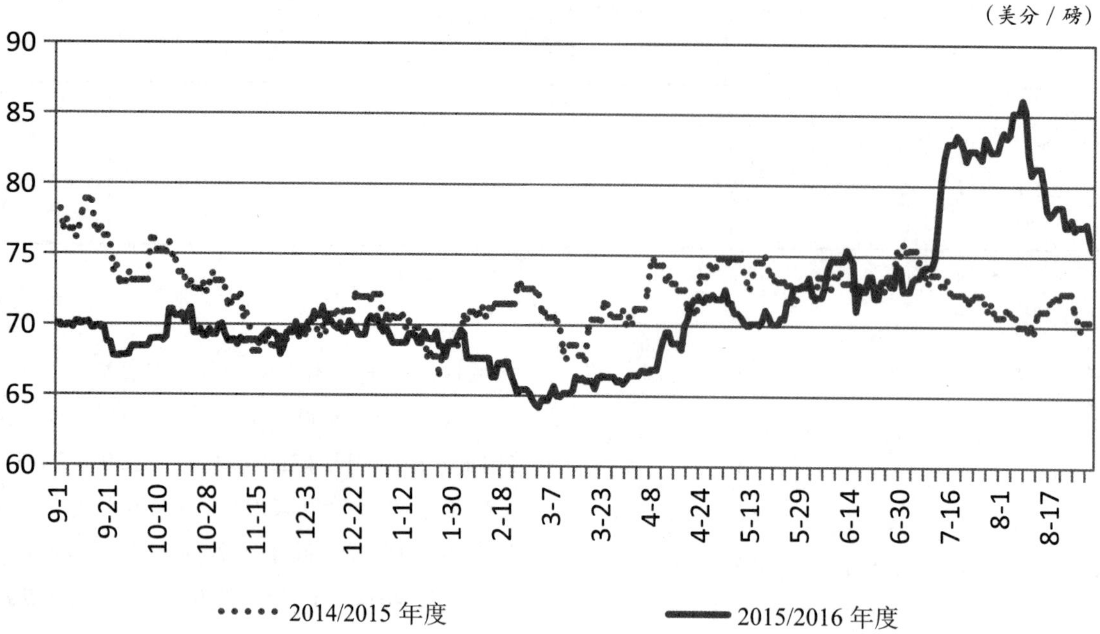

图 1–6　2015/2016 年度国际棉花指数（M）走势及同比对比

主要产棉区概况

第二部分

新疆维吾尔自治区

一、棉花生产

1．棉花面积、总产量和单产

据国家统计局统计数据显示，2015/2016年度新疆棉花种植面积为1904千公顷，总产量350.3万吨，单产1840公斤/公顷，棉花种植进一步向宜棉区集中。

2．种植成本及收益

2015/2016年度，新疆维吾尔自治区棉花生产呈现植棉面积下降、产量下降的特点。据国家棉花市场监测系统数据显示，2015年新疆棉农租地费用平均5700元/公顷，除租地费用外，新疆地方手摘棉种植成本27075元/公顷，机采棉种植成本20010元/公顷，新疆兵团机采棉种植成本2038元/公顷。

3．种植品种

随着国家棉花良种推广补贴政策深入实施，大大改善了新疆棉花品种“多、乱、杂”的状况。据新疆维吾尔自治区农业厅统计，2015/2016年度新疆地方良种覆盖率达到93.1%，主要以新陆早、新陆中、中棉等系列品种为主栽品种。其中，北疆有新陆早34、35、41、45、48、50、54等主栽品种；南疆以新陆中32、36、37、44、46、47及中棉43、49为主栽品种。

二、棉花收购和加工

1．棉花收购加工企业构成及变化情况

2015/2016年度，新疆维吾尔自治区共有613家400型加工企业参与棉花收购并送检，检验量为185.25万吨。

2．棉花公证检验、专业仓储蓬勃发展

2015/2016年度，新疆棉花目标价格改革试点工作继续进行，自治区充分利用棉花质量检验体制改革的成果，引导企业参与专业仓储的建设，在有条件的棉花加工企业设立监管区域，实行同等的监管要求，进行仓储和公检，建设仪器化公证检验实验室，与专业检测仓库布局相匹配。

三、纺织生产与棉花消费

1．纺织生产

在自治区发展纺织服装产业带动就业政策的支撑和各项政策落实的基础上，2015/2016年度新疆纺织工业经济运行继续呈现逐步回升的向好运行态势。棉纺工业和服装产业的生产更加稳步增长向好，而且产品产量增速远高于全国同期。

2．纺织行业经济运行的特点

2015/2016年度，在新疆实施纺织服装产业促进百万人就业战略以来，新疆已成为我国纺织服装产业投资沃土。在中央及援疆省市的大力支持下，在自治区各级党委、政府的共同努力下，纺织服装产业在新疆得到了快速发展。新疆纺织企业坐拥全国最大的棉花产地，其中新疆30%棉花产量就地消化，即便在全国棉纺织行业压力较大的情况下，自治区棉纺产品市场竞争力依旧有待提高。

四、2015/2016年度自治区棉花产业链整体特点

一是以市场供需为基础的价格形成机制初步建立，各个主体的市场意识明显增强；二是棉纺织企业原料成本大幅下降，有力促进了内地纺织企业向新疆转移；三是棉花加工领域资源优化整合初见成效，市场淘汰落后产能的效果显现；四是棉花生产数据摸清，为农业结构调整和水土资源可持续开发利用奠定基础；五是棉花市场环境进一步改善，棉花质量明显提高。　　（国家棉花市场监测系统）

新疆生产建设兵团

一、棉花生产

2015/2016年度，新疆生产建设兵团棉花产量下降、购销顺畅、价格下降的态势。

2015/2016年度兵团棉花播种面积14163千公顷，较2014/2015年度下降10.1%，减少1599千公顷；皮棉总产量为146.5万吨，下降10.4%，减少17.08万吨；皮棉单产为2328公斤/公顷，与上年基本持平。

发挥兵团的集团化、组织化程度高的优势，继续实行统一价格、统一平台、统一结算，兵师棉麻公司定期加强对市场形势的研判，制定销售策略，着力提升兵团棉花的市场竞争力和话语权。同时，通过线上与线下相结合方式，棉花销售速度快于上年。截至2016年8月，兵团各师棉麻公司累计收购皮棉135.15万吨，同比下降15.48%，全部销售完毕，大部分师的棉花于2016年5月初售完实现“双结零”。

受2015/2016年度新疆棉花目标价格水平下降、纺织行业需求不振以及国家储备棉轮出等因素影响，皮棉销售价格进一步下滑。兵团机采棉平均销售单价为12173元/吨，同比下降516元/吨，降幅4%；手摘棉平均销售单价为12389元/吨，同比下降1665元/吨，降幅11.8%。

二、推进新疆棉花目标价格改革试点工作

2015年是国家在新疆推行棉花目标价格改革试点的第二年，目标价格水平为19100元/吨，较上年下降700元/吨。在认真总结2014年度兵团棉花目标价格改革工作经验和问题的基础上，兵团进一步修改完善了棉花目标价格改革试点方案，重点对籽棉交售范围、资金结算方式、补贴发放制度等工作内容进行了完善，并通过兵团电视台等多家媒体宣传《2015年兵团棉花目标价格改革工作实施方案》《致广大植棉户的一封信》《兵团棉花目标价格改革试点工作政策解读手册》等资料，确保政策宣传无死角。为提高工作的科学性和规范性，建设了棉花信息管理系统并投入使用，能够对全兵团棉花种植、生产、交售和加工等相关数据进行实时汇总，为确定棉花播种面积、产量及补贴金额提供了重要依据。兵团认真做好补贴资金兑付工作，2015年底前和春节前分两次将棉花目标价格补贴资金拨付给各植棉师团，并及时兑付至植棉职工，有力地保障了植棉职工的收益。

三、纺织生产与棉花消费

2015年，兵团纺织规模快速增长。在产业援疆、中央支持新疆纺织服装业发展的优惠政策的大力支持下，兵团纺织业规模实现快速增长。2015年兵团纺织业固定资产投资达到63.95亿元，比2014年增长570.5%。截至2015年底，兵团棉纺规模达到440万锭，其中2015年度新增生产能力178.84万锭。受棉花价格下降及国家系列优惠政策的拉动，纺织业运行态势较去年有大幅好转，纺织产品产量平稳增长。棉纱、棉布等主要产品产量平稳增长。2015年兵团纱产量27.3万吨，同比增长29.7%；生产布0.64亿米，同比增长7.1%。

（注：棉花生产、纺织行业相关数据来源于统计年鉴、购销数据来源于兵团棉花协会。）

（新疆生产建设兵团发展和改革委员会）

山 东 省

一、棉花生产

1．种植面积、总产量和单产

据山东省统计局数据，2015/2016 年度，山东植棉面积为 515.5 千公顷，皮棉单产 1042 公斤 / 公顷，总产 53.70 万吨。

2．植棉成本及收益

2015/2016 年度，山东棉花生产成本继续上涨，产量下降，收购价格走低，农民收益锐减。

据山东省物价部门统计，2015/2016 年度，植棉成本为 2258.17 元，同比增加 227.52 元，增幅 10.08%。生产成本为 2015.25 元，同比增加了 12.08%。其中，物质与服务费用 453.19 元，同比下降 0.10%；人工成本 1562.46 元，同比增加 16.20%。虽然化肥及农家肥费支出有所增加，但由于种子费、农药费、农膜费、排灌费和机械作业费用均有减少，因此，物质与服务费用略有下降。人工成本仍然大幅增加，同比增加 16.20%。平均总产值为 1226.30 元，同比减少 24.00%。其中，主产品产值为 985.15 元，同比减少 24.57%；副产品产值 241.15 元，同比减少 21.56%。

由于产量、产值减少，总成本增加，山东省棉花生产收益出现大幅下降。2015/2016 年度，平均现金收益 758.27 元，同比减少 386.86 元；净利润为 -1031.87 元，同比增亏 614.46 元，种棉收益持续出现亏损。

3．生产特点

2015/2016 年度，山东省棉花生长中后期，阴雨天气持续时间较长，光照不足，不利于棉花的正常生长，导致调查户棉花产量明显下降。

二、棉花收购和加工

2015/2016 年度，山东省共有棉花加工企业 148 家 400 型企业参与全国新体制棉花加工，相对山东省棉花加工能力而言，加工量明显偏少，棉花加工企业难以实现饱和生产。

三、纺织生产与棉花消费

2016 年 1—9 月，山东省纱产量为 657.82 万吨，布产量为 85.67 亿米。

2015/2016 年度，棉花普遍减产，但从需求方面看，国内纺织行业境况急转直下，受制于宏观因素影响，纺织行业低迷，导致棉花市场需求不旺。此前中国经济大幅度增长周期将国内制造业成本不断推高，国内的高工资成本、高原料成本使得国内制造业在国际市场不再具有竞争优势。相反，东南亚一些新兴国家，如印度、越南的生产优势开始不断显现出来。同时，宏观经济下行造成国内消费需求低迷，企业现金流紧张等一系列影响因素也凸显出来了。

（国家棉花市场监测系统）

河 南 省

一、棉花生产

1．棉花面积、总产量和单产

2015/2016 年度，河南省植棉面积为 2250 千公顷，较 2014/2015 年度的 2700 千公顷减少 450 千公顷，减幅 16.7%；单产 975 公斤 / 公顷，总产量 9.75 万吨。

2015/2016 年度，河南省棉花育苗播种期间，天气比较有利，棉花播种进度快、出苗好、长势强，麦后棉苗移栽也比较顺利。但是 2015 年 7—8 月份出现了雨涝天气，2015 年 9 月份以后天气基本正常。一些棉田中下部蕾铃脱落率偏高，而上部果枝结铃较好。总体来说，棉花产量基本与 2014/2015 年度持平。

2．植棉面积继续下滑

一是棉农植棉积极性大幅下降。棉花价格仍处于低位，植棉比较效益低，甚至出现亏本，农民不愿意继续种植棉花。据初步测算，河南省棉花生产的物化成本及人工成本合计达到 18750 元 / 公顷，若加上土地折价 5400 元 / 公顷左右，成本高达 24150 元 / 公顷。按照籽棉单产 3000 公斤 / 公顷，棉花市场价格按 7 元 / 公斤测算，收入仅 21000 元 / 公顷，亏损 3150 元 / 公顷左右。即使算上棉花目标价格补贴 2040 元 / 公顷，每公顷仍有 1110 元的亏损。

二是棉花生产机械化程度低，用工量大。近年来，农村外出务工人员多，农村基本是留守的老人和儿童。留守人员没有精力去管理棉花，群众对棉花的经济依存度下降。

三是政策扶持力度低。近几年国家制定的目标价格、良种补贴和滑准税等政策的作用有限，不足以调动群众的植棉积极性。国家在新疆试点棉花目标价格补贴政策，力度基本上能够与临时收储政策相当，而对内地部分省份实行的 2000 元 / 吨的补贴政策，不足以调动群众的积极性。

3．棉花目标价格改革试点情况

在新疆开展棉花目标价格改革试点的基础上，国家对内地棉花主产区实施补贴。这是一项重要惠农政策，中央财政对河南省 2016 年补贴标准为每吨 2000 元。

河南省财政厅、河南省发展和改革委员会、河南省农业厅、河南省统计局从 2014 年开始，制定了《河南省棉花目标价格改革中央财政补贴工作实施方案》下发各地，并将 2015 年度的补贴资金切块下达到各省辖市及财政直管县，由各地根据实际情况进行落实。各省辖市政府及相关部门高度重视，密切配合，制定具体工作方案，以准确、及时、足额将补贴资金兑付到棉农手中为目标，确保补贴政策落实到位。按照“谁种棉，补给谁”的原则，研究制定切实可行的工作方案，提高补贴发放工作效率，确保种棉农民直接受益。据了解，河南省补贴资金通过一卡通直接补贴到棉农。

4．棉花生产主要问题

当前，河南省棉花生产发展方面主要存在以下问题。

一是棉花生产形势处于低谷，严重威胁棉花生产稳定。目前，河南省棉花面积已降至历史最低水平，棉花总产降至近 50 年最低水平，棉花生产的比较优势降为劣势，群众对棉花的经济依存度降至历史最低，棉花在农业生产中的地位迅速降低。在农业种植业结构调整中，棉花已经是被调减的对象，形势堪忧。

二是地方政府对棉花生产重视程度下降。近年来，国家扶持粮食生产的措施不断出台，而对种植棉花的优惠政策却倾斜有限，导致许多地方政府对种植棉花关心少、支持小。

三是关键技术应用不到位。由于农村大批青壮劳力外出打工，留守的基本是老人、孩童，许多农户虽然种植了棉花，但是却出现了投工减少、管理粗放的情况，由于植棉投入不足，关键技术措施应用不能到位，使得棉花产量处于相对较低水平，种棉效益增加不大。

四是轻简育苗移栽成本较高，不利于快速大面积推广。目前虽然在育苗方式、棉苗标准、移栽机型、管理模式等方面初步规范和统一，但每株（穴）育苗成本仍在0.1元左右，仅棉苗成本在2250—3000元/公顷，若采用机械化移栽，加上播前灭茬、整地费用，每公顷育苗移栽成本仍在4500—6000元，相比当前棉花收益仍然是偏高的，群众接受有一定难度。同时，目前比较成熟可靠的移栽机型、遥控旋翼机等每台（套）价格在6万—8万元，加上配套机械，一次性投入大。单台机械应用时间短、闲置时间长，如果单纯从棉花生产和服务来核算，也不利于实现企业化运作。

二、棉花收购和加工

1．棉花收购加工企业构成及变化情况

河南省众多棉花收购加工企业面临关门的窘境。根据国家要求，河南100多家企业完成了400型更新改造，但是随着河南棉花种植面积萎缩、产量大幅下滑，相对于河南棉花加工能力而言，收购加工量明显偏少，棉花加工企业难以有足够的棉花资源维持正常的加工生产，普遍存在产能闲置的问题，加大了企业负担。据了解，2015/2016年度河南省的80余家400型加工企业，能够开秤收购的企业数量很少。

2．棉花收购、加工及销售的特点

河南棉农的交售习惯已经转变为常年销售。2015/2016年度，由于新棉上市棉花收购价格居高不下，而棉花销售市场形势严峻，收购企业面临巨大的市场风险，对后市普遍不看好，在这样的心理下，棉花收购企业收购不积极，一些企业也是根据接到纺织企业用棉的订单以后，开始小批量零星收购加工，加工出来的皮棉及时销售，根本不敢积压库存。

由于内地棉花成熟性差、一致性不好，棉纺企业大多不愿购买本地棉花，严重影响了收购加工企业收购积极性，而棉农对棉花价格又有着过高的期望，普遍存在惜售心理。棉花收购加工企业无法维持正常的收购加工经营。

三、纺织经济运行

1．棉纺织企业构成及生产情况

2015/2016年度，河南棉纺织加工企业599家，亏损45家，亏损面7.51%，较2014/2015年的7.67%有所减少。

2016年，棉纺织加工累计完成主营业务收入1839亿元，较2015年同期的1785亿元增长3%；存货累计116.24亿元，较2015年同期的117.24亿元减少0.85%。

2．2016年河南纺织行业经济运行特点

产品规模继续保持增长 据测算，2016年，规模以上企业生产纱640万吨，布25亿米，化纤50万吨，服装17亿件，分别占全国总产量的18%、4%、1.0%和5.0%，分别位居全国的第2、第8、第8、第6位。

经济效益指标稳定发展 据测算，2016年底，河南省规模以上纺织工业企业共1580户，全年规模以上企业完成主营业务收入4100亿元，实现利税400亿元，实现利润300亿元，安置就业人数约52万人，分别占全国纺织工业的5.5%、6.5%、7.5%和5.0%；主营业务收入、利税总额、利润总额，均居中部六省第一。

进出口增长幅度由负转正 据测算，2016年纺织品服装出口转为正增长，低于全国增幅。2016年，河南省纺织工业完成出口额20亿美元，同比增长8.6%。

固定资产投资继续增长 固定资产投资总额同比增加，位居全国第3位。据估计，2016年，河南省纺织实际完成固定资产投资总额1300亿元，同比增长9.30%。

（注：纺织部分数据来源于河南省纺织协会）

（河南省棉花协会　魏勇）

河 北 省

一、棉花生产

1. 棉花面积、总产量和单产

2015/2016 年度，受棉价走低、效益下降等多种不利因素影响，河北省植棉面积大幅减少，总体情况是“三减”，即面积减、总产减、单产减。根据统计部门数据分析，2015/2016 年度河北省棉花实际播种面积为 8084 千公顷，比 2014/2015 年度减少 1162 千公顷，减幅 12.57%，是 2001 年以来河北省棉花面积最低的一年；皮棉单产 1049 公斤 / 公顷，减少 9.45 公斤 / 公顷，减幅 0.9%；总产量 37.34 万吨，减少 5.76 万吨，减幅 13.36%。

2. 种植成本及收益

2015/2016 年度，河北省棉花每公顷平均产值 21860.1 元。其中，主产品产值 17320.95 元，副产品产值 4539.15 元。总成本 33605.25 元，其中生产成本 28632.75 元（包括：物质及服务费用 5997.75 元，人工成本 22635 元），土地成本 4972.5 元（包括：流转地租金 588.3 元，自营地折租 4384.2 元）。净利润 –11745.15 元。

3. 种植品种

受上年连阴雨天气造成烂铃影响，棉农自留种普遍减少，良种普及率稳定提高，优种率达到 96% 以上。国欣 3 号、国欣 4 号、鲁棉研 28、冀棉 228、冀棉 169、新科 8 号、硕棉 1 号、邯棉 284、冀丰 554、冀棉 958、冀 616、沧 198、国欣棉 9 号等一批优良品种被广大棉农所认可。

4. 生产特点

播种期提前 2015/2016 年度，河北省棉花主产区播种期间没有出现明显的降雨和降温过程，气温比常年同期偏高，地温回升较快，播种期提前，普遍比常年提早 2—3 天。由于造墒耗时和棉农犹豫观望等原因，播种进度较慢，相对往年播种期相对拉长。

优良品种得到普及推广 随着科技植棉意识的增强，棉农自留种逐步减少，购买商品棉种数量增加，从而确保了棉种质量，良种普及率稳定提高，冀棉 169、国欣棉 9 号、冀棉 958 等一批优良品种被棉农所接受并得到普及推广，优种率达到 96% 以上。

出苗早，病害轻，虫害种，结铃情况不一 由于河北省大部分棉田是造墒播种，出苗期间天气适宜，出苗情况好于常年，苗全、苗齐、苗壮。苗病发生较轻，蚜虫为害重于常年。结铃阶段，伏前桃多，伏桃少。由于前期降水少，光照充足，利于生殖生长，普遍早发，伏前桃多。中期降雨较多，脱落率高，伏桃少。据河北省田间考察，2015/2016 年度伏前桃平均 3.2 个 / 株，是近 10 年来最多的一年。

5. 棉花目标价格补贴实施情况

2015 年 11 月，经河北省政府批准，河北省财政厅、河北省发展改革委、河北省农业厅三部门印发了《河北省 2015 年棉花补贴工作实施方案》（冀财建〔2015〕286 号）。按照实施方案要求，各市县对本地棉花种植面积进行核实统计，省财政根据财政部下达资金总额和各市核实上报的棉花种植面积分配补贴资金。2016 年 2 月 4 日，河北省财政厅发文《关于拨付 2015 年度棉花目标价格补贴资金的通知》，经对各市县上报面积汇总，2015/2016 年度河北省棉花种植面积共 5582.1 千公顷，补贴标准按照 3015 元 / 公顷实施补贴。

二、棉花收购和加工

1. 棉花收购加工企业构成及变化情况

2015/2016 年度，河北上通过资质审核并发放资质的 400 型加工企业共 216 家，实际参与收购加工的企业不足 180 家，约 36 家企业没有参与收购，另有近30家200型企业参与收购。据调查河北省约50家加工企业与纺织企业签订代理收购加工协议，生产的小包棉花不投放市场，直接给纺织企业使用。

2．棉花收购价格、利润情况

2015/2016年度，河北省收购企业数量减少，收购进度缓慢。2015年9月至2016年3月底，河北的唐山收购进度达95%以上、邢台75%左右、邯郸65%左右、衡水70%左右、沧州70%左右。各地收购进度虽不均衡，但总体交售量在70%左右，尚有近30%的籽棉没有收购上来，2016年6月底前基本收购加工销售完毕。

河北省各主产棉区从2015年9月开始收购，开秤籽棉价格在6.0—6.2元/公斤，10月开始收购价格逐渐下跌，2016年2月前后，籽棉跌至5.0—5.6元/公斤，2016年3月底，籽棉价格多数降到4.8—5.2元/公斤。2015/2016年度，皮棉售价在一路慢跌，致使籽棉价格也在一路慢跌状态，收购加工企业的收购也是收收停停，多数企业处于亏损。

2015年9月收购开始到2016年4月底，皮棉售价一直在下跌状态。2015年9月中下旬，河北省皮棉售价在13300—13500元/吨，10月13000元/吨左右，11月12800—12900元/吨，12月12500—12600元/吨，2016年1月12000—12300元/吨，2016年3月、4月跌至11200—11500元/吨。

3．棉花质量

据河北省纤维检验部门统计，2015/2016年度，河北省加工企业送检棉花合计380350包，约合86339.45吨，送检比例较小。

从送检的棉花质量检验结果分析，河北省棉花主体长度是27—28毫米，占比在85%以上；颜色级中，白棉总体占71.72%，白棉3级和白棉4级是主体；轧工质量96.73%为P2档；马克隆值C2档和B2档是主体，占比达到99%；断裂比平均强度达到28.62。综合比较，黄河流域各省中，河北省棉花质量最优。

三、纺织经济运行情况

1．增加值指标完成情况

2015/2016年度，河北省纺织工业总产值、工业销售产值增速同比持平。2016年10月份完成出口交货值19.35亿元，同比增长1.84%，扭转了2016年7月、8月连续负增长的情况；2016年1—10月累计完成出口交货值163.97亿元，同比增长0.01%，化学纤维制造业出口提升较大，出口交货值下滑速度得到放缓，出口形势仍然不见好转。

2016年1—10月，增加值增速平稳增长，实际完成6.56%，工业增加值增速高于河北省1.06个百分点。主要产品产量与前期相比变化不大，整体发展趋于平稳增长态势。2016年1—10月，累计完成增加值756.77亿元，累计同比增长6.56%；服装、鞋、帽业增长强劲，增长速度均领跑行业增速，化学纤维业增加值增速略有下滑，低于河北省纺织平均数。2016年1—10月，累计完成工业总产值3282.74亿元，同比增长5.63%，高于河北省工业总产值增速0.85个百分点。2016年1—10月，累计完成工业销售产值3220.01亿元，同比增长5.65%，高于河北省工业销售产值增速1.07个百分点。

2016年1—10月，纱产量182.97万吨，同比增长8.7%；布产量57.16亿米，同比下降2.0%；服装累计完成4.88亿件，同比增长10.1%；化学纤维累计完成51.3万吨，同比增长0.3%。

2．行业效益持续增长，亏损额增速大幅收窄

2016年1—9月，1627家规模以上企业完成主营业务收入2723.14亿元，同比增长4.9%。实现利润191.22亿元，同比增长3.6%；亏损企业107家，同比减少10家，同比下降8.5%。亏损总额4.44亿元，与同期下降42.7%。

3．出口形势不见好转

2015/2016年度，河北省棉纺企业出口额环比、同比依然下滑，下滑幅度稍有增长，服装类出口增速落后于纺织品。

2016年9月，河北省纺织品服装出口额为5.28亿美元，环比下降7.83%。其中，纺织品1.36亿美元，环比下降12.22%，服装43.92亿美元，环比下降6.21%。

2016年1—9月，河北省纺织品服装累计出口额为37.41亿美元，同比下降7.72%。其中，纺织品

11.93 亿美元，同比下降 0.81%，服装 25.48 亿美元，同比下降 10.63%。2016 年 1—9 月累计出口额在全国 31 个省、市、自治区中位列第 7 位，相比 2015 年前进一位。

4. 投资增速保持稳定增长

2016 年 1—10 月，河北省纺织行业实际完成固定资产投资 872 亿元，同比增长 10.8%，增幅低于 2015 年底近 2 个百分点。其中，纺织业实际完成投资 417 亿元，同比增长 5.7%；服装、服饰业实际完成投资 157 亿元，同比增长 14.4%；化学纤维业实际完成投资 94.3 亿元，同比增长 76.4%。1002 个在建项目中有 721 个项目是技术改造项目，技改项目数和投资金额均达到总数的 70% 以上。

（国家棉花市场监测系统石家庄办事处　王彦章）

天　津　市

一、棉花生产

种植面积、总产量和单产

据天津市统计局统计，2015/2016 年度天津市植棉面积为 18.80 千公顷，同比减少 11.4 千公顷，减幅 37.75%；总产量 2.56 万吨，同比减少 1.26 万吨，减幅 32.98%；籽棉平均单产 1362 公斤 / 公顷，同比增长 97 公斤 / 公顷，增幅 7.67%。

二、棉花收购和加工

1. 收购情况

2015/2016 年度，由于天津市植棉面积减少，籽棉收购价格低于棉农预期，收购初期棉农普遍惜售，棉花收购工作呈现出收购开始晚，结束早的特点。据国家棉花市场监测系统数据显示，2015/2016 年度，天津市籽棉收购价格较为平稳，2015 年 10 月白棉 3 级收购均价为 6.11 元 / 公斤，2015/2016 年度白棉 3 级收购均价为 6.08 元 / 公斤，同比下降 0.03 元 / 公斤。

2. 加工情况

2015/2016 年度，天津市共有 19 家 400 型加工企业参与棉花收购并送检，较 2014/2015 年度减少 8 家。

三、纺织经济运行

据国家统计局统计，2016 年 1—8 月，天津市棉纱产量 8.21 万吨，同比增长 1.56 万吨，增幅 23.46%；棉布产量 1.70 亿米，同比增长 0.07 亿米，增幅 4.29%。

（国家棉花市场监测系统）

山　西　省

一、棉花生产

1. 种植面积、总产量和单产

据山西省统计局数据，2015/2016 年度山西省棉花种植面积 10.62 千公顷，同比减少 3.95 千公顷，减幅 27.11%；皮棉总产量 1.45 万吨，同比减少 0.25 万吨，减幅 14.71%；平均单产 1365 公斤 / 公顷，同比增长 175 公斤 / 公顷，增幅 14.71%。

近年来，由于气候不利、棉花价格波动起伏较大等原因，与其他作物相比，种棉需要承担更大的市场风险和自然风险，棉农积极性严重受挫。

2．种植成本及收益

2015/2016 年度，山西省棉花单产和品质均比去年提高，籽棉收购价格较稳定，但由于种植成本提高，植棉效益仍不理想。

据国家棉花市场监测系统数据显示，2015/2016 年度山西省籽棉收购价格为 6.00 元 / 公斤，收购期间价格保持平稳。

二、棉花收购、加工及销售

2015/2016 年度，山西省整体天气适宜棉花生长，皮棉单产略有提高，普遍在 1365 公斤 / 公顷。

2015/2016 年度，山西省植棉面积继续下降，籽棉资源明显减少，加上 2014/2015 年度棉企多数亏损，收购积极性不高，整体交售进度缓慢，仅 3 家 400 型企业参与全国新体制棉花加工。

三、纺织经济运行

据国家统计局产量数据显示，2016 年 1—9 月山西省纱产量 3.89 万吨，同比减少 0.18 万吨，减幅 4.42%；布产量 0.32 亿米，同比减少 0.03 亿米，减幅 8.57%。2015 年 1—10 月，服装产量 0.13 万件，同比增长 15.36%。

2015/2016 年度，山西省纺织业发展缓慢，棉纺织品产量出现不同幅度下降，部分企业走上关停的道路，经营疲弱难改。

（国家棉花市场监测系统）

陕　西　省

一、棉花生产

1．棉花面积、总产量和单产

据陕西省统计局统计，2015/2016 年度陕西省棉花种植面积为 24.07 千公顷，同比减少 3.28 千公顷，降幅 11.99%；总产量 3.38 万吨，同比减少 0.37 万吨，减幅为 9.87%；平均单产 1404.24 公斤 / 公顷，同比增加 33.12 公斤 / 公顷，增幅为 2.42%。

2．种植成本及收益

2015/2016 年度，陕西省棉农植棉物化投入及其他成本 19356.9 元 / 公顷，比去年增加 1506.9 元 / 公顷，增幅 8.44%。植棉物化投入为 8925 元 / 公顷，其中种子 690 元 / 公顷、地膜 480 元 / 公顷、底肥 3200 元 / 公顷、叶面肥及化控药 300 元 / 公顷、农药 1355 元 / 公顷、灌溉 1400 元 / 公顷、其他费用 1500 元 / 公顷，人工及直接费用成本为 10431.9 元 / 公顷。

2015/2016 年度，按每公顷平均产量 3645 公斤籽棉，当地籽棉收购均价每公斤 6.6 元计算，每公顷毛收入 24057 元。每公顷毛利只有 4700.1 元，比起其他（西瓜、苹果、冬枣等）经济作物效益相差甚大。

3．植棉品种

2015/2016 年度，陕西植棉的主要品种是中棉 41 号以及棉农自留棉种。

4．生产特点

2015/2016 年度，陕西棉农大多小面积套种、自己耕作为主，自用棉比重大。棉花播种提前 5—7 天，棉田墒情适宜，气温好于往年，出苗率齐。个别田块有轻度黄萎病发生，主要虫害仍以蚜虫为主，为害程度轻微，药物防治一般 7—10 天进行一次，少于往年。陕西棉区前期有轻微旱，中期雨水正常，气候湿润，适宜棉花正常生长；后期天气以晴间多云为主，气温适宜，气候干燥，棉花吐絮顺畅，较 2014/2015 年度提前 3—5 天进入吐絮、2015/2016 年度采摘期，采摘的籽棉一致性好，大部分可达白棉 3 级以上，籽棉含水小，棉花等级好于往年。

二、棉花收购和加工

1. 棉花收购加工企业构成及变化情况

2015/2016 年度，陕西省有收购加工能力的 400 型棉花加工企业 12 家，2015/2016 年度没有发放 400 型资质，实际进行收购加工的只有 1—2 家企业。2015/2016 年度，陕西省棉花主要由 200 型企业进行收购、加工，收购、加工的棉花均未通过仪器化公检，全部由小型纺企及当地自由市场零星消化。

2. 棉花收购加工、销售成本及利润情况

2015/2016 年度，陕西棉企开秤收购量不大，收购价最低 6.4 元 / 公斤，最高 7 元 / 公斤，白棉 3 级收购价主要在 6.5—6.8 元 / 公斤，收购加工企业除去加工费每吨 800—1000 元，加工销售 3128B 级皮棉每吨毛利 300—500 元，经营利润微薄。

3. 棉花收购、加工及销售的特点

2015/2016 年度，陕西棉花产量不大，棉农对收购价格比较认可，销售比较顺畅。由于棉企对后期加工的皮棉销售前景持谨慎乐观态度，收购环节谨慎，包包测水，进度稍慢，加之真正开秤收购的企业数量少，收购量不大，加工企业基本上采取收购一定量再开机生产。销售呈现出随加工随销售，加工企业基本没有存货。

三、纺织生产与棉花消费

1. 棉花消费增加

据统计，2015/2016 年度陕西棉花消费量达到 27.03 万吨，同比增长 10%。

2. 棉纺产量不同幅度增长，化学纤维产量下降

据陕西省统计局统计，2016 年 1—10 月，陕西省规模以上纺织工业主要产品产量如下：化学纤维 17202.00 吨，同比下降 8.9%；纱 40.11 万吨，同比增长 4.5%；布 58283.90 万米，同比增长 12.4%；服装 1758.90 万件，同比增长 9.8%。

表 2–1　2016 年 1—10 月陕西省规模以上纺织工业产品产量

行业	指标名称	单位	累计生产量	同比
纺织	化学纤维	吨	17202	- 8.9
	纱	万吨	40.11	4.5
	布	万米	58283.9	12.4
	服装	万件	1758.9	9.8

3. 纺织行业工业总产值

据陕西省统计局统计，2016 年 1—10 月，陕西省累计完成工业总产值 17280.54 亿元，同比增长 5.4%，其中纺织行业完成 294.85 亿元，同比增长 9.1%，占全部规模以上工业产值 1.7%。

表 2–2　2016 年 1—10 月陕西省规模以上纺织工业产值

指标名称	累计（亿元）	上年同期（亿元）	同比增长（%）
纺织行业	294.85	270.33	9.1
纺织业	231.32	215.18	7.5
纺织服装、鞋、帽制造业	49.08	42.75	14.8
化学纤维制造业	14.45	12.39	16.6

4．陕西省纺织行业主营业务收入高于陕西省规模以上企业主营收入 4.33 个百分点

据陕西省统计局统计，2016 年 1—10 月，陕西省规模以上企业 5415 户。主营业务收入 15259.90 亿元，较 2015 年提高 5.7 个百分点，高于全国 1.8 个百分点。

纺织行业完成主营业务收入 264.30 亿元，较 2015 年提高 10.03 个百分点，高于陕西省 4.33 个百分点。

表 2–3 2016 年 1—10 月陕西省规模以上纺织工业主营业务收入

行业名称	本月累计（亿元）	上年同期（亿元）	同比增长（%）
陕西省总计	15259.9	14430.6	5.7
纺织行业	264.3	240.2	10.03
纺织业	214.3	196.9	8.8
纺织服装、服饰业	39.8	33.2	19.9
化学纤维制造业	10.2	10.1	1

5．陕西省纺织行业实现利润低于陕西省工业实现利润水平 6 个百分点

据陕西省统计局统计，2016 年 1—10 月，陕西省规模以上企业 5415 户。实现利润 991.70 亿元，较上月提高 3.9 个百分点，较 2015 年同期提高 4.1 个百分点，低于全国 4.5 个百分点。

纺织行业实现利润 25.50 亿元，同比下降 1.9%，降幅较上月扩大 1.5 个百分点，较 2015 年同期扩大 11.5 个百分点。

（国家棉花市场监测系统 易建祥）

江 苏 省

一、棉花生产

1．棉花面积、总产量和单产

据江苏省统计局统计，2015/2016 年度江苏省棉花种植面积 94.29 千公顷，总产量 11.7 万吨，平均单产 1240 公斤 / 公顷。

2．种植成本及收益

据江苏省农业厅统计，2015/2016 年度，江苏省棉花平均生产成本 27215.6 元 / 公顷，同比增加 897 元/ 公顷，增幅 3.41%。其中，植棉固定成本和物化投入 1724.25 元 / 公顷，同比增加 886.2 元 / 公顷，增幅 51.40%，主要是土地租金大涨所致。物化投入 5301.3 元 / 公顷，同比下降 179.7 元 / 公顷，减幅 3.28%。人工费用 20190 元 / 公顷，同比减少 755.4 元 / 公顷，减幅 3.61%。

据江苏省农业厅调查统计，2015/2016 年度，江苏省棉花收益为 –7784.7 元 / 公顷，亏损幅度同比扩大 2316.6 元 / 公顷。

3．种植品种

2015/2016 年度，江苏省棉花种植品种主要有铜杂 411、苏棉 23、中棉所 63、泗抗 3 号、中棉 72 等。

二、棉花收购、加工与销售

据国家棉花市场监测系统数据显示，2015/2016 年度，江苏省籽棉收购价格高开低走，年度均价为 5.99 元 / 公斤。由于棉花资源大幅减少，江苏省仅 10 家 400 型企业参与全国新体制棉花加工。

三、纺织生产与棉花消费

据江苏省统计局统计，2016年1—9月，江苏省纱产量为421.07万吨，布产量为68.16亿米。纺织服装行业是江苏国民经济传统支柱产业和重要民生产业，也是国际竞争优势明显的产业。江苏省纺织服装产业无论是数量还是层次上均居全国前列，规模总量全国领先，利润总额常年保持全国最高，外贸出口总体平稳，产业集群实力雄厚。2016年1—6月，江苏纺织服装行业实现主营业务收入7148.84亿元，同比增长5.16%；全行业实现利润总额370.7亿元，同比增长8.38%，继续保持了健康稳定的态势。

（国家棉花市场监测系统）

安 徽 省

一、棉花生产

1. 棉花面积、总产量和单产

据安徽省统计局数据，2015/2016年度安徽棉花种植面积约3600千公顷，较2014/2015年度的5967千公顷减少2367千公顷，同比减少近4成。受天气影响，2015/2016年度棉花单产和质量较正常年份略有偏低，棉花总产量为23.36万吨，较2014/2015年度的26.3万吨减少2.94万吨，同比减少11.18%。

2. 种植成本及收益

据安徽省物价局统计，安徽省种植棉花的每公顷总成本为28523.85元，同比增加3053.4元，增幅为11.99%。种植棉花的每公顷物质费用为6697.95元，同比减少521.85元，减幅7.23%，其中，种子费、化肥费、农药费和租赁作业费同比分别下降7.87%、5.82%、12.1%和15.36%；棉花每公顷人工成本为19242.45元，同比增加3378.7元，增幅21.3%；棉花每公顷土地成本为2583.45元，同比增加196.5元，增幅8.23%。

2015/2016年度，安徽省棉花种植收益继续下滑。每公顷净利润为–8954.4元，同比下降1880.25元；每公顷现金收益为12293.85元，同比增加1540.2元，增幅14.32%；籽棉出售价格6.64元/公斤，同比上涨0.93元，涨幅达16.29%。

3. 棉花收购加工企业情况

棉花加工企业运行困难，行业进入洗牌淘汰阶段。由于近两年棉花收购销售呈现倒挂现象，企业普遍出现亏损，市场参与企业逐步进行淘汰和行业洗牌。2015/2016年度安徽仅有15家400企业有公检数据，2014/2015年度为41家，2013/2014年度为58家，主要原因为棉花资源减少，企业经营亏损等因素。另外，部分200型企业开始参与市场收购加工。

二、纺织生产与棉花消费

1. 纺织企业构成及变化情况

2015年，安徽省规模以上纺织企业户数达1837户（其中服装业1124户），较2014/2015年度增加136户（服装业84户）。

2. 纺织生产及销售情况

据安徽省统计局数据，2015/2016年度安徽省纺织企业纱产量为111.12万吨，同比增加7.12万吨；布产量为14.14亿米，同比增加2.49亿米，其中棉布产量为4.36亿米，同比减少0.1亿米，印染布产量1.85亿米，同比增加0.38亿米；服装产量为11.7亿件，同比增加0.77亿件，其中梭织服装7.94亿件，同比增加0.63亿件，针织服装3.75亿件，同比增加0.14亿件。2015年，安徽省规模以上纺织工业（含服装企业，下同）企业工业销售产值（现价）达到

2003.4 亿元，同比增加 204.17 亿元；规模以上纺织企业（含服装企业）利润达到 96.85 亿元，同比减少 1.39 亿元；规模以上纺织企业总资产达到 947.09 亿元，同比增加 57.95 亿元。

3. 纺织行业经济运行的特点

平稳增长高于全国，下行压力依然很大　2015/2016 年度，面对依旧复杂严峻的外部形势，我国纺织行业坚持加快推进转型升级，着力深化供给侧结构性改革，经济运行态势基本保持平稳，产销、效益等主要指标实现增长，出口降幅呈现收窄趋势，国内纺织企业继续承受较大压力。安徽省纺织行业坚持加快调转促，着力深化供给侧结构性改革，经济运行态势基本保持平稳，产销、效益和出口等主要指标实现增长，大部分指标增速好于全国纺织水平，但用工困难、产能过剩、环保等问题仍制约纺织工业发展，生产下行压力仍然很大。

传统纺织依然艰难，新兴纺织发展迅速　根据安徽省经信委生产运行监测分析系统数据，结合全国规模以上纺织行业汇总数据，2016 年安徽省纺织行业工业总产值约同比增长 6%。列入统计范围内的 15 大类纺织产品有 10 类保持增长，5 大类同比下降。安徽省主要纺织产品纱、布、丝、和化纤多数保持增长。其中，纱、布同比增长 7.1% 和 5.5%，化纤增长 32%，服装历经数年高速增长，自去年起增速同比下降，2016 年全年同比下降约 1%。

传统棉纺行业利好和棉花波动影响较大，新兴产业用纺织品行业发展加速。棉花临时收储政策退出，棉花价格稳定了一段时间，加速折旧政策扩围至纺织行业，棉纺企业抓住契机，紧扣市场需求，调整产品结构，营业收入和利润总额同比提高，但最近棉花市场由于储备棉抛出管理问题出现了暴涨，严重影响了棉纺织企业的生存和发展，国家棉纺织协会和重点企业正在向上积极反应和沟通，有关方面正在采取措施，出台政策，以期稳定棉花市场。安徽省服装行业企业数量大，中低档产品多，品牌总数及规模依然偏少，企业多以贴牌和代加工为主，品牌发展仍然滞后于经济发展，产业转型升级的压力依然很大。安徽省产业用纺织品行业近年来涌现出滁州金春股份、广德天运股份、合肥普尔德、安徽元琛环保科技、安庆华维产业用布等一大批优秀企业，子行业占安徽省纺织份额由 2010 年的不足 2% 发展到目前的 7.5%，成为位居服装（占 47%）和棉纺（占 23%）之后的安徽省纺织第三大行业，发展势头迅猛。

预期依然平稳，转型有压力更有动力　2015/2016 年度，安徽省纺织行业总体保持平稳运行态势。内需市场增速虽然有所放缓，但我国宏观经济将在合理区间保持稳定增长，内需仍是纺织行业的重要支撑力。“新常态”下，消费的升级为优化产品结构、扩大纺织消费创造了机会。“一带一路”倡议对于我国纺织品服装进一步开拓国际市场前景广阔。此外，新一轮科技革命和产业变革为纺织创新发展提供了重要的支撑，纺织产业与新一代信息技术的深度融合带来了创新发展的广阔空间，也将提升纺织行业的整体发展水平。与此同时，纺织行业仍面临较大发展压力，纺织行业仍需继续加快推进转型升级，积极化解各种风险矛盾，努力确保全年实现平稳、健康发展。

湖　北　省

一、棉花生产

1. 棉花面积、总产量和单产

据湖北省统计局统计，2015/2016 年度湖北省植棉面积 264.7 千公顷，同比减少 80.11 千公顷，减幅 23.23%；皮棉总产量 29.8 万吨，同比减少 6.2 万吨。减幅 17.22%；皮棉单产 1124 公斤 / 公顷，同比提高 81 公斤 / 公顷，提高 7.77%。

2. 生产特点

2015/2016 年度，湖北省棉花生产的政策支持弱化、产销形势两衰、劳动力矛盾突出。新棉上市初期，市场低迷，“卖棉难”问题已经凸显，2015/2016 年度后期价格波动非常大。传统优势棉区减幅较大，过去棉花集中连片种植，现在成为零星种植的作物。

落实补贴政策，保障棉农收益。2015/2016 年度，湖北省棉花目标价格补贴应发放资金总额 65888.48 万元。其中，中央财政下拨 59600 万元，2014/2015 年度补贴结余资金 6288.48 万元。大多数县（市、区）在 2016 年 7 月 31 日前将棉花目标价格改革补贴资金发放到种棉农民手中。据湖北各地上报统计，补贴标准有高有低，按核实的上年棉花种植面积，高的补贴 5265 元 / 公顷，低的仅 1230 元 / 公顷，湖北平均棉花补贴 2445 元 / 公顷。国家继续实行棉花目标价格补贴试点政策，有利于保障棉农的收益，对鼓励棉农种植棉花形成一定支撑，但在皮棉价格大幅下滑的状况下，棉农卖棉收益明显下降，植棉成本与籽棉销售价格一直处于倒挂状态，湖北主产棉区种植意向有减无增，棉花种植整体仍呈下降趋势。

自然灾害影响棉花产量。2015/2016 年度，棉花播种期受低温阴雨影响，部分棉花移栽后僵苗时间长；棉花生长期遭长期寡照、严重洪涝灾害影响，致使江汉平原主产棉区灾害严重、生长迟缓，现蕾开花推迟近半个月，伏前棉花长势普遍较差。湖北省不少县市棉花黄枯萎病大面积爆发，发病严重的田块棉株叶、蕾、铃几乎全部脱落，高发棉田的病株率达 40% 以上；吐絮期高温富照、雨量较充沛、肥水条件较好，棉花生育进程有所加快，营养生长与生殖生长协调，特别是吐絮期间气候好，烂桃少，棉铃充实度高。总体上看，不同棉区棉花长势不平衡，江汉平原棉区单株成桃和公顷平均成桃数低于上年，棉花整体长势还是比 2014/2015 年度差，单产水平有所下降，鄂东丘陵和鄂北岗地棉区没有渍害，棉花长势好于上年。根据各地上报材料综合测算，预计 2015/2016 年度湖北省皮棉总产量 18.8 万吨，同比减产 15.9%。

市场棉价波澜起伏，剧烈震荡。资金下的大宗商品市场出现普涨氛围是外在驱动力，棉花产业链大幅去库存是内在驱动，这两大力量导演了 2016 年的棉花大戏。与 2015 年新棉上市交易冷清、价格持续走低景象比较，2015/2016 年度湖北省棉花收购市场略有回暖。受国内外整体经济弱势下行拖累，纺织企业经营也面临诸多困难，2015/2016 年度棉企收购积极性不高，纺企关注储备棉轮出，在采购皮棉过程中，多数纺企采取“随用随购”策略，且坚持货比三家，低价采购，严重抑制了皮棉现货行情，棉花现货行情弱势依旧。新棉上市前期籽棉单价在 5.4—5.6 元 / 公斤（衣分 39%，水分 13%），收购价与上年持平，以商贩上门收购为主。新棉上市后，棉花收购企业观望情绪浓，棉农惜售情绪浓，全额现金结算，籽棉单价普遍维持在 6.0 元 / 公斤左右，高的达 6.5 元 / 公斤。

二、棉花收购加工与销售利润

1. 棉花收购加工企业构成及变化情况

在 2016 年 3 月初，国家公布了在新疆棉区继续实施棉花目标价格补贴试点，将目标价格定在 18600 元 / 吨，公布内容没有提及内地棉花补贴标准，湖北区域部分棉农改种其他经济作物。2016 年 4 月国家发展改革委、财政部联合下文，从 2016 年起逐步有序消化国家储备棉库存，将储备棉规模调整至合理水平。储备棉消化主要按照“不对称轮换、先轮出后轮入、多轮出少轮入”的方式进行操作。从 5 月 3 日到 9 月 30 日，国储棉销售 266 万吨。

据中国海关统计，2015 年 9 月—2016 年 8 月，我国累计进口棉花 96.00 万吨，同比减少 70.99 万吨，减幅 42.51%。2015/2016 年度，我国累计进口棉纱 203.48 万吨，同比下降 12.47%；累计出口棉纱 35.85 万吨，同比下降 7.11%。储备棉轮出有序消化了在库库存数量，缩小了内外棉花差价，给纺织企业提供了优质低价的原材料，有效抵御了外纱对国内市场的冲击。

2．棉花收购、加工和销售成本及利润情况

2015/2016 年度湖北省籽棉收购价格在 5.8 元 / 公斤左右，收购成本在 12300 元 / 吨，加工成本 700 元 / 吨，销售成本 400 元 / 吨，与 2014/2015 年度持平。400 型技改厂举步维艰，受价格走低影响，大部分经营受到巨大挫折。

3．棉花收购、加工及销售的特点

棉花收购的特点：一是全省籽棉收购均价在 5.8 元 / 斤左右，加上棉花目标价格定额补贴，收购均价大幅下降；二是植棉收益大幅下降，加之大宗农产品价格整体下滑，特别是玉米价格较 2014/2015 年度下跌 50%，农民种植经济作物不经济；三是棉企收购格局是 400 型基本退出收购市场，加工量急剧萎缩，200 型按市场定价，由于资金问题，没有出现争收抢购籽棉的现象。据湖北省纤检局报告，全年度皮棉公检量达 1.57 万吨，同比下降 13.08 万吨，实际平均长度值 28.67 毫米，白棉 3 级占公检量 54.83%，淡点污棉占公检量 41.97%。

三、纺织生产与棉花消费

1．纺织企业经济运行情况

2016 年 1—8 月份，湖北纺织工业主要产品产量增减不一，纱线产量 220.70 万吨、与 2015 年持平；布产量 47.6 亿米、下降 5.52%；无纺布 27.8 万吨、下降 10.48%；服装 6.87 亿件、增长 5.53%。

2．纺织行业经济运行的特点

调整中稳中趋好　中国启动去库存、去产能、补短板等一系列的供给侧结构性改革对于产业链上游的大宗商品市场行情带来利好，整体的供求水平从严重的供大于求朝着逐步接近供求平衡方向发展。湖北省纺织行业通过调整产品结构、开发新产品、新增高端产品产能。服装行业采取线上、线下结合的全渠道销售模式，其实质是供应链效率提高的结果，移动支付、人工智能以及物流基础设施的完善，推动线上和线下区域界限进一步模糊。5G 和物联网时代将要到来，全渠道模式将成为主流。

人民币贬值通道下出口向好　美元从 2015 年年底进入加息周期，面对全球央行负利率或低利率，美元一枝独秀。英国“脱欧”，黑马特朗普在美国大选中获胜，保守主义、孤立主义抬头，全球化引擎偃旗息鼓，逆全球化风潮此起彼伏。人民币贬值，进口成本增加，对外纱有一定的抑制作用，同时有利于纺织品出口。

劳动力成本上升，“用工难”难以缓解　由于纺织行业是劳动密集型行业，劳动强度大，工资水平低，因此，近年来，“招工、用工、留工”问题一直是纺织企业面临的重点难题。尽管企业给职工普遍加薪，但职工的工资水平依然偏低。加之纺织业艰苦的生产环境及特殊的运转班制，使得大多数年轻人都不愿进入纺织企业工作，造成了行业的用工短缺，特别是一线挡车工岗位严重不足。

环保要求提升，印染行业生存难　随着环保意识提升，国家加大环境保护立法及加大执行力度，处于整个纺织产业链中端的印染行业生存日趋艰难。原有的污水等处理设施早已跟不上越来越严的排污标准，建设新型处理设施需要投入巨额资金。环保成本越来越高、而企业的经济效益又在不断下降。印染行业面临行业低迷、减排任务、上游染化料成本及劳动力成本上升等重重压力，实力稍弱的企业艰难维持着生存，要想转型实在是有心无力，印染行业面临大洗牌。

（国家棉花市场监测系统湖北办事处　李立国）

湖 南 省

一、棉花生产

1．棉花面积、总产量和单产

据湖南省统计局统计，2015/2016 年度，湖南省棉花种植面积约 1950 千公顷，比 2014 年度面积减少 975 千公顷，减幅为 33.33%；皮棉总产量 11 万吨，同比产量减少 2 万吨，减幅为 15.38%；平均单产 1269 公斤 / 公顷，同比增加 268.5 公斤 / 公顷。

2．种植成本及收益

2015/2016 年度，湖南省棉花生长期气候适宜，僵瓣少、烂桃少，棉花增产。湖南省种植棉花总成本 21900 元 / 公顷（其中物化成本 7500 元 / 公顷，按 80 元 / 个工算，用工 12 个，工资成本 14400 元 / 公顷）。如按籽棉收购均价 5.7 元 / 公斤，籽棉单产在 260 公斤左右计算。实际种植棉花要亏损 330 元 / 公顷。即使加上湖南省的棉农获得补贴 1350 元 / 公顷，棉农收益也是微乎其微。

二、棉花收购和加工

1．棉花收购加工企业构成及变化情况

2015/2016 年度，湖南省收购期间棉花市场相对冷淡，收购加工基本处于大包棉、小包锯齿棉和小包皮辊棉三足鼎立之势。200 型加工企业加工成本低，大有卷土重来之势，抢占部分市场，市场竞争进一步加剧。竞争大、资源少的棉花市场已经没有空间供 400 型棉花企业开厂加工，考虑加工成本居高不下又无法保证有效的收购量等原因影响，多数 400 型企业为避免亏损没有入市收购。从湖南省纤检局了解到，2015 年度湖南省 60 家注册加工企业只有 39 家申请年审参与新棉收购，其余的 21 家或已经退出棉花收购加工。据湖南省统计局和全国棉花公证检验数据统计，2015/2016 年度，湖南省 60 家 400 型棉花企业有 10 家加工送检，检验量居全国第 8 位。

2．棉花收购、加工及质量特点

2015/2016 年度，湖南省棉花品质整体较好，除颜色级外，其他品质检测指标接近或高于全国平均值。据湖南省纤检局仪器化检验数据分析，棉花颜色级以白棉为主，占 69.29%，淡点污棉占 30.56%；平均长度 28.0 毫米，其中 27 毫米级占 21.60%，28 毫米级占 53.43%，29 毫米级占 21.64%；马克隆值级以 B 级为主，其中 B2 级占 52.37%，C2 级仅占 46.92%；平均长度整齐度 82.82%，以中、高档为主；平均断裂比强度 29.77cN/tex，以强档为主。

三、纺织生产与棉花消费

据湖南省纺织行业管理办公室数据看，2015 年 1—12 月，湖南省规模以上纺织企业 477 家，完成工业增加值 257.28 亿元，同比增长 7.6%；实现主营业务收入 956.63 亿元，同比增长 7.7%；实现利润 37.68 亿元，同比增长 12.2%。主要产品产量方面，纱产量 112.03 万吨，同比增长 9.1%；布产量 3.93 亿米，同比增长 7.3%；化纤产量 6.46 万吨，同比减少 0.7%；服装产量 3.21 亿件，同比减少 15.3%。其中，棉纺织行业规模以上企业（含印染）126 家，比 2014 年同期减少 5 家，完成工业增加值 91.51 亿元，同比增加 9.1%；实现主营业务收入 327.80 亿元，同比增加 6.8%；实现利润 7.79 亿元，同比增长 7.2%，利税 21.60 亿元，同比减少 4.8%。从 2015 年行业运行趋势来看，纱产量、销售收入增速平稳，利润增速两头低中间高，2015 年 11 月降至全年最低点。

四、棉花产业存在的问题

1．农民收益持续降低

棉花是湖南省的主要经济作物、棉农的主要经济来源之一。经调查，种植棉花成本高，加上棉花目标价格的补贴，棉农收益微乎其微，流转土地的棉花种植大户，由于需增加土地流转费和拾花费，亏损更加严重。棉农收入很难得到改观，棉花单产低、收益低、棉价低，严重影响了棉农的植棉积极性。

2．内地棉企生存困难

2014年，国家启动了新疆棉花目标价格改革试点，对内地九个棉花主产棉省的棉花生产者进行2000元/吨的补贴，补贴方式由各省自主决定。湖南省内众多棉花企业对于内地直补的态度较为冷淡，补贴折算到面积上大多在1350元/公顷，很难激起棉农的植棉热情。作为内地的棉花企业最希望的还是能保证内地棉花的种植面积和产量，没有了棉花，棉花企业也就成了无源之水。内地棉花企业在价格上无法抗衡于新疆棉花企业，经营成本和风险都居高不下，很多棉花企业收购加工后的棉花难以实现顺价销售，为了规避风险不得不采取压低收购价格或限收停收的对策，这样不仅导致棉农“卖棉难”，棉花企业生存也同样受阻。

3．市场全面放开，棉企融资难度加大

在执行了三年的国家棉花临时收储政策托底保障下，棉花企业市场风险是相对较小。除了政策性银行农发行占主导以外，其他商业银行会主动对棉花企业进行贷款营销，融资也相对比较容易。随着临时收储政策结束，棉花市场的放开，棉花加工企业市场风险也随着棉花价格市场化而加大，商业银行考虑到经营风险介入棉花企业贷款的意愿也增加了更多不确定性。随着近几年棉花价格异常波动，省内很多棉花企业遭遇破产倒闭，这对湖南省棉花企业的发展带来不小影响，银行也逐步加强了对企业的考察，放贷也更为谨慎。

（国家棉花市场监测系统湖南办事处　潘爱武）

江　西　省

一、棉花生产

1．种植面积、总产量和单产

据国家统计局数据显示，2015/2016年度江西省棉花种植面积81.1千公顷，同比减少1.1千公顷，减幅1.33%；皮棉总产量11.5万吨，同比减少0.4万吨，减幅3.36%；平均单产1418公斤/公顷，同比减少1.3公斤/公顷。

2．种植成本及收益

据江西省价格成本调查监审局调查，2015/2016年度江西省棉花种子费为68元，同比增长0.9%；化肥费220元，同比增长2.0%；农药费102元，同比增长4.7%；人工成本2381元，同比增长8.1%；土地成本78元，同比下降1.9%。

2015/2016年度，江西省棉花单产和成本上升，籽棉收购价格上涨，由于人工成本居高不下，净利润为–1277元，同比下降10.5%。若总成本中不计入家庭用工折价和自营地折租等机会成本，则收益为1149元，同比增长5%。江西省棉农获得了4470元/公顷的棉花价格补贴，但近年来种棉持续亏损，吸引力依然不足。

二、棉花收购、加工及销售

据国家棉花市场监测系统数据显示，2015/2016年度，江西省棉花收购形势不容乐观，籽棉均价6.01元/公斤。

三、纺织经济运行

据江西省统计局统计，2016年1—9月，江西省纱产量118.89万吨；布产量8.24亿米。

2015/2016年度，江西省纺织行业从国内棉纺织行业负重前行，从区域结构调整情况看，中西部是纺织投资热地。随着江西省服装品牌开始向着中高端方向升级，江西棉纺企业承接的订单也越来越多，对于面料、纱线产品的需求稳步增长，大大拉动了江西市场对于纱线的需求，发展前景看好。

（国家棉花市场监测系统）

浙 江 省

一、棉花生产

1．种植面积、总产量与单产

根据国家统计局统计，2015/2016年度浙江省棉花种植面积13.4千公顷，较2014/2015年度减少22.5%；总产量1.90万吨，同比减少17.4%；平均单产1387.2公斤/公顷，同比增加2.6%。

作为零星产区，棉花种植依然是黄土丘陵、河滩沙地（盐碱地）等土壤质量相对较差的区域。

2．种植品种、成本及收益

2015/2016年度，浙江省棉花主要种植品种为湘杂棉8号、中棉所87，还有少量的由浙江大学作物科学研究所推荐的浙大5号，该品种系转基因杂交棉。

相对于经济作物，种棉效益偏低；而且较种粮（水稻、鲜食大豆、鲜食玉米）、蔬菜的效益也偏低，种棉收益大约在600元/公顷，因此仅是不计工本的一些老年人在参与种棉。

二、棉花收购和加工

由于浙江省多数棉花市县的加工企业因加工数量不能达到规模化生产的要求和无力承担质检体制改革的目标，截至2015年12月底，符合要求的仅两家企业。2015/2016棉花年度，浙江省仅有一家棉花加工企业按照棉花质量检验体制改革方案的要求加工棉花并进行公证检验，检验量为4754件，1086吨。

由于棉花数量少、皮棉加工水平低，浙江省并没有形成完善的收购市场。浙江省加工企业中尚有部分皮辊棉加工，呈散、小、弱的特征，由于生产量小且分布在多个市县，并且浙江省棉农的植棉收入占总收入的比例较小，因此习惯在棉花收获后立即交售，一般在12月底前就能全部售完。

三、纺织经济运行

据浙江省统计局统计数据显示，截至2015年12月31日，浙江省582家规模以上纺纱企业工业生产总值736.50亿元，同比下降1.0%，产销率96.67%；1009家织造企业工业生产总值1389.73亿元，同比下降2.1%，产销率96.84%。

2015年，浙江省纱产量220.04万吨，同比下降4.9%；其中纯棉纱100.24万吨，比去年同期下降1.4%；棉混纺纱46.50万吨，同比下降8.4%；化纤纱73.30万吨，同比下降7.2%。

1009家棉织造企业生产布52.76亿米，同比增长0.5%。其中，纯棉布33.80亿米，同比增长5.6%；棉混纺布25.22亿米，同比下降5.1%；化纤布93.75亿米，同比增长0.3%，化纤布占布总产量的61.37%。

2015年，浙江省纺纱企业累计实现主营业务收入668.05亿元，同比下降3.12%；而利润总额24.92亿元，同比下降0.50%。规模以上织造企业累计实现主营业务收入1311.2亿元，同比下降2.74%；

而利润总额69.48亿元，同比增长10.47%。织造企业比纺纱企业利润总额增长高10.97%。全年规模以上织造企业出口交货值210.85亿元，比2014年同期下降10.6%。规模以上纺纱企业出口交货值78.77亿元，比2014年同期下降0.2%。

总体看来，浙江省纺织行业呈现纱产量下降、布产量与2014年同期基本持平、行业营利能力稳中有升且织造企业好于纺纱企业、织造企业产成品存货有所增加、出口下降趋势没有改变、劳动力成本持续上涨的特点，2015年运行基本平稳。

表2–4　2015年浙江省规模以上纺纱企业产量及产值指标

指标名称	单位	2015年累计	同比（%）
纱产量	万吨	220.04	－4.9
其中，纯棉纱	万吨	100.24	－1.4
棉混纺纱	万吨	46.50	－8.4
化学纤维纱	万吨	73.30	－7.2
工业总产值	亿元	736.50	－1.0
工业销售产值	亿元	711.87	－1.0
出口交货值	亿元	78.77	－0.2

表2–5　2015年浙江省规模以上纺纱企业主要经济指标

指标名称	单位	2015年累计	同比增长（%）
主营业务收入	亿元	668.05	－3.12
利润总额	亿元	24.92	－0.50
税金总额	亿元	16.91	－4.87
应收账款	亿元	86.97	0.15
产成品存货	亿元	62.21	－0.31
应付职工薪酬	亿元	38.81	3.18
从业人员平均人数	人	84689	－6.93
职工平均工资	万元	4.58	8.02
企业单位数	家	582	—
其中，亏损企业数	家	120	0.84

表2–6　2015年浙江省规模以上织造企业产量及产值指标

指标名称	单位	2015年累计	同比（%）
布产量	亿米	152.76	0.5
其中，棉布	亿米	33.80	5.6
棉混纺布	亿米	25.22	－5.1
化学纤维布	亿米	93.75	0.3
工业总产值	亿元	1389.73	－2.1
工业销售产值	亿元	1345.76	－2.2
出口交货值	亿元	210.85	－10.6

表 2-7 浙江省 2015 年 1—12 月份规模以上织造企业主要经济指标

指标名称	单位	2015 年累计	同比增长（%）
主营业务收入	亿元	1311.2	- 2.74
利润总额	亿元	69.48	10.47
税金总额	亿元	36.15	- 1.2
应收账款	亿元	155.49	- 0.99
产成品存货	亿元	108.12	3.93
应付职工薪酬	亿元	58.89	- 2.42
从业人员平均人数	人	120805	- 11.24
职工平均工资	万元	4.87	5.64
企业单位数	家	1009	—
其中，亏损企业数	家	71	14.52

资料来源：《国家统计局关于 2015 年棉花产量的公告》《2015 年浙江统计年鉴》《浙江省商务厅统计数据》、中国棉花公证检验网。

（国家棉花市场监测系统浙江办事处 张建华）

甘肃省

一、棉花生产情况

1. 种植面积、总产量和单产

由于全国棉花市场供大于求，棉花价格降幅较大，导致农民种植棉花的积极性降低，甘肃省棉花种植面积大幅减少。据甘肃省统计局统计，2015/2016 年度，甘肃省棉花种植面积 578.25 千公顷，比 2014/2015 年度减少 32.53%；总产量 4.25 万吨，同比减少 34.31%；单产 1654 公斤 / 公顷，同比减少 2.65%。

2. 种植成本及收益

2015/2016 年度，甘肃棉花生产总体呈现生产成本、土地成本、产值收益“三增长”的特点。据甘肃省发展和改革委统计，2015/2016 年度甘肃棉花种植总成本平均每公顷 29700 元，同比增加 926.1 元，增长 3.22%。其中，生产成本每公顷 26305.65 元，同比增加 890.1 元，增长 3.50%；土地成本每公顷 3394.2 元，同比增加 36 元，增长 1.07%。每公顷棉花主产品产值 21251.1 元，同比增加 161.7 元，增长 0.77%；副产品产值 5671.95 元，同比增加 351.9 元，增长 6.61%。

3. 棉花品质

2015/2016 年度，甘肃各产棉区雨水较少，气候条件比较适合棉花生长，但由于在蕾铃期棉区大部分光热不足，对棉花现蕾略有影响，致使棉花部分品质下降。甘肃棉花白棉比例为 97.31%，较 2014/2015 年度降低 2.03 个百分点；逐包检验平均长度 27.99 毫米，同比减少 0.63 毫米；马克隆值 A 级棉比例 11.11%，同比降低 43.71 个百分点；断裂比强度中等及以上级所占比例达到 99.86%，同比增加 2.11 个百分点。2015/2016 年度，甘肃棉花品质在全国 13 个产棉省区中属较好水平，部分质量指标居全国前列。其中，甘肃棉花白棉比例居全国第 2 位，白棉平均颜色级居全国第 1 位，马克隆值 A 级棉比例居全国第 2 位，平均长度整齐度指数居全国第 5 位，平均断裂比强度居全国第 7 位。

二、棉花加工销售情况

2015/2016 年度，全国棉花面积与产量大幅减少。随着棉花临时收储政策的取消，国家在新疆实施棉花目标价格改革试点政策，内地九省实行定额补贴政策，内地部分棉花加工企业在市场中失去了优势，不少 400 型加工企业不得不退出市场。2014/2015 年度，甘肃 400 型企业 60 家，2015/2016 年度送检企业仅为 17 家，仅占企业总数的 28%。同时，2015/2016 年度，新棉上市以来，受皮棉现货价格下跌的影响，籽棉收购价格下跌，棉花加工企业亏损面不断扩大。据中国棉花协会棉花加工分会统计，全国 400 型棉花加工企业 3128B 级籽棉平均收购价格为 5.54 元 / 公斤，同比下跌 8.8%。其中，甘肃棉区平均收购价格为 5.65 元 / 公斤，同比下跌 4.9%。

三、纺织经济运行情况

2015/2016 年度，国内经济总体下行，纺织消费低迷，订单大幅减少，产能严重过剩。全球经济复苏缓慢，纺织品出口形势持续恶化，数量和金额明显下滑，企业经营困难，纺织用棉量下降。2015 年，甘肃纺织行业规模以上工业企业 32 个，比 2014 年增加 2 个，实现工业总产值 31.19 亿元，比 2014 年下降 18.94%；工业销售产值 26.64 亿元，下降 22.83%，其中出口交货值 3344 万元，下降 31.96%；全省纺织行业实现利润总额 -1172 万元，下降 116.24%。

2015 年，甘肃纺织行业规模以上工业企业总资产贡献率 1.59%，比 2014 年降低 3.04 个百分点；产品销售率 85.41%，比 2014 年降低 4.30 个百分点。

（国家统计局甘肃调查总队 徐英花）

年 度 报 告

第三部分

2015/2016年度储备棉轮出情况概述

国家棉花市场监测系统 郭 溪

【作者单位简介】国家棉花市场监测系统是国家有关部门批准建立的棉花市场信息监测、发布与预警系统，为国家电子政务工程重点项目之一。由中国储备棉管理总公司与国家发展改革委价格监测中心共同建设，中国储备棉管理总公司为项目法人，中储棉花信息中心具体负责系统建设与运行维护管理。系统的建设目标是密切跟踪国内外棉花市场变化，准确反映市场供求趋势；为国家宏观调控决策提供可靠的决策依据；为涉棉企业经营决策提供信息参考，正确引导国内棉花生产与消费。

2016年5月3日—9月30日，2015/2016年度储备棉轮出工作持续5个月时间，中国储备棉管理总公司计划出库销售储备棉300.38万吨，累计出库成交265.92万吨，部分企业未按时付清货款，相应合同按照违约处理，合计0.84万吨，累计实际出库成交264.83万吨，成交率88.16%，其中国产棉成交235.22万吨，成交率87.45%；进口棉成交29.61万吨，成交率98.16%。

中国储备棉管理总公司在国家发展改革委等有关部门正确指导下，在中国纤维检验局的大力配合下，高质量、高效率圆满完成了2015/2016年度储备棉轮出任务。

此次轮出前期，企业购买热情极度高涨，8月8日国家发展改革委和财政部联合下发公告，明确指出："2015/2016年度国家储备棉轮出销售截止时间由2016年8月31日延长至2016年9月30日；年度轮出总量不限于200万吨，最终以实际成交数量为准。"受此影响，2015/2016年度储备棉轮出成交率、成交均价开始回落，纺企购买热情降低。

进入9月份，由于2016/2017年度新棉收购较往年较晚且价格偏高，储备棉再次受到追捧，成交均价有所反弹，成交率回升，并在最后两周达到最新突破，最后一个成交日成交量高达6.5万吨。

此次储备棉轮出时间紧、任务重，竞拍的国产棉以山东、河北、河南、湖北四省出库为主，进口棉以江苏省出库为主，对于承储库来说责任和压力并存。出库期间，中国储备棉管理总公司不断优化业务流程，提高服务质量，加强检查督导。5个多月的时间，160多个日夜，"五加二，白加黑"的轮出作息，高温、暴雨极端天气，中储棉全系统广大干部职工凝心聚力、兢兢业业、攻坚克难，交出一份满意的答卷。

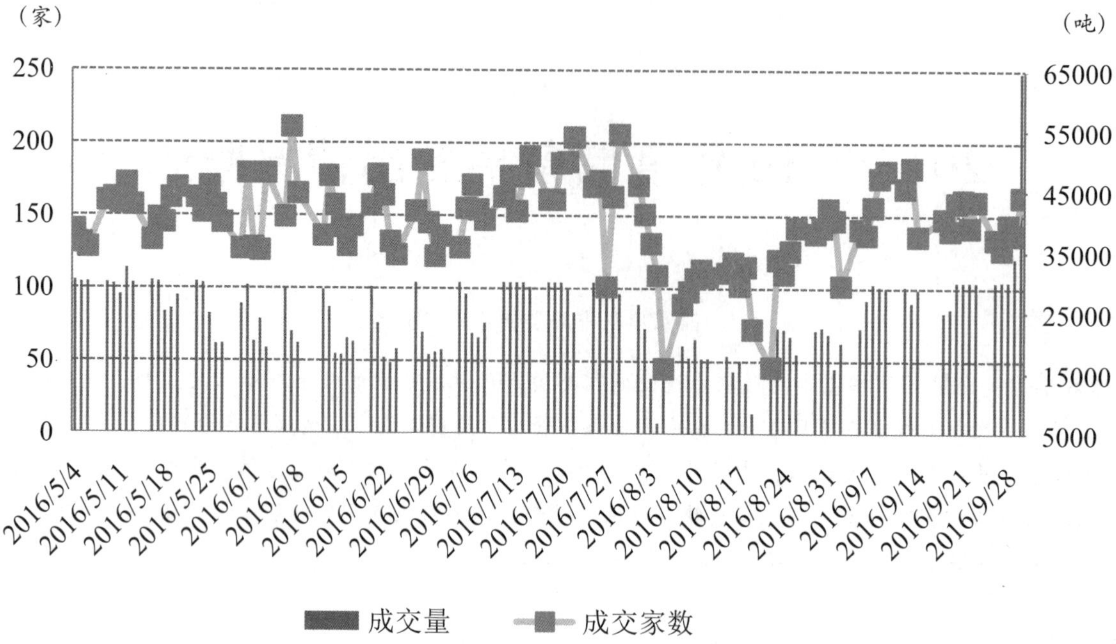

图 3–1　2015/2016 年度储备棉出库销售每日成交的纺织企业家数及成交量对比

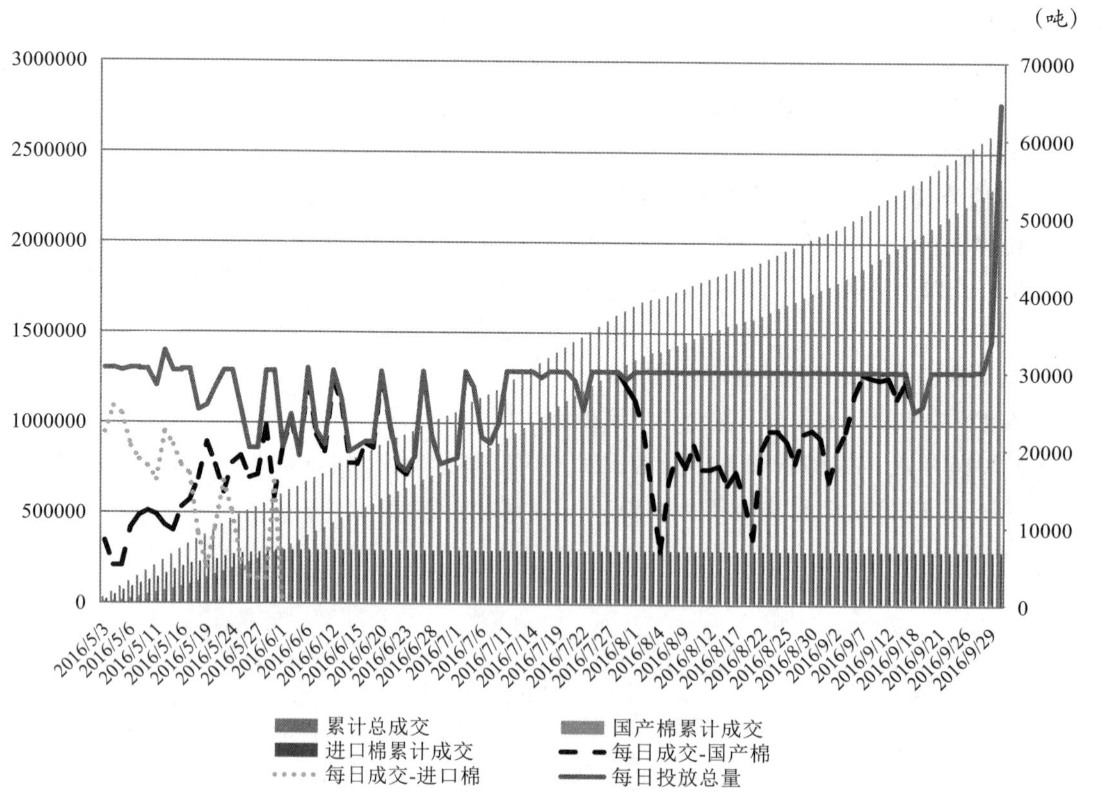

图 3–2　每日成交量情况走势

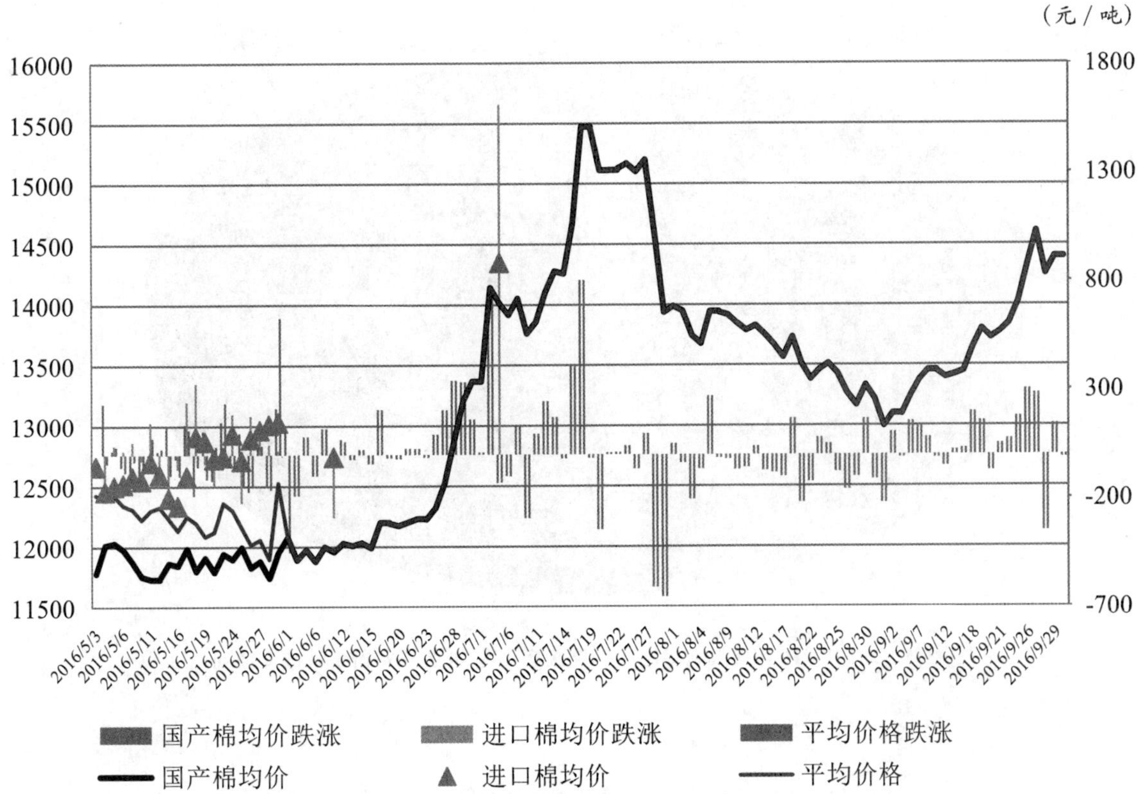

图 3–3 每日成交均价走势

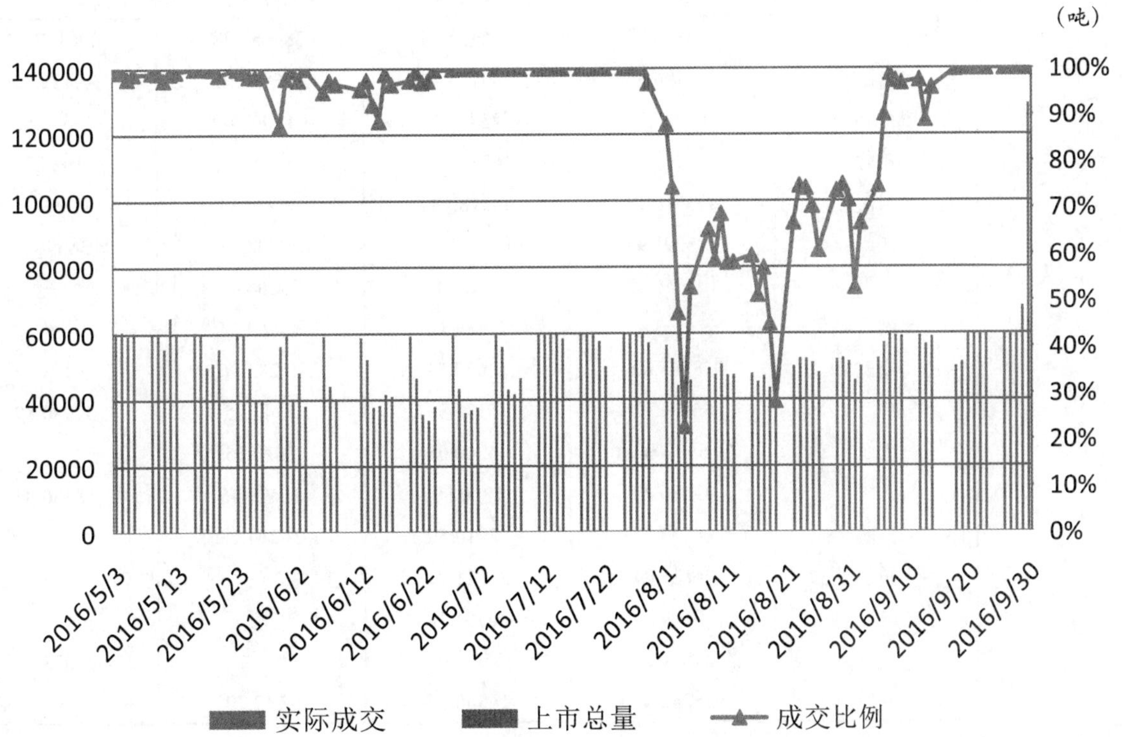

图 3–4 2015/2016 年度储备棉出库每日计划量及实际成交量、成交率走势

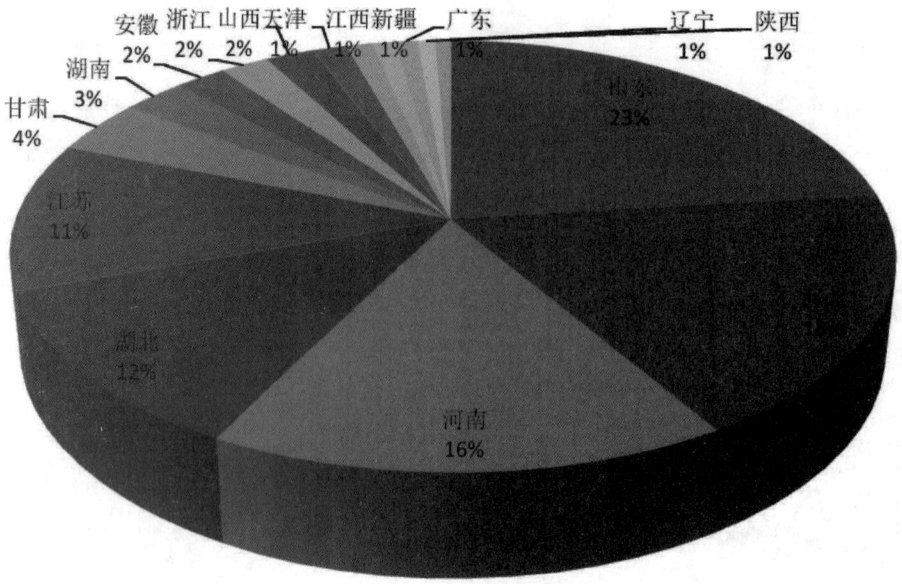

图 3–5　2015/2016 年度储备棉出库销售截至 9 月 30 主要省份累计成交情况

表 3–1　2015/2016 年度储备棉出库销售截至 9 月 30 日主要省份累计成交

（吨）

序号	省份	成交量	新疆棉	地产棉	进口棉
	合计	2648303.7	1567517.3	784657.28	296129.07
1	山东	609196.35	383175.44	185899.01	40121.90
2	河北	483237.76	325500.11	118067.09	39670.56
3	湖北	319341.14	163328.13	155818.17	194.85
4	河南	431518.18	355589.84	75928.34	—
5	江苏	295291.94	138392.84	20202.88	136696.22
6	甘肃	108546.49	13282.01	95264.48	—
7	湖南	71853.3	27184.16	44669.14	—
8	安徽	58961.69	13677.73	45283.96	—
9	浙江	56434.72	15196.58	1247.25	39990.89
10	山西	55020.6	46200.05	8820.55	—
11	天津	39680.28	5800.00	15499.45	18380.84
12	江西	28933.77	12719.59	16214.18	—
13	新疆	26811.04	26811.04	—	—
14	辽宁	20564.33	20564.33	—	—
15	广东	24669.29	3595.48	—	21073.81
16	陕西	18242.81	16500.02	1742.79	—

注：以上信息是按照承储库所在地进行分省统计，数据来自中国储备棉管理总公司。

2015/2016 年度中国棉花生产形势分析

农业部农村经济研究中心　杜　珉

【作者单位简介】农业部农村经济研究中心于 1990 年 7 月成立，是农业部直属的政策研究咨询机构，其前身是国务院农村发展研究中心。在建制上，农村固定观察点办公室与农研中心实行统一管理，共同接受农业部和中央有关部门的直接领导。主要任务是为国家制定农村经济政策、农村经济发展战略和深化农村经济体制改革提供决策咨询和对策建议。

2015/2016 年度，全国棉花种植面积产量继续下降。棉花生长期间，自然灾害发生频繁且旱涝并发，黄河流域病虫害发生依然较重。尽管农资价格总体低于 2014/2015 年度同期，由于人工成本居高不下，棉花收购价格同比下跌，农户植棉收益仍然较低。2016/2017 年度农户植棉意向面积继续下降。

一、2015/2016 年度全国棉花生产情况

1. 棉花种植面积减少

按照国家统计局统计数据，2015/2016 年度全国棉花播种面积 85476 千公顷，同比减少 9526.5 千公顷，减少 10.0%。据农业部全国棉花生产监测系统分析，2015/2016 年度全国棉花监测县播种面积平均播种面积为 26522.1 千公顷，减幅为 –22.7%。其中，长江流域减幅最大，减幅为 32%，从主产省来看，其中山西省减幅达 62%。

表 3–2　2015 年 4—9 月监测县植棉情况表

	2015 年面积（千公顷）	2014 年面积（千公顷）	增减幅度（%）
4 月	25851	33172	–22.07
5 月	24052	31134	–22.74
6 月	29152	37812	–22.90
7 月	28294	36736	–22.98
8 月	26735	34297	–22.05
9 月	25049	32661	–23.30

2. 全国棉花长势良好

一是品种多乱杂现象继续改善。监测县棉花主栽品种为 69 个，占监测县棉花种植面积的 61.1%。分区域看，黄河内陆棉区为 69.69%，西北内陆棉区为 53.16%，长江流域棉区为 52.13%。农业部全国棉花高产创建示范片主栽品种 39 个，占示范片棉花种植面积的 83.9%，主栽品种占比高于示范县。主栽品种中，国欣 3 号、鲁棉 28 号和鄂杂棉 10 号是选用率最高的三个品种。

二是一类苗比重较高。棉花生长关键期监测县普通棉田平均一类苗所占比重 43.3%，监测县普通棉田一类棉苗所占比重 38.7%。长江流域、黄河流域和西北内陆棉区分别为 26.6%、43.5% 和 39.76%；高产示范片棉田一类苗面积所占比重为 40.5%，比

一般棉田高 1.7 个百分点。

三是示范片收获密度高于普通棉田。2015 年 9 月，监测县棉花平均收获密度为 56448 株 / 公顷。其中，长江流域为 21086 株 / 公顷，黄河流域 51001.5 株 / 公顷，西北内陆为 202726.5 株 / 公顷。示范片棉花收获密度为 58098 株 / 公顷，高于监测县的平均水平。

四是成铃数有增有减。2015 年 9 月 15 日前后，监测县棉花平均成铃数为 21.9 个 / 株，较 2014 年同期多 0.3 个 / 株。其中，长江流域为 34.1 个 / 株，较 2014 年同期多 1.2 个 / 株；黄河流域为 15.9 个 / 株，较 2014 年同期少 0.5 个 / 株；西北内陆棉区平均为 5.7 个 / 株，较 2014 年同期少 0.2 个 / 株。示范片平均每株成铃数 26.6 个，高于监测县的平均水平。

3. 自然、病、虫灾害频发，黄河流域偏重

一是棉区自然灾害发生频繁，北旱南涝特点。2015 年 6—9 月全国棉区旱灾发生面积分别为 2391 千公顷、3875 千公顷、1722 千公顷和 234 千公顷，分别占监测县面积的 8.2%、13.7%、6.4% 和 1%。6—7 月涝灾发生面积分别为 2318 千公顷、1266 千公顷，分别占监测县面积的 7.9%、4.5%。分区域来看，6—8 月黄河流域旱灾面积占发生面积的 92.5%、97.8%、76.1%，2015 年 9 月西北内陆旱灾占发生面积的 98.8%；2015 年 6—7 月长江流域涝灾面积占发生面积的 94.0%、93.5%。

二是枯萎、黄萎病并发，主要发生在长江流域和黄河流域。2015 年 6—9 月黄萎病发生面积分别为 1139 千公顷、1802 千公顷、2219 千公顷和 1323 千公顷，分别占监测县面积的 3.9%、6.4%、8.63% 和 5.3%。2015 年 6—8 月主要发生在黄河流域，分别占发生面积的 58.2% 和 49.5% 和 65.6%。2015 年 9 月主要发生在长江流域，占发生面积的 56.5%；同期，棉区枯萎病发生面积分别为 1785 千公顷、1705.5 千公顷、1150.5 千公顷和 1228.5 千公顷，占监测县面积的 6.1%、6.0%、4.3% 和 4.9%，2015 年 6 月主要发生在黄河流域，占发生面积的 61.5%；2015 年 7—9 月主要发生在长江流域，分别占发生面积的 54.3%、57% 和 66.2%。

三是虫害仍然多发，棉铃虫与蚜虫为主要害虫。2015 年 6—9 月，全国棉铃虫发生面积分别为 6039 千公顷、8764.5 千公顷、5799 千公顷和 1648.5 千公顷，分别占监测县面积 20.7%、30.9%、21.7% 和 6.6%，主要发生在黄河流域，发生面积分别占总发生面积的 97.6%、86.2%、84.6% 和 53.7%。2015 年 6—8 月监测县棉蚜虫发生面积为 8638.5 千公顷、7963.5 千公顷和 4731 千公顷，分别占监测县面积 29.6%、28.1% 和 17.7%。主要发生在黄河流域，发生面积分别占总发生面积的 73.8%、80.7% 和 78.8%。此外，棉花生长期各地盲蝽象和烟粉虱也有一定面积发生。

4. 棉花单产持平略减、总产下降

据国家统计局公布数据，2015/2016 年度全国棉花平均单产 1476 公斤 / 公顷，同比增加 12 公斤 / 公顷，增幅 0.8%；全国棉花总产量 560.5 万吨，同比减少 57.4 万吨，减幅 9.3%。根据农业部全国棉花生产监测系统监测县 2015 年 10—12 月测产分析，预计 2015/2016 年度籽棉平均单产为 313 公斤 / 公顷，同比下降 2.9%。其中，长江流域、黄河流域和西北内陆棉区籽棉平均单产分别为 3390 公斤 / 公顷、3411 公斤 / 公顷和 4782 公斤 / 公顷。参考各棉区平均衣分率以及棉花测产中 90% 误差系数计算，预计 2015/2016 年度全国棉花平均单产 1228.5 公斤 / 公顷。其中，长江流域、黄河流域皮棉单产分别为 1158 公斤 / 公顷、1180.5 公斤 / 公顷，同比增加 1.8% 和 0.8%；西北内陆为 1681.5 公斤 / 公顷，减幅为 9.14%。同口径预测全国棉花产量约为 495 万吨。

表 3–3　2015 年 10—12 月监测县籽棉单产预测情况

区域	2015 年 10 月			2015 年 11 月			2015 年 12 月		
	籽棉单产	平均衣分率 (%)	皮棉单产	籽棉单产	平均衣分率 (%)	皮棉单产	籽棉单产	平均衣分率 (%)	皮棉单产
全国	3551.85	38.88	1242.75	3500.25	38.92	1225.80	3486.15	38.87	1219.50
长江流域	3380.10	39.06	1188.15	3328.20	38.97	1167.75	3355.80	39.10	1180.80
黄河流域	3454.20	38.76	1204.95	3389.25	38.86	1183.20	3389.85	38.74	1182.00
西北内陆	4760.55	39.00	1670.85	4823.40	39.10	1697.85	4762.50	39.12	1676.85

二、棉农植棉收益继续下降

1. 籽棉与棉籽价格下降

2015/2016 年度，全国棉花生产监测县籽棉平均价格为 5.92 元 / 公斤，同比下降 18.0%。新棉上市后，2015 年 9—12 月监测县籽棉平均价格为 5.9 元 / 公斤，同比下降 8.39%。2015 年 9—12 月籽棉价格分别为 5.93 元 / 公斤、5.8 元 / 公斤、5.8 元 / 公斤和 6.07 元 / 公斤，同比分别下降 15.16%、9.66%、7.49%，12 月同比基本持平。2015 年 10—12 月全国棉籽平均价格为 1.93 元 / 公斤，同比下降 5.39%。2015 年 12 月底，监测县棉花收购总量为 120.6 万吨，占预计总产的 66.1%，与上年同期下降 3.9 个百分点。

2. 植棉成本总体下降

2015/2016 年度，示范县种植棉花总成本为 27370.35 元 / 公顷，同比下降 7.16%，其中物质费用和土地成本分别为 7710.15 元 / 公顷和 5416.5 元 / 公顷，同比分别下降 4.8% 和 9.07%；人工成本为 15000.6 元 / 公顷，同比上涨 3.66%。分区域来看，长江流域总成本为 28595.55 元 / 公顷，其中物质费用为 6999 元 / 公顷，人工成本为 17606.55 元 / 公顷，土地成本为 3990 元 / 公顷；黄河流域棉花总成本为 27018.85 元 / 公顷，其中物质费用为 7696.3 元 / 公顷，人工成本为 13086 元 / 公顷，土地成本为 6236.55 元 / 公顷；西北内陆棉区棉花总成本为 27153.6 元 / 公顷，其中物质费用为 11427.9 元 / 公顷，人工成本为 11427.9 元/ 公顷，土地成本为 5137.5 元 / 公顷。

表 3–4 2015 年种植棉花各项费用情况

（元 / 公顷）

	全国	长江流域	黄河流域	西北内陆
物质成本	7710.15	6999.00	7596.30	11427.90
直接费用	7414.80	6802.05	7189.50	11090.70
间接费用	295.35	196.95	346.80	337.20
人工成本	15000.60	17606.55	13086.00	10588.20
土地成本	5416.05	3990.00	6236.55	5137.50
总成本	27370.35	28595.55	26918.85	27153.60

3. 农户植棉收益依然较低

2015/2016 年度，尽管农户植棉成本下降，但由于籽棉收购价格较低，农户植棉收益依然较低。根据农业部全国棉花生产监测系统数据分析，全国棉花平均每公顷产值为 20956.5 元，其中长江、黄河与西北内陆棉区分别为 19942.5 元、20380.5 元和 28086 元，每公顷扣除成本净收益后，全国农户植棉净收益为 –6405 元，其中长江、黄河和西北内陆棉区分别为 –8652 元、–6537 元和 933.6 元。考虑到国家 2015 年新疆棉花目标价格补贴 19200 元/ 吨与内地九省 2000 元 / 吨的补贴，2015/2016 年度长江、黄河及新疆植棉每公顷收益分别为 –6291 元、–4173 元和 10404 元，除新疆棉区外农户植棉均为亏损。

三、2016 年农户植棉意向与相关政策建议

2015 年 12 月，农业部全国棉花生产 94 个监测县农户植棉意向调研显示，2016 年全国棉花种植面积预计减幅为 15.75%。长江、黄河及新疆棉区减幅分别为 17.75%、15.2% 和 14.3%。

为了确保国家棉花产业稳定发展，建议国家对生产继续实行扶持政策。

一是继续实施新疆目标价格改革政策。目标价格补贴政策实施取得了良好的效果，为保障棉农收益，稳定棉花生产，建议三年试点结束后继续在新疆实施。考虑现有补贴额度过高，有违 WTO 贸易规则因素，建议将补贴政策由“黄箱”向“绿箱”调整。同时改变补贴与面积、产量挂钩的补贴方式，将部分补贴资金与棉花质量挂钩，部分补贴资金与

促进组织化经营挂钩，提高组织化程度带动机械化进程。

二是为确保棉花生产成本降低，扶持机采棉发展。机械化采收是新疆棉花提质增效的关键，要通过设立基金的形式进行专项扶持。主要从三方面进行扶持：一要加大对适合机采品种的研发投入，培育出适合新疆区情的机采品种；二要探索适合机采的棉花栽培、田间管理、化学脱叶、采收拉运模式，加大农机与农艺的适应性；三要加大对棉花加工机械设备的研究及技术改造投入，加快开发与应用机采棉加工新技术、新工艺，提高棉花加工质量。

三是鼓励规模化生产、组织化经营。棉花规模化生产不仅是机械化的基础，而且有利于种植品种的统一、田间管理的统一和采收加工的统一，提升新疆棉花的“有效供给”。具体途径为：一是鼓励棉农以土地承包经营权作价入股成立棉花合作社，合作社直接加工皮棉销售给纺织企业；二是依托加工流通企业流转棉农的土地成立股份制棉花经营公司，形成集种植、采收、加工、销售为一体的新型棉花经营主体；三是打造“纺织企业＋合作社（公司）＋基地＋农户”的新机制，有效解决棉花“供需矛盾”。

2015/2016 年度中国棉花加工行业运行现状

中华全国供销合作总社郑州棉麻工程技术设计研究所　刘军民

【作者单位简介】中华全国供销合作总社郑州棉麻工程技术设计研究所是我国棉花加工行业唯一的国家级科研机构，于 1978 年经国务院批准成立，隶属中华全国供销合作总社。集棉花加工新技术新工艺的研究开发和推广应用、棉机和棉检仪器研制生产、行业电子信息技术开发和系统集成、喷码标识产品和技术研制生产、开展信息技术交流、提供工艺设计和综合技术服务为一身的综合性科学事业单位。

一、我国机采棉技术发展现状

1. 机采棉技术在我国得到快速发展，机采棉效益不断提升，但发展水平全国不平衡

机采棉是我国棉花产业发展的方向。近十年，随着我国棉花生产综合成本（特别是人工成本和租地成本）的大幅上涨、农业机械化水平的不断提高、机采棉种植模式和加工技术的逐渐成熟，我国机采棉产业呈现快速发展趋势，机采棉效益不断提升。以北疆为例，2015/2015 年度机采棉比手采棉的采摘成本要低 7500—10500 元 / 公顷；综合效益比人工采收每公顷高 3000—4500 元。

但机采棉发展水平全国尚不平衡，目前主要集中在新疆棉区，内地机采棉仍处于起步探索阶段。新疆兵团与新疆地方之间差异很大，整体看，新疆兵团较快、新疆地方较慢、北疆快于南疆。据统计，2015/2016 年度新疆棉花种植面积 50700 千公顷，其中新疆兵团种植 14100 千公顷，机采模式种植面积接近 100%，实际机采面积 9750 千公顷，机采率达 68.8%；新疆地方种植 36600 千公顷，机采种植模式面积约有 25%，实际机采面积在 5850 千公顷，机采率为 16.0%；全疆平均机采率为 30.8%。

2. 国产机采棉的内在质量整体偏低，可纺性较差

在机采棉快速发展过程中也出现了新的问题。与手采棉相比，机采棉不但产量有一定损失，棉花质量整体呈下降趋势。据中国纤维检验局提供的 2007—2015 年公证检验数据，同样是用锯齿轧花机加工，但机采棉主要品质指标均下降：高等级棉减

少、长度减短、强度降低、短纤维含量和棉结增加、地膜碎片增多、品质一致性较差，严重影响到我国棉纺织行业产品档次（新疆机采棉纺纱的支数主要集中在40支以下，少数品种在40—60支以内，纺60支以上的产品很少）的提升，国产棉的市场竞争力显著下降，这也是国内高档纺织品生产企业喜欢采用澳棉、美棉的主要原因。

二、新疆棉花加工行业情况分析

1. 棉花加工工艺与装备水平影响企业加工生产效益

籽棉采收与存储、籽棉清理、轧花、皮棉清理和成包等关键加工环节，对保证棉花加工优质高产起到极为关键的作用，特别是棉花调湿对机采棉加工质量影响最大，也是决定着能否实现棉花生产丰产、丰收。这个环节做得好，就是对纺织工业的最直接的贡献。近年来，内地传统棉花加工企业加工生产组织比较规范，但在新疆棉区则相对较差，因为加工工艺配置不合理造成原棉浪费现象较为严重，尤其是南疆棉区。

2. 南疆棉花生产加工特点

南疆棉花光照时间长，成熟度过高而强力过低（一般在26cN以上），影响销售（纺织厂一般低于28cN的棉花不要）。除兵团系统外，大部分地方加工企业还是采用手摘棉加工生产线加工机采棉，加工工艺不适应机采棉特点，加工技术落后，很少有系统配备棉花调湿装备，尤其是棉花加湿设备。受前些年国家临时收储政策的引导，企业上棉花干燥设备的较多，过于干燥的籽棉虽然经过清理外观形态得到了较好保证，但纤维强力上不去，长度损伤也较为厉害，更严重的是纤维整齐度下降明显。加工出来的皮棉到了纺织企业，因为企业库存条件差，往往开包后就马上使用，太低的棉花回潮率根本来不及通过自然吸水有所提高，严重影响棉花的可纺性，企业效益总体不高。相对而言，同样地域、同样品种的机采棉，兵团系统的棉花就比较好出手。主要原因有：一是机采籽棉一致性好，一般没有掺混；二是加工工艺完善，加工设备先进，尤其是系统地配置有棉花调湿装备，对纤维的损伤度较小，加工出来的棉花质量整体较好；三是生产过程管理比较到位，人为因素对棉花加工质量的影响较小。

3. 北疆棉花生产加工特点

相比南疆棉区，北疆整体机采化程度较高，尤其是兵团系统，几乎全部为机采棉。受气候条件限制（无霜期短，需要在霜前集中采收完），北疆机采棉技术起步较早，普及率较高；棉花加工全程机械化程度高，生产线工艺完善，技术先进；棉花生产管理抓的严；商品棉总体品质水平明显优于南疆棉花。因此，近年来，北疆棉花一直在市场上比较抢手，棉花加工企业的生产效益相对较好。

三、中国棉花加工行业科技创新效果显著

1. 棉花加工生产信息化程度不断提升

在2014/2015年度成功试点的基础上，邯郸金狮棉机公司在农八师142团棉花加工生产线新设计安装了一套“机采棉轧花智能监测管控系统”，实现了对籽棉收购、存储、喂花、清理、加工、打包的全程适时监控，为保证机采棉加工生产线的稳定运行、优化棉花加工质量、防范生产事故提供了现代化管理手段，取得了重要的阶段性成果，为促进我国棉花加工生产技术转型升级奠定了工作基础。

以棉包自动唰唛系统的推广应用为标志，我国棉花加工生产信息化程度实现飞跃。由全国棉花交易市场北京中棉成套机械设备有限公司研发的棉包自动唰唛系统，经过前期试用、改进和不断完善，从本棉花年度开始在兵团机采棉加工生产线示范应用，为下一步建立机采棉质量追溯系统，构建现代棉花流通体系做了关键的基础工作。

以《棉包条码信息管理系统》为基础、以近3000家规模加工企业生产线的海量生产数据为支撑建设的全国棉花加工信息平台，经过几年的建设、发展和试运行，从本棉花年度开始正式上线运行。该信息平台的建成，是我国棉花加工产业落实国家“互联网+”战略的重要实践，是国家棉花资源平台的重要组成模块，是有效实施国家新疆棉花目标价格改革的重要技术支持，为国家相关部门掌握当年全国棉花加工生产进度、科学决策提供了精准的依据。

2. 棉花加工工艺呈现多元化

实施棉花质量检验体制改革以来，我国棉花加工生产企业的规模化、自动化和信息化水平得到显著提升，棉花加工工艺相对稳定发展。但近年来，国家行业政策对加工企业生产活动的影响越来越大，许多企业对个性化加工有一定需求。

棉花目标价格改革以来，棉花加工企业高度重视棉花加工质量，不再单纯追求加工产能。农七师棉花团场，近年来在机采棉品种选育、田间管理和机械化收获等方面不断探索，取得了显著的效果。为了进一步提高机采棉加工质量，提升企业生产效益，师里开始投入对在用机采棉加工生产线进行柔性改造，取得了初步成效。

一是高度重视机采棉清理作业，针对机采棉生产特点，七师有关部门联合郑州棉麻工程技术设计研究所和骨干棉机企业，对在用的机采棉加工生产线进行了工艺调整。主要是将清理工序适当提前，在“三丝”清理工序之前先对籽棉进行清铃作业，清除铃、壳等大杂后再进行其他作业，机采棉加工质量较过去有显著改善；二是适当降低皮棉清理强度，适当调整传统一道气流皮清、2道锯齿皮清的工艺组合，去除一道锯齿皮清，大大减少了对棉纤维长度的损伤；三是进一步完善棉花调湿工艺，根据机采籽棉原料含水和含杂情况对原来的调湿工艺予以优化和调整，大大提高了棉花调湿效果，为保证棉花清理效果和轧花、成包质量奠定了重要的工艺基础。

3. 国家棉花加工工程技术研究中心正式挂牌运行

经过三年筹建，国家棉花加工工程技术研究中心于2015年10月通过国家科技部验收，并于12月正式挂牌运行，标志着代表中国棉花加工工程技术研究最高水平的创新平台正式建成。中心聚集了国内相关研发机构和高新技术企业，建立了一支高水平的技术研发团队和成果转化服务团队，建成了在国内处于领先水平的试验研究设施设备和工程化应用示范基地，软硬件条件在国内一流。中心通过承担各级科研计划项目，突破了多项关键技术，取得了一批技术水平高、拥有完全自主知识产权的科技成果，创制了一批市场急需、技术先进、工作性能优良的高技术产品。几年来研发产出的重点成果都实现了批量化推广应用，散状籽棉喂料机、籽棉异纤清理机、MY128–19.4锯齿轧花机、MDY系列化高效液压棉花打包机以及棉包信息化管理系统等大型棉花成套装备均成为目前棉花加工行业的主力产品，市场占有率达到60%以上，较好地解决了新疆机采棉快速发展中出现加工工艺不完善、加工技术落后、机采棉加工质量不高的现实生产问题，有效补齐机采棉加工技术短板，整体提升了新疆机采棉加工技术水平，极大地促进了我国棉花加工技术进步，为深化国家棉花质量检验体制改革、落实国家纺织振兴计划、构建现代棉花物流体系、实施国家棉花目标价格改革政策、增强国产棉国际竞争力、实现棉花生产丰产丰收提供了有效的技术与装备支撑，必将促进我国棉花加工产业科技创新工作迈上新台阶，将成为推动我国棉花加工行业技术进步的新“引擎”。

4. 棉花加工装备制造业IPO实现突破

供销系统棉机制造企业龙头“天鹅棉机股份有限责任公司”于2016年4月27日成功登陆A股市场（“天鹅股份”，603029），为企业开辟了新的融资渠道，增强了企业研发实力和为行业服务能力，将极大促进我国棉机制造技术创新能力，推动棉花加工行业技术进步。

四、我国棉花加工产业向多元化方向发展

1. 民用棉加工市场规模得到快速发展

近年来，随着广大人民群众生活水平的不断提高，生活中对棉花纤维的需求量越来越大。受利益驱动，民用棉加工生产受到愈来愈多棉花加工企业重视，在新疆棉区，从事民用棉收购、加工、销售的企业过去主要集中在新疆哈密地区，最近两年喀什地区的棉花加工企业开始逐步进入这个市场。客户对民用棉的需求重点与纺棉有显著不同，天然性能指标决定着纺棉的用途和价格，在加工环节主要是看对棉纤维的损伤程度，而民用棉价格的高低主要是看棉花加工过程的清理情况，对加工工艺和加工技术的要求有显著区别。

民用棉加工效益要显著高于一般纺棉，但要求加工企业在收购、存储、加工清理环节做到精细化管理，特别是在清理环节。以民用棉加工基础相对好的新疆哈密地区为例，近年来通过加大设备投入，在原来生产线基础上，增加了由淄博天健棉机公司研发生产的组合式籽棉清理设备，加工生产的皮棉品级高，外观形态和色泽表现受到高端用户青睐，终端销售价格比当地其他加工企业要高出2000—3000元/吨，经济效益十分可观。受此影响，在南疆部分棉区开始出现规模化的民用棉收购、加工企业，对有效利用国产棉资源是一种促进，也有利于棉农植棉效益的提升。

2. 彩色棉生产初具规模，加工生产效益较好

近年来，受市场需求拉动，彩色棉种植面积不断增加，加工生产效益较好。农八师部分棉花团场专门种植彩色棉，并实现了机械化采收。但在加工调度管理上也需要特别重视。彩色棉在采收后需要先打成棉模存放在生产连队，在白棉加工完后再组织加工，主要是防止彩色棉对白棉的颜色污染。

3. 企业重新重视棉短绒的生产加工工作

前些年，由于棉短绒市场价格较低，企业加工基本赚不到钱，许多企业（以地方企业和民营企业为主）放弃了棉短绒加工这一块业务，一般都是直接出售毛棉籽，再由专业棉短绒加工企业加工处理，相对来讲兵团棉花团场做得较好，一般加工生产线都匹配有完整棉短绒加工车间。近年来，棉短绒价格不断回升，市场开始活跃，企业重新开始拾起棉短绒加工经营这一传统业务并取得了较好效益。

五、行业自律工作不断加强

机采棉在新疆的快速发展对机采棉加工技术提出了更高要求。棉花加工主机设备经过引进、消化、吸收和自我创新，单机技术性能得到质的提升，产能水平也基本满足正常加工需求；但不论是兵团系统还是地方棉花加工企业之间的机采棉加工生产线，加工的棉花质量的一致性和稳定性存在较大的差别。为此，国家棉花加工工程技术研究中心联合全国棉花加工标准化技术委员会、新疆棉机协会、金狮棉机有限公司等单位进行了广泛调研。从对比测试分析结果来看，机采棉加工工艺、现场安装工程质量水平以及加工生产组织等是出现上述问题的主要原因。为有效规范棉机安装工作，全国棉花加工标准化技术委员会委托新疆棉机协会等单位起草了《棉机安装规范》，并列入行业标准制修订工作计划。国家棉花加工工程技术研究中心也组织国内行业相关专家，对新疆棉区从事棉花加工生产线安装工程的企业进行了资格认证。经考核具备工程安装资格的企业将优先承担相关工程安装服务工作。

六、我国棉花加工行业存在的突出问题

1. 机采棉加工工艺不完善，加工过程对棉纤维损伤较大

分析造成国产机采棉内在质量偏低的原因，除缺少优质高产、吐絮集中、适合当地土壤和气候条件的机采棉品种，品种“多乱杂”，种植模式和管理方法不配套，采收作业不规范等因素外，现行产购销体制和机采棉加工工艺与实际需求脱节也不利于提升棉花加工质量。

棉花市场完全开放以来，市场参与主体不断增加。新疆地方和内地的棉花生产者、加工者和经营者没有形成利益共同体，导致轧花厂为抢购机采棉资源，收购时不扣减水杂、不分品种堆放的现象十分严重，致使水杂率高达20%—25%，机采籽棉各项品质指标严重下降，造成加工时过度清理，使长度减短、强度降低、短纤维含量和棉结索丝增加，难以满足纺织企业对品质生产的需要。

我国机采棉加工工艺近年来得到了快速发展但仍不完善，加工过程对棉纤维的损伤较为严重。我国机采棉加工工艺是参照美国的机采棉加工工艺发展而来的，相关设备（尤其籽棉清理设备）也是通过引进消化吸收进行仿型设计研发而来，结合我国机采籽棉高含杂、高回潮率特性开展针对性的工艺设计研究和设备研发工作还远远不够。主要问题有：工艺设计重产量轻质量、设备配置参差不齐、棉花调湿工艺不完整；籽棉清理工艺中，单机清杂效率低、清理次数多、重烘干轻加湿，过度烘干后不能及时调整回潮率，造成纤维长度在轧花环节损失大；

皮棉清理工艺中，清理环节多、纤维损伤严重，异性纤维清理机去除异性纤维能力较差；设备智能化程度低、温度不可控，能源消耗大。此外，由于机采棉加工生产线的改造投入大、加工费高、回收期长，很多企业都不愿意投入，造成了机采棉加工能力不足，与采摘速度不匹配，导致大量机采籽棉堆放在田间或加工厂，而机采棉回潮率高，目前又缺少预处理的加工厂，若不及时晾晒还容易产生霉烂变质。

2. 部分棉区存在手摘棉和机采棉“掺混”加工、销售现象

受利益驱动，个别企业将手摘棉和机采棉“掺混”加工销售。部分企业收购的早期手摘棉，因为其马克隆值过高影响销售，就和机采棉掺混在一起加工销售。这样一来，加工出来的皮棉从检验结果看马克隆值较优、有利于销售，但这只是表面的表现，真正分析起来，这种经过“掺混”的棉花，指标一致性和稳定性都不好，一些指标的检验结果事实上并不精准。因此，加工企业不必代纺织企业去“配棉”，一定要清楚自己在整个产业链中的定位。纺织企业根据产品质量设计需要会很好地配棉的，加工企业不能越俎代庖。棉花生产、加工、流通、储运和使用等环节的高度分工是发展趋势，也有利于棉花资源的有效利用。

3. 个别加工企业参与棉花期货业务损失惨重

棉花期货业务是我国棉花流通的重要形式之一，也是国际上通行的做法，是棉花产业相关市场主体实现棉花套期保值的重要手段。但作为棉花加工企业，其工作重点应该放在棉花收购加工上，在参与棉花期货业务方面应万分慎重。受多种市场因素影响，2016 年初，我国棉花期货市场出现了极端变化，部分参与棉花期货业务的加工企业，由于决策失误，加上资金量有限，手中筹码被强行平仓后出现巨额亏损，损失惨重，教训深刻。

4. 棉种加工质量严重下降

近年来，我国种籽棉的生产、加工管理存在一定程度的混乱，棉花品种多，棉种加工工艺落后，加上很大一部分企业采用常规棉花加工生产线从事种籽棉清理加工，造成棉籽破碎或发霉变质等后果，不但影响到发芽率，也造成了品种的过早退化，对优良棉种的推广普及极其不利，需要引起种子研发单位、种子管理部门和加工企业的高度重视。

七、工作建议

高质量棉花是我国纺织企业转型升级后的主流需求，生产成本上升是棉花生产的发展趋势。在我国推广“机采棉”技术，既是适应棉花产业转方式、调结构、提质增效、转型升级的需要，也是我国棉花产业最终实现“种植规模化、生产标准化、服务社会化、采摘机械化、加工智能化、检测快速化、储运信息化和配送精准化”的必由之路。

1. 加工企业要高度重视纺织用棉企业的需求，推进棉花供给侧结构改革

提升质量、稳定产量、降本增效，生产出性价比高、满足纺织企业需求的棉花是我国机采棉产业健康发展的根本之路。纺织企业转型升级后对棉花质量的要求更加严苛。棉纤维的各项物理指标会对纺纱、织造、印染等产品质量造成影响，因此，纺织企业根据所生产品种的不同，将选择不同质量的棉花进行配棉生产。最大满足纺织工业对棉花纤维品质的需求，不但是棉花育种行业的责任，更是棉花加工产业的职责。加工企业一定要搞清楚纺织企业到底喜欢用什么样的棉花，要针对终端客户对产品的具体需求组织生产，坚决避免产品不对路形成滞销局面。在完全市场化条件下，只有优质的棉花才能有销路，对加工企业来讲，只有采取措施不断完善加工工艺，不断实施技术升级改造，狠抓加工生产过程的精细化管理，才能立于不败之地。这不仅是挑战，更是一种机遇。

2. 加强科技创新，推动国产机采棉品质水平整体提升

针对机采棉发展过程存在的问题，棉花机械设备制造企业和国内科研机构等单位，应以纺织企业对棉花质量的需求为导向，加强协同创新，在充分总结已有经验和技术体系的基础上，借鉴、吸收国外先进经验，结合我国实际情况，针对中国机采棉生产特点，加大科技创新，就影响行业发展的共性技术和关键技术组织攻关，研制出先进的采摘及加工、检测成套仪器设备，开发出智能化、标准化的机采棉加工工艺，有效解决我国机采棉发展中遇到的难题，提高棉花加工质量，为棉花产业健康发展提供技术与装备支撑。

2015/2016 年度中国棉花质量情况分析

中国纤维检验局 熊宗伟 赵倚天

【作者单位简介】中国纤维检验局始建于 1950 年，是实行公务员管理的全额预算事业单位，隶属于国家质量监督检验检疫总局。2001 年国务院颁布的《棉花质量监督管理条例》以法规的形式确立了中国纤维检验局及各级专业纤维检验机关行政执法的主体资格，明确了中国纤维检验局棉花质量监督的行政执法权以及负责组织实施全国棉花质量监督工作，包括组织实施全国棉花公证检验、全国棉花质量监督检查和依法查处棉花质量违法行为。

棉花是关系国计民生的重要物资，是我国主要的经济作物和纺织工业的主要原材料，在国民经济发展中具有重要地位。棉花产业涉及生产、加工、流通、纺织、出口等多个行业，解决了我国大量的城乡劳动力就业问题，不仅是纺织工业发展的重要支撑，还是棉区农民增收的重要途径。棉花质量关系到产、供、需各方利益，贯穿于整个棉花产业链，对纺织工业和国民经济的发展有着重要影响。全面、准确地反映我国棉花质量状况，对加强宏观调控，维护市场稳定，引导棉花产业健康有序发展，是十分必要的。

为保证我国棉花流通质量，稳定市场交易秩序，促进棉花产业健康发展，我国进行了棉花质量检验体制改革，将棉花质量检验方式由人工感官检验逐步转变为全部采用仪器化快速检验。改革推行十余年来，我国仪器化公证检验工作不断深入，检验量稳步上升，检验数据能比较真实地反映当年度我国棉花质量情况。《2015/2016 年度中国棉花质量分析报告》以本年度新体制棉花加工企业收购加工细绒棉（重点是新疆监管棉花）的公证检验数据为基础进行统计、分析，以期得到有价值的信息，为涉棉的政府职能部门、行业组织和相关企业分析棉花形势、研究棉花政策、扶持棉花产业提供重要依据。

一、数据来源

2015/2016 年度中国棉花质量分析报告，依据 GB 1103.1–2012《棉花 第 1 部分：锯齿加工细绒棉》① 国家标准，对颜色级、轧工质量、长度、马克隆值、断裂比强度、长度整齐度指数等主要指标进行汇总统计，并综合生产、市场和政策等多方因素进行分析和评价而成。

本报告所称的新体制棉花，是指按照棉花质量检验体制改革方案要求进行生产、加工，并在棉花产地经过仪器化公证检验的成包皮棉。

本报告所称的棉花年度为 2015 年 9 月 1 日至 2016 年 8 月 31 日。

按照品种及纤维长度，我国棉花分为细绒棉和长绒棉，长绒棉仅在新疆有种植，占全国棉花总量的比例极低，其检验依据为 GB19635–2005《棉花

① 2012 年 11 月 21 日，国家标准化委员会发布了新修订的棉花国家标准 GB1103.1–2012《棉花第 1 部分：锯齿加工细绒棉》和 GB1103.2–2012《棉花第 2 部分：皮辊加工细绒棉》，并从 2013 棉花年度（2013 年 9 月 1 日）起开始实施，取代 GB 1103–2007《棉花细绒棉》国家标准。

长绒棉》，与细绒棉的检验依据不同。细绒棉按加工方式的不同分为锯齿加工细绒棉和皮辊加工细绒棉，皮辊加工细绒棉占全国棉花总量的比例极低，其检验依据为 GB 1103.2–2012《棉花第 2 部分：皮辊加工细绒棉》。因此，本文所统计的质量指标数据，均以当年度新体制棉花锯齿加工细绒棉的公证检验数据为基础计算而来。

二、检验数量

2015/2016 年度，全国新体制棉花细绒棉公证检验涉及的产棉省（自治区、直辖市）及新疆生产建设兵团共 13 个[①]，涉及加工企业 1100 家，比上一年度减少 28.66%，检验量 1589 万包，360 万吨，分别比上一年度减少 30.03%、29.96%，检验量为近五年来最低水平（见图 3–6）。

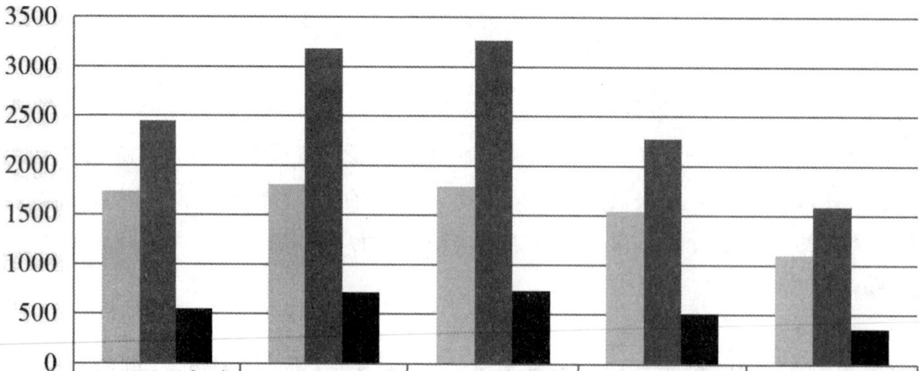

	2011/2012年度	2012/2013年度	2013/2014年度	2014/2015年度	2015/2016年度
加工企业（家）	1736	1806	1789	1542	1100
包数（万包）	2444.1	3183.1	3268.2	2271.0	1589.2
重量（万吨）	553.3	720.7	741.0	514.2	360.0

图 3–6　2011/2012—2015/2016 年度全国新体制棉花检验量情况对比

对比近 5 个年度的新体制企业检验数量，新疆作为我国棉花最主要产区，检验量占比仍在进一步扩大，达到 91.11%。（见图 3–7）内地棉区在 2014/2015 年度棉花检验量大幅下滑之后，在本年度棉花检验量进一步萎缩，黄河流域棉区同比下降 59.17%，长江流域棉区同比下降 85.34%。其中，河南、陕西两省在本年度没有检验量，同比下降 100%（见图 3–8、图 3–9、图 3–10、图 3–10）。

三、指标结果

1. 颜色级[②]

颜色级指标是 GB 1103.1–2012《棉花 第 1 部分：锯齿加工细绒棉》首次引入的棉花质量指标，它依据棉花的黄色深度（+b）确定类型，依据反射率（Rd%）反映出的明暗程度确定级别，通过类型和级别在颜色分级图中对应的区域确定棉花的颜色级。按照中国棉花颜色分级图，我国锯齿加工细绒棉共分为 4 种类型、13 个颜色级，其中白棉 3 级为标准级。从类型来讲，白棉和淡点污棉使用价值较高；淡黄染棉由各种僵瓣棉和部分晚期次棉、污染棉、烂桃棉，或是淡点污棉变异而来，使用价值较低；黄染棉是在特殊情况下才会出现的，因多年存储变异，或回潮率大的籽棉未及时晾晒而变黄，这类棉花品质极低。各个类型中，1 级为最好。

① 新疆维吾尔自治区地方及生产建设兵团所产棉花因其在品种、生产方式、管理模式上的差异，而在一些质量指标上各具特点，因此，本报告中对其分别统计分析，并分别简称新疆地方、新疆兵团。

② 棉花的颜色级指标与原标准中的品级指标并无对应关系。根据现行棉花国家标准，颜色级分为白棉、淡点污棉、淡黄染棉、黄染棉四个类型，其中白棉分为 1—5 级，代号分别用 11、21、31、41、51 表示；淡点污棉分为 1—3 级，代号分别用 12、22、32 表示；淡黄染棉分为 1—3 级，代号分别用 13、23、33 表示；黄染棉分为 1 级和 2 级，代号分别用 14、24 表示。

从 2015/2016 年度新体制棉花检验情况来看，西北内陆棉区的棉花颜色级指标最好，白棉所占比例最高，达到 98.12%（见图 3-12）。黄河流域棉区颜色级指标介于西北内陆棉区和长江流域棉区水平之间，其中天津、河北、山东白棉占本省棉花的比例优于平均水平；山西棉花颜色级指标最差，淡点

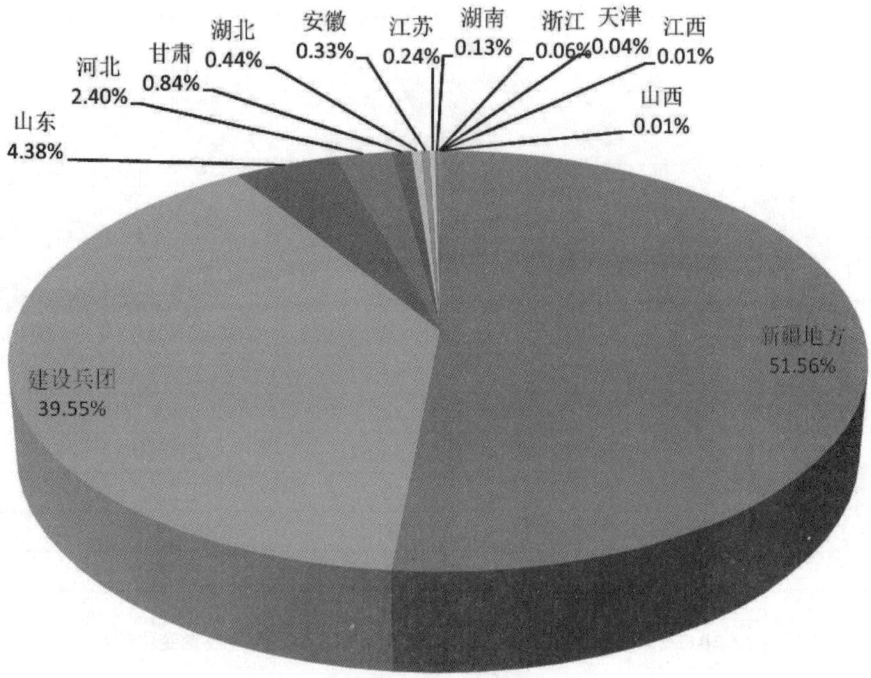

图 3-7　2015/2016 年度全国各产棉省份检验数量占比分布

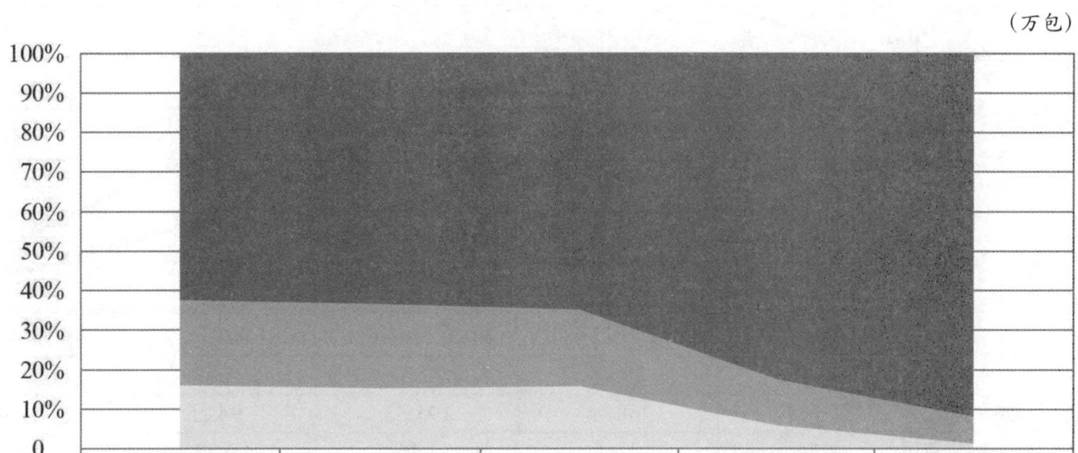

	2011/2012年度	2012/2013年度	2013/2014年度	2014/2015年度	2015/2016年度
■西北内陆棉区	1528.24	2022.21	2121.87	1874.56	1456.59
■黄河流域棉区	525.18	675.95	631.32	264.92	108.16
■长江流域棉区	390.65	484.96	513.71	131.54	19.29

图 3-8　2011/2012—2015/2016 年度三大产棉区检验量占比变化

（万包）

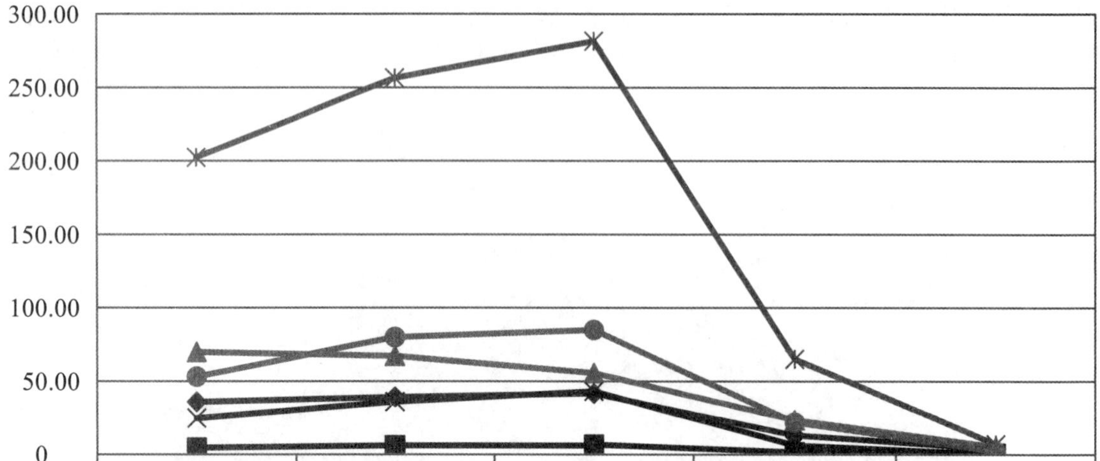

	2011/2012年度	2012/2013年度	2013/2014年度	2014/2015年度	2015/2016年度
江苏	35.92	39.24	41.72	13.13	3.86
浙江	4.58	6.11	6.73	1.66	0.87
安徽	69.85	67.17	55.64	23.49	5.27
江西	24.86	36.03	43.21	6.22	0.18
湖北	202.36	256.47	281.50	65.09	6.98
湖南	53.09	79.94	84.91	21.95	2.13

图 3–9　2011/2012 年度以来长江流域棉区各产棉省份检验数量变化趋势

（万包）

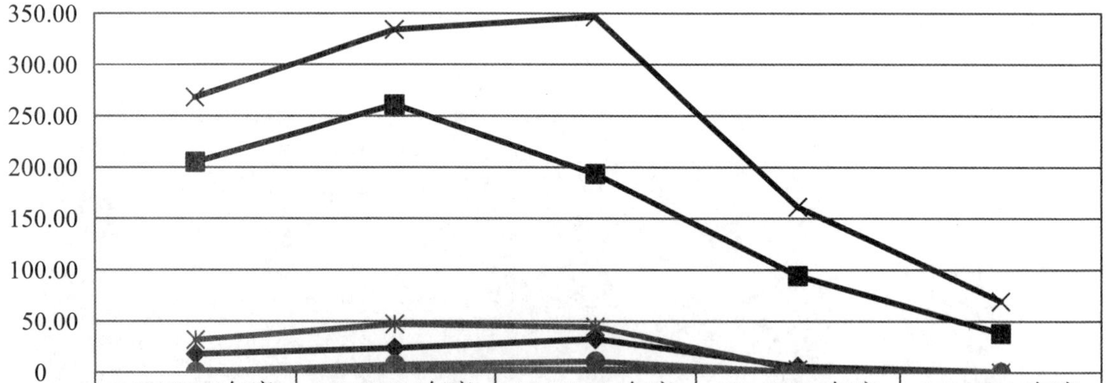

	2011/2012年度	2012/2013年度	2013/2014年度	2014/2015年度	2015/2016年度
天津	17.87	23.48	32.53	5.68	0.68
河北	205.17	260.95	193.63	94.25	38.04
山西	1.74	2.84	3.36	0.83	0.11
山东	268.11	334.20	346.67	161.07	69.34
河南	31.85	47.17	44.54	2.70	0.00
陕西	0.43	7.32	10.60	0.39	0.00

图 3–10　2010/2011 年度以来黄河流域棉区各产棉省份检验数量变化趋势

（万包）

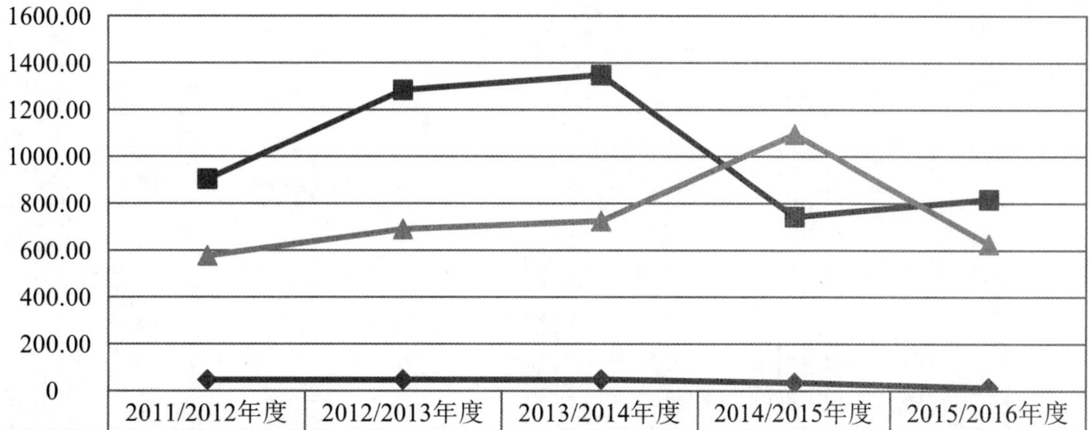

	2011/2012年度	2012/2013年度	2013/2014年度	2014/2015年度	2015/2016年度
甘肃	47.20	47.62	48.81	35.39	13.33
新疆地方	903.98	1284.26	1348.13	743.07	816.73
新疆兵团	577.05	690.33	724.93	1096.10	626.52

图 3–11　2011/2012 年度以来西北内陆棉区各产棉省份检验数量变化趋势

污棉 1 级占比达到 50.45%，其他省份这一指标均不足 10%。长江流域棉区颜色级指标最低，其中安徽白棉占比最高，其次是湖南、湖北两省；各省份淡点污棉占比均超过 20%，浙江淡点污棉占比达到 69.64%，远高于 3.59% 的全国平均值（见图 3–13、图 3–14、图 3–15）。

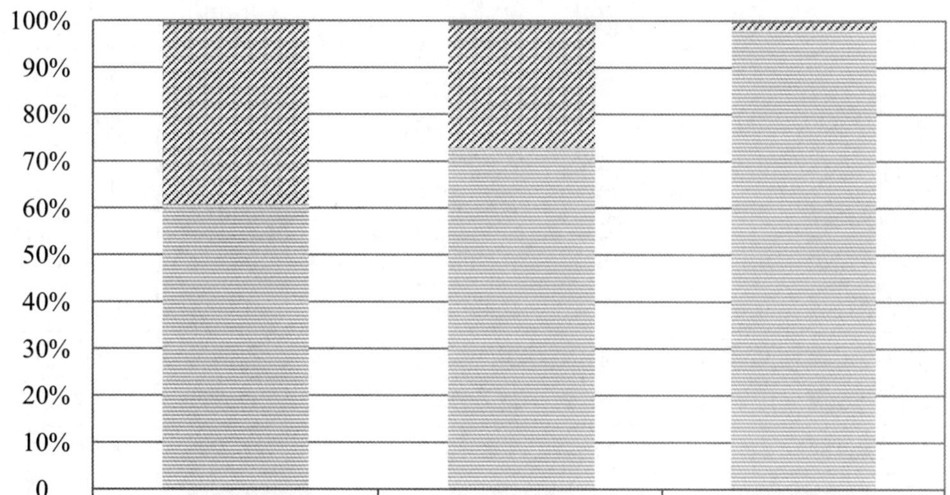

	长江流域棉区	黄河流域棉区	西北内陆棉区
黄染棉占比	0.22%	0.07%	0.03%
淡黄染棉占比	0.70%	0.85%	0.42%
淡点污棉占比	38.18%	26.10%	1.43%
白棉占比	60.90%	72.97%	98.12%

图 3–12　2015/2016 年度三大产棉区颜色级占比分布情况对比

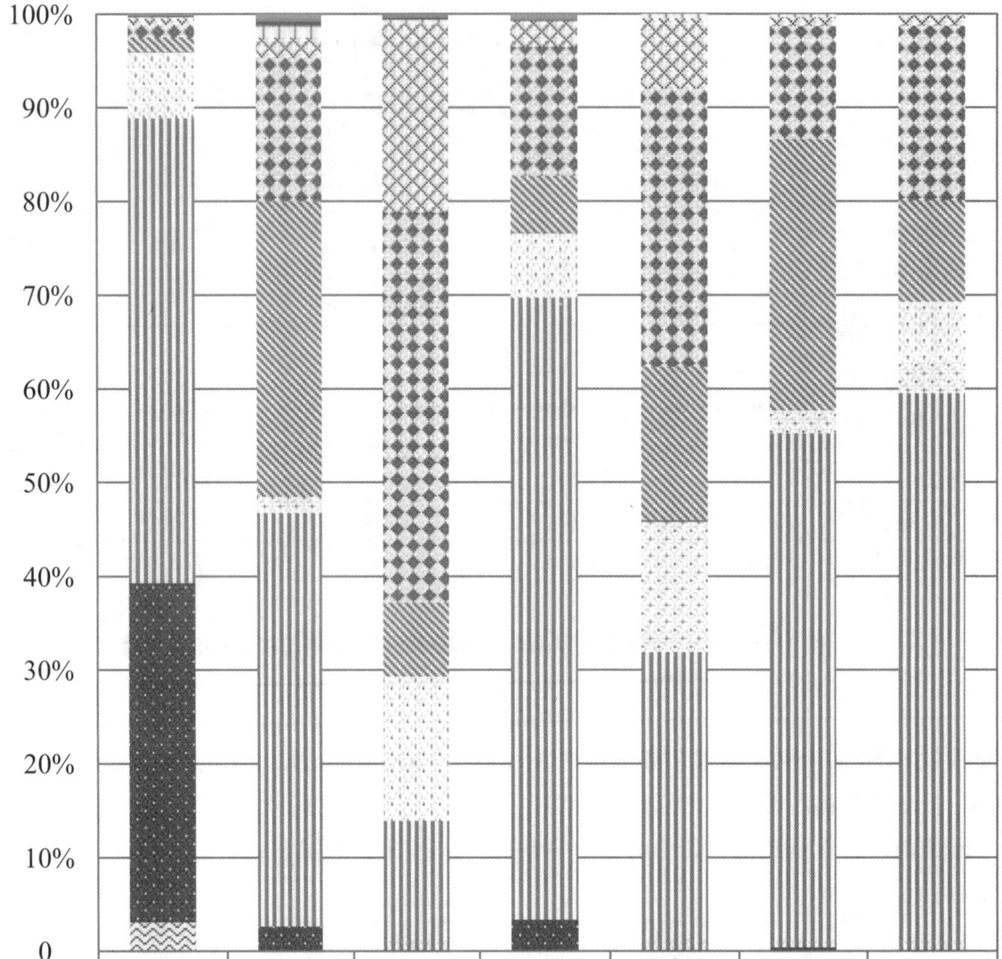

	全国	江苏	浙江	安徽	江西	湖北	湖南
黄染棉2级	0.04%	0.44%	0.00%	0.47%	0.00%	0.00%	0.00%
黄染棉1级	0.00%	0.04%	0.00%	0.00%	0.00%	0.00%	0.00%
淡黄染棉3级	0.19%	0.32%	0.39%	0.24%	0.00%	0.01%	0.03%
淡黄染棉2级	0.11%	0.38%	0.23%	0.06%	0.00%	0.04%	0.05%
淡黄染棉1级	0.15%	1.36%	0.42%	0.02%	0.50%	0.31%	0.07%
淡点污棉3级	0.66%	2.18%	20.10%	2.77%	7.54%	0.94%	1.12%
淡点污棉2级	1.33%	15.30%	41.69%	13.74%	29.66%	12.07%	18.66%
淡点污棉1级	1.60%	31.51%	7.85%	6.12%	16.35%	28.95%	10.78%
白棉5级	0.05%	0.01%	0.00%	0.05%	0.17%	0.00%	0.00%
白棉4级	7.01%	1.72%	15.41%	6.84%	13.91%	2.44%	9.79%
白棉3级	49.57%	44.12%	13.90%	66.37%	31.87%	54.83%	59.50%
白棉2级	36.21%	2.61%	0.00%	3.34%	0.00%	0.40%	0.01%
白棉1级	3.09%	0.02%	0.00%	0.01%	0.00%	0.00%	0.00%

图 3–13 2015/2016 年度长江流域棉区颜色级占比分布

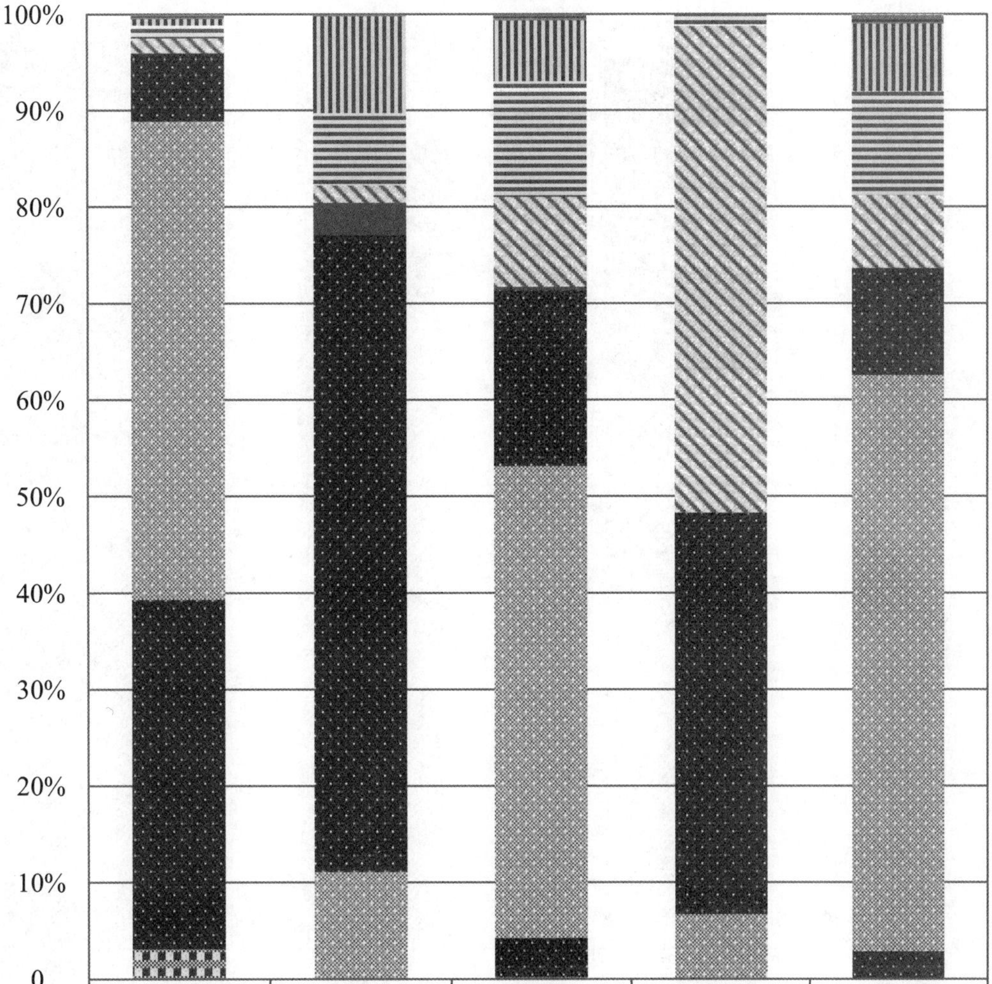

	全国	天津	河北	山西	山东
黄染棉2级	0.04%	0.00%	0.00%	0.00%	0.12%
黄染棉1级	0.00%	0.00%	0.00%	0.00%	0.00%
淡黄染棉3级	0.19%	0.06%	0.25%	0.00%	0.47%
淡黄染棉2级	0.11%	0.01%	0.19%	0.00%	0.26%
淡黄染棉1级	0.15%	0.13%	0.24%	0.00%	0.18%
淡点污棉3级	0.66%	10.06%	6.31%	0.00%	7.01%
淡点污棉2级	1.33%	7.49%	12.01%	1.25%	10.78%
淡点污棉1级	1.60%	1.80%	9.28%	50.45%	7.53%
白棉5级	0.05%	3.38%	0.37%	0.00%	0.03%
白棉4级	7.01%	65.96%	18.26%	41.59%	11.07%
白棉3级	49.57%	11.08%	48.86%	6.71%	59.71%
白棉2级	36.21%	0.01%	4.04%	0.00%	2.82%
白棉1级	3.09%	0.00%	0.19%	0.00%	0.01%

图 3–14　2015/2016 年度黄河流域棉区各产棉省份颜色级占比分布

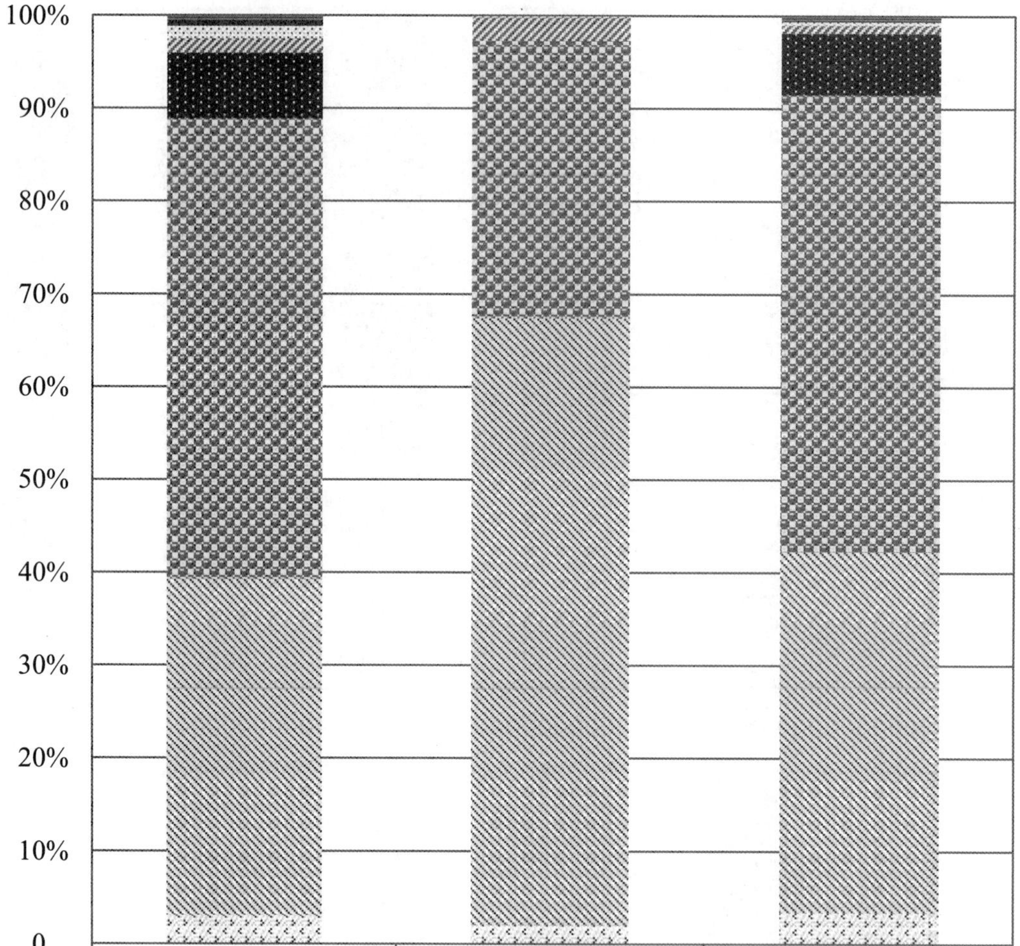

	全国	甘肃	新疆
黄染棉2级	0.04%	0.00%	0.03%
黄染棉1级	0.00%	0.00%	0.00%
淡黄染棉3级	0.19%	0.00%	0.17%
淡黄染棉2级	0.11%	0.01%	0.10%
淡黄染棉1级	0.15%	0.05%	0.15%
淡点污棉3级	0.66%	0.01%	0.17%
淡点污棉2级	1.33%	0.14%	0.40%
淡点污棉1级	1.60%	2.49%	0.84%
白棉5级	0.05%	0.00%	0.04%
白棉4级	7.01%	0.03%	6.57%
白棉3级	49.57%	29.89%	49.23%
白棉2级	36.21%	65.37%	38.91%
白棉1级	3.09%	2.02%	3.37%

图 3-15　2015/2016 年度西北内陆棉区各产棉省份颜色级占比分布

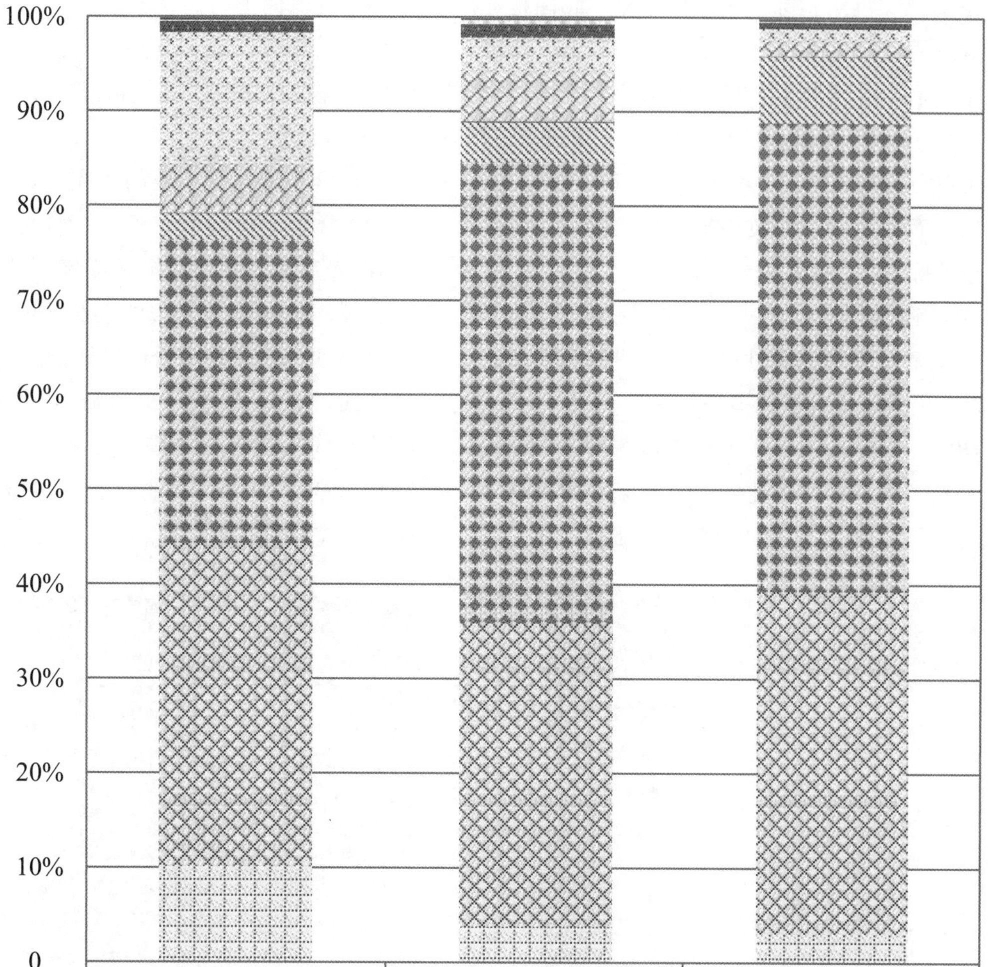

	2013/2014年度	2014/2015年度	2015/2016年度
黄染棉2级	0.01%	0.01%	0.04%
黄染棉1级	0.00%	0.00%	0.00%
淡黄染棉3级	0.12%	0.12%	0.19%
淡黄染棉2级	0.23%	0.15%	0.11%
淡黄染棉1级	0.12%	0.45%	0.15%
淡点污棉3级	1.19%	1.41%	0.66%
淡点污棉2级	13.97%	3.57%	1.33%
淡点污棉1级	5.19%	5.33%	1.60%
白棉5级	0.03%	0.08%	0.05%
白棉4级	2.78%	4.23%	7.01%
白棉3级	32.03%	48.74%	49.57%
白棉2级	34.18%	32.08%	36.21%
白棉1级	10.13%	3.81%	3.09%

图 3–16　2013/2014 年度以来我国棉花颜色级各档占比变化

对比实施颜色级指标三年来的数据，我国棉花颜色级指标呈现阶梯状上升。其中，2015/2016 年度白棉占比较上年度增加了 6.97 个百分点，全国以白棉 2 级、3 级为主，白棉 1 级占比较上一年度相对稳定；淡点污棉占比较上年度下降了 6.73 个百分点，各级占比均有所下降；淡黄染棉及黄染棉占比较上一年度基本持平。

2. 轧工质量

轧工质量是指籽棉经过加工后，皮棉外观形态粗糙程度及所含疵点种类的多少。

从 2015/2016 年度新体制棉花检验情况来看，新疆棉的轧工质量为好的比例明显高于全国平均水平。由于机采棉加工方式的特性，新疆棉中轧工质量为差的比例也明显高于其他省份和全国平均水平。内地省份中，河北、甘肃、安徽、江苏的棉花轧工质量为差的比例高于其他省份。

3. 长度

长度是棉花最重要的内在质量指标之一，与棉花的整体使用价值密切相关。细绒棉的长度由 25—32 毫米级依次分为八个长度级，其中 28 毫米级为标准级，30—32 毫米级的棉花使用价值较高，25—26 毫米级的棉花使用价值较低。

2015/2016 年度，全国新体制棉花细绒棉逐包检验平均长度为 28.50 毫米；长度级加权平均值为 28.05 毫米。从各产棉省棉花逐包检验平均长度看，江苏棉花长度最长，达到 29.10 毫米；其次是湖北、

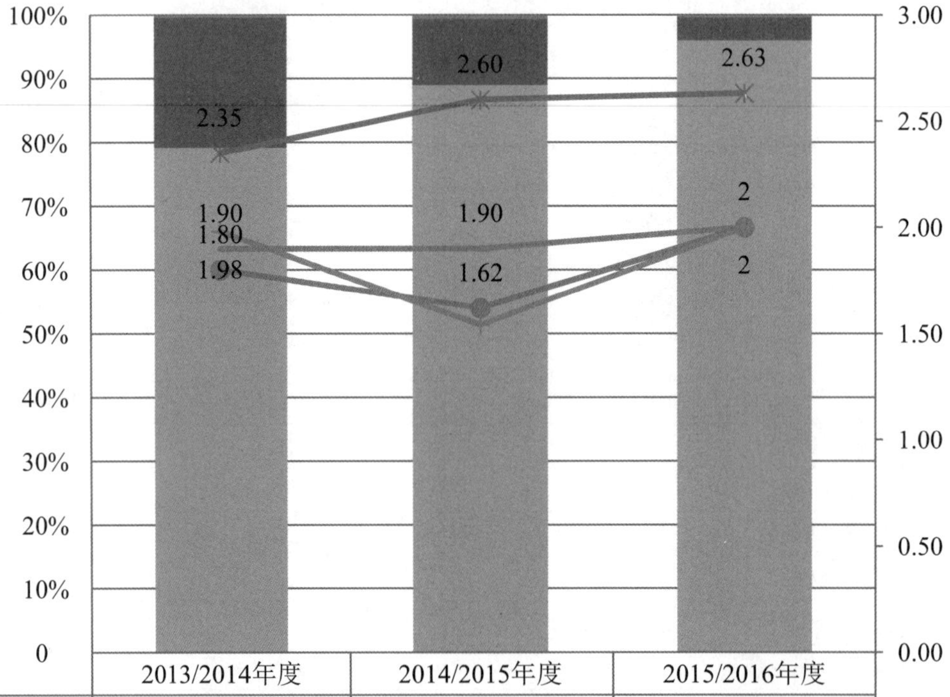

	2013/2014年度	2014/2015年度	2015/2016年度
黄染棉占比	0.01%	0.01%	0.04%
淡黄染棉占比	0.47%	0.73%	0.45%
淡点污棉占比	20.35%	10.32%	3.59%
白棉占比	79.16%	88.95%	95.92%
白棉平均级	2.35	2.60	2.63
淡点污棉平均级	1.80	1.62	2
淡黄染棉平均级	1.98	1.54	2
黄染棉平均级	1.90	1.90	2

图 3–17 2013/2014 年度以来我国棉花颜色级变化情况

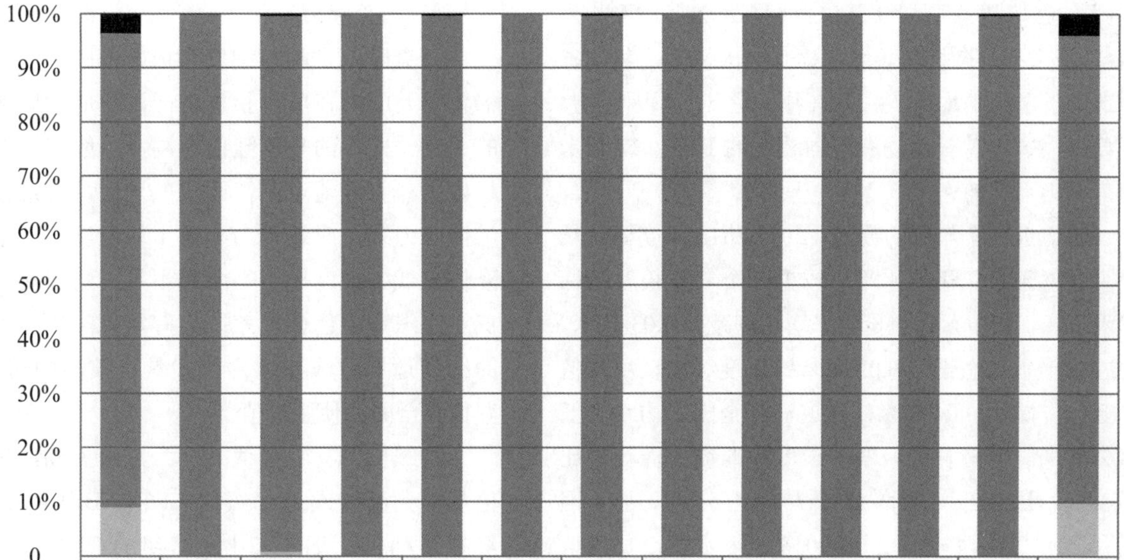

	全国	天津	河北	山西	江苏	浙江	安徽	江西	山东	湖北	湖南	甘肃	新疆
■差（P3）占比	3.65%	0.16%	0.46%	0.00%	0.33%	0.00%	0.34%	0.00%	0.14%	0.09%	0.00%	0.35%	3.99%
■中（P2）占比	87.43%	99.84%	98.73%	100.00%	99.66%	100.00%	99.64%	100.00%	99.80%	99.80%	100.00%	99.65%	86.24%
■好（P1)占比	8.92%	0.00%	0.81%	0.00%	0.01%	0.00%	0.02%	0.00%	0.06%	0.12%	0.00%	0.00%	9.77%

图 3–18 2015/2016 年度各产棉省份轧工质量占比分布

（毫米）

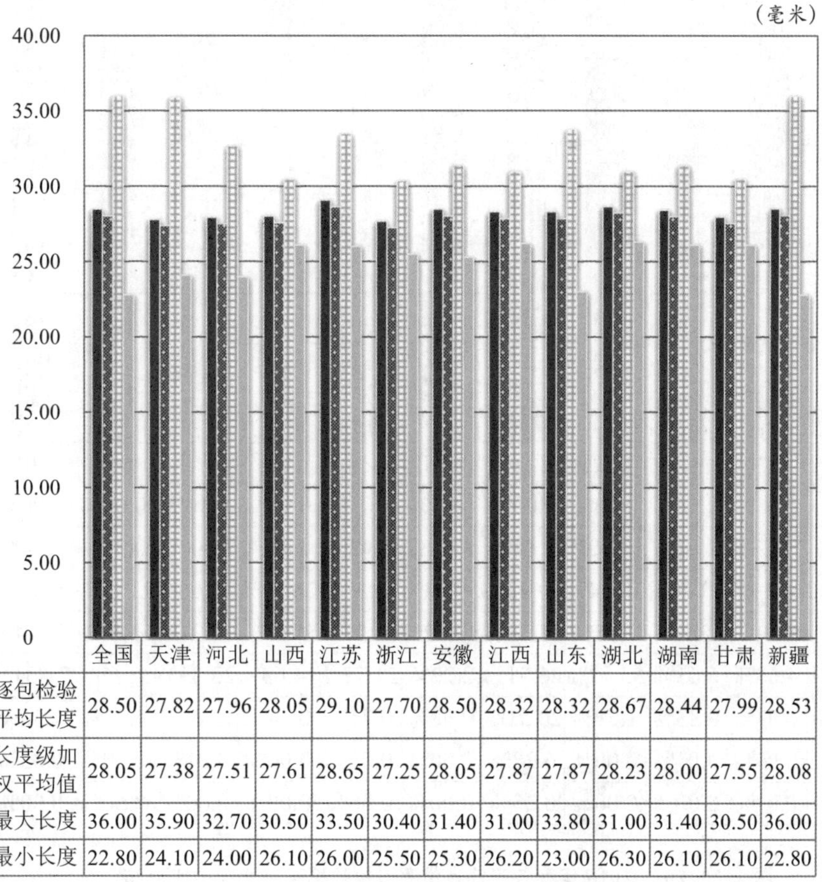

	全国	天津	河北	山西	江苏	浙江	安徽	江西	山东	湖北	湖南	甘肃	新疆
■逐包检验平均长度	28.50	27.82	27.96	28.05	29.10	27.70	28.50	28.32	28.32	28.67	28.44	27.99	28.53
■长度级加权平均值	28.05	27.38	27.51	27.61	28.65	27.25	28.05	27.87	27.87	28.23	28.00	27.55	28.08
■最大长度	36.00	35.90	32.70	30.50	33.50	30.40	31.40	31.00	33.80	31.00	31.40	30.50	36.00
■最小长度	22.80	24.10	24.00	26.10	26.00	25.50	25.30	26.20	23.00	26.30	26.10	26.10	22.80

图 3–19 2015/2016 年度全国各产棉省份棉花长度级对比

新疆，已接近全国平均值，分别为28.67毫米与28.53毫米；安徽棉花长度指标与全国持平，其他省份均低于全国平均值。总体来看，受天气原因影响，多数产棉区棉花长度均有不同程度的下降，27毫米棉花占比明显增大。

对比近5个年度的数据，2015/2016年度棉花长度级略低于5年平均水平，较上一个年度长度指标有所下降。其中，逐包检验平均长度减少0.03毫米，比近五年平均水平低0.02毫米；长度级加权平均值较上年度减少0.04毫米，比近五年全国平均水平低0.02毫米。全国长度级低于长度标准级的棉花占比26.30%，比上一年度增加12.75个百分点，基本回落到2012/2013年度、2013/2014年度水平，长度值离散范围扩大，30—32毫米长度级的棉花占比为五年最高（见图3-21）。

4．马克隆值

马克隆值是棉花细度和成熟度的综合反映，是棉花主要的内在质量指标之一，与成纱质量有密切的关系。棉花的马克隆值越高，一般棉纤维成熟度越好；马克隆值过高，则成熟过度，纤维较粗，纤维抱合力差、成纱强力和条干均匀度不理想；马克隆值过低、细度过小、成熟不足，则容易产生有害疵点，织物染色性能差；只有马克隆值适中，棉花的细度适中、成熟适中，才具有较高的纺纱性能，获得较全面的使用价值。

细绒棉的马克隆值共分为三级五档，按马克隆值从低到高依次是C级的C1档、B级的B1档、A级的A档、B级的B2档、C级的C2档。马克隆值级A级的使用价值较好，B级的使用价值正常，C级的使用价值较差。

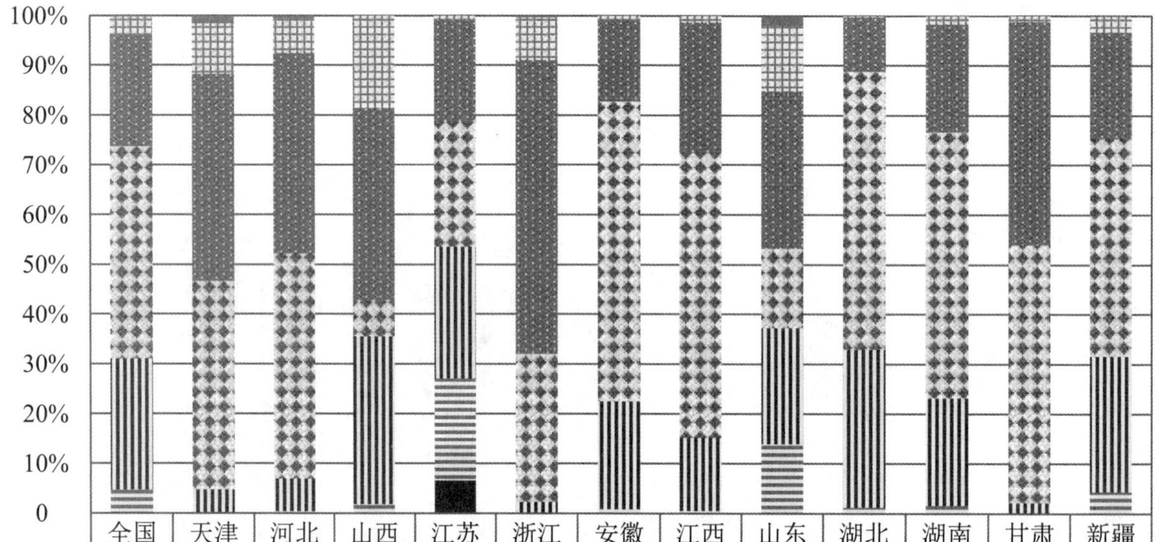

	全国	天津	河北	山西	江苏	浙江	安徽	江西	山东	湖北	湖南	甘肃	新疆
25毫米占比	0.24%	1.56%	0.58%	0.00%	0.00%	0.33%	0.03%	0.00%	2.10%	0.00%	0.00%	0.00%	0.14%
26毫米占比	3.66%	10.22%	7.01%	18.60%	0.84%	8.68%	0.92%	1.39%	13.02%	0.21%	1.74%	1.19%	3.17%
27毫米占比	22.40%	41.59%	40.26%	38.64%	20.42%	59.00%	16.33%	26.11%	31.66%	11.03%	21.60%	44.81%	21.32%
28毫米占比	42.66%	41.90%	45.20%	7.25%	25.19%	29.69%	60.21%	57.37%	15.94%	55.86%	53.44%	51.84%	43.72%
29毫米占比	26.39%	4.68%	6.61%	33.72%	26.51%	2.22%	21.75%	14.63%	23.39%	31.69%	21.64%	2.13%	27.31%
30毫米占比	4.45%	0.03%	0.33%	1.79%	20.51%	0.08%	0.75%	0.44%	13.68%	1.21%	1.56%	0.03%	4.15%
31毫米占比	0.18%	0.00%	0.01%	0.00%	6.28%	0.00%	0.01%	0.06%	0.21%	0.00%	0.03%	0.00%	0.17%
32毫米占比	0.01%	0.01%	0.00%	0.00%	0.25%	0.00%	0.00%	0.00%	0.00%	0.00%	0.00%	0.00%	0.01%

图3-20 2015/2016年度各产棉省份逐包检验棉花长度级占比分布

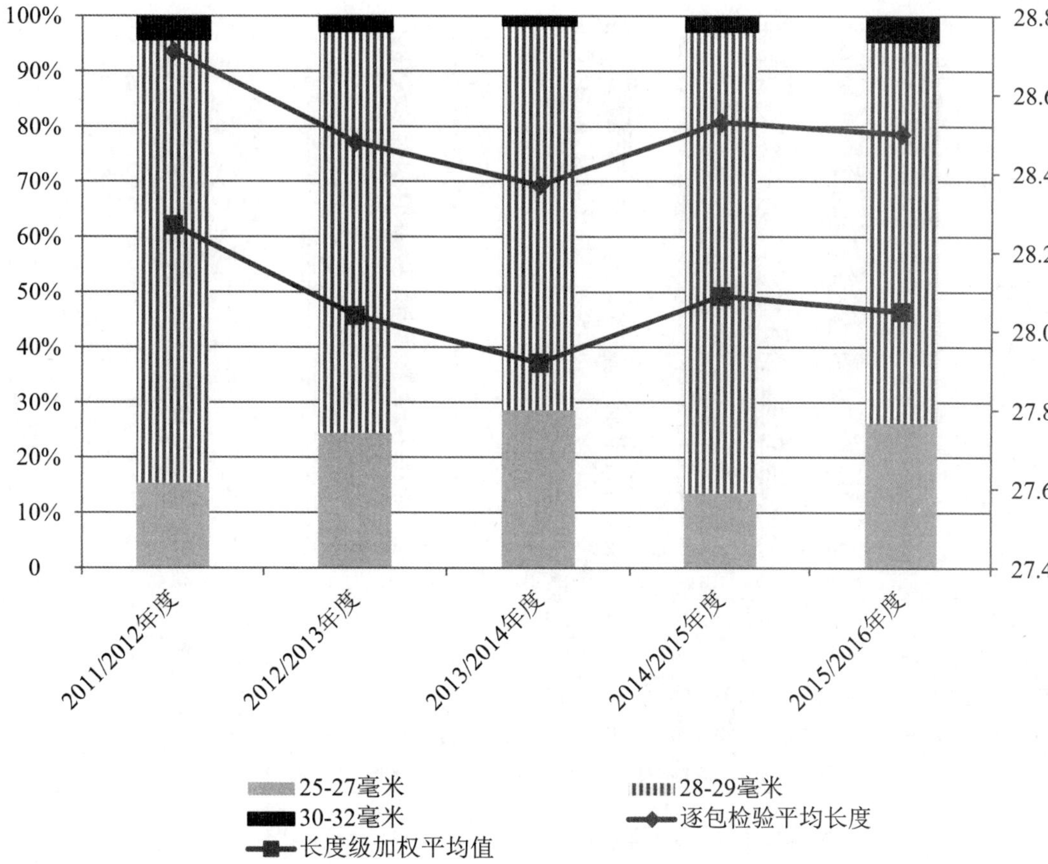

图 3–21　2010/2011 年度以来我国棉花长度变化情况

2015/2016 年度，全国新体制棉花细绒棉马克隆值级A级占比7.80%，较上年度降低27.17个百分点；C 级占比 38.26%，较上年度上升 20.87 个百分点；B 级占比 53.93%，较上年度上升 6.3 个百分点。总体来看，本年度棉花马克隆值指标呈现较大滑坡，各产棉省份中，江苏、甘肃的棉花马克隆值指标最好，A 级棉比率分别为 35.03%、11.11%，A、B 级棉花总和均达到 80% 以上；新疆、浙江次之，高于全国平均水平；天津棉花 C2 档占比达到 96%，棉纤维细度值过大、成熟过度问题突出，马克隆值指标最差（见图 3–22）。

对比近五个年度的数据，2015/2016 年度马克隆值指标为五年来最低水平，相较五年平均水平也有较大差距，主要表现在，马克隆值 A 级的占比 7.80%，比近五年平均水平低了 19.68 个百分点；马克隆值 C 档的占比明显增加，比五年平均水平高了 18.88 个百分点（见图 3–23）。

5．断裂比强度

断裂比强度是重要的棉花内在质量指标，与纱线的成纱强力有很好的相关性。细绒棉按断裂比强度值和使用价值从高到低依次分五个档，即很强、强、中等、差、很差。

2015/2016 年度，全国新体制棉花细绒棉平均断裂比强度值 28.23cN/tex，较上年度上升了 0.19cN / tex，高于五年平均水平。

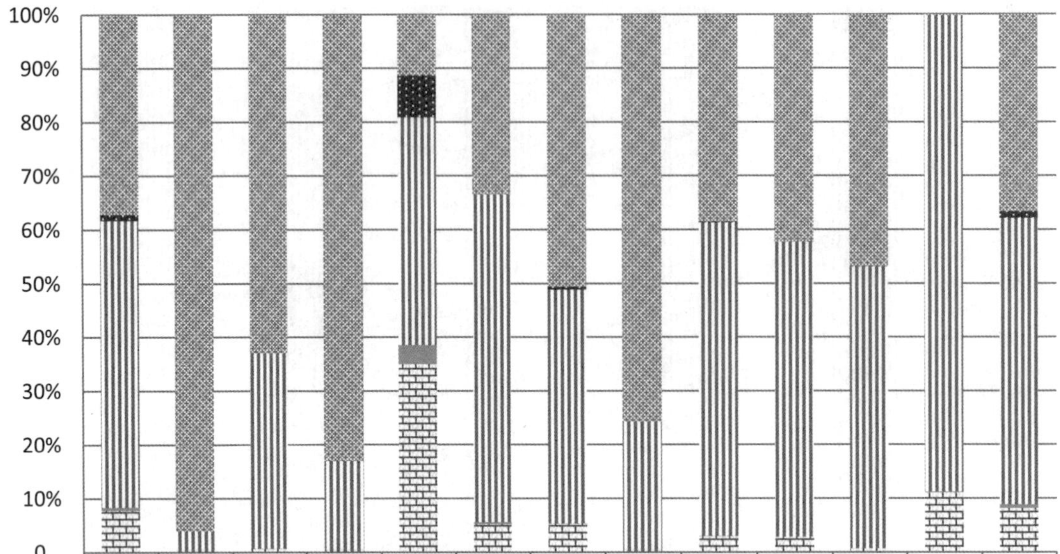

	全国	天津	河北	山西	江苏	浙江	安徽	江西	山东	湖北	湖南	甘肃	新疆
C2档占比	37.09%	96.00%	62.91%	83.01%	11.33%	33.41%	50.56%	75.61%	38.49%	42.22%	46.92%	0.15%	36.62%
C1档占比	1.18%	0.00%	0.01%	0.00%	7.72%	0.02%	0.51%	0.00%	0.16%	0.01%	0.00%	0.04%	1.26%
B2档占比	53.32%	3.98%	36.36%	16.99%	42.38%	60.99%	43.56%	24.39%	58.33%	54.89%	52.36%	88.59%	53.29%
B1档占比	0.61%	0.00%	0.03%	0.00%	3.54%	0.30%	0.07%	0.00%	0.04%	0.01%	0.00%	0.11%	0.66%
A档占比	7.80%	0.01%	0.68%	0.00%	35.03%	5.28%	5.30%	0.00%	2.98%	2.88%	0.71%	11.11%	8.18%

图 3–22 2015/2016 年度各产棉省份平均马克隆值级占比分布

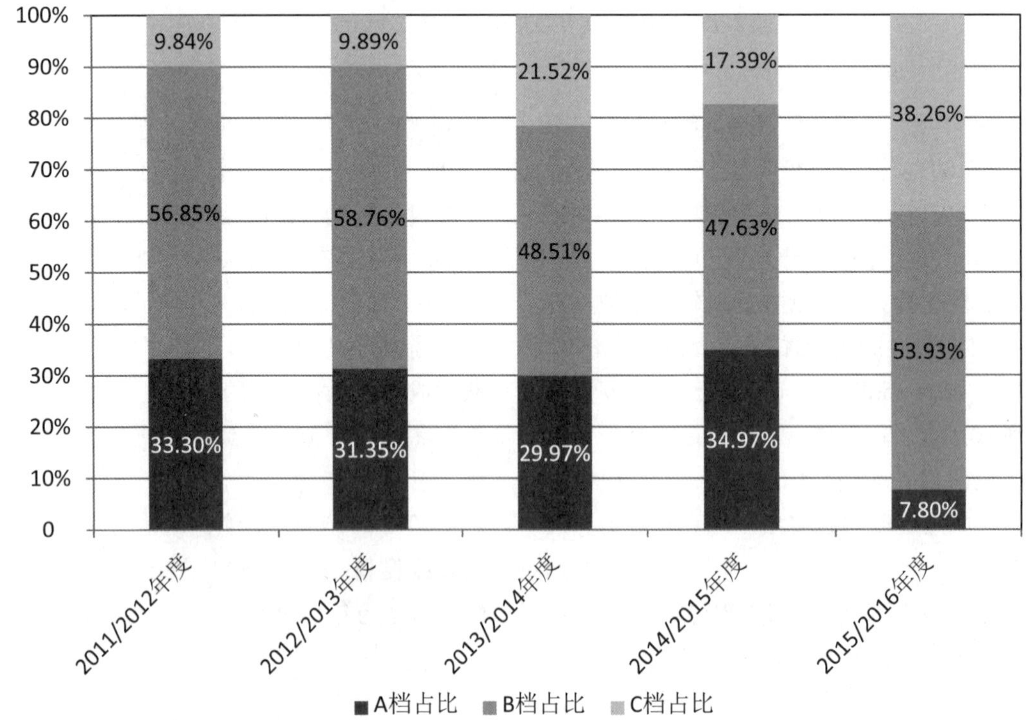

图 3–23 2010/2011 年度以来我国棉花马克隆值级变化情况

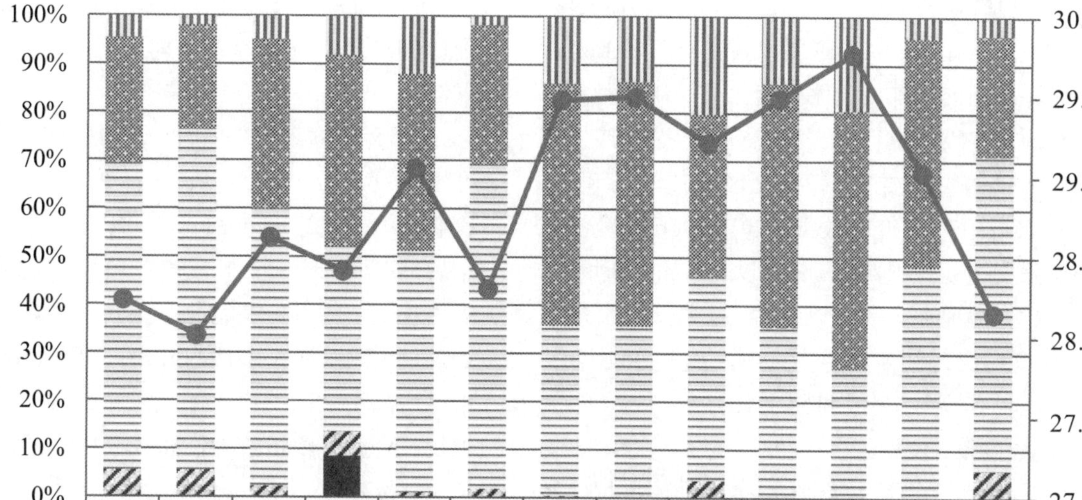

	全国	天津	河北	山西	江苏	浙江	安徽	江西	山东	湖北	湖南	甘肃	新疆
很强占比	4.59%	1.92%	4.80%	8.14%	11.98	1.78%	13.87	13.47	20.13	13.71	19.36	4.30%	3.71%
强占比	26.15	21.79	35.34	39.71	36.71	28.97	50.31	50.83	33.96	50.68	53.68	47.60	25.04
中等占比	63.70	70.71	57.54	38.55	50.21	67.43	35.39	35.70	42.24	35.53	26.79	47.96	65.39
差占比	5.29%	5.50%	2.24%	5.01%	1.08%	1.80%	0.35%	0.00%	3.57%	0.08%	0.16%	0.14%	5.57%
很差占比	0.27%	0.07%	0.07%	8.59%	0.02%	0.02%	0.08%	0.00%	0.09%	0.00%	0.00%	0.00%	0.29%
平均断裂比强度值	28.23	28.01	28.62	28.41	29.05	28.3	29.48	29.5	29.21	29.49	29.77	29.03	28.15

图 3–24　2014/2015 年度各产棉省份平均断裂比强度占比分布

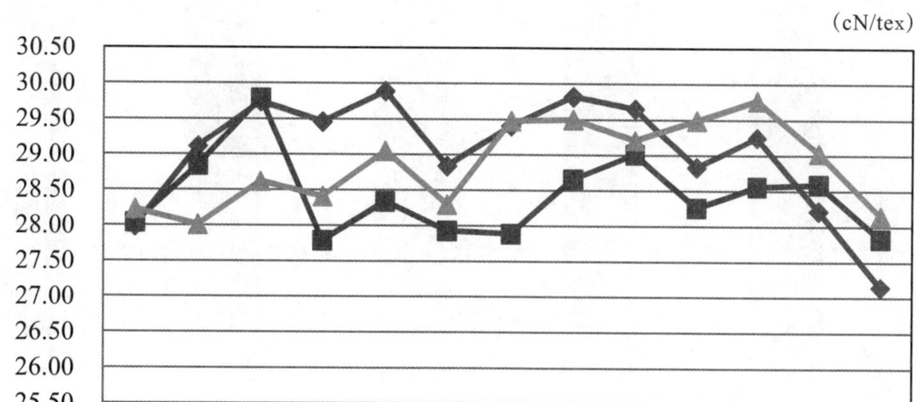

	全国	天津	河北	山西	江苏	浙江	安徽	江西	山东	湖北	湖南	甘肃	新疆
2013/2014年度	27.99	29.11	29.74	29.46	29.89	28.84	29.41	29.82	29.65	28.83	29.25	28.22	27.15
2014/2015年度	28.04	28.84	29.79	27.79	28.34	27.93	27.89	28.66	29.01	28.26	28.56	28.59	27.83
2015/2016年度	28.23	28.01	28.62	28.41	29.05	28.30	29.48	29.50	29.21	29.49	29.77	29.03	28.15

图 3–25　2012/2013 年度以来各产棉省份棉花平均断裂比强度变化情况

各产棉省份中，湖南棉花平均断裂比强度最强，较上一年度有显著提高；其次是江西、湖北、安徽、山东、甘肃、江苏，棉花断裂比强度均在29.0及以上；天津、河北棉花断裂比强度比上一年度大幅下降；全国最主要产棉区新疆棉花断裂比强度较上年度上升0.32cN/tex（见图3-24、图3-25）。

对比近五个年度的数据，2015/2016年度棉花断裂比强度指标有所提高，强及以上占比有所增加，中等占比基本持平，差及以下占比大幅下降。断裂比强度平均值连续两年稳步提升，但与2011/2012年度相比仍有较大差距（见图3-26）。

6. 长度整齐度指数

长度整齐度指数是重要的棉花质量指标，用以表示棉纤维长度分布均匀或整齐的程度，对纱线的条干、落棉率有重要影响，同时对纱线的强度也有影响。细绒棉按长度整齐度指数和使用价值从高到低依次分为五个档，分别是很高、高、中、低、很低。

2015/2016年度，全国新体制棉花细绒棉平均长度整齐度指数82.68%，比上年度平均值高0.34%，比前四年最高值82.50%高出0.18%，在连续下降四年后呈现回升态势。长度整齐度指数为很高和高档的棉花较多的省份是湖北、江西、安徽，占比都在70%以上；其次是山西、甘肃，很高和高档的棉花占比均高于全国平均水平；天津、山东、河北棉花中，长度整齐度指数为低和很低档的占比明显多于其他省份。

各产棉省份中，江西棉平均长度整齐度最好，

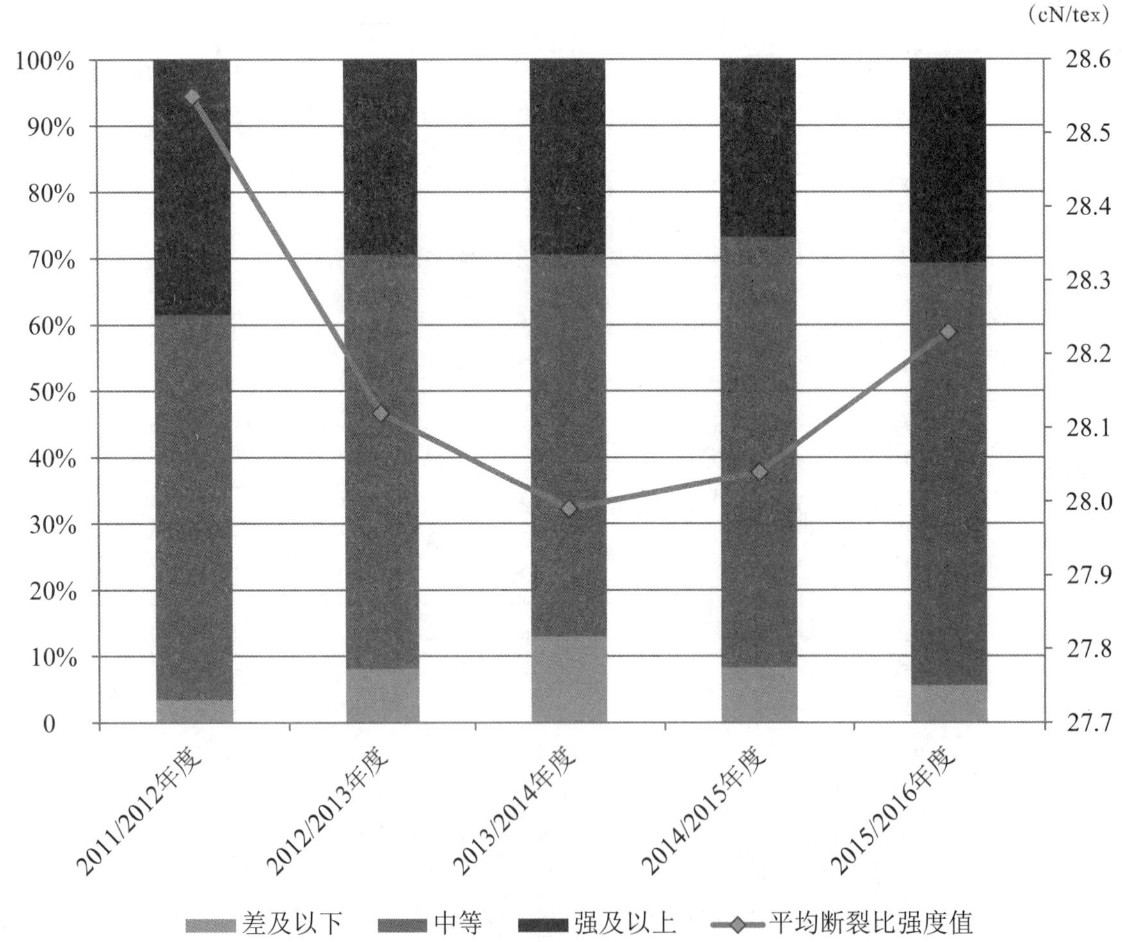

图3-26 2010/2011年度以来我国棉花断裂比强度变化情况

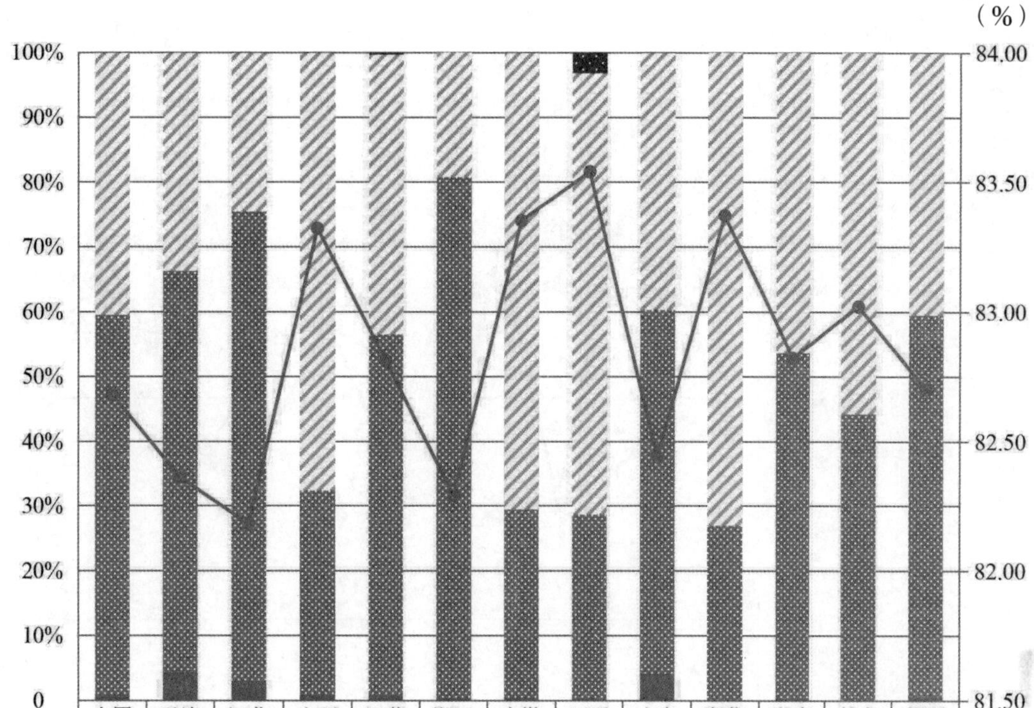

	全国	天津	河北	山西	江苏	浙江	安徽	江西	山东	湖北	湖南	甘肃	新疆
很高占比	0.04%	0.09%	0.01%	0.09%	0.34%	0.00%	0.05%	3.22%	0.07%	0.00%	0.00%	0.00%	0.03%
高占比	40.43%	33.64%	24.58%	67.53%	43.14%	19.20%	70.48%	68.13%	39.60%	72.98%	46.36%	55.81%	40.48%
中等占比	58.66%	61.98%	72.42%	31.57%	55.83%	80.45%	29.13%	28.49%	56.15%	26.98%	53.47%	44.16%	58.82%
低占比	0.85%	4.18%	2.98%	0.80%	0.68%	0.36%	0.31%	0.17%	4.15%	0.03%	0.16%	0.03%	0.65%
很低占比	0.01%	0.12%	0.02%	0.00%	0.00%	0.00%	0.03%	0.00%	0.03%	0.00%	0.00%	0.00%	0.01%
平均长度整齐度值	82.68	82.36	82.18	83.32	82.81	82.29	83.35	83.54	82.44	83.37	82.82	83.02	82.70

图 3-27　2014/2015 年度各产棉省份平均长度整齐度指数占比分布

湖北、安徽、山西、甘肃棉花平均长度整齐度也均在 83.0% 以上，河北、天津棉花该指标稳步回升后在本年度又出现大幅回落，其他省份该指标都较上两个年度基本持平。总体来说，各产棉区棉花长度整齐度指标波动较大（见图 3-27）。

对比近五个年度的数据，2015/2016 年度长度整齐度指数最好，其中平均长度整齐度指数在连续四年下降的颓势下强力反弹达到五年来最高水平，低及以下档的占比已连续四年下降，比 2011/2012 年度低了 2.01 个百分点；高及以上档的占比较上一年度有所下降，但仍比五年平均水平高出 2.67 个百分点（见图 3-28）。

7．综合评价

2015/2016 年度全国新体制棉花细绒棉各项质量指标有好有坏。从颜色和轧工质量来看，颜色级以白棉为主，且绝大多数都集中在白棉 2 级与白棉 3 级两档；其中，淡点污棉占比较高的长江中下游地区由于产量及检验量减少较多，全国淡点污棉占比下降明显。轧工质量主要集中在中档，中档及以上占比达到 96.35%；全国各省份轧工质量为中档及以上的棉花比例均占到 95% 以上，山西、浙江、江西、湖南达到 100%。从纤维长度来看，平均长度略有下降，平均长度整齐度指数显著提高。其中，长度指标体现在 25—27 毫米长度级与 30—32 毫米长度级的棉花占比均有所增加；长度整齐度指数指标表现在低及以下档的棉花保持下降，而高及以上档的棉花也略微下降，整体向中等集中。从纤维内在品质来看，马克隆值和断裂比强度两项指标呈现相反趋势；其中，马克隆值指标下降明显，A 级占比大幅降低，C2 档过成熟棉占比大幅增加；平均断裂比强度

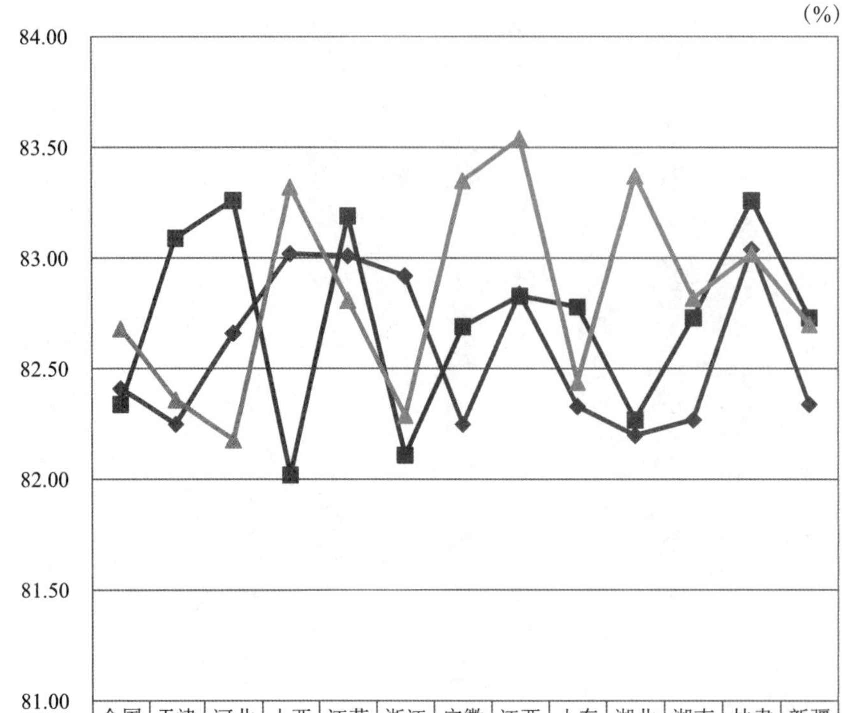

	全国	天津	河北	山西	江苏	浙江	安徽	江西	山东	湖北	湖南	甘肃	新疆
2013/2014年度	82.41	82.25	82.66	83.02	83.01	82.92	82.25	82.84	82.33	82.20	82.27	83.04	82.34
2014/2015年度	82.34	83.09	83.26	82.02	83.19	82.11	82.69	82.83	82.78	82.27	82.73	83.26	82.73
2015/2016年度	82.68	82.36	82.18	83.32	82.81	82.29	83.35	83.54	82.44	83.37	82.82	83.02	82.70

图 3–28 2012/2013 年度以来各产棉省份棉花平均长度整齐度指数变化情况

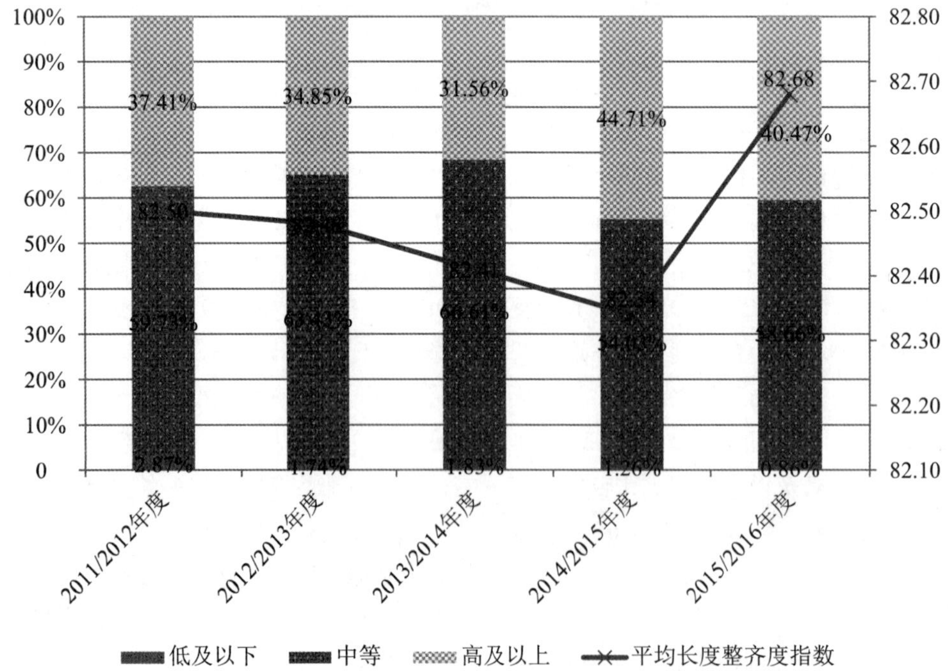

图 3–29 2010/2011 年度以来全国棉花长度整齐度指数变化情况

指标明显提高，全国绝大多数产棉区该项指标相比上一年度均有不同程度的提升。对比各省数据来看，新疆棉表现最为突出。新疆2015/2016年度棉花与上年度相比，平均长度减少0.18毫米、长度整齐度减少0.03%、马克隆值A+B级占比减少26.37个百分点、平均断裂比强度提高0.32 cN/tex，总体质量状况略差于2014/2015年度。

四、质量影响因素分析

综合各地的情况来看，影响本年度棉花质量变化的因素主要包括自然条件、产业政策、市场形势、生产环节等几个方面。

1．自然条件

地理位置的气候特点和年度内的气候变化是影响棉花质量波动的决定性因素。据中央气象台对2015年气象条件的分析，在播种及幼苗生长阶段，大部棉区气温与常年同期持平，平均日照时数偏多，水热条件较好，部分棉区低温、强降水、沙尘暴影响棉花播种出苗。其中，长江中下游地区出现强降雨过程，大部降雨量是常年同期的1—4倍，且出现日平均气温低于12摄氏度的倒春寒天气，棉花育苗受到影响；新疆北部受冷空气影响，出现大幅降温，并伴有小到中雨和4—5级西北风，不利于棉花播种；黄河流域棉区大部降水充足，墒情良好，光热适宜，气象条件适宜棉花播种出苗。在蕾铃期，全国棉区平均气温与平均日照时数均较常年偏低和偏少，降水量较常年同期偏多，全国综合气候适宜指数为适宜。其中，西北棉区大部光热不足，对棉花现蕾略有影响；黄河流域棉区前期持续少雨影响棉花生长，后期出现较明显降水过程，大部棉田墒情显著改善；长江流域棉区强降水不利棉花生长。在裂铃吐絮和采摘期，大部棉区发育期接近常年或提前，早霜、多雨、高温等不利天气影响棉花质量。其中，7月中旬左右，新疆棉区遭遇历史同期罕见高温天气，持续时间长、影响范围广，温度最高地区的吐鲁番甚至达到45摄氏度，持续高温酷暑天气造成棉株上部花铃脱落，导致棉花成熟度过高，对其产量和质量都造成了很大的影响；北疆棉区初霜偏早，不利棉花品质提高；黄河流域棉区大部热量适宜，但多雨寡照影响棉花吐絮和采收；长江流域棉区大部时段气象条件利于棉花裂铃吐絮，但后期降水偏多、日照偏少，不利棉花采摘。

2．产业政策

按照国务院关于完善农产品价格形成和市场调控机制的部署，自2014/2015年度起，国家取消了临时收储政策，实施棉花目标价格补贴政策，并在新疆启动了棉花目标价格改革试点。改革试点两个年度来，国内棉花形势发生了很大的变化。一是棉价向市场化靠拢倒逼棉花质量。目标价格政策的实施，实现了市场调控的“价补分离”，充分发挥市场机制在价格形成和资源配置中的决定性作用，要求从棉农到加工企业更加注重棉花内在品质，但是受恶劣天气和机采棉大幅增加的影响，本年度棉花的长度与马克隆值不升反降，但从其长度整齐度这一指标可以看出棉农对一致性好的棉花的重视程度有所改观。二是实现了更精准的保本有余。目标价格试点后，国家将专项补贴资金通过基层政府直接发给农民，不再有中间环节漏损，也不再产生储备棉库存费用和利息支出，资金补贴效率大幅提高。三是棉区更加向新疆集中。实行目标价格改革后，新疆棉花产量占到全国棉花的绝大部分，棉花生产向优势产区集中，更加有利于统一管理、机械耕作、病虫害防治和收购加工运销，为棉花专业化和现代化生产打下基础。四是改革在动态中不断完善。国家综合考虑棉花市场供需状况、种棉成本收益情况、财政承受能力等有关因素，制定了更为合理的目标价格，同时，据实监测市场价格，按照种植面积和籽棉交售量相结合的方式发放补贴资金，对棉花产销存各环节进行全程监管，不断完善棉花目标价格改革。

3．市场形势

2015/2016年度，国内经济总体下行，纺织消费低迷，订单大幅减少，产能严重过剩。全球经济复苏缓慢，纺织品出口形势持续恶化，数量和金额明显下滑，企业经营困难，纺织用棉量下降。全国棉花面积和产量减少，国储棉库存居高不下，国内棉花供给充裕，但因棉花内在品质普遍偏低，质量无法满足纺织企业需求，现货市场成交清淡，皮棉销售迟缓，国内棉花现货价格以下跌为主，尽管部分时段因纺织企业集中补库而弱势反弹，但均较为短暂。

4. 生产环节

品种影响 品种是影响棉花质量的主要内在因素。我国的棉花品种繁多但优良性状突出的比较少，加之近年来供种渠道不断增加，品种更新换代加速，种植品种混乱的问题很大程度上影响棉花的质量。由于近年来棉种行业严重亏损，棉种市场秩序较混乱，假冒伪劣种子充斥市场，难以形成主打的品种和品牌。但随着棉花的市场化进程，已有部分棉农注意到纺织企业配棉的需求，认识到不同棉花品种的内在纤维品质有很大区别，不再片面追求单产高、衣分高，抗病虫、色泽好的品种，开始注重棉花内在品质。同时，新疆机采棉均是将原有的手摘方式的棉花按照机采的要求进行种植，始果始节位低、株型松散、成熟期较松散、纤维短、质量较差，不是机采棉的最佳选择品种，加工出的皮棉不尽如人意，在品种选择与新品种选育上有很大提升空间。

栽培管理与交售流通环节的影响 棉花栽培管理过程中，棉农盲目追求高密度、田间施肥种类单一，棉田残膜回收量甚少，或基本上不回收，导致残膜逐年增加，宜棉区耕地有限，棉田只能向非宜棉区扩张，加之劳力不足，管理粗放，并且我国多数区域棉田分散，规模化种植条件差，客观上导致质量指标的不一致。在交售流通环节上，棉花采摘、运输过程中使用塑料编织袋的问题一直没有得到有效根治。此外，棉农在户外摊晒籽棉时，受环境条件影响，极易造成动物毛发及杂物混入，形成异性纤维。由于担心综合指标低的棉花卖不出去，棉农有意识地将优等棉花和低等棉花掺混在一起优劣混卖。形成资源浪费，造成棉花品质普遍中等偏下，高品质棉花匮乏。

采摘方式的影响 我国大部分棉区采用的还是传统的手摘方式。棉农采摘棉花时较为粗放，按数量采摘、存放意识差，采集方式随意性大。部分棉农习惯揪桃剥棉，个别地区甚至还有拔杆剥桃的现象；近年来随着用工成本的大幅上升，棉花采摘雇工困难，棉花早采现象严重，少数地区一次性采摘，未成熟的棉桃被采，造成棉花质量下降。同时，机采棉的快速发展有效降低了生产成本，但也带来含杂多、“三丝”多、长度短等质量问题。由于机采棉在采收过程中，缺少对采收对象的选择性，极易将地膜残片等异性纤维一同收集，造成异性纤维增多、杂质偏大等问题。再加上后续加工中，为了除杂干净，过度烘干开清，造成了对棉花强力、长度等内在指标的损害，增加了短纤率，一定程度上降低了机采棉花的市场竞争力。

棉花加工的影响 一方面由于棉企加工利润越来越小，出现劳动用工减少，质量管理不到位现象。一些企业加工过程中未正确处理好产量和质量的关系，轧工速度控制不当、排杂不彻底或不排，导致棉花长度严重损伤、短纤含量增加，同时含杂较高，棉结、索丝较多。另一方面各类小包棉等无证企业有卷土重来之势，其质量意识淡薄，生产的小包棉多是白板包，一旦出现质量问题，不利于纺企维护权益，也不利于打击和追责。

五、有关建议

为确保棉花加工质量的提高，防止棉花加工过程中质量破坏，保护棉花质量的稳定性和一致性，提高我国棉花的整体可纺性，针对上述质量指标检验结果和影响因素做出如下建议。

1. 宏观把控、市场引导，增强涉棉人员质量意识

棉花目标价格改革已在新疆试点两年时间，回顾两年来的试点历程，改革工作对调整产业布局、优化产业结构、缓解国储库存压力、减轻财政负担、稳定生产、保障棉农利益、促进下游纺织企业健康发展起到了非常积极的作用，应进一步完善宏观调控政策，充分发挥市场资源配置作用。一是合理制定并适时公布棉花年度目标价格，依托价格补贴鼓励棉农种植高品质、高质量的棉花。二是引导棉花生产向优势产区集中，发展规模化种植、专业化管理的新模式。三是充分利用国内外两个市场，保持棉花价格合理稳定，建立和维护有利于棉花产业持续繁荣的市场秩序，增加棉花有效供给。四是通过市场的良性竞争过滤“两小一土”加工企业，引导形成与质量挂钩的棉花价格，以纺织企业需求倒逼出好棉花。

2. 树立品牌、加大帮扶，提高优质棉市场竞争力

品牌是企业的核心竞争力之一，也是企业的利润增长点。但是目前棉花企业中中小企业偏多，对于品牌建设存在着较大程度上的盲目性，建设现状很不理想，企业品牌的影响力和忠诚度都很低，因此，要引导和帮助加工企业树立品牌意识，提升品牌质量，放大品牌效应。一是树立优质棉花、优秀加工企业品牌效应。通过市场筛选，培育质量信誉好的龙头企业，逐步建立质量品牌，增强产品竞争优势，提升宣传效应，树立典型示范，在全国范围内引领棉花质量提升，增强市场竞争力。二是国家相关棉花政策多向400型企业倾斜。引导加工企业不断完善管理模式，提升企业文化，增强创新意识，提高产品质量，自动淘汰掉产品质量差、管理方式落后、加工设备不完善、存在安全隐患的企业。三是推广利用现有棉花品牌。加大品牌棉花的宣传力度，严格规范质量信誉登记流程，推广在生产、加工、仓储、物流、纺织等一系列环节保护经品牌认定的棉花，开通品牌棉绿色通道，同时，保护经市场认定的优质品牌棉。

3. 规范管理、强化监督，提升全国棉花质量水平

围绕纺织企业需求，针对棉花质量的突出问题，继续加强棉花质量监督力度。一是加强监督检查，创新工作方法、注重工作有效性，继续加强对重点地区、重点监控企业的监督检查。二是加强现场调研，掌握纺织用棉质量状况，做好质量分析，了解企业对棉花质量的实际需求，制定相应的监督措施，有针对性地对棉花质量突出问题进行专项治理。三是积极推动棉花产业信息大数据平台建设，完善公证检验对建立公正公平的棉花市场交易环境、维护各方利益的作用。四是加快企业质量信用档案建设，积极实施棉花加工企业分类监督管理，发挥企业质量诚信档案在企业贷款、公证检验资格等方面的作用，督促棉花加工企业落实各项质量义务。五是密切关注棉花市场质量状况，做好棉花质量分析，加强安全风险预警和隐患排查，防止发生区域性、系统性质量风险。六是加强质量服务，督促企业采取有效措施挑拣异性纤维和分等级收购、置放、加工棉花，指导企业按标准要求标注质量标识。

2015/2016 年度棉纺织行业运行状况分析

中国棉纺织行业协会　盖丽轩

【作者单位简介】中国棉纺织行业协会是经中华人民共和国民政部核准登记的全国性社团组织，成立于1995年，现有会员单位1000余家，聚集了全国棉纺织、色织、牛仔布及相关的骨干生产企业、事业单位和社会团体，会员企业生产的纱、布、色织布（含牛仔布）工业产值占全国棉纺织工业总产值约70%，主要任务是：在会员单位和政府部门之间起桥梁和纽带作用，传达贯彻政府的意图，反映企业的愿望和要求，根据政策法令维护会员的合法权益，竭诚为会员提供多方面的服务。

说明：文中棉花及化纤短纤价格数据采集时间为2015年9月1日—2016年8月31日，其余数据采集时间为2016年1月1日—2016年12月31日。

2015/2016年度，全球经济呈现企稳迹象，金融市场信心回升，大宗商品价格反弹，棉纺织原料价格波动频繁，行业出口压力依然较大。为适应复杂的市场环境，我国棉纺企业加快产品结构调整及转型升级步伐，优化产业布局，行业发展开始出现企稳回升势头。整体来说，2016年，我国棉纺织行业运行稳中向好。

一、行业产销存

1. 产品产量稳步提升

根据中国棉纺织行业协会（以下简称“中棉行协”）会商统计，2016年，我国纱线产量1884万吨，同比增长2.20%，较2015年提高2.5个百分点；棉织物产量为610亿米，同比增长4.27%，较2015年提高6.77个百分点。2016年我国棉纺纱、织造产能基本稳定，产品小批量多品种，差别化产品产量占比增加，色织布企业订单有所下滑，牛仔布企业效益回暖。

2. 产品销售缓慢，库存压力不减

根据中棉行协跟踪调查了解，2016年元宵节后，企业开工率80%以上，开工状况良好，订单形势较为乐观。5月份以后，国内棉价波动，需求乏力凸显，订单减少，企业效益有所下滑。

销售方面，中低支纱产量有所上升，但受到进口纱的挤压，利润空间小，差别化产品市场销售相对较好。织布环节，坯布市场平稳，牛仔布市场需求良好，色织布相对低迷。

库存方面，为规避风险，多数棉纺企业采取降低库存的经营策略，越来越多的企业在产品结算环节采用现款现结方式，以低库存、少坏账的管理方式，加快资金周转，减少资金占用，降低资金风险，库存情况得到改善。

二、原料及纱布产品价格走势

1. 2016年国内外棉价跌宕起伏，价差逐步缩小

2015年9月至2016年初，国内棉花价格基本

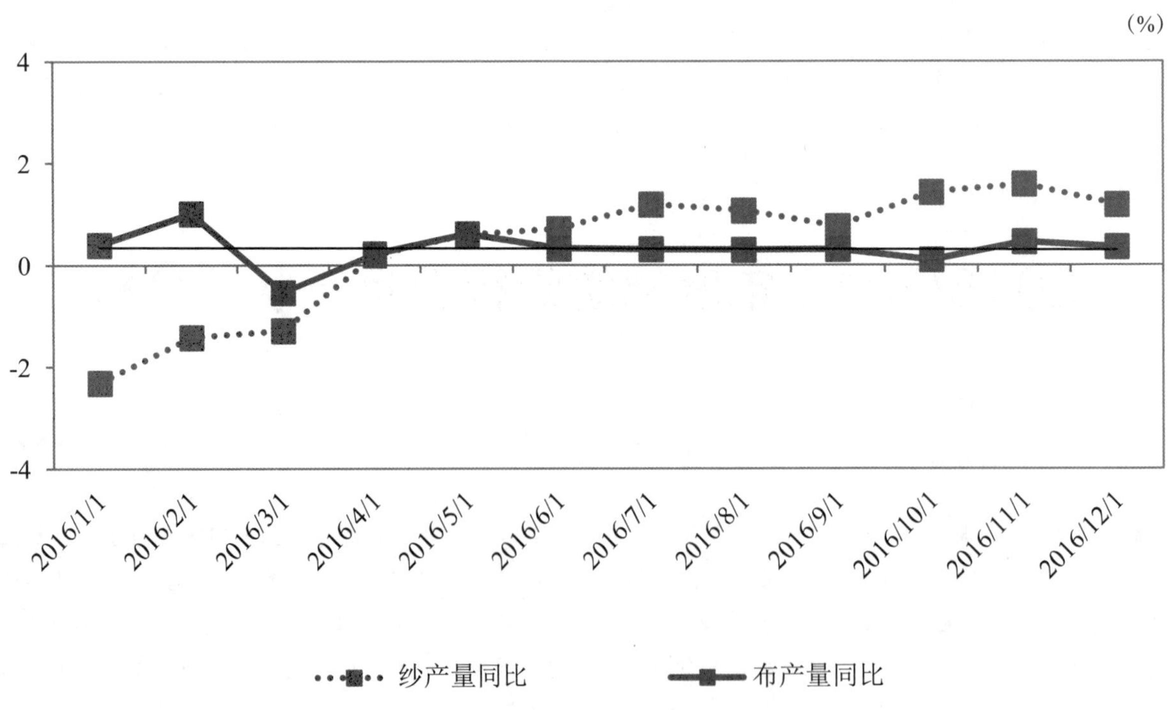

图3-30 2016年纱布产量累计同比走势

资料来源：中国棉纺织行业协会。

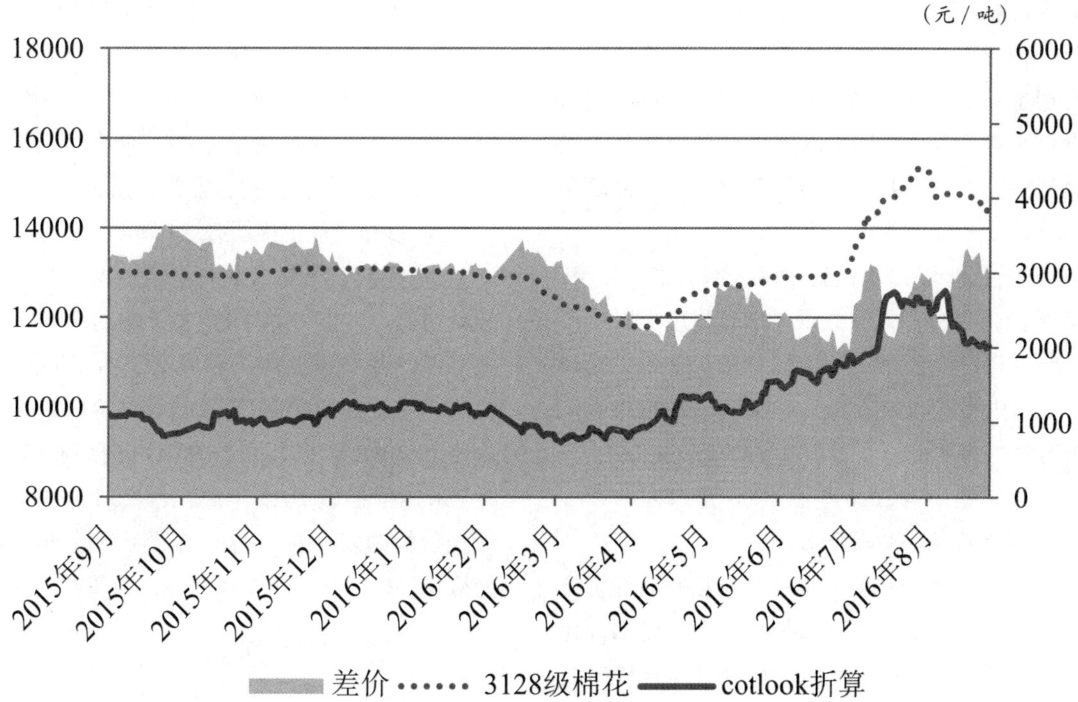

图 3–31　2015/2016 年度国内外棉花价格走势

资料来源：中国棉纺织行业协会。

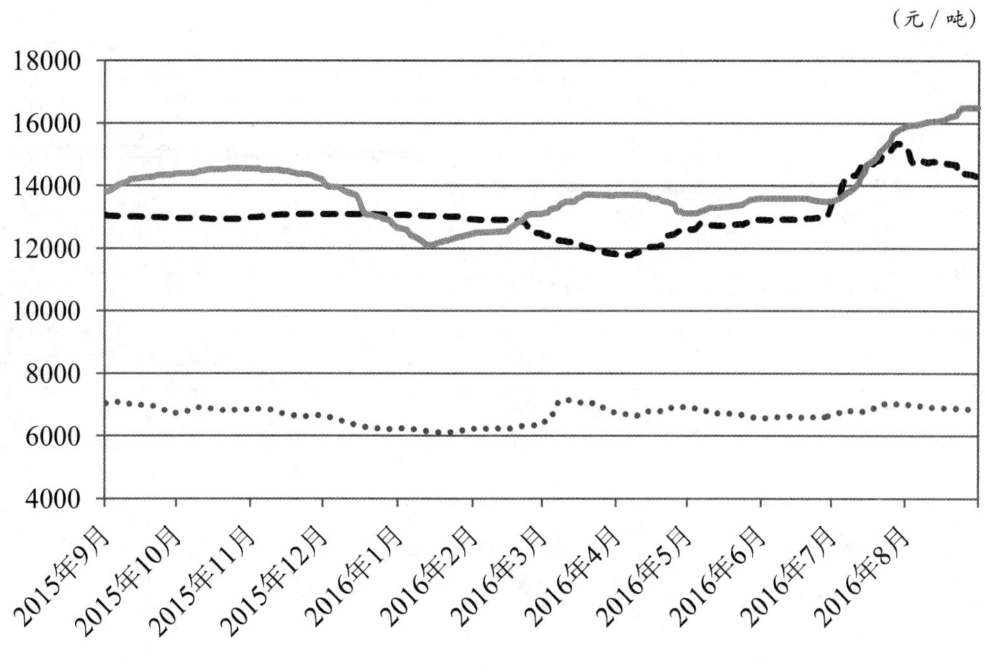

图 3–32　2015/2016 年度棉花、化纤短纤价格走势

资料来源：中国棉纺织行业协会。

处于平稳状态，3128 级棉花平均价格 13025 元 / 吨。2016 年，国内棉花价格整体处于上升通道，2—4 月，市场观望情绪弥漫，多数棉纺企业减少棉花库存，棉花价格小幅下降。5 月开始储备棉轮出之后，受棉花短期供应不足影响，国内棉花价格先小幅震荡上行，随后又小幅下降。

与国内棉价相比，国际棉花价格震荡频繁，2015 年我国减少配额发放数量，一定程度上影响了美棉、印度棉的出口，不利于国际棉价上涨。2016 年 7 月受国内棉花价格上涨，拉动国际棉花稳步上调。国内外棉价差进一步缩小，平均差价由 2015 年约 3000 元 / 吨缩小至 2016 年约 1200 元 / 吨。

2. 化纤短纤价格两极分化

2015 年底，由于市场需求疲软，粘胶短纤价格急速下降。2016 年 2 月，春节假期结束，受部分化纤厂未恢复正常生产的影响，粘胶短纤价格快速反弹，之后小幅震荡。7 月份，受棉花价格、产能紧缩等影响，粘胶短纤价格继续上涨，到 8 月底高于棉花价格近 2200 元 / 吨。而涤纶短纤受原油价格影响自 2015 年 12 月小幅下降，到 2016 年 3 月进入快速上行通道，截至 2016 年 8 月底价格 6850 元 / 吨，较 2015 年 8 月初下跌 2.77%。与棉花相比，涤纶短纤价格约为棉花价格的一半，价格优势十分明显，因此化纤短纤替代作用也非常突出。

3. 纱布产品价格弱势

2016 年，以 32 支纯棉普梳纱为代表的纱线价格波动明显，7 月，受棉花价格上涨的影响，部分中低支纱线产品价格跟涨，随后又因棉花价格下滑出现回落。截至 2016 年底，32 支普梳纱价格 23125 元 / 吨，价格较 2016 年初上涨 10.90%，棉坯布价格为 5.61 元 / 米，价格较 2015 年底上涨 20.25%。全年看来，纱线价格跟随棉花价格波动，而后道产品布的价格受棉花价格下行影响要滞后，价格基本保持稳定。

三、进出口贸易形势

2016 年，国务院、商务部等部门强调要推动我国出口贸易增长，并通过一系列促外贸、稳出口的政策。纺织作为贸易顺差、出口创汇的主要产业之

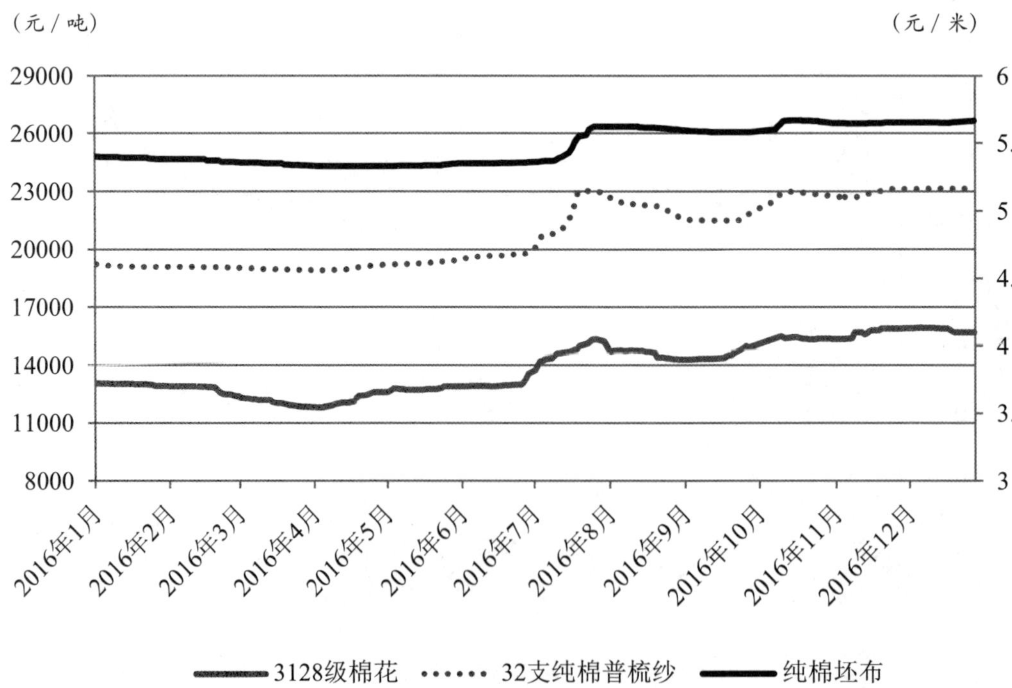

图 3–33 2016 年棉花、棉纱布价格走势

资料来源：中国棉纺织行业协会。

一，2016年棉纺织行业出口形势面临需求乏力、东南亚等国际棉纺织产业排挤的双重困难，削弱了我国棉纺织产品的国际竞争力，再加上一些国际贸易壁垒对本国产品的保护，更大限度的限制了我国棉纺织品的出口。

1. 棉制纺织品出口负增长

2016年，我国棉制纺织品及服装累计出口823.4亿美元，同比下降6.64%，出口压力较大。其中，棉制纺织品累计出口243.9亿美元，同比下降4.55%；棉制服装累计出口579.5亿美元，同比下降7.49%。对美国、东盟出口额同比降幅均有所扩大，其中，对美国出口额同比降幅最大。

表3-5 2016年棉制纺织品及服装出口分地区同比情况

地区	2016年	2015年
全球	-6.64	-8.03
日本	-10.72	-12.63
美国	-8.71	3.41
东盟	-7.32	-7.01
欧盟	-12.65	-13

资料来源：中国海关总署。

2. 棉花进口量同比负增长

2016年，我国累计进口棉花89.7万吨，同比减少57.6万吨，减幅达39.11%。这与当前国内棉花供应量充足、国内外棉花价差逐步缩小有关，因此造成进口棉花数量同比有两位数的下降。

2016年，我国从美国累计进口棉花26.3万吨，同比下降49.2%；从澳大利亚累计进口棉花21.8万吨，同比下降13.3%，美棉、澳棉仍占据进口棉第一、第二位，但美棉市场份额较2015年下降5.87个百分点，澳棉市场份额较2015年增加7.24个百分点，由此看出，澳大利亚棉花颇受我国棉纺织企业的喜爱。2016年，我国从印度累计进口棉花11.8万吨，同比下降51.2%，从乌兹别克斯坦累计进口棉花9.3万吨，同比下降45.7%，印棉、乌棉的进口量均有所下降。

表3-6 2016年棉花进口分市场情况

(%)

名称	2016年	2015年
美棉	29.36	35.23
澳棉	24.35	17.11
印棉	13.20	16.43
乌棉	10.37	11.61

资料来源：中国海关总署。

3. 棉纱线进口降幅扩大

2016年，国家实施储备棉投放政策，国内棉纺企业用棉成本逐步降低，并与国际棉花价格接轨，再加上人民币贬值，进口纱热度下降。2016年，我国累计进口棉纱线196.8万吨，同比减少16.1%；累计出口棉纱线35.5万吨，同比增加3.3%。

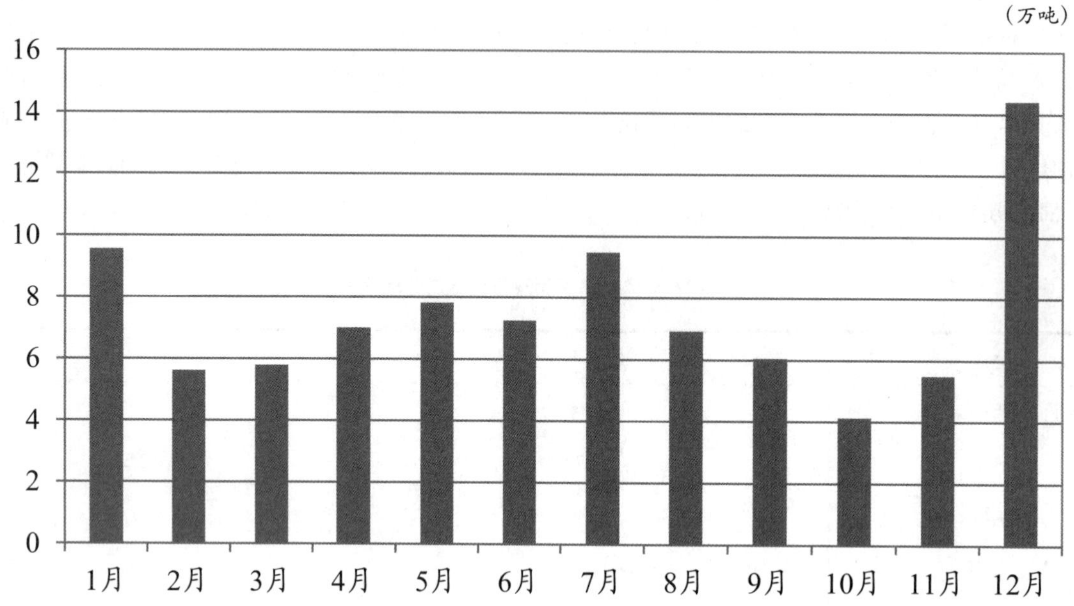

图 3–34 2016 年棉花进口情况

资料来源：中国海关总署。

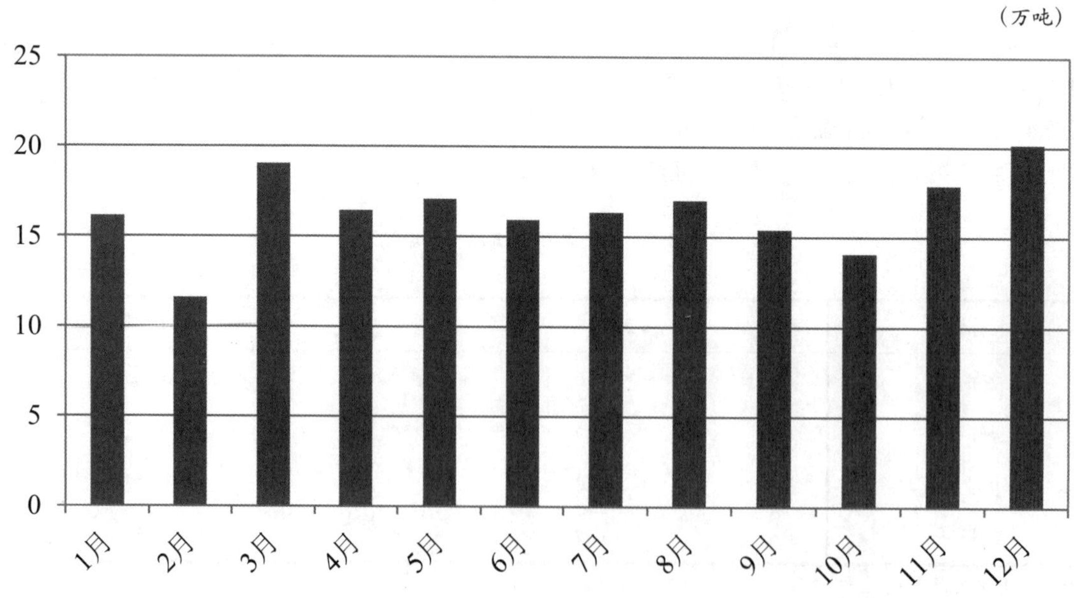

图 3–35 2016 年棉纱线进口情况

资料来源：中国海关总署。

从棉纱线进口分市场来看，越南、印度、巴基斯坦是我国棉纱线进口三大市场。2016 年，我国从越南累计进口棉纱线 62.4 万吨，同比增长 24.1%，约占我国进口棉纱线的 1/3，成为我国棉纱线最大进口来源国。原因有以下几点：一、近几年，国内部分棉纺企业在越南投资纱厂；二、越南纱厂从设备、工人熟练程度到纱线品质逐渐得到中国买家认可；三、进口越南棉纱享受零关税政策。紧随其后的便是印度，2016 年，我国从印度进口棉纱线 41.5 万吨，同比减少 41.0%；从巴基斯坦进口棉纱线 38.8 万吨，同比减少 28.4%。

表 3–7　2016 年棉纱线进口分市场情况

(%)

名称	2016 年	2015 年
越南	31.71	21.44
印度	21.07	29.96
巴基斯坦	19.72	23.09
中国	5.04	5.22

资料来源：中国海关总署。

4. 棉织物出口增速趋缓

棉织物是我国主要的出口棉制纺织品，2016 年，我国棉织物出口额累计 134 亿美元，占棉制纺织品出口总额的 54.9%，在棉制纺织品贸易顺差中占有重要的地位。2016 年，我国棉织物累计出口 88.1 亿米，同比增加 6.0%；累计进口棉织物 4.0 亿米，同比减少 33.97%。

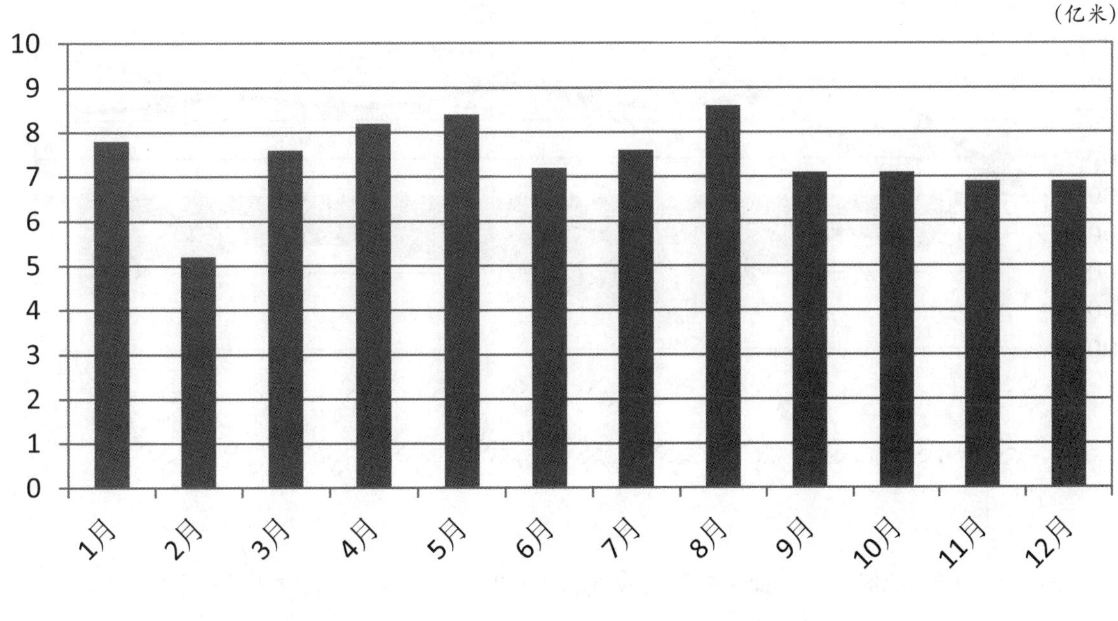

图 3–36　2016 年棉织物出口情况

资料来源：中国海关总署。

我国棉织物出口市场分布广泛，主要以东南亚的国家为主，还涉及部分非洲国家以及亚洲、欧洲等发达国家，近200个国家。其中，菲律宾在2016年超越孟加拉国成为我国棉织物出口第一大国家。我国进口棉织物价格、品质均较高，但出口的棉织物则价格较低，目标市场为东盟和非洲国家。

表 3–8　2016 年棉织物出口分市场情况

（%）

名称	2016 年	2015 年
菲律宾	12.66	6.02
孟加拉国	12.41	12.30
越南	7.62	9.89
中国香港	5.73	11.76
贝宁	3.86	6.02

资料来源：中国海关总署。

四、企业运行情况

1. 经营效益稳中趋缓

根据中棉行协跟踪全国近200家骨干企业数据显示，2016年，我国棉纺织行业主营业务收入同比增长4.41%，较2015年同期增加0.64个百分点；亏损面同比减少5.26%，较2015年同期加深2.82个百分点；主营业务利润同比增加7.26%，较2015年同期增加0.41个百分点，可以看出，我国棉纺行业效益呈现稳中向好趋势。

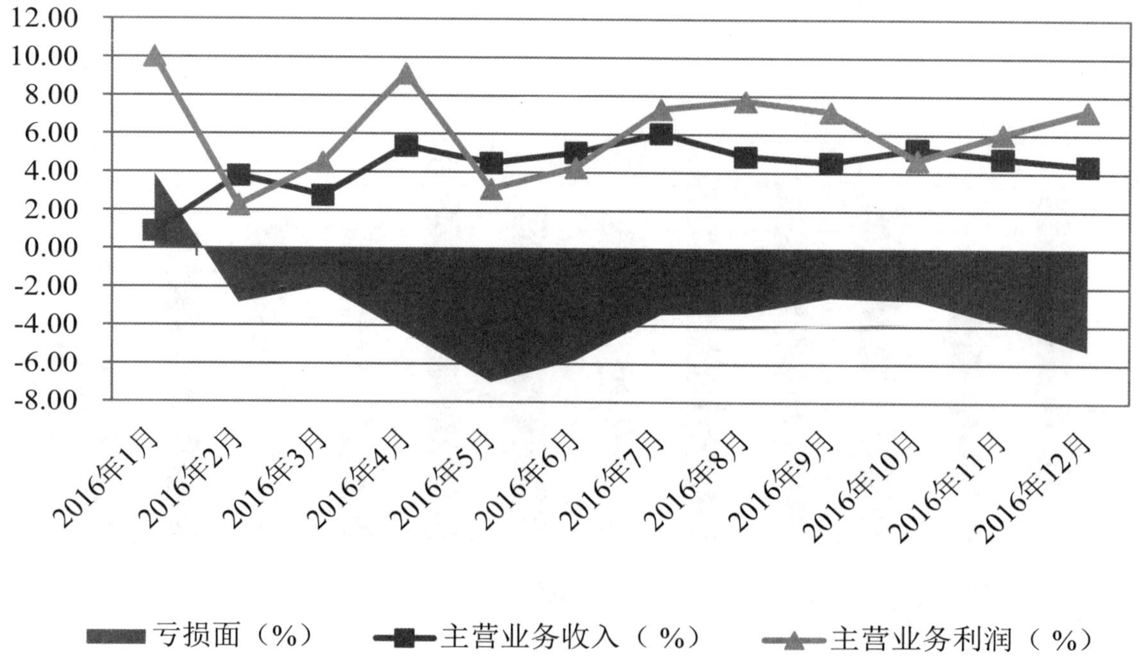

图 3–37　2016 年跟踪企业主要经济指标增长率

资料来源：中国棉纺织行业协会。

2. 行业投资稳步增长

尽管我国棉纺织行业发展形势艰难，但棉纺织海外投资、新疆投资热潮仍未退却，企业转型技改积极推进。2016 年我国纺织业实际完成投资 6643 亿元，同比增长 10.68%。其中，棉纺行业实际完成投资 3102 亿元，同比增长 19.69%。投资同比增长高于纺织工业平均水平，主要受新疆为主西部投资增长的拉动，但随着新疆棉纺织产能的逐步饱和，预计 2017 年棉纺投资将趋缓。

表 3–9 2016 年行业投资情况

行业	实际完成投资（亿元）	比去年同期增长（%）
纺织业	6643	10.68
棉纺纱加工	2331	19.18
棉织造加工	771	21.13

资料来源：国家统计局。

3. 行业景气度暂显低迷

中棉行协综合企业采购、生产、销售、库存以及经营等状况发布了 2016 年我国棉纺织行业景气指数，数据采集自全国近 200 家骨干棉纺企业，通过对多个主要指标加权计算得出，当指数高于 50，表示棉纺行业景气程度向好，低于 50 则表示景气程度欠佳。2016 年 7、8、12 月份景气指数相对较高，企业运行向好。

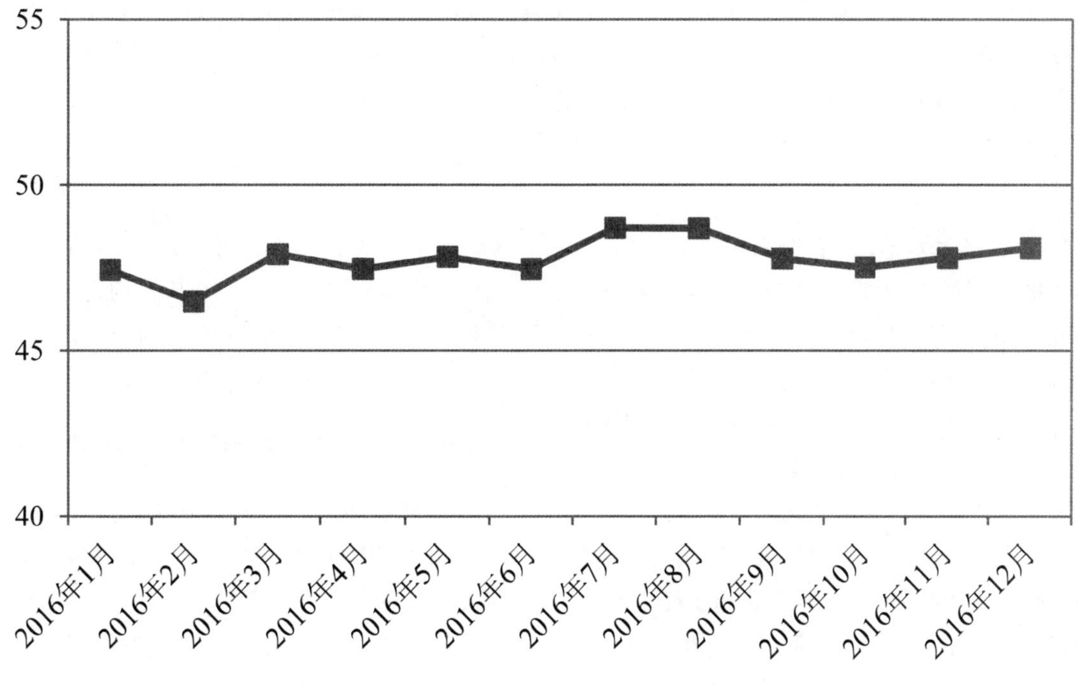

图 3–38 2016 年中国棉纺织行业景气指数走势

资料来源：中国棉纺织行业协会。

六、2017年棉纺行业发展趋势

1. 差别化产品

随着纤维种类的不断创新，为棉纺织产品品种创新带来更多机会。2017年我国棉纺织行业产品种类将更加丰富，功能性更强，时尚度更高，产品的差异化将是企业可持续发展的有效措施之一。

2. 设备自动化程度提高

随着我国劳动力成本的快速上涨，加上用工紧张，自动化、数字化、智能化程度高的纺织设备将越来越多地投入到生产中，设备的更新换代将是2017年企业升级改造的重点工程之一。

3. 实施"三品"战略，助推行业转型升级

2016年，国家提出在工业领域实施"三品"战略，从财税金融政策、产业政策、市场环境三个方面推动"三品"战略的实施。2017年，企业将在供给侧改革的浪潮中，提品质、增品种、创品牌，加快棉纺行业转型升级。

4. 政策干预减少

简化放权是市场化的必由之路，2017年，政策干预市场的行为势必会越来越少，让需求决定市场，让市场决定生产，让企业完全参与市场化竞争，以其实力提高经营质效。

2015/2016年度郑州棉花期货市场运行情况

郑州商品交易所 展 祎 中粮期货 徐 捷

【作者单位简介】郑州商品交易所是经国务院批准成立的我国首家期货市场试点单位。郑商所隶属中国证券监督管理委员会管理。中粮期货有限公司成立于1996年，拥有上海、大连、郑州三家期货交易所的全权会员资格，是中国金融期货交易所全面结算会员、大连商品交易所和郑州商品交易所的理事单位、上海期货交易所会员资格委员会成员、中国期货业协会理事单位。

2015/2016年度是郑州商品交易所棉花期货（以下简称"棉花期货"）上市的第11个年度。棉花期货价格发现和套期保值功能继续稳定发挥，为涉棉企业管理经营风险提供有效工具。随着棉花目标价格改革持续深入和国储棉花拍卖大幕开启，我国棉花价格逐步向市场化回归，波动幅度整体加大，棉花产业对于利用棉花期货规避风险的需求强烈。受此影响，棉花期货成交量和持仓量大幅增加，市场流动性的好转为涉棉企业套期保值创造了优良条件。棉花期货发现价格精准，全年期现价格相关性达到0.93，期货价格在籽棉集中上市、储备棉轮出启动等关键时间段提前反映市场变化，为涉棉企业适时调整经营策略提供有益参考。在规则制度上，郑州商品交易所决定自2017年9月起将棉花期货基准交割地调整至新疆，棉花期货价格的重心将向主产地转移，助力棉花产业结构布局调整，期货市场促进棉花产业发展的作用更加突出。

一、2015/2016年度棉花期货市场运行情况

1. 波动加大，价格先抑后扬

2015/2016年度，棉花期现货价格波动加大，价格走出先抑后扬的"V"形行情。2015/2016年度，3128级棉花中国棉花价格B指数（CC Index3128B指数）共上涨1149元/吨，涨幅8.79%，波幅3736元/吨；棉花期货市场主力合约年度上涨1130元/吨，涨幅9.07%，波幅5985元/吨。从整体上看，

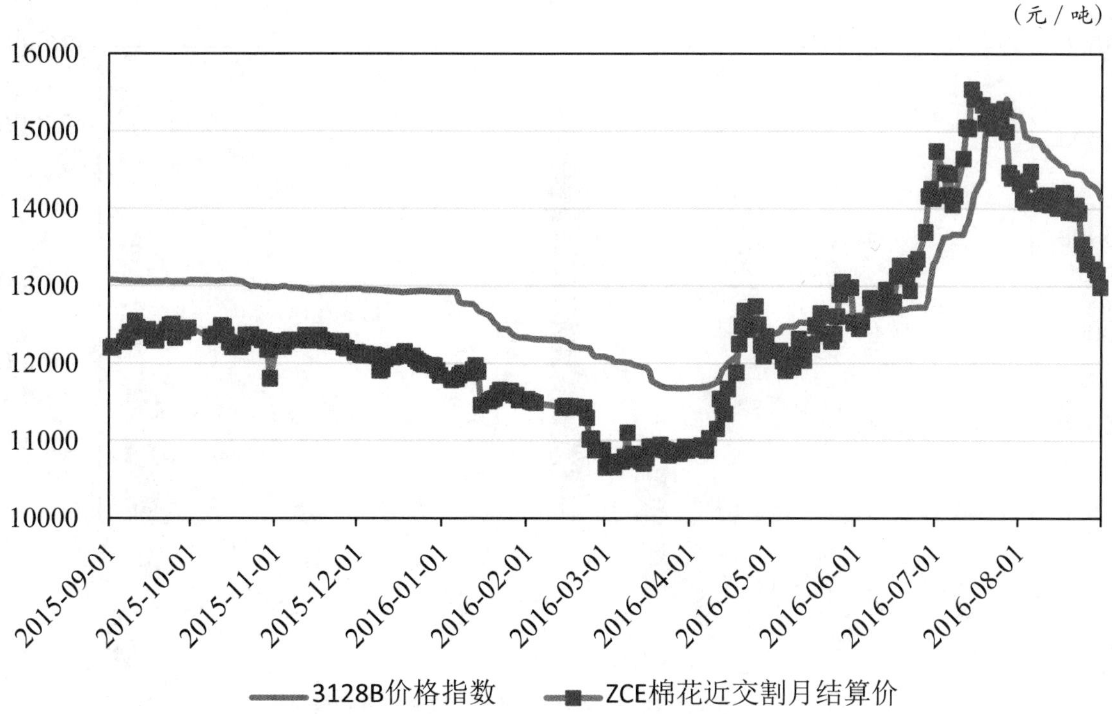

图 3–39　2015/2016 年度棉花期现货价格运行情况

棉花期货自 2016 年初开始稳步下跌，于 2 月底触及历史新低的 9890 元 / 吨，之后快速止跌回升，反弹至 15500 元 / 吨附近（见图 3–39）。在这样的背景下，棉花期货价格发现功能发挥良好，全年期现货价格相关性达到 0.93，发现价格精准有效。

2. 流动性快速提升，便利产业套期保值

棉花期货成交量和持仓量同比增长较为明显，为棉花产业套期保值提供优良基础。自 2014 年棉花目标价格改革实施以来，棉花产业市场化程度逐步加强，现货价格波动加大，涉棉企业利用期货市场管理经营风险的需求强烈，棉花期货流动性稳步提升。2015/2016 年度，棉花期货日均成交量和持仓量分别达到 33 万手和 30.4 万手，同比分别增长 256% 和 22%，是目标价格改革前成交和持仓水平的 9.5 倍和 3.2 倍（见图 3–40）。棉花期货流动性的稳步提升，为棉花企业管理风险提供优良环境。从本年度各月情况来看，日均成交量自 2016 年 4 月开始大幅攀升，当月日均成交达到 37.8 万手，为本年度最高；日均持仓量从 2015 年 9 月份开始稳步提升，于 2016 年 3 月份达到 48.9 万手，为本年度最高。

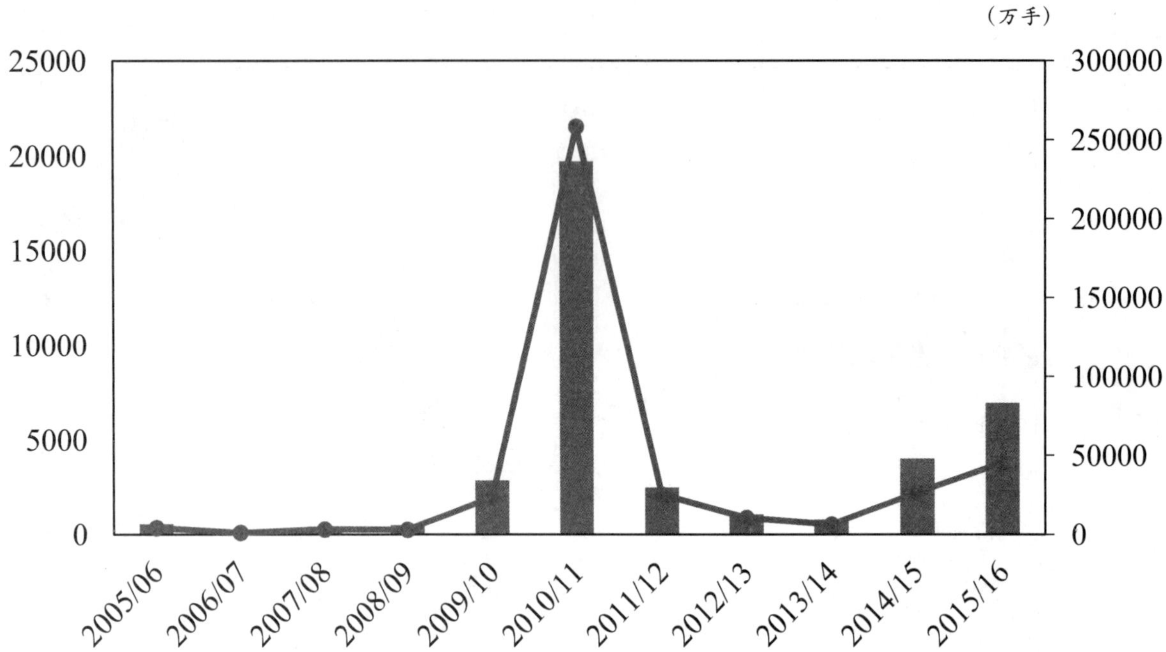

图 3-40　2004—2016 年棉花期货日均成交和持仓情况

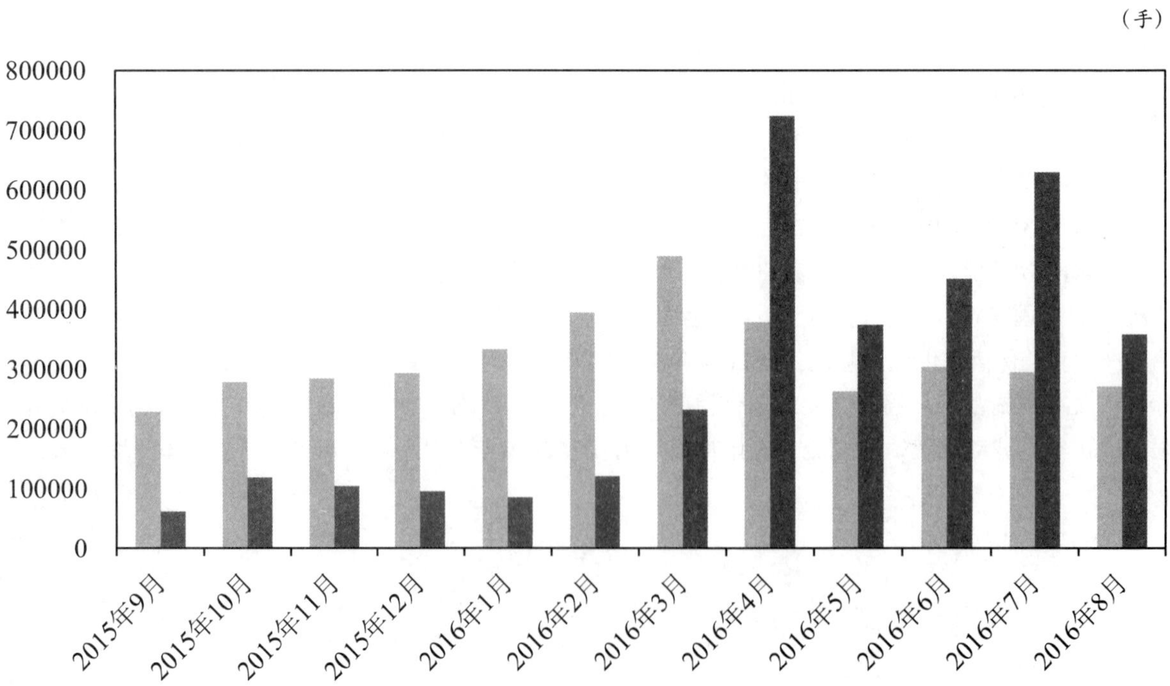

图 3-41　2015/2016 年度各月棉花期货日均持仓和成交情况

3. 交割数量增加，期货销售平台作用凸显

2015/2016 年棉花期货交割量大幅增长，期货市场辅助棉花企业销售现货的平台作用凸显。全年棉花期货共注册形成仓单 2542 张，折合棉花 10.17 万吨，实现棉花交割 9.9 万吨。从基差情况分析，棉花期现货基差（现货与期货价差）自 2016 年 4 月后由正转负，棉花仓单注册量及交割量随之增长，棉花企业积极利用期现货市场价差开展现货销售和套期保值。

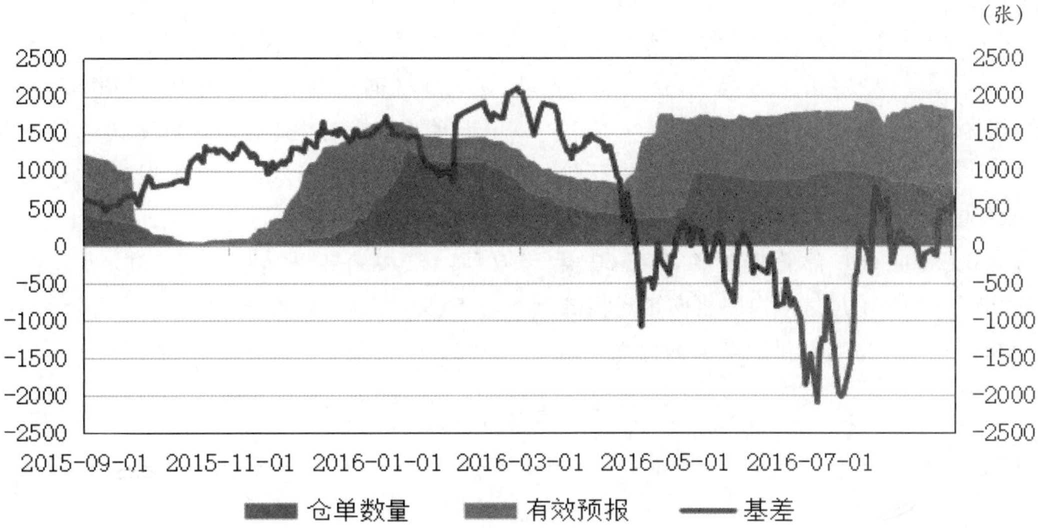

图 3–42　2015/2016 年度棉花期货仓单数量与基差情况

二、2015/2016 年度国内外棉花市场影响因素分析

1. 国内棉花市场行情

2015/2016 年度我国棉花现货、期货市场价格先抑后扬。按照不同阶段，影响棉花期现货价格运行的主要因素总结如下。

2015/2016 年度初期，棉花期现货价格呈现弱势下行态势。本年度伊始，国内棉花期初库存达到 1457 万吨的历史高点，棉花期现货市场价格稳中下跌，代表 3128 级棉花中国棉花价格 B 指数（以下简称 CC Index3128B 指数）从年度初期的 13077 元 / 吨震荡走低至 10 月底 12979 元 / 吨，与此同时，棉花期货主力合约自 12460 元 / 吨跌至 11740 元 / 吨。

2015 年 11 月—2016 年 3 月，棉花期现货价格快速下跌。2015 年 11 月起，市场对于国储棉拍卖预期加强，市场供应预期的提升和高库存压力互相作用，导致棉花期现货价格大幅下跌。现货价格方面，CC Index3128B 指数继续下探至年度最低的 11679 元 / 吨。相对于现货价格，棉花期货跌幅更深，主力合约最低探至 9890 元 / 吨。

2016 年 4—7 月，棉花期现货价格大幅反弹。2016 年 4 月，国家发展改革委、财政部联合发布《关于国家储备棉轮换有关安排的公告》。公告称，2015/2016 年度储备棉轮出工作于 2016 年 5 月 3 日—2016 年 8 月 31 日的法定工作日进行。至此，储备棉轮出政策利空基本全部落地，郑棉现货、期货市场也逐渐向植棉成本回归。同时，2015/2016 年度棉花供需缺口达到 102.78 万吨，市场商业库存降至 99.35 万吨，纺企用棉紧张的矛盾集中爆发，助推棉花现货、期货市场价格加速反弹。7 月 27 日，现货价格达到年度最高，CC Index3128B 指数 15415 元 / 吨，自储备棉投放开始后累计涨幅 3040 元 / 吨；棉花期货主力合约价格于 7 月 15 日达到年度最高的 15975 元 / 吨，累计涨幅 3420 元 / 吨。

2016年8月，棉花期现货价格出现回调。8月8日，发展改革委、财政部联合决定将2015/2016年度储备棉的轮出时间延长一个月，由此前的8月31日结束延长到9月30日结束。以上政策有效缓解了棉花供应紧张的压力，实现了棉花稳定供应的市场预期，棉花期现货价格稳步回调。CC Index3128B指数自高位回落至14138元/吨，跌幅1277元/吨；郑棉主力合约价格回落至13590元/吨，跌幅2385元/吨。

2. 国际棉花市场情况

2015/2016年度初期，代表国际3128级棉花价格的CotlookA指数围绕70美分/磅上下波动，ICE（Intercontinental Exchange）棉花期货价格在60美分/磅左右窄幅波动。11月份，中国将向市场投放储备棉的消息引发国际市场对供应增加的担忧，国际市场棉花价格应声下跌。Cotlook A指数最低跌至64.05美分/磅，ICE棉花期货价格最低跌至54.53美分/磅。

随着中国棉花价格企稳，国际棉花价格随即企稳反弹。2016年8月8日，Cotlook A指数回升至年度最高85.85美分/磅，涨幅21.8美分，ICE棉花期货价格最高探至77.98美分/磅，涨幅23.45美分。

2015/2016年度，国内外走势基本一致。受去库存大环境的影响，无论是现货Cotlook A指数还是ICE期货价格的整体震荡区间较2014/2015年度有了不同程度的提高。Cotlook A指数在64.05美分/磅至85.85美分/磅区间内波动，年度波幅21.8美分/磅；ICE棉花期货价格震荡走高，近交割月收盘价在55.93美分/磅至76.64美分/磅波动，年度波幅20.71美分/磅，二者波幅均较2014/15年度放大。

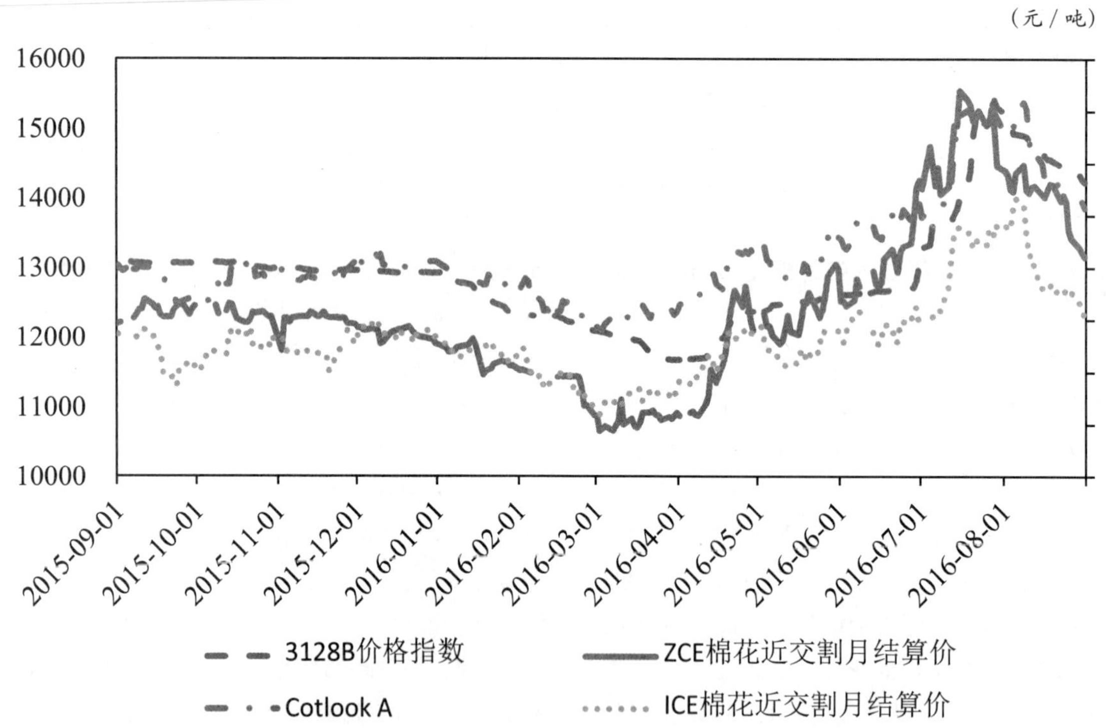

图3-43 2015/2016年度国内外棉花期、现货价格波动情况

三、2015/2016年度棉花期货市场政策调整情况

2015年10月28日，中国纤维检验局发布了《期货交割棉公证检验实施办法（暂行）》，自发布之日起开始实施，原《期货交割棉公证检验实施办法》（中纤局检一发〔2013〕120号）不再执行。

2015年11月13日，郑州商品交易所发布《关于调整棉花合约替代交割品升贴水的通告》，通告规定将对棉花合约替代交割品升贴水进行调整，自2016/2017年度生产的棉花开始实施。

2016年2月3日，经研究决定，郑州商品交易所增设中国供销集团南通公交产业发展有限公司、中储棉漯河有限公司为指定棉花交割仓库，上述单位自2016年3月1日起开展棉花期货交割业务。

2016年4月22日，郑州商品交易所发布《关于调整棉花品种交易手续费标准的通知》。通知规定，郑州商品交易所自2016年4月26日起对棉花品种恢复收取平今仓交易手续费。

2016年4月22日，郑州商品交易所发布《关于调整棉花、菜粕、动力煤期货交易保证金标准和涨跌停板幅度的通知》。通知规定，根据《郑州商品交易所期货交易风险控制管理办法》第十条规定，自2016年4月26日结算时起，棉花期货合约交易保证金标准由5%调整为7%，涨跌停板幅度由4%调整为5%。

2016年4月26日，郑州商品交易所发布《关于调整棉花品种交易手续费标准的通知》。通知规定，自2016年4月27日起，郑州商品交易所棉花品种交易手续费标准由4.3元/手调整为6元/手。

2016年8月5日，根据《郑州商品交易所期货交割细则》和《期货交割棉公正检验实施办法》，经研究决定，对棉花期货交割仓库（非新疆地区）交割相关费用进行调整，自2017年9月1日开始实施。

2016年10月25日郑州商品交易发布《关于调整棉花合约替代交割品升贴水的通告》。通告中对棉花合约替代交割品升贴水进行了调整，自2017/2018年度生产的棉花开始实施。

2016年11月11日，郑州商品交易所发布《关于调整指定棉花交割仓库的通知》，通知规定，新疆农资集团北疆农佳乐有限责任公司、石河子天银物流有限公司、库尔勒银星物流有限责任公司等三家郑州商品交易所指定棉花交割中转库转为指定棉花交割仓库，自2017年9月19日起执行。

2016年11月11日，郑州商品交易所对指定棉花交割仓库升贴水进行调整，同时对棉花产地升贴水进行调整，取消新疆生产加工的棉花升水200元/吨的规定，非新疆生产加工的棉花用于期货交割时贴水200元/吨，自2017年9月19日开始执行。

2015/2016年度国际棉花市场产销形势分析

路易达孚（中国）贸易有限责任公司 陈 涛

【作者单位简介】路易达孚公司（Louis Dreyfus）是一家跨国集团，长期以来一直同中国发展贸易关系。20世纪60年代以前及在60年代，即与中国进行饲料和谷物贸易。在1971年及以后的20年里，集团与中国在小麦、油脂、油料、棉花、饲料、食糖和饲料谷物等农产品方面的贸易十分活跃，有进口亦有出口。鉴于中国市场和消费需求的不断发展，路易达孚集团一直积极开拓新业务。

2015/2016年度，全球棉花市场走出了先低后高，低位震荡的行情，在经历了三年的调整后向下突破后，美棉期货在2015/2016主要在57—70美分/磅的低价位区间走出了寻底反弹的行情。这也和整个商品市场在2015/2016年度的走势相当吻合。棉花全球产量继续萎缩，消费基本稳定，棉花市场在调整多年后终于开始了去库存。

一、2015/2016 年度全球棉花生产情况分析

2015/2016 年度，全球棉花种植面积下降明显，且单产也略有下降，根据 USDA 报告，总体产量从 2014/2015 年的 11919 万包（约 2705 万吨）下降到 9646 万包（2190 万吨），同比下降约 20%。

分国别来看，这近 2300 万包（515 万吨）的产量减少主要来自于以下国家：

印度产量从 2950 万包到 2640 万包，降幅 11%；巴西产量从 700 万包到 590 万包，降幅 16%；美国产量从 1632 万包到 1289 万包，降幅 21%；中国产量从 3000 万包到 2200 万包，降幅为 27%；巴基斯坦产量从 1060 万包到 700 万包，降幅 34%。

对除中国以外的地区而言，种植面积大幅下降的主要原因是在 2015 年持续的全球性低价导致棉花相对种植利润严重受损，进而使得种植面积大幅下降。同时，由于印度季风，美国德州干旱和巴基斯坦虫灾的影响，对单产造成影响。

以我国情况来分析，尽管我国在 2014/2015 年执行了对于农民的直补政策，但在除新疆以外的内地富庶地区，伴随着用工成本的大幅上升及农村人口老龄化的问题，棉花种植面积连年减少，至今内地全部产量已经远远不及新疆一省的产量。棉粮比价从 10∶1 不断下滑，更是刺激农民选种口粮作物。

在目标价格补贴政策之下，新疆棉的产量还是保持了相对稳定。并且随着内地棉花政策的缺失，可以想象在未来的几年里，内地棉花种植面积可能会持续减少。

但随着目标价格补贴政策的延续，加之国际价格的强劲反弹，只要天气不出现大的问题，全球产量或会稳定一段时间在 10000—10500 万包（2180—2289 万吨）的水平。

二、2015/2016 年度全球棉花消费情况分析

2015/2016 年度，虽然全球棉花价格普遍下行，但由于石油价格的大幅下滑，棉花相对于化纤的竞争力并没有增强。而另外，随着美国，欧洲，日本等量化宽松的以及人口的持续增长，发达国家及发展中国家整体的消费能力有所恢复，也带动了棉花消费的增长。

根据 USDA 报告，全球棉花消费从 2014/2015 年度的 11142 万包（2529 万吨）略微降到 2015/2016 年度的 11127 万包（2526 万吨）的水平，基本持平。

分国别来看，孟加拉消费从 580 万包上升到 610 万包，增长 5%；越南消费从 410 万包上升到 440 万包，增长 7%；同样，中国消费量从 3400 万包上升到 3500 万包，幅度为 3%。主要原因有二，一是国内棉花价格在直补政策执行两年后，终于逐渐和国外棉花接轨，甚至在储备棉轮出开始前的一段时间出现了国内外棉花价格倒挂的情况。同时，储备棉轮出也在很大程度上在国内供给不足的前提中保持了棉花价格的相对稳定。二是新疆产能的持续增长，随着自治区政府补贴政策的不断深化，新疆逐渐形成了从棉花到纱到布的全产业链布局。内地越来越多的纺织厂来到新疆投资建厂，新疆也逐渐形成了纺织业良性发展的小生态。

总结来说，若全球经济形势能在各国央行稳健的货币政策及积极财政政策下进一步恢复，预计新年度全球棉花消费将得以保持基本稳定，预计 2016/2017 年度全球棉花消费量将稳定在 11000 万包（2398 万吨）左右。且伴随着中外棉花差价继续缩小，中国棉花消费情况可能得到进一步改善。

三、2015/2016 年度国际面价运行特点及影响因素分析

2015/2016 年度，ICE 合约整体在 55—75 美分 / 磅运作，主要经历了两个阶段。

第一个阶段是 2015 年 8 月—2016 年 3 月，震荡走低。在这一阶段伴随着北半球新棉产出，全球宏观商品持续走低的趋势不断加深，大量资金配置到房地产或债券市场中，并且市场对储备棉轮出的预期过于悲观，市场在 2 月份在技术超卖中，7 月合约价格下跌至 55 美分 / 磅一线。

第二阶段是 2016 年 3—7 月，不断走高。不断下跌的现货最终在储备棉轮出不足的环境中得到了

支撑。更重要的是进入了2016年上半年之后，商品宏观在长达四年的走低后终于迎来了全面的反弹。黑色系、有色金属板块及石油出现了轮番上涨，随着PPI、CPI的回升及人民币贬值预期的加强，市场上有更多资金配置到了国内的商品市场，进而也推升了国外期货价格，

伴随着去库存的逐渐完成和市场流动资源的不断缩水，市场终于在2015年8月站上了75美分/磅的高位。

四、总结与展望

2015/2016我国储备棉库存迅速下降至850万吨一线，但这仍然超过了中国一年的消费量。储备棉对市场的作用也在不断下降，市场会在短期的国储供应和长期的供需缺口中找到新的平衡。

首先，市场很难再次达到85美分/磅或是更高的价格，否则储备棉则会利用现有的巨量资源平抑国内市场，进而减少、放缓我国的进口，从而抑制全球棉花的价格。

反之，市场向下的空间也越来越有限。其一，过低的价格会使得棉花在于其他作物的竞争中进一步丧失优势，导致产量大幅下降。其二，过低的价格会使得东南亚及南亚的消费进一步快速增长，使得中国外的供需缺口进一步放大。

总的来说，未来1—2年棉价可能会在区间内持续震荡，但区间上下沿是60—80美分/磅还是70—90美分/磅，很大程度上会取决于国储去库存的进度及决心。当然，更大宏观面的资金流动及市场风险也将对整个大宗商品的走势起到至关重要的作用。永远都不能轻视外部风险（包括汇率风险）对大宗商品市场的巨大影响。

2015/2016年度全球纺织业的回顾与展望

——全球化的强烈挑战和纺织品的未来

奥拉公司执行总裁　罗伯特·安特夏克

2015/2016年度，抗议者因使用五彩纸屑攻击贸易代表在布鲁塞尔被逮捕，他们对欧盟与美国最近一轮的TTIP谈判（跨大西洋贸易和投资）感到失望。曾经，这种反对全球贸易协定的抗议是滑稽可笑的，但在当前的高压政治经济环境下，这种事并不可笑。

现在，世界各国都在进行反对全球化的行动。对那些反对全球经济进一步一体化的人来说，TTIP只是最近的一个攻击对象。毋庸多言，新闻头条连篇累牍地报道恐怖袭击、政变未遂和社会冲突，可见我们生存的这个时代充满了困难和争议，而贸易协定声明是更加麻烦的表现。

为什么会出现这种情况？其中一个原因是，政客们没有向老百姓清楚地交代自由贸易和全球化的好处，导致美国、欧盟和其他地方的众多选民强烈反对。对许多发达国家的工人来说，全球化似乎更像是华尔街的一场骗局，而不是解决经济问题的灵丹妙药。不过，当我们思考2008年发生的金融危机，以及政府拯救数量如此之多的金融机构时，就会很容易地想到，全球化的概念和急于从世界经济增长中获利是支持自由贸易理论的错误典型。

一、全球化的最初是世贸组织

我还记得1992年世贸组织（WTO）成立时的

兴奋心情。WTO 获得批准时我正好在瑞士日内瓦，当时的兴奋心情仍记忆犹新。我当时是美国纺织代表团的成员，代表国内纺织厂的利益。为了使 WTO 获得批准，以美国和欧洲为首的发达国家同意终止多种纤维协议、纺织品和服装进口配额制度以及和发展中国家交换，以便为金融和技术服务和产品获取更大的市场准入。

结果呢，发达国家的纺织品制造商输给了金融服务业。怎么会这样呢？这确实很混乱。WTO 协定刚一签署，采购商们就满世界寻找最便宜的纺织品和服装。可不管怎样，美国贸易谈判代表再次向我们保证，从长远看 WTO 对美国是件好事，我们考虑这件事必须要从大局出发。毕竟，人们肯定会这样反问："谁愿意一天 12 个小时坐在缝纫机后面呢？如果能从事金融和技术方面的工作，收入和机会肯定会更多，老百姓会过得更好。"

喔！这就是他们的承诺！对于一个厌倦冷战、封锁边界和经济增长低迷的世界来说，WTO 不仅成为一个全球化的象征，而且也是笃信自由贸易者的新教堂。而且，全球化还成了所有一切可能的代名词、对许多事情来说都是一个全新而又必要的一步。但可怜的是，全球化也带来很多后果。现在，我们只能收拾残局，被迫接受 WTO 带来的后果。

二、纺织品和全球化

全球化不像纺织品和服装那么夺人眼目，纺织业是全球化和经济发展这根长矛的矛尖。作为一个需要面对消费者的行业，纺织业比其他许多行业更早地经历了多次转变，而且会发生惊天动地的意外事件。全球化常常会带来更低的消费价格和更多样化的产品，而同时也给全球贫穷人口带来机遇、给发达国家的消费者带来不可估量的经济利益。

全球化的这个承诺经常是真实的，虽然不总是如此，而这正是我们现在面对的问题。有一部分人口被全球化忘在一边，他们正在表达他们的不满。全球化的预期是人们的行为会一直保持理性这一经济的信念，人们会根据最利己的原则做出决定，但现在，这种推理却让人们的逻辑性变得极端。那些被全球繁荣抛弃的人们现在想要回来。讽刺的是，对于所有这些自由贸易和全球化带来的好处的不利一面，政治家们的解释却少得可怜。

三、英国脱欧对当今行业的影响

用英国脱欧做个例子。英国人通过投票选择离开欧盟，他们没有考虑政治因素，大部分选民都抛弃了全球一体化并拒绝了 30 多年的全球化和更强大的国际化。为什么？因为全球化没有帮到他们。过去的 30 年，伦敦可能是繁荣发展了，但无数平民百姓被抛弃，收入停滞不前，机会越来越少。

对我们纺织业来说，抵制全球化会带来严重的后果。纺织业发展最重要的就是需求：抵制全球化就会使需求减弱。需求会跌到 2008 年金融危机时的水平吗？可能不会那么糟糕，但英国脱欧肯定会带来负面影响。经济和社会不稳定通常意味着零售疲软和消费者信心缺失，至少也会引发市场波动。

直到英国脱欧之前，许多欧洲和美国的服装商店的销售还在增加，但其他地方仍在挣扎。即使不考虑脱欧，市场也显示出经济的快速变化。例如，年轻消费者会给每个购物季带来更大的影响，网店销售继续快速增长，取代许多实体店，高科技产品继续吸引原本打算购买服装的消费者。

当然，这些趋势中很多都不是新出现的，而是在全球经济变化持续碾压传统零售业的过程中逐步形成的，但对许多采购商来说，他们面临的一个挑战是这种变化的实际影响究竟是什么，是单纯地体现在综合零售中还是会发生其他事情？确实，英国脱欧看上去很严重，但和经济基本面脱不了干系。

四、更广泛的经济趋势影响行业

服装供应链的部分环节看上去已经从 2008 年的全球经济衰退之后的萧条中恢复过来，而其他环节依然在挣扎。从始至终，服装零售业一直以两个不同的实体发挥作用：一个是高端，一个是低端。确实，这种一分为二不仅彰显出当今服装零售市场的特色，而且更加直接地反映了当代的社会环境。

无疑，高端和低端市场一直同时存在，但在

今天的行业中，这种分隔却有了新的维度。过去，零售业总是认为消费者经常根据情绪、功能、尺寸和做工来选择产品。价格通常是个考虑的因素，对许多消费者来说越来越重要，现在服装的价格比以往任何时候都更加重要，已经超过了单纯的时尚性，而且许多零售商为了满足这种需求真的是乐此不疲。

高端产品还有其他方面的因素：环保性、本地化生产和“慢时尚”成为首要因素。对许多消费者来说，仅仅用理想的价格购买一件服装远远不够，他们想知道服装背后的故事。如哪里生产、如何生产等，但究竟有多少消费者愿意为其埋单还不清楚。

五、现在到了重新评估的时刻

关于这个问题就要回到英国脱欧了。尽管英国脱离欧盟很可能是个偶然性的事件，但这也可能是未来的预告。类似美国大选这样的事情比比皆是。唐纳德·特朗普和他政治团队的崛起与支持脱欧的许多英国政客的境遇很相似。在某些方面，特朗普崛起和英国脱欧背后的政治因素就是一枚硬币的正反两面。现在特朗普成了美国总统，我们可能会看到大西洋两岸抵制全球化，这只会给零售商和他们的全球采购供应量带来麻烦。零售商会被紧紧地捆住，商业经济已经够艰难的了，而政治家们只会带来更多的挑战。

现在，政治家和商业领袖们需要重新考虑全球化的真正意义了。自由市场是需要一些代价的，它没有提供承诺的WTO成立以来的普遍经济繁荣。从整体来看，自由贸易的确让全球经济受益不浅。没有自由贸易，很难想象全球化能达到曾经的水平，但对许多人来说，有一个问题是自由贸易的好处和全球化的成功在世界范围并不平均。这就是困难所在。现在，我们遇到了政治化和平民化的抵制。

六、纺织的层面

当今纺织服装业接近消费者有两个层面。一个层面包含了复杂而广泛的全球供应链，这个庞然大物为各地零售商店货架提供无数大规模生产的纺织品和服装。许多经营这类商品的公司非常有名，把时尚作为一种商品提供给全世界的消费群体。

另一个层面目前的规模相对较小，由本地供应链和高端产品构成，产品贴近消费市场，通常为许多快时尚零售商和大众市场提供一种时尚的选择。美国和欧洲有这种本地产业，虽然需要大型纺织厂的支持，服装生产经常由小型、专业化工厂完成，他们很多都不知名，仅服务于当地或者本城市的市场。

的确，绝大部分消费者都从大型、综合型零售商购买服装，其中有一部分消费大众逐渐增多，他们喜欢小批量、本地生产的服装，而且本地胜过全球、小型生产胜过大规模生产，这反映出消费观念的一种转变。

七、全球化的力量

20世纪70年代，全球化的力量开始释放并得到世界贸易组织（WTO）的正式支持时，美国作为冷战的胜利者和全球经济不可挑战的领导者享受到单极世界的利益。过去，美国消费者经常是消费购物最后的依靠。无论全球经济多么低迷，美国消费者总能提振市场。全球制造商也总能相信他们的产品会有市场。

但最近十年来发生了变化。现在，大众市场消费即便没有下滑也是停滞不前，发达国家的消费增长越来越集中在小批量消费、本地生产的高档纺织品、更高价格的服装以及相对小型的商店。尽管美国和欧洲大众市场的服装销售仍占主导，但现在再次强调本地生产，有时也被称作“在岸”生产。

因此，全球市场正在酝酿重大变革。全球大众时尚的主要提供者正在发生重要变化。这个变化可能很具讽刺意味，从劳动者权利、对环境的影响或者经济效率这些关键视角来看，全球纺织品生产面临重重阻力。事实上，正是全球化的巨大成功才使消费者对本地产品的喜好超过了全球化的产品。

世界正在向一个新的发展阶段过渡，这也是必然的。全球化是制造业的大门，成本仍然是某些类型的生产的先决条件，而高质量、低单位生产在拥济的纺织品和服装制造中开辟出新的空间。

八、冷酷的领域

纺织服装业可能是个冷酷的领域。世界各地制造商面临着空前的挑战。受全球化的影响，产品的需求日新月异，外国投资也是如此。不论是在消费需求还是投资机遇方面，纺织品服装都是多变的，受制于它直接控制的许多力量。

全球化为中国、印度和其他地区的制造业打开了大门，但由于国与国之间的联系更为紧密，这种趋势也变化得很快，带来的影响非常深远。以中国为例，劳动力的优势和令人生畏的经济实力也为迅速变革打下了基础，中国未来将成为消费大国的趋势越来越突出。

当然，中国的纺织服装业也在演变。中国经济的增长持续向高利润、高附加值行业过渡，纺织业的这种演变为其他国家的供应商填补空缺带来了机会。例如，越南和孟加拉国的制造商将在全球纺织服装业扮演更加重要的角色。坦白地讲，像 TPP 这样的贸易协定只会加速这种变化。

而与此同时，距离传统消费市场近的小型制造国家将开始立足，而制造大国的低温将有所削弱。这是不是值得思考？可能如此吧。不过纺织业涉及面甚广，这也为那些想拥抱这种变化的国家来说也是个机会。

一件服装的成本通常是采购过程的最重要因素。即使这样，利润、消费者的喜好以及是否物有所值作为其背后的原因都会随着纺织服装消费市场发生的新变化而变化。许多消费者的衣橱里还是塞满了衬衫、仔裤和礼服。如果美国人要清理衣橱、改变穿衣习惯，会发生什么呢？毕竟，新一代的消费者正在占据主导地位，他们的喜好是什么？廉价服装就能满足这些消费者吗？还是他们需要些别的东西？或者说，快时尚是服装生意的永久装置，还是消费者会越来越喜好其他类型的产品？

这些问题的答案将影响未来的纺织服装业。

统 计 资 料

第四部分

棉花生产

表 4-1　1978—2015 年中国棉花生产情况

（千公顷、万吨、公斤/公顷）

年份	农作物总播种面积	棉花播种面积	棉花产量	单位面积产量
1978	150104	4866	217.0	455
1980	146380	4920	271.0	550
1985	143626	5140	415.0	807
1989	146554	5203	379.0	728
1990	148362	5588	451.0	807
1991	149586	6538	568.0	868
1992	149007	6835	451.0	660
1993	147741	4985	374.0	750
1994	148241	5528	434.0	785
1995	149879	5422	477.0	879
1996	152381	4722	420.0	890
1997	153969	4491	460.0	1025
1998	155706	4459	450.0	1009
1999	156373	3726	383.0	1028
2000	156300	4041	442.0	1093
2001	155708	4810	532.0	1107
2002	154636	4184	492.0	1175
2003	152415	5111	486.0	951
2004	153553	5693	632.0	1111
2005	155488	5062	571.0	1129
2006	157021	5409	674.0	1247
2007	153464	5926	762.4	1286
2008	156266	5754	749.2	1302
2009	158639	4952	637.7	1288
2010	160675	4849	596.1	1229
2011	162283	5038	658.9	1308
2012	163416	4688	683.6	1458
2013	164627	4346	629.9	1449
2014	165446	4222	617.8	1463
2015	166374	3797	560.3	1476

资料来源：《中国统计年鉴 2016》。

表4-2 2015/2016年度分省棉花生产情况

（千公顷、万吨、公斤/公顷）

省份	农作物总播种面积	棉花播种面积	棉花产量	单位面积产量
全 国	**166374**	**3797**	**560.3**	**1476**
北 京	173.7	0.1	0.0	1045
天 津	469.0	18.8	2.6	1357
河 北	8739.8	359.3	37.3	1039
山 西	3767.7	10.6	1.4	1365
内蒙古	7567.9	0.1	0.0	1493
辽 宁	4219.9	0.1	0.0	1621
上 海	340.2	0.4	0.0	1088
江 苏	7745.0	94.3	11.7	1240
浙 江	2290.5	13.8	2.0	1446
安 徽	8950.5	232.5	23.4	1005
福 建	2331.3	0.1	0.0	804
江 西	5579.1	81.1	11.5	1421
山 东	11026.5	515.5	53.7	1042
河 南	14425.0	120.0	12.6	1053
湖 北	7952.4	264.7	29.8	1124
湖 南	8717.0	113.7	14.5	1272
广 西	6134.7	2.3	0.3	1109
四 川	9689.9	10.1	1.0	970
贵 州	5542.2	1.6	0.1	714
云 南	7185.6	0.1	0.0	1441
陕 西	4284.5	27.4	3.9	1407
甘 肃	4229.3	25.7	4.3	1656
新 疆	5757.3	1904.3	350.3	1840

资料来源：《中国统计年鉴2016》。

表4-3　2015/2016年度新疆维吾尔自治区棉花生产情况

（千公顷、万吨、公斤/公顷）

地区	棉花播种面积	棉花产量	单位面积产量
全区	**2273.11**	**429.80**	**1891**
乌鲁木齐市	0.44	0.17	2672
克拉玛依市	5.53	1.04	1875
吐鲁番市	23.25	3.23	1390
哈密地区	28.19	5.21	1849
昌吉回族自治州	80.28	14.99	1867
伊犁哈萨克自治州	199.03	42.08	2114
伊犁州直属县(市)	8.60	1.33	1542
塔城地区	190.44	40.76	2140
博尔塔拉蒙古自治州	80.47	16.48	2047
巴音郭楞蒙古自治州	220.59	43.81	1986
阿克苏地区	479.56	84.18	1755
克孜勒苏柯尔克孜自治州	11.09	1.85	1667
喀什地区	481.01	79.98	1663
和田地区	38.24	5.58	1460
生产建设兵团	629.35	146.50	2328

资料来源：《新疆统计年鉴2016》。

表4-4　2015/2016年度新疆维吾尔自治区长绒棉生产情况

（千公顷、万吨、公斤/公顷）

地区	长绒棉播种面积	长绒棉产量	单产
全区	**243.79**	**40.45**	1659*
伊犁哈萨克自治州	95.83	20.02	2089*
伊犁州直属县(市)	8.60	1.33	1547*
塔城地区	87.24	18.69	2142*
巴音郭楞蒙古自治州	2.64	0.39	1477*
阿克苏地区	127.50	16.80	1318*
生产建设兵团	**12.57**	**2.31**	1838*

注：1.资料来源《新疆统计年鉴2016》。
　　2.带*的数据由国家棉花市场监测系统测算而得。

表4-5 2015/2016年度新疆生产建设兵团棉花生产情况

（千公顷、万吨、公斤/公顷）

地区	棉花播种面积	棉花产量	单位面积产量
建设兵团	**629.49**	**146.53**	2328
一师	141.40	32.99	2333
二师	36.29	9.01	2483
三师	58.18	13.96	2400
四师	8.13	1.68	2067
五师	46.93	10.49	2235
六师	53.18	11.34	2132
七师	78.83	17.86	2265
八师	188.32	45.20	2400
九师	—	—	—
十师	2.68	0.25	933
十一师	0.17	0.03	1799
十二师	0.14	0.03	2055
十三师	14.39	3.63	2520
十四师	0.85	0.08	896

资料来源：《新疆生产建设兵团统计年鉴2016》。

表4-6 2015/2016年度新疆生产建设兵团长绒棉生产情况

（千公顷、万吨、公斤/公顷）

地区	长绒棉播种面积	长绒棉产量	单位面积产量
建设兵团	**12.56**	**1.41**	**1671**
一师	7.96	1.30	1637
三师	0.50	0.11	2204
八师	4.10	—	—

资料来源：《新疆生产建设兵团统计年鉴2016》。

表4-7　2015/2016年度山东省棉花生产情况

（千公顷、万吨、公斤/公顷）

地区	棉花播种面积	棉花产量	单位面积产量
全省	515.50	53.70	1042
济南市	11.76	1.47	1254
青岛市	1.43	0.22	1553
淄博市	3.00	0.40	1321
枣庄市	3.42	0.49	1438
东营市	85.33	8.63	1011
烟台市	0.21	0.03	1569
潍坊市	24.86	2.47	995
济宁市	58.89	8.54	1450
泰安市	6.10	0.83	1356
日照市	1.15	0.25	2214
莱芜市	0.99	0.16	1581
临沂市	7.21	0.95	1313
德州市	44.53	6.63	1488
聊城市	29.95	4.05	1352
滨州市	87.93	9.39	1068
菏泽市	120.01	16.76	1396

资料来源：《山东统计年鉴2016》。

表4-8　2015/2016年度河南省棉花生产情况

（千公顷、万吨、公斤/公顷）

地区	棉花播种面积	棉花产量	单位面积产量
全省	**120.00**	**12.64**	**1054**
郑州市	2.75	0.25	909*
开封市	15.77	1.82	1154*
洛阳市	3.97	0.41	1033*
平顶山市	2.43	0.24	988*
安阳市	5.80	0.65	1121*
鹤壁市	0.80	0.06	750*

续表

地区	棉花播种面积	棉花产量	单位面积产量
新乡市	4.71	0.48	1019*
焦作市	1.68	0.16	952*
濮阳市	3.07	0.31	1010*
许昌市	3.47	0.32	922*
漯河市	7.02	0.66	940*
三门峡市	1.47	0.11	748*
南阳市	20.54	1.86	906*
商丘市	17.69	1.71	967*
信阳市	1.18	0.11	932*
周口市	22.01	2.28	1036*
驻马店市	5.53	0.54	976*
济源市	0.14	0.02	1429*

资料来源：1.《河南统计年鉴2016》。
2. 带*的数据由国家棉花市场监测系统测算而得。

表4-9　2015/2016年度河北省棉花生产情况

（千公顷、万吨、公斤/公顷）

地区	棉花播种面积	棉花产量	单位面积产量
全省	**359.3**	**37.34**	**1039**
石家庄市	7.7	0.77	1000*
秦皇岛市	0.8	0.09	1125*
唐山市	20.9	2.42	1158*
廊坊市	19.7	2.12	1076*
保定市	12.3	1.40	1138*
沧州市	59.0	6.66	1129*
衡水市	98.6	11.92	1209*
邢台市	146.6	17.88	1220*
邯郸市	82.0	10.53	1284*

资料来源：1.《河北经济年鉴2016》。
2. 带*的数据由国家棉花市场监测系统测算而得。

表4-10　2015/2016年度天津市棉花生产情况

（千公顷、万吨、公斤/公顷）

地区	棉花播种面积	棉花产量	单位面积产量
全　市	**18.80**	**2.56**	**1362***
塘沽区	—	—	—
汉沽区	—	—	—
大港区	—	—	—
东丽区	—	—	—
西青区	—	—	—
津南区	—	—	—
北辰区	—	—	—
武清区	—	—	—
宝坻区	—	—	—
宁河县	—	—	—
静海县	—	—	—
蓟　县	—	—	—

资料来源：1.《天津统计年鉴2016》。
　　　　　2. 带*的数据由国家棉花市场监测系统测算而得。

表4-11　2015/2016年度陕西省棉花生产情况

（千公顷、万吨、公斤/公顷）

地区	棉花播种面积	棉花产量	单位面积产量
全　省	**27.43**	**3.86**	**1407**
西安市	0.22	0.029	1336
宝鸡市	0.03	0.005	1733
咸阳市	0.18	0.012	683
渭南市	25.44	3.640	1431
延安市	1.02	0.084	823
榆林市	0.26	0.013	504
安康市	0.02	0.003	1350

资料来源：《陕西统计年鉴2016》。

表4-12 2015/2016年度江苏省棉花生产情况

（千公顷、万吨、公斤/公顷）

地区	棉花播种面积	棉花产量	单位面积产量
全省	**94.29**	**11.69**	**1240**
南京市	—	0.38	—
徐州市	—	2.60	—
常州市	—	0.04	—
苏州市	—	0.07	—
南通市	—	3.65	—
连云港市	—	0.15	—
淮安市	—	0.01	—
盐城市	—	3.02	—
扬州市	—	0.11	—
镇江市	—	0.11	—
泰州市	—	0.50	—
宿迁市	—	0.06	—

资料来源：《江苏统计年鉴2016》。

表4-13 2015/2016年度安徽省棉花生产情况

（千公顷、万吨、公斤/公顷）

地区	棉花播种面积	棉花产量	单位面积产量
全省	232.50	**23.37**	1006
合肥市	29.93	2.93	980
淮北市	0.59	0.08	1433
亳州市	13.46	1.95	1448
宿州市	19.49	2.58	1325
蚌埠市	5.17	0.96	1855
阜阳市	8.53	0.97	1134
淮南市	2.52	0.43	1688
滁州市	8.41	0.96	1138
六安市	8.48	1.40	1645

续表

地区	棉花播种面积	棉花产量	单位面积产量
马鞍山市	8.25	1.01	1219
芜湖市	34.96	4.39	1255
宣城市	7.43	0.77	1037
铜陵市	9.06	1.39	1533
池州市	23.59	2.92	1239
安庆市	60.03	7.94	1322
黄山市	0.44	0.05	1183

资料来源：《安徽统计年鉴2016》。

表4-14　2015/2016年度湖北省棉花生产情况

（千公顷、万吨、公斤/公顷）

地区	棉花播种面积	棉花产量	单位面积产量
全省	**264.74**	**29.83**	**1127***
武汉市	—	1.65	—
黄石市	—	0.41	—
十堰市	—	0.01	—
荆州市	—	7.71	—
宜昌市	—	1.62	—
襄阳市	—	2.58	—
鄂州市	—	0.39	—
荆门市	—	2.14	—
孝感市	—	2.35	—
黄冈市	—	3.75	—
咸宁市	—	0.28	—
随州市	—	0.80	—
仙桃市	—	1.76	—
天门市	—	2.34	—
潜江市	—	1.40	—

注：1.资料来源《湖北统计年鉴2016》。
2. 带*的数据由国家棉花市场监测系统测算而得。

表4-15 2015/2016年度湖南省棉花生产情况

（千公顷、万吨、公斤/公顷）

地区	棉花播种面积	棉花产量	单位面积产量
全 省	**114**	**14.46**	**1272**
长沙市	—	—	—
株洲市	—	—	—
湘潭市	—	—	—
衡阳市	—	—	—
邵阳市	—	—	—
岳阳市	—	—	—
常德市	—	—	—
张家界市	—	—	—
益阳市	—	—	—
郴州市	—	—	—
永州市	—	—	—
怀化市	—	—	—
娄底市	—	—	—
湘西州	—	—	—

注：资料来源为《湖南统计年鉴2016》。

表4-16 2015/2016年度山西省棉花生产情况

（千公顷、万吨、公斤/公顷）

地区	棉花播种面积	棉花产量	单位面积产量
全省	**10.62**	**1.45**	**1365**
太原市	0.008	0.001	1250
长治市	0.037	0.002	541
晋城市	0.143	0.013	909
晋中市	0.054	0.006	1111
运城市	10.04	1.409	1404
临汾市	0.253	0.015	593
吕梁市	0.085	0.002	235

资料来源：1.《山西统计年鉴2016》。

2. 带*的数据由国家棉花市场监测系统测算而得。

表4-17　2015/2016年度江西省棉花生产情况

（千公顷、万吨、公斤/公顷）

地区	棉花播种面积	棉花产量	单位面积产量
全省	**81.10**	**11.522**	**1421**
南昌市	1.619	0.222	1374
景德镇市	1.096	0.165	1503
萍乡市	0.012	0.001	833
九江市	61.40	8.736	1423
新余市	2.518	0.328	1301
赣州市	0.008	0.001	1375
吉安市	0.145	0.024	1641
宜春市	8.395	1.174	1399
抚州市	1.933	0.306	1586
上饶市	3.976	0.565	1421

资料来源：《江西统计年鉴2016》。

表4-18　2015/2016年度四川省棉花生产情况

（千公顷、万吨、公斤/公顷）

地区	棉花播种面积	棉花产量	单位面积产量
全省	**10.122**	**0.982**	**970***
德阳市	0.239	0.019	795*
绵阳市	0.299	0.028	936*
遂宁市	7.769	0.763	982*
南充市	0.894	0.066	738*
眉山市	0.450	0.049	1089*
资阳市	0.471	0.057	1210*

资料来源：1.《四川统计年鉴2016》。
2. 带*的数据由国家棉花市场监测系统测算而得。

表4-19　2015/2016年度甘肃省棉花生产情况

（千公顷、万吨、公斤/公顷）

地区	棉花播种面积	棉花产量	单位面积产量
全省	**25.70**	**4.25**	**1656**
白银市	0.05	0.0068	1347
武威市	5.00	0.9000	1800
张掖市	0.58	0.1162	1998
酒泉市	13.01	2.0982	1612
陇南市	0.01	0.0013	1054

资料来源:《甘肃发展年鉴2016》。

表4-20　2015/2016年度辽宁省棉花生产情况

（千公顷、万吨、公斤/公顷）

地区	棉花播种面积	棉花产量	单位面积产量
全省	**0.10**	**0.0154**	**1621**
营口市	—	0.0005	1000
朝阳市	0.10	0.0143	1744
葫芦岛市	—	0.0006	750

资料来源：《辽宁统计年鉴2016》。

棉花购销

表 4-21　2015/2016 年度中国棉花收购、加工与销售进度统计

日期	收购进度（%）	加工进度（%）	销售进度（%）
2015年9月	24.6%	14.6%	0.2%
2015年10月	75.2%	54.1%	18.0%
2015年11月	84.4%	76.0%	27.4%
2015年12月	91.3%	90.2%	40.4%
2016年1月	93.3%	95.3%	49.3%
2016年2月	93.6%	96.0%	53.9%
2016年3月	94.2%	98.0%	63.5%
2016年4月	96.2%	99.1%	87.0%
2016年5月	97.5%	99.2%	93.4%
2016年6月	98.5%	99.1%	98.3%
2016年7月	98.5%	99.1%	98.3%
2016年8月	98.5%	99.1%	98.3%

资料来源：国家棉花市场监测系统。

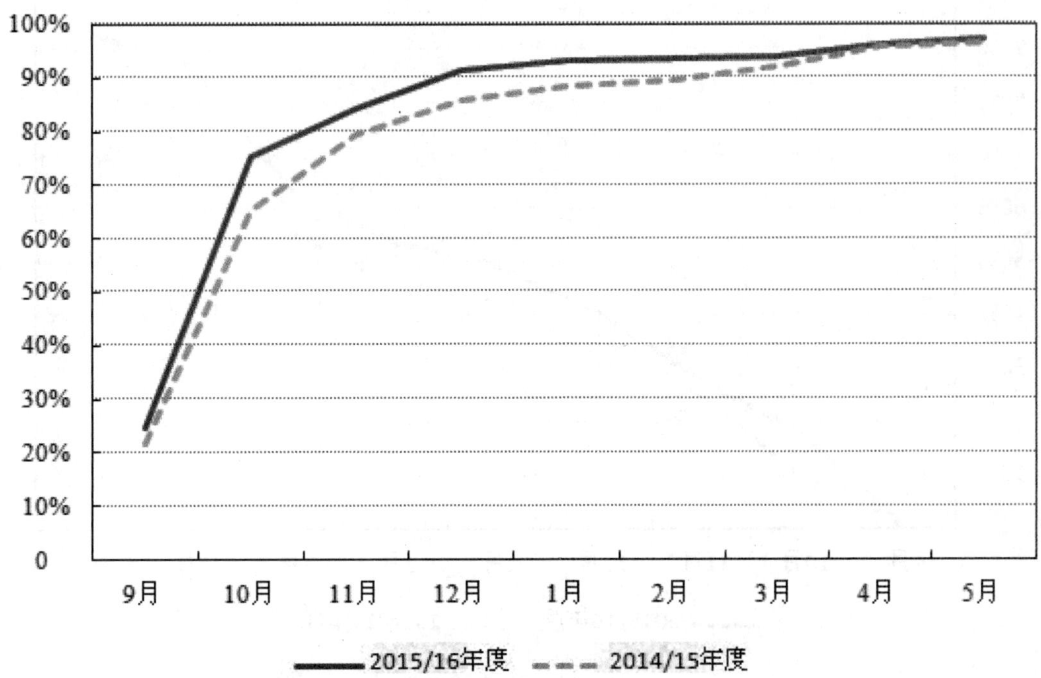

图 4–1　2015/2016 年度中国棉花收购进度与上年对比

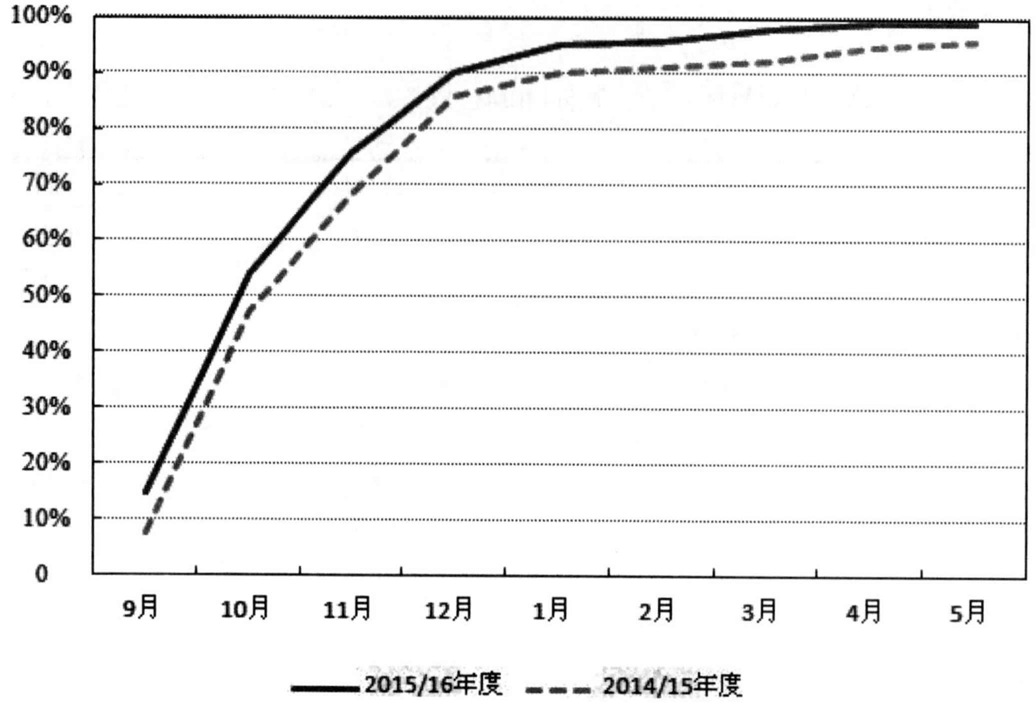

图 4–2 2015/2016 年度中国棉花加工进度与上年对比

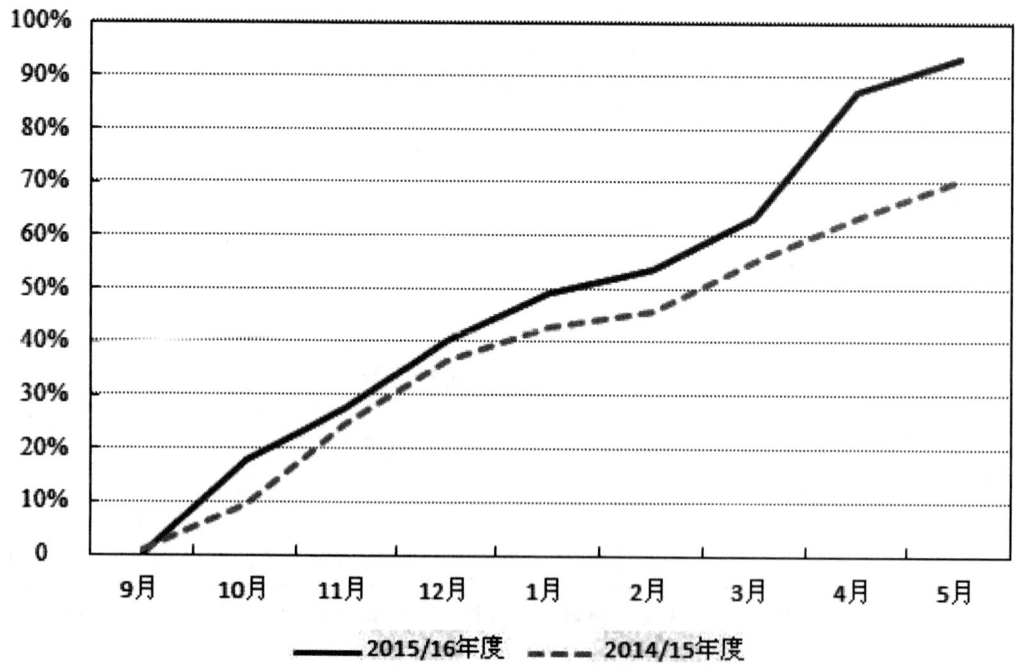

图 4–3 2015/2016 年度中国棉花销售进度与上年对比

棉花价格

表 4-22　2002/2003—2015/2016 年度国家棉花价格指数月平均价格

（元/吨）

月　份	国家棉花价格A指数	国家棉花价格B指数
2002年9月	10595	10136
2002年10月	10697	10322
2002年11月	11210	10883
2002年12月	11370	11044
2003年1月	11466	11144
2003年2月	12337	12080
2003年3月	13505	13233
2003年4月	13701	13432
2003年5月	12875	12616
2003年6月	13018	12764
2003年7月	13482	13263
2003年8月	13309	13058
2003年9月	13744	13516
2003年10月	17259	17020
2003年11月	18086	17734
2003年12月	17865	17237
2004年1月	18209	17538
2004年2月	18403	17776
2004年3月	18277	17517
2004年4月	18115	17237
2004年5月	17731	16713
2004年6月	16250	15163
2004年7月	14837	13736
2004年8月	13754	12870
2004年9月	13806	13006
2004年10月	12492	12013
2004年11月	12095	11541
2004年12月	11802	11227

续表

月　　份	国家棉花价格A指数	国家棉花价格B指数
2005年1月	11865	11295
2005年2月	12230	11586
2005年3月	12594	12009
2005年4月	12990	12488
2005年5月	13788	13428
2005年6月	13755	13375
2005年7月	13943	13556
2005年8月	13914	13503
2005年9月	13844	13454
2005年10月	14617	14196
2005年11月	14656	14203
2005年12月	14636	14175
2006年1月	14662	14236
2006年2月	14825	14404
2006年3月	14752	14312
2006年4月	14627	14177
2006年5月	14572	14087
2006年6月	14560	14076
2006年7月	14489	14007
2006年8月	14455	13987
2006年9月	14387	13948
2006年10月	13299	12884
2006年11月	13184	12663
2006年12月	13324	12812
2007年1月	13457	12954
2007年2月	13481	12988
2007年3月	13517	13042
2007年4月	13488	13017
2007年5月	13465	12971
2007年6月	13732	13355
2007年7月	14455	14163
2007年8月	14843	14529

续表

月　　份	国家棉花价格A指数	国家棉花价格B指数
2007年9月	14121	13683
2007年10月	14024	13471
2007年11月	14188	13646
2007年12月	14172	13622
2008年1月	14252	13692
2008年2月	14389	13778
2008年3月	14474	13921
2008年4月	14413	13909
2008年5月	14338	13911
2008年6月	14355	13946
2008年7月	14275	13868
2008年8月	14109	13722
2008年9月	13567	13130
2008年10月	12787	12404
2008年11月	11619	11116
2008年12月	11385	10790
2009年1月	11504	10931
2009年2月	11630	11207
2009年3月	11910	11529
2009年4月	12892	12579
2009年5月	13172	12894
2009年6月	13132	12821
2009年7月	13413	13105
2009年8月	13473	13176
2009年9月	13331	13028
2009年10月	14020	13715
2009年11月	14693	14382
2009年12月	15151	14840
2010年1月	15304	14994
2010年2月	15252	14936
2010年3月	15971	15610
2010年4月	16594	16201

续表

月　份	国家棉花价格A指数	国家棉花价格B指数
2010年5月	17216	16811
2010年6月	18167	17776
2010年7月	18748	18300
2010年8月	18573	18131
2010年9月	19905	19471
2010年10月	25396	24771
2010年11月	29308	28721
2010年12月	27996	27267
2011年1月	28889	28127
2011年2月	30846	29949
2011年3月	31733	30819
2011年4月	30251	29094
2011年5月	26862	25110
2011年6月	26388	24441
2011年7月	24184	22066
2011年8月	20994	19340
2011年9月	21250	19738
2011年10月	21107	19662
2011年11月	20597	19233
2011年12月	20377	19120
2012年1月	20499	19260
2012年2月	20744	19547
2012年3月	20787	19608
2012年4月	20641	19454
2012年5月	20395	19224
2012年6月	19562	18562
2012年7月	19406	18483
2012年8月	19470	18558
2012年9月	19627	18754
2012年10月	19645	18788
2012年11月	19704	18859
2012年12月	19935	19107

续表

月　　份	国家棉花价格A指数	国家棉花价格B指数
2013年1月	20100	19275
2013年2月	20117	19289
2013年3月	20145	19319
2013年4月	20147	19320
2013年5月	20132	19300
2013年6月	20120	19280
2013年7月	20082	19229
2013年8月	20048	19187
2013年9月	20048	19187
2013年10月	20140	19283
2013年11月	20268	19443
2013年12月	20382	19588
2014年1月	20277	19459
2014年2月	20215	19377
2014年3月	20200	19349
2014年4月	20187	19327
2014年5月	19235	18311
2014年6月	18276	17414
2014年7月	18161	17356
2014年8月	17975	17233
2014年9月	17137	16471
2014年10月	15440	14867
2014年11月	15181	14628
2014年12月	14155	13532
2015年1月	13993	13344
2015年2月	13956	13306
2015年3月	13962	13313
2015年4月	13936	13283
2015年5月	13882	13193
2015年6月	13790	13110
2015年7月	13757	13028
2015年8月	13685	12954

续表

月　　份	国家棉花价格A指数	国家棉花价格B指数
2015年9月	13571	12849
2015年10月	13560	12840
2015年11月	13551	12869
2015年12月	13547	12872
2016年1月	13309	12669
2016年2月	12987	12342
2016年3月	12524	11927
2016年4月	12442	11971
2016年5月	12746	12393
2016年6月	12932	12596
2016年7月	14487	14219
2016年8月	14938	14627

资料来源：国家棉花市场监测系统。

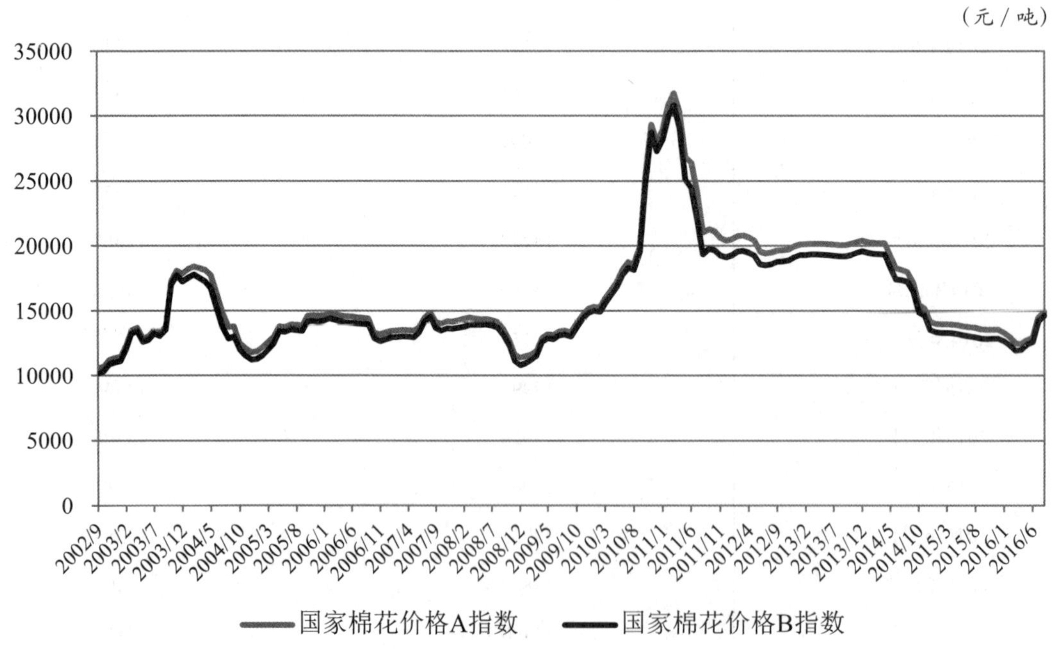

图 4–4　2002/2003—2015/2016 年度国家棉花价格走势

国家棉花价格指数简介

国家棉花价格指数（即CNCotton A、CNCotton B）简称为国棉A、B指数，根据国家棉花市场监测系统各个监测站每日皮棉报价汇总，并通过严格的核查程序最终确定。CNCottonA指数代表内地2129级皮棉成交均价，CNCotton B指数代表内地3128级皮棉成交均价。

国家棉花市场监测系统各监测站广泛分布于全国各棉花产销区，采集当地具有代表性的皮棉成交价格，及时反映行情变化。国家棉花价格指数每工作日下午发布。

国家棉花价格指数强调区域概念，并假设同等级棉花在同一个地区的工厂接受价与轧花厂仓库交货价水平基本一致，与当日发布的《国内主要地区棉花现货价格行情》配合使用，可比较全面地反映当日国内主要地区棉花平均成交价格水平。

表4-23 2015/2016年度国家棉花价格指数及中国棉花收购价格指数日价格

（元/吨）

日　期	国家棉花价格A指数	国家棉花价格B指数	中国棉花收购价格指数
2015年			
9月1日	13622	12897	12028
9月2日	13616	12888	12118
9月6日	13597	12880	11996
9月7日	13590	12874	12057
9月8日	13586	12869	12098
9月9日	13582	12860	12092
9月10日	13577	12858	12052
9月11日	13573	12854	11948
9月14日	13558	12850	11933
9月15日	13560	12840	11525
9月16日	13558	12837	11567
9月17日	13559	12836	11795
9月18日	13557	12833	11762
9月21日	13548	12824	11870
9月22日	13552	12829	11789
9月23日	13556	12833	11799
9月24日	13559	12836	11794
9月25日	13560	12831	11832
9月28日	13561	12836	11873

续表

日　期	国家棉花价格A指数	国家棉花价格B指数	中国棉花收购价格指数
9月29日	13560	12833	12023
9月30日	13561	12832	12139
10月8日	13573	12841	12229
10月9日	13569	12844	12317
10月10日	13570	12842	12295
10月12日	13571	12846	12344
10月13日	13569	12847	12251
10月14日	13575	12852	12235
10月15日	13569	12854	12300
10月16日	13568	12852	12303
10月19日	13567	12849	12351
10月20日	13566	12848	12288
10月21日	13561	12846	12285
10月22日	13556	12829	12174
10月23日	13548	12822	12221
10月26日	13543	12819	12141
10月27日	13541	12823	12119
10月28日	13544	12829	12069
10月29日	13545	12835	12060
10月30日	13544	12841	12066
11月2日	13543	12847	11694
11月3日	13546	12850	11658
11月4日	13550	12864	11733
11月5日	13564	12874	11635
11月6日	13562	12874	11568
11月9日	13558	12871	11610
11月10日	13557	12872	11596
11月11日	13550	12871	11643
11月12日	13544	12868	11743
11月13日	13542	12866	11633
11月16日	13539	12861	11689

续表

日　期	国家棉花价格A指数	国家棉花价格B指数	中国棉花收购价格指数
11月17日	13541	12861	11723
11月18日	13542	12864	11697
11月19日	13546	12865	11681
11月20日	13548	12867	11625
11月23日	13552	12873	11676
11月24日	13556	12879	11508
11月25日	13557	12883	11511
11月26日	13555	12881	11530
11月27日	13555	12883	11513
11月30日	13561	12883	11422
12月1日	13562	12888	11186
12月2日	13561	12890	11196
12月3日	13563	12891	11201
12月4日	13561	12888	11196
12月7日	13563	12889	11190
12月8日	13560	12889	11166
12月9日	13562	12888	11181
12月10日	13559	12883	11175
12月11日	13555	12882	11174
12月14日	13554	12878	11151
12月15日	13552	12876	11097
12月16日	13545	12871	11083
12月17日	13541	12869	11117
12月18日	13539	12866	11083
12月21日	13536	12866	12163
12月22日	13536	12863	12093
12月23日	13535	12859	12109
12月24日	13536	12857	12109
12月25日	13535	12856	12095
12月28日	13537	12855	12086
12月29日	13534	12852	12032

续表

日　期	国家棉花价格A指数	国家棉花价格B指数	中国棉花收购价格指数
12月30日	13532	12848	11999
12月31日	13533	12846	12018
2016年			
1月4日	13533	12845	11935
1月5日	13532	12843	11885
1月6日	13528	12840	11933
1月7日	13524	12833	11914
1月8日	13465	12787	11897
1月11日	13415	12769	11853
1月12日	13378	12753	11832
1月13日	13356	12749	11834
1月14日	13350	12737	11852
1月15日	13328	12721	11805
1月18日	13316	12701	11811
1月19日	13289	12665	11739
1月20日	13251	12627	11748
1月21日	13230	12594	11725
1月22日	13175	12555	11712
1月25日	13145	12515	11756
1月26日	13125	12495	11669
1月27日	13090	12459	11701
1月28日	13077	12447	11724
1月29日	13070	12440	11679
2月1日	13052	12433	11673
2月2日	13047	12421	11674
2月3日	13045	12419	11670
2月4日	13041	12413	11669
2月5日	13039	12409	11669
2月6日	13033	12402	11664
2月14日	13032	12401	11619
2月15日	13025	12389	11566

续表

日　　期	国家棉花价格A指数	国家棉花价格B指数	中国棉花收购价格指数
2月16日	13021	12379	11543
2月17日	13011	12366	11512
2月18日	12994	12328	11498
2月19日	12986	12317	11470
2月22日	12975	12298	11449
2月23日	12965	12272	11453
2月24日	12946	12271	11454
2月25日	12917	12249	11390
2月26日	12843	12206	11401
2月29日	12799	12173	11376
3月1日	12782	12162	11358
3月2日	12761	12150	11360
3月3日	12731	12137	11297
3月4日	12719	12130	11283
3月7日	12674	12096	11218
3月8日	12650	12081	11124
3月9日	12646	12074	11102
3月10日	12641	12068	11123
3月11日	12636	12059	10981
3月14日	12613	12034	10940
3月15日	12597	12001	10993
3月16日	12586	11968	11001
3月17日	12551	11941	11022
3月18日	12501	11905	10962
3月21日	12423	11814	10850
3月22日	12388	11761	10894
3月23日	12365	11746	10885
3月24日	12347	11727	10819
3月25日	12324	11710	10799
3月28日	12313	11698	10801
3月29日	12282	11692	10807

续表

日　期	国家棉花价格A指数	国家棉花价格B指数	中国棉花收购价格指数
3月30日	12268	11688	10775
3月31日	12264	11687	10761
4月1日	12261	11686	10759
4月5日	12260	11686	10726
4月6日	12261	11687	10679
4月7日	12264	11689	10680
4月8日	12268	11692	10652
4月11日	12271	11696	10651
4月12日	12293	11734	10653
4月13日	12330	11787	10685
4月14日	12372	11830	10696
4月15日	12420	11902	10722
4月18日	12446	11955	10711
4月19日	12479	12038	10620
4月20日	12528	12138	10611
4月21日	12567	12200	10673
4月22日	12633	12285	10641
4月25日	12634	12283	10652
4月26日	12632	12281	10674
4月27日	12633	12281	10668
4月28日	12640	12286	10664
4月29日	12641	12285	10653
5月3日	12640	12287	—
5月4日	12661	12306	—
5月5日	12674	12326	—
5月6日	12713	12360	—
5月9日	12721	12364	—
5月10日	12725	12368	—
5月11日	12733	12373	—
5月12日	12749	12395	—
5月13日	12753	12399	—

续表

日　期	国家棉花价格A指数	国家棉花价格B指数	中国棉花收购价格指数
5月16日	12755	12403	—
5月17日	12752	12398	—
5月18日	12754	12398	—
5月19日	12757	12400	—
5月20日	12765	12409	—
5月23日	12765	12411	—
5月24日	12768	12417	—
5月25日	12774	12422	—
5月26日	12775	12424	—
5月27日	12796	12453	—
5月30日	12795	12456	—
5月31日	12834	12486	—
6月1日	12834	12480	—
6月2日	12834	12479	—
6月3日	12837	12482	—
6月6日	12838	12484	—
6月7日	12860	12509	—
6月8日	12861	12512	—
6月12日	12876	12533	—
6月13日	12880	12548	—
6月14日	12893	12554	—
6月15日	12901	12561	—
6月16日	12905	12562	—
6月17日	12918	12576	—
6月20日	12947	12601	—
6月21日	12952	12616	—
6月22日	12966	12634	—
6月23日	12983	12659	—
6月24日	12988	12659	—
6月27日	12991	12666	—
6月28日	12999	12675	—

续表

日　期	国家棉花价格A指数	国家棉花价格B指数	中国棉花收购价格指数
6月29日	13042	12723	—
6月30日	13279	13005	—
7月1日	13448	13201	—
7月4日	13532	13302	—
7月5日	13707	13457	—
7月6日	13703	13447	—
7月7日	13802	13534	—
7月8日	13813	13544	—
7月11日	13871	13596	—
7月12日	13931	13644	—
7月13日	13996	13715	—
7月14日	14117	13832	—
7月15日	14235	13952	—
7月18日	14453	14172	—
7月19日	14767	14478	—
7月20日	15059	14794	—
7月21日	15268	15008	—
7月22日	15407	15141	—
7月25日	15408	15143	—
7月26日	15408	15144	—
7月27日	15440	15175	—
7月28日	15468	15213	—
7月29日	15386	15116	—
8月1日	15294	15013	—
8月2日	15279	14999	—
8月3日	15235	14952	—
8月4日	15156	14856	—
8月5日	15145	14838	—
8月8日	15126	14826	—
8月9日	15106	14800	—
8月10日	15090	14776	—

续表

日　　期	国家棉花价格A指数	国家棉花价格B指数	中国棉花收购价格指数
8月11日	15044	14724	—
8月12日	15016	14696	—
8月15日	14983	14659	—
8月16日	14914	14607	—
8月17日	14879	14578	—
8月18日	14881	14579	—
8月19日	14875	14566	—
8月22日	14828	14495	—
8月23日	14785	14459	—
8月24日	14769	14446	—
8月25日	14714	14387	—
8月26日	14670	14359	—
8月29日	14633	14298	—
8月30日	14591	14265	—
8月31日	14559	14240	

资料来源：国家棉花市场监测系统。

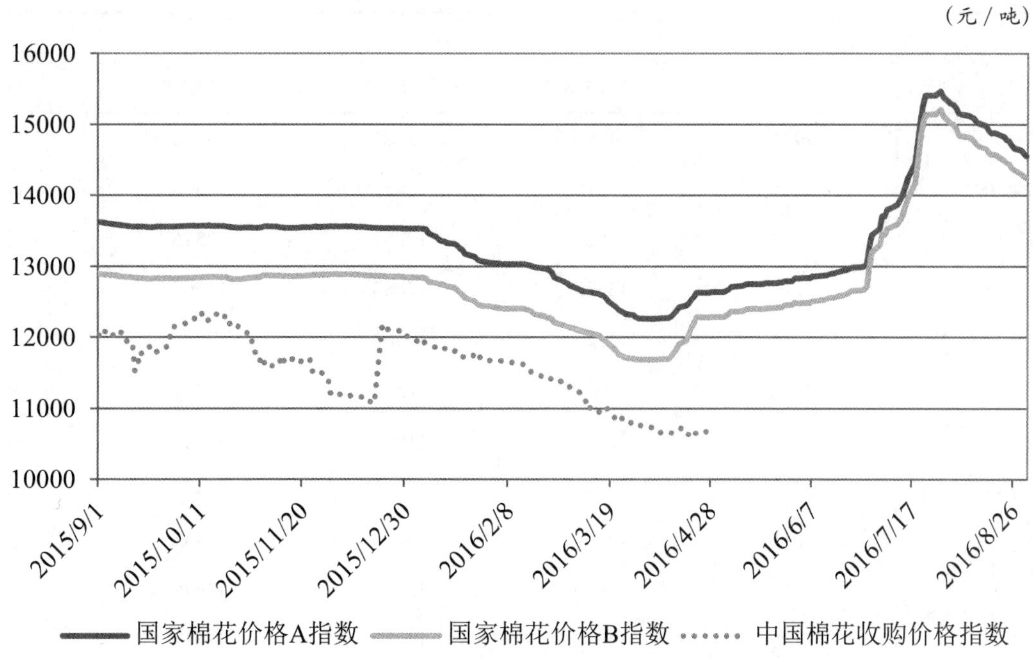

图 4–5　2015/2016 年度国家棉花价格指数及中国棉花收购价格指数走势

表4-24　2015/2016年度内地各等级棉花分月价格

（元/吨）

月　份	1129B级	2129B级	3128B级	4129B级	2227B级
2015年9月	13964	13571	12849	12315	11913
2015年10月	13939	13560	12840	12308	11891
2015年11月	13921	13551	12869	12298	11885
2015年12月	13922	13547	12872	12292	11872
2016年1月	13692	13309	12669	12183	11768
2016年2月	13354	12984	12338	11955	11574
2016年3月	13123	12856	12246	11822	11505
2016年4月	12802	12442	11971	11449	11028
2016年5月	13073	12746	12393	11793	11349
2016年6月	13230	12932	12596	12016	11597
2016年7月	14733	14487	14219	13643	13184
2016年8月	15188	14938	14627	14154	13708

资料来源：国家棉花市场监测系统。

表4-25　2015/2016年度中国主要地区棉花价格

（元/吨）

月　份	冀鲁豫地区				
	1129B级	2129B级	3128B级	4129B级	2227B级
2015年9月	13974	13589	12863	12306	11895
2015年10月	13983	13616	12853	12308	11874
2015年11月	13969	13587	12882	12316	11890
2015年12月	13970	13575	12884	12307	11868
2016年1月	13721	13326	12666	12188	11764
2016年2月	13364	13000	12339	11953	11568
2016年3月	12926	12538	11932	11544	11155
2016年4月	12826	12476	11995	11474	11029
2016年5月	13087	12784	12418	11835	11364
2016年6月	13242	12956	12624	12070	11636
2016年7月	14776	14520	14237	13672	13180
2016年8月	15208	14955	14608	14171	13700

续表

月　　份	东南沿海地区				
	1129B级	2129B级	3128B级	4129B级	2227B级
2015年9月	13959	13498	12890	12454	12087
2015年10月	13977	13581	12900	12362	11953
2015年11月	13951	13567	12858	12291	11835
2015年12月	13933	13547	12876	12289	11844
2016年1月	13711	13339	12710	12187	11808
2016年2月	13461	13090	12406	12052	11668
2016年3月	12999	12621	12022	11627	11293
2016年4月	12905	12541	12067	11548	11203
2016年5月	13151	12797	12441	11858	11433
2016年6月	13298	12992	12676	12028	11656
2016年7月	14733	14507	14253	13669	13265
2016年8月	15229	15015	14725	14245	13845

月　　份	长江中下游地区				
	1129B级	2129B级	3128B级	4129B级	2227B级
2015年9月	14006	13594	12866	12339	11925
2015年10月	13926	13518	12839	12328	11909
2015年11月	13904	13548	12881	12295	11882
2015年12月	13917	13567	12887	12299	11884
2016年1月	13695	13319	12685	12207	11772
2016年2月	13360	12964	12340	11964	11571
2016年3月	12865	12487	11914	11503	11134
2016年4月	12765	12383	11934	11408	11002
2016年5月	13056	12701	12364	11734	11337
2016年6月	13216	12900	12547	11939	11531
2016年7月	14708	14467	14222	13638	13212
2016年8月	15176	14915	14660	14133	13723

续表

月　份	西南地区				
	1129B级	2129B级	3128B级	4129B级	2227B级
2015年9月	14098	13698	12965	12483	12033
2015年10月	14011	13611	12939	12394	11947
2015年11月	14000	13600	13050	12425	12000
2015年12月	14000	13600	13050	12425	12000
2016年1月	13823	13424	12843	12280	11886
2016年2月	13492	13107	12472	12075	11735
2016年3月	13055	12652	12060	11659	11348
2016年4月	12955	12578	12123	11588	11238
2016年5月	13190	12812	12548	11855	11455
2016年6月	13333	13098	12864	12212	11812
2016年7月	14851	14643	14437	13785	13351
2016年8月	15312	15105	14904	14335	13900

月　份	西北内陆地区				
	1129B级	2129B级	3128B级	4129B级	2227B级
2015年9月	13576	13289	12525	12099	11832
2015年10月	13490	13208	12634	12098	11817
2015年11月	13459	13193	12674	12077	11797
2015年12月	13407	13147	12643	12031	11755
2016年1月	13308	13005	12524	11960	11696
2016年2月	13120	12855	12286	11874	11554
2016年3月	12799	12457	11827	11438	11106
2016年4月	12648	12302	11818	11285	10921
2016年5月	12940	12542	12241	11643	11175
2016年6月	13099	12799	12466	11870	11480
2016年7月	14442	14222	13971	13370	12973
2016年8月	14972	14756	14479	13939	13551

续表

月　份	北方地区				
	1129B级	2129B级	3128B级	4129B级	2227B级
2015年9月	14023	13623	12910	12333	11933
2015年10月	13968	13496	12832	12408	12081
2015年11月	13979	13493	12807	12400	12110
2015年12月	14000	13550	12800	12400	12100
2016年1月	13768	13350	12665	12240	11845
2016年2月	13356	12981	12311	11925	11581
2016年3月	12911	12535	11930	11559	11233
2016年4月	12765	12398	11913	11438	11093
2016年5月	13014	12693	12313	11710	11312
2016年6月	13181	12843	12508	11895	11495
2016年7月	14626	14412	14143	13502	13105
2016年8月	15185	14976	14630	14207	13659

月　份	新疆维吾尔自治区				
	1129B级	2129B级	3128B级	4129B级	2227B级
2015年9月	13654	13335	12659	12186	11794
2015年10月	13700	13380	12776	12264	11885
2015年11月	13687	13376	12819	12288	11920
2015年12月	13683	13373	12817	12285	11926
2016年1月	13405	13118	12525	12065	11723
2016年2月	13123	12856	12246	11822	11505
2016年3月	12740	12474	11864	11431	11127
2016年4月	12650	12394	11849	11323	11019
2016年5月	12932	12669	12251	11685	11326
2016年6月	12941	12677	12260	11695	11334
2016年7月	12941	12677	12260	11695	11334
2016年8月	12941	12677	12260	11695	11334

资料来源：国家棉花市场监测系统。

表4-26 2015/2016年度中国棉花收购价格指数月均值

（元/吨）

月　份	中国棉花收购价格指数
2015年9月	11909
2015年10月	12225
2015年11月	11623
2015年12月	11517
2016年1月	11800
2016年2月	11542
2016年3月	11007
2016年4月	10673

资料来源：国家棉花市场监测系统。

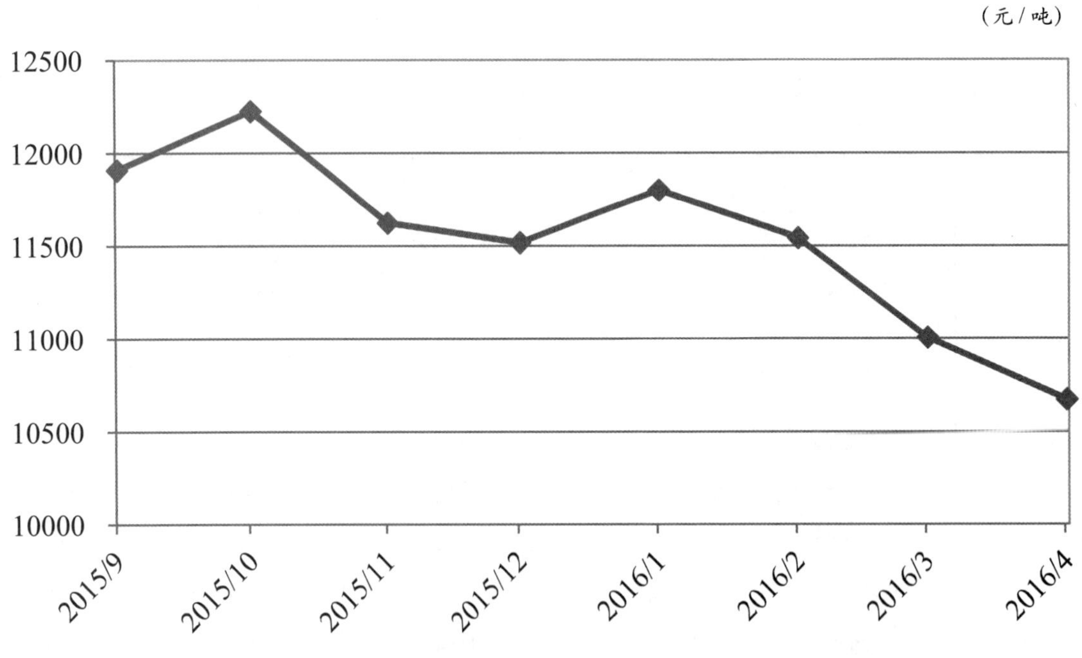

图4-6 2015/2016年度中国棉花收购价格指数走势

中国棉花收购价格指数简介

中国棉花收购价格指数（即CNCotton S，简称国棉S指数），由国家棉花市场监测系统发布，代表全国主产棉省（区）白棉3级籽棉折皮棉的平均收购价格，反映当日全国棉花收购价格水平及变化趋势。国家棉花市场监测系统每日采集国内各主产棉省（区、市）籽棉、棉籽主流成交价格和平均衣分率，按各省棉花产量加权平均后，折算出当日籽棉折皮棉的平均收购价格（不含加工费）。2013年9月1日棉花国家标准（GB1103-2012）实施前，CNCotton S指数代表3级籽棉折皮棉的平均收购价格，新国标实行后，CNCotton S指数代表白棉3级籽棉折皮棉的平均收购价格。国家棉花市场监测系统于每年9月1日起开始发布该指数，收购旺季每工作日更新，收购淡季每周四更新，每年5月份以后停止更新。

表4-27　2015/2016年度中国主要地区籽棉收购折皮棉成本月平均价格

（元/吨）

月份	山东	河北	河南	山西	江苏	安徽	湖北	湖南	江西	新疆
2015年9月	12097	12200	11451	12496	12844	12093	12352	12258	11709	11271
2015年10月	12340	12500	12234	12580	12612	11927	12311	12176	11759	11705
2015年11月	12380	12418	12214	12761	12232	12138	11966	11999	11551	11325
2015年12月	12093	12034	12016	12724	12150	12364	12072	12140	11827	10694
2016年1月	11787	11629	11993	12637	11920	11776	—	11974	12006	—
2016年2月	11471	11386	11309	12318	11897	11676	—	11520	12067	—
2016年3月	10772	10926	11162	11788	11267	11229	—	11436	11526	—
2016年4月	10829	10558	10422	11616	10323	10577	—	11172	11016	—

资料来源：国家棉花市场监测系统。

表4-28　2015/2016年度内地与新疆棉籽月均价对比

（元/公斤）

月　份	内地	新疆
2015年9月	2.22	1.73
2015年10月	2.14	1.56
2015年11月	2.10	1.63
2015年12月	2.16	1.71
2016年1月	2.19	—
2016年2月	2.21	—
2016年3月	2.24	—
2016年4月	2.28	—

资料来源：国家棉花市场监测系统。

表4-29 2015/2016年度中国棉花、纯棉纱及涤纶短纤月平均价格

（元/吨）

月份	国家棉花价格B指数	32支纯棉纱	涤纶短纤	棉、纱价差	棉、涤价差
2015年9月	12849	19966	7077	7117	5772
2015年10月	12840	19809	6875	6969	5965
2015年11月	12869	19661	6755	6792	6114
2015年12月	12872	19432	6447	6560	6425
2016年1月	12669	19192	6165	6523	6504
2016年2月	12342	19128	6269	6786	6073
2016年3月	11927	19020	6933	7093	4994
2016年4月	11971	19039	6799	7068	5172
2016年5月	12393	19312	6733	6919	5660
2016年6月	12596	19686	6610	7090	5986
2016年7月	14219	21644	6882	7425	7337
2016年8月	14627	22383	6923	7756	7704

注：1. 资料来源：国家棉花市场监测系统。
2. 棉、纱价差=32支纯棉纱－国家棉花价格B指数。
3. 棉、涤价差=国家棉花价格B指数－涤纶短纤。

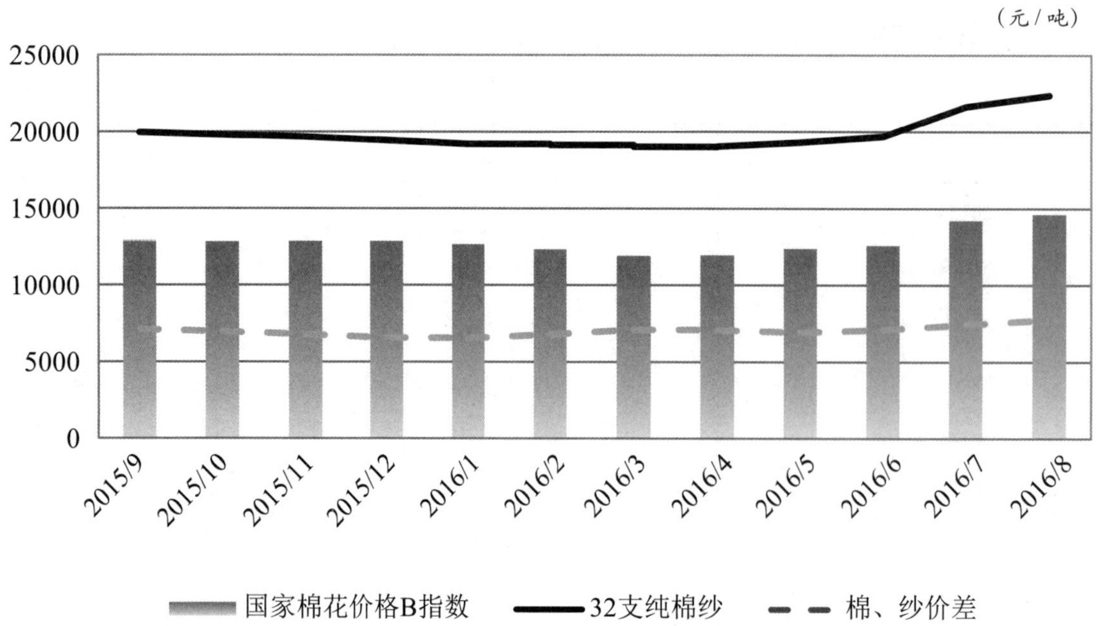

图4-7 2015/2016年度国内棉花、棉纱价格差异

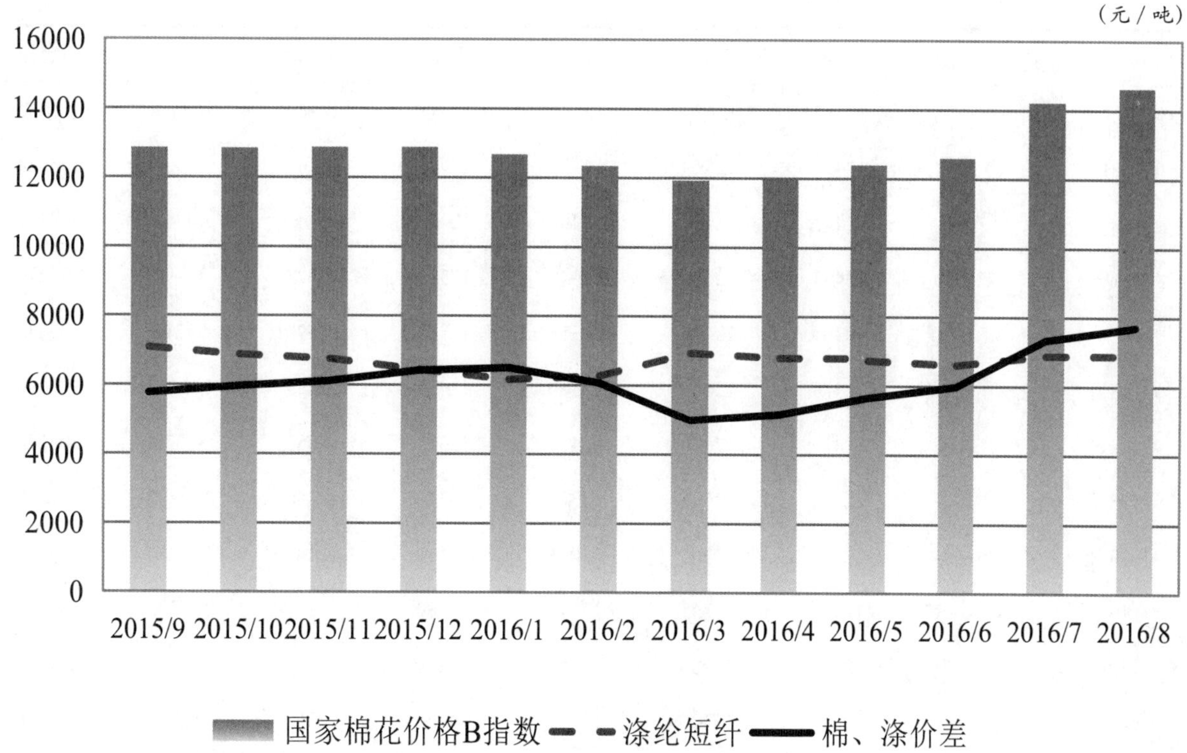

图4-8　2015/2016年度国内棉花、涤短价格差异

表4-30　2015/2016年度郑州棉花期货主力合约日交易量价统计

（元／吨、手）

交易日期	合约代码	开盘	最高	最低	收盘	结算	成交量	持仓量
2015年								
9月1日	CF1601	12350	12520	12340	12460	12465	139716	358072
9月2日	CF1601	12450	12515	12405	12485	12460	85258	344858
9月7日	CF1601	12445	12565	12445	12505	12525	70822	343608
9月8日	CF1601	12525	12525	12430	12485	12475	65476	340754
9月9日	CF1601	12510	12595	12495	12550	12550	121288	344630
9月10日	CF1601	12560	12620	12510	12595	12570	102724	346364
9月11日	CF1601	12600	12640	12515	12550	12575	93284	337888
9月14日	CF1601	12530	12560	12490	12520	12530	48502	334970
9月15日	CF1601	12530	12580	12480	12515	12520	82320	325822

续表

交易日期	合约代码	开盘	最高	最低	收盘	结算	成交量	持仓量
9月16日	CF1601	12515	12520	12420	12475	12460	103324	313384
9月17日	CF1601	12475	12490	12435	12440	12465	46060	306684
9月18日	CF1601	12450	12485	12400	12400	12445	49744	308522
9月21日	CF1601	12405	12425	12340	12395	12375	85290	304224
9月22日	CF1601	12360	12425	12355	12370	12390	65710	300342
9月23日	CF1601	12370	12485	12360	12485	12430	138158	303486
9月24日	CF1601	12475	12525	12450	12525	12480	89332	305608
9月25日	CF1601	12535	12535	12375	12375	12450	151282	311638
9月28日	CF1601	12340	12365	12095	12140	12185	272784	315360
9月29日	CF1601	12115	12235	12115	12180	12185	130292	305176
9月30日	CF1601	12200	12280	12160	12270	12240	96632	291302
10月8日	CF1601	12355	12400	12245	12255	12300	90362	295716
10月9日	CF1601	12245	12285	12110	12225	12195	207368	290052
10月12日	CF1601	12250	12285	12180	12195	12220	105180	298086
10月13日	CF1601	12175	12230	12140	12210	12185	101286	286960
10月14日	CF1601	12220	12305	12150	12235	12235	120382	286322
10月15日	CF1601	12240	12255	12030	12045	12150	133800	304442
10月16日	CF1601	12055	12070	11935	11955	12005	199654	317054
10月19日	CF1601	11945	11975	11810	11865	11895	167330	306754
10月20日	CF1601	11870	11950	11855	11910	11910	101834	296130
10月21日	CF1601	11930	11980	11850	11940	11925	136546	279748
10月22日	CF1601	11945	12080	11870	12030	11995	193126	281074
10月23日	CF1601	12040	12130	11960	12050	12040	208180	270800
10月26日	CF1601	12025	12060	11945	12040	12010	126568	262266
10月27日	CF1601	12040	12135	11995	12130	12070	124218	244378
10月28日	CF1605	11770	11785	11680	11705	11725	90996	320198
10月29日	CF1605	11690	11725	11570	11700	11645	180254	329044
10月30日	CF1605	11690	11780	11655	11740	11730	132230	324600

续表

交易日期	合约代码	开盘	最高	最低	收盘	结算	成交量	持仓量
11月2日	CF1605	11760	11850	11665	11820	11780	167868	326096
11月3日	CF1605	11805	11825	11730	11750	11780	87540	318556
11月4日	CF1605	11750	11810	11700	11770	11755	116014	310332
11月5日	CF1605	11755	11805	11650	11685	11715	124160	330500
11月6日	CF1605	11675	11695	11590	11625	11640	153022	336974
11月9日	CF1605	11675	11765	11640	11735	11710	114370	325030
11月10日	CF1605	11735	11800	11710	11790	11760	93874	324774
11月11日	CF1605	11795	11830	11710	11745	11750	90620	318080
11月12日	CF1605	11740	11800	11685	11765	11750	121978	319188
11月13日	CF1605	11750	11930	11750	11865	11850	146244	320082
11月16日	CF1605	11860	11920	11820	11845	11865	142746	329746
11月17日	CF1605	11860	12000	11785	11995	11885	210744	343668
11月18日	CF1605	11995	12010	11925	11970	11970	164210	338608
11月19日	CF1605	11980	11995	11840	11845	11900	221086	360500
11月20日	CF1605	11840	11955	11800	11925	11870	235810	358520
11月23日	CF1605	11895	11945	11815	11835	11875	143904	353700
11月24日	CF1605	11820	11890	11745	11875	11825	186162	353174
11月25日	CF1605	11865	11920	11755	11820	11830	235078	356910
11月26日	CF1605	11810	11900	11765	11795	11835	236582	360516
11月27日	CF1605	11780	11790	11650	11660	11720	285928	375664
11月30日	CF1605	11645	11710	11635	11670	11675	140292	378214
12月1日	CF1605	11660	11855	11435	11690	11630	524312	344888
12月2日	CF1605	11665	11740	11665	11710	11715	108558	343478
12月3日	CF1605	11685	11700	11550	11555	11630	147996	353138
12月4日	CF1605	11535	11605	11515	11560	11570	102542	367706
12月7日	CF1605	11580	11635	11550	11635	11605	88130	364146
12月8日	CF1605	11630	11630	11420	11440	11505	163726	388320
12月9日	CF1605	11420	11495	11400	11465	11460	88370	388080

续表

交易日期	合约代码	开盘	最高	最低	收盘	结算	成交量	持仓量
12月10日	CF1605	11485	11485	11280	11295	11380	214152	402226
12月11日	CF1605	11285	11435	11280	11430	11355	134472	384244
12月14日	CF1605	11410	11465	11325	11440	11395	124044	371992
12月15日	CF1605	11405	11445	11365	11400	11405	88234	372522
12月16日	CF1605	11390	11480	11380	11450	11445	89494	356364
12月17日	CF1605	11445	11450	11350	11365	11405	134604	361540
12月18日	CF1605	11345	11430	11340	11390	11390	94966	350574
12月21日	CF1605	11390	11540	11355	11530	11475	186624	339548
12月22日	CF1605	11510	11530	11465	11495	11500	103392	347872
12月23日	CF1605	11490	11520	11375	11385	11425	153660	370168
12月24日	CF1605	11380	11420	11350	11395	11390	131130	378786
12月25日	CF1605	11420	11495	11385	11480	11445	149984	366964
12月28日	CF1605	11470	11510	11430	11455	11470	113312	361054
12月29日	CF1605	11445	11520	11415	11470	11480	198612	334504
12月30日	CF1605	11470	11500	11385	11425	11455	194014	343004
12月31日	CF1605	11420	11430	11365	11400	11400	129076	330376
2016年								
1月4日	CF1605	11410	11445	11125	11280	11305	177808	349584
1月5日	CF1605	11275	11295	11180	11200	11235	146416	381290
1月6日	CF1605	11200	11350	11185	11320	11275	219414	374816
1月7日	CF1605	11305	11360	11270	11335	11315	143916	357034
1月8日	CF1605	11310	11385	11280	11315	11330	118988	348586
1月11日	CF1605	11315	11345	11255	11280	11300	95608	343560
1月12日	CF1605	11295	11315	11230	11280	11270	77734	341262
1月13日	CF1605	11280	11350	11275	11310	11315	101350	340192
1月14日	CF1605	11305	11340	11290	11305	11320	65470	341838
1月15日	CF1605	11295	11305	11190	11215	11245	156428	362242
1月18日	CF1605	11205	11245	11165	11200	11205	115348	362300

续表

交易日期	合约代码	开盘	最高	最低	收盘	结算	成交量	持仓量
1月19日	CF1605	11205	11285	11200	11270	11245	103898	374574
1月20日	CF1605	11280	11415	11270	11375	11365	248062	364744
1月21日	CF1605	11355	11395	11345	11380	11375	80958	361344
1月22日	CF1605	11380	11445	11330	11420	11400	112738	363104
1月25日	CF1605	11425	11480	11380	11415	11415	55476	360148
1月26日	CF1605	11395	11445	11395	11420	11420	58822	357272
1月27日	CF1605	11425	11470	11400	11450	11435	57896	356152
1月28日	CF1605	11445	11475	11395	11405	11425	48442	353346
1月29日	CF1605	11400	11440	11355	11375	11390	69040	350866
2月1日	CF1605	11385	11395	11360	11375	11380	44622	337128
2月2日	CF1605	11385	11505	11340	11470	11435	103664	326994
2月3日	CF1609	10880	10880	10680	10715	10765	114332	333232
2月4日	CF1609	10710	10755	10570	10590	10665	94706	344708
2月5日	CF1609	10535	10680	10535	10565	10610	97084	351604
2月15日	CF1609	10485	10495	10370	10390	10420	94426	373682
2月16日	CF1609	10390	10500	10385	10485	10450	119874	405726
2月17日	CF1609	10495	10570	10470	10530	10525	111692	410010
2月18日	CF1609	10530	10595	10505	10565	10555	79068	410622
2月19日	CF1609	10560	10575	10440	10460	10510	153268	449436
2月22日	CF1609	10440	10565	10440	10505	10510	141444	447798
2月23日	CF1609	10510	10550	10455	10485	10500	144190	470888
2月24日	CF1609	10480	10500	10290	10325	10375	235958	500696
2月25日	CF1609	10330	10330	10035	10160	10175	413552	508328
2月26日	CF1609	10155	10205	10065	10080	10120	201882	519344
2月29日	CF1609	10075	10145	9975	9990	10040	268786	520152
3月1日	CF1609	10000	10105	9890	10045	9995	363740	533692
3月2日	CF1609	10060	10110	10000	10045	10060	231974	550068
3月3日	CF1609	10055	10215	10000	10155	10125	342894	570634

续表

交易日期	合约代码	开盘	最高	最低	收盘	结算	成交量	持仓量
3月4日	CF1609	10165	10255	10115	10235	10200	259056	598306
3月7日	CF1609	10240	10610	10220	10540	10465	687610	613946
3月8日	CF1609	10550	10640	10275	10410	10470	514552	583054
3月9日	CF1609	10400	10455	10235	10290	10330	330476	600736
3月10日	CF1609	10300	10390	10165	10180	10300	296882	595484
3月11日	CF1609	10180	10180	10040	10110	10110	336550	606728
3月14日	CF1609	10140	10245	10100	10115	10175	300680	632046
3月15日	CF1609	10095	10215	10080	10100	10150	278398	628544
3月16日	CF1609	10100	10155	10060	10110	10110	237762	634774
3月17日	CF1609	10100	10245	10090	10185	10170	243394	607794
3月18日	CF1609	10185	10460	10185	10380	10365	500574	590984
3月21日	CF1609	10380	10510	10270	10500	10415	491512	611686
3月22日	CF1609	10520	10605	10440	10450	10525	396126	583548
3月23日	CF1609	10435	10610	10410	10535	10525	315354	576738
3月24日	CF1609	10500	10560	10350	10355	10450	302250	563944
3月25日	CF1609	10360	10430	10340	10420	10395	208124	576510
3月28日	CF1609	10440	10495	10350	10355	10420	219608	567438
3月29日	CF1609	10360	10430	10220	10235	10310	292840	561546
3月30日	CF1609	10250	10325	10210	10295	10280	150764	547478
3月31日	CF1609	10320	10350	10120	10200	10235	261980	535610
4月1日	CF1609	10215	10270	10185	10240	10230	169286	524440
4月5日	CF1609	10255	10355	10250	10315	10325	167668	531094
4月6日	CF1609	10335	10470	10320	10430	10410	275470	540520
4月7日	CF1609	10430	10450	10315	10375	10365	214218	543932
4月8日	CF1609	10380	10425	10330	10395	10375	188040	546156
4月11日	CF1609	10445	10790	10440	10790	10610	464400	561354
4月12日	CF1609	11000	11010	10810	10880	10885	613854	504480
4月13日	CF1609	10980	11325	10950	11325	11230	471990	534708

续表

交易日期	合约代码	开盘	最高	最低	收盘	结算	成交量	持仓量
4月14日	CF1609	11565	11770	11345	11575	11545	1392538	406874
4月15日	CF1609	11470	11525	11190	11255	11320	998946	473110
4月18日	CF1609	11190	11775	11150	11775	11460	877074	497162
4月19日	CF1609	12260	12265	12020	12175	12160	1379634	355664
4月20日	CF1609	12245	12650	12220	12650	12545	1530498	352420
4月21日	CF1609	12400	13425	12215	13355	12970	2333564	300098
4月22日	CF1609	13265	13450	12615	12840	12985	2864938	292810
4月25日	CF1609	12880	13255	12665	12810	12905	1619204	290402
4月26日	CF1609	12855	13375	12650	12940	13050	2479884	353042
4月27日	CF1609	12995	13135	12570	12805	12835	1285904	348820
4月28日	CF1609	12870	12885	12210	12350	12555	1142262	333154
4月29日	CF1609	12345	12640	12290	12555	12475	892932	318750
5月3日	CF1609	12615	12905	12545	12755	12725	558500	314718
5月4日	CF1609	12660	12680	12440	12530	12545	571242	327210
5月5日	CF1609	12570	12600	12460	12565	12525	392690	326224
5月6日	CF1609	12620	12740	12230	12350	12440	674056	294042
5月9日	CF1609	12370	12485	11865	12165	12165	733250	270106
5月10日	CF1609	12115	12270	12015	12240	12170	549446	270068
5月11日	CF1609	12280	12420	12175	12335	12295	401174	277284
5月12日	CF1609	12280	12695	12130	12530	12455	732300	304478
5月13日	CF1609	12470	12640	12180	12300	12375	656946	258696
5月16日	CF1609	12305	12520	12205	12335	12365	375612	267500
5月17日	CF1609	12350	12475	12310	12440	12390	322788	271672
5月18日	CF1609	12475	12835	12450	12550	12635	862128	282200
5月19日	CF1609	12580	12755	12525	12740	12665	597006	292284
5月20日	CF1609	12740	12885	12645	12745	12765	455710	289098
5月23日	CF1609	12715	12815	12350	12390	12540	533178	243788
5月24日	CF1609	12385	12470	12260	12415	12365	405204	244700

续表

交易日期	合约代码	开盘	最高	最低	收盘	结算	成交量	持仓量
5月25日	CF1609	12455	12650	12250	12480	12410	481910	237080
5月26日	CF1609	12500	13035	12455	13035	12720	696486	322838
5月27日	CF1609	13055	13260	12855	13100	13040	1077118	360148
5月30日	CF1609	13055	13390	12965	13330	13175	752022	398842
5月31日	CF1609	13300	13375	12820	12840	13120	661088	339240
6月1日	CF1609	12805	12930	12465	12575	12710	792096	296478
6月2日	CF1609	12620	12800	12530	12590	12650	463298	289380
6月3日	CF1609	12640	12740	12390	12470	12580	544164	301992
6月6日	CF1609	12590	12735	12465	12675	12610	462032	296864
6月7日	CF1609	12765	13120	12735	13005	12965	762326	320626
6月8日	CF1609	13000	13025	12700	12900	12855	469266	288458
6月13日	CF1609	12835	13255	12830	13025	13100	402220	307354
6月14日	CF1609	13035	13170	12810	12845	12965	384874	277912
6月15日	CF1609	12830	12925	12730	12780	12815	348866	264952
6月16日	CF1609	12810	13090	12720	13000	12915	465724	276682
6月17日	CF1609	13000	13565	12835	13480	13300	1180982	359626
6月20日	CF1609	13530	13590	13300	13455	13435	691508	347914
6月21日	CF1609	13420	13500	13000	13030	13255	592962	266896
6月22日	CF1609	12960	13225	12950	13210	13100	351714	241982
6月23日	CF1609	13230	13530	13180	13430	13420	594958	256140
6月24日	CF1609	13540	13705	13270	13345	13490	668164	244120
6月27日	CF1609	13345	13635	13275	13585	13490	383178	243356
6月28日	CF1701	13700	14265	13665	14170	13970	670370	423338
6月29日	CF1701	14235	14670	14210	14670	14535	971310	459702
6月30日	CF1701	14700	14945	14590	14725	14765	883582	474460
7月1日	CF1701	14740	14880	14465	14735	14690	701944	450336
7月4日	CF1701	14760	15425	14730	15425	15240	873112	492160
7月5日	CF1701	15535	15790	14510	15000	15150	1208904	431748

续表

交易日期	合约代码	开盘	最高	最低	收盘	结算	成交量	持仓量
7月6日	CF1701	14985	15340	14450	14875	14795	1188480	382150
7月7日	CF1701	14655	15145	14655	14910	14965	1103588	403170
7月8日	CF1701	14940	15120	14215	14350	14555	1176150	392722
7月11日	CF1701	14440	15060	14335	15045	14715	931096	426664
7月12日	CF1701	15100	15455	14975	15380	15270	1136932	484144
7月13日	CF1701	15345	16030	15115	15730	15635	1472122	492754
7月14日	CF1701	15730	15965	15510	15855	15760	1065150	512084
7月15日	CF1701	15855	16060	15750	15975	15920	1005784	524848
7月18日	CF1701	16100	16185	15460	15765	15750	1318568	470542
7月19日	CF1701	15895	15925	15495	15675	15665	1206644	468998
7月20日	CF1701	15670	15740	15020	15305	15370	1338872	470376
7月21日	CF1701	15280	15600	15195	15485	15410	838224	461238
7月22日	CF1701	15535	15795	15170	15195	15530	1229802	454516
7月25日	CF1701	15250	15445	15115	15340	15280	827116	433238
7月26日	CF1701	15375	15480	15170	15450	15350	818438	434330
7月27日	CF1701	15430	15775	15370	15680	15615	952144	458992
7月28日	CF1701	15730	15795	14830	14905	15315	1592824	455996
7月29日	CF1701	14900	14975	14545	14545	14780	1064360	452790
8月1日	CF1701	14505	14920	14465	14765	14730	899388	433478
8月2日	CF1701	14710	14875	14450	14700	14720	937584	429150
8月3日	CF1701	14710	14745	14320	14505	14500	1009318	464048
8月4日	CF1701	14520	14760	14355	14710	14520	880154	472128
8月5日	CF1701	14680	15175	14625	15155	14875	1087028	475256
8月8日	CF1701	15200	15265	14750	14755	15045	949646	469392
8月9日	CF1701	14765	14865	14525	14690	14710	928986	457198
8月10日	CF1701	14585	14780	14450	14745	14640	849680	467302
8月11日	CF1701	14760	14870	14660	14730	14740	561374	465154
8月12日	CF1701	14705	14915	14600	14660	14765	712808	447338

续表

交易日期	合约代码	开盘	最高	最低	收盘	结算	成交量	持仓量
8月15日	CF1701	14655	14750	14525	14700	14660	539102	435372
8月16日	CF1701	14685	14745	14470	14635	14595	743172	452648
8月17日	CF1701	14585	14865	14530	14770	14710	729584	479064
8月18日	CF1701	14755	14940	14625	14820	14795	572358	482396
8月19日	CF1701	14875	14920	14640	14645	14780	455430	484716
8月22日	CF1701	14595	14660	14370	14520	14545	672446	486734
8月23日	CF1701	14530	14720	14505	14565	14610	320348	468948
8月24日	CF1701	14570	14670	14535	14575	14595	276064	468950
8月25日	CF1701	14555	14585	13910	13980	14190	988818	446976
8月26日	CF1701	14020	14130	13885	13965	14000	512646	424826
8月29日	CF1701	13965	14045	13780	13825	13895	425250	429522
8月30日	CF1701	13800	13950	13790	13850	13870	275180	416994
8月31日	CF1701	13830	13930	13545	13590	13715	439044	426658

资料来源：郑州商品交易所。

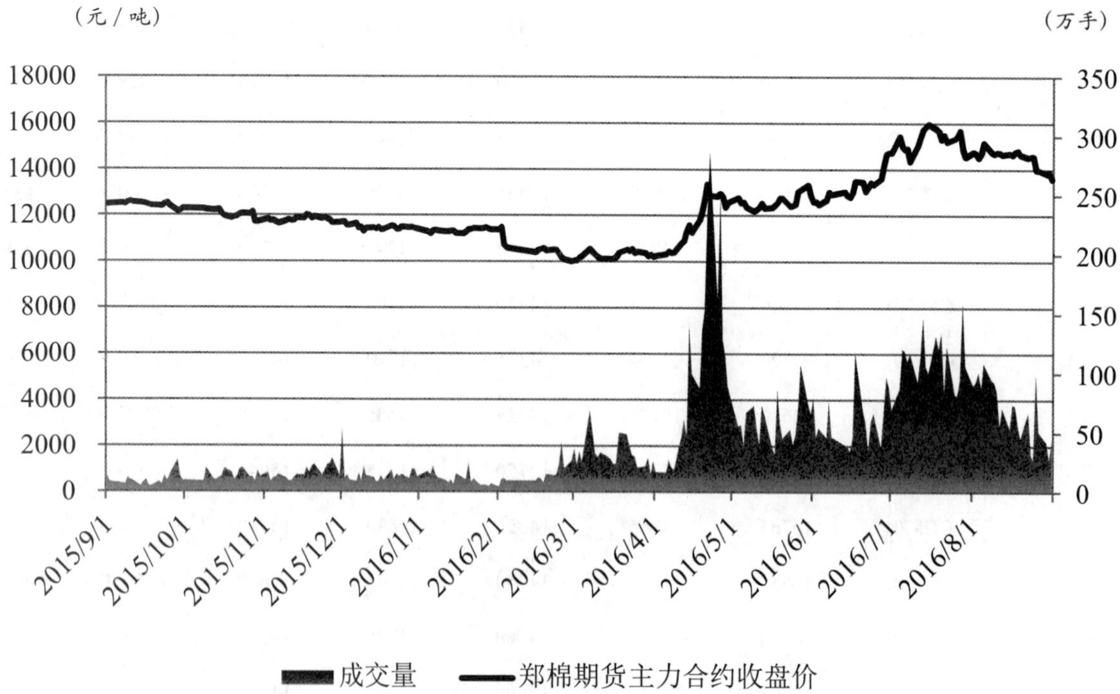

图4–9 2015/2016年度郑棉主力合约量价走势

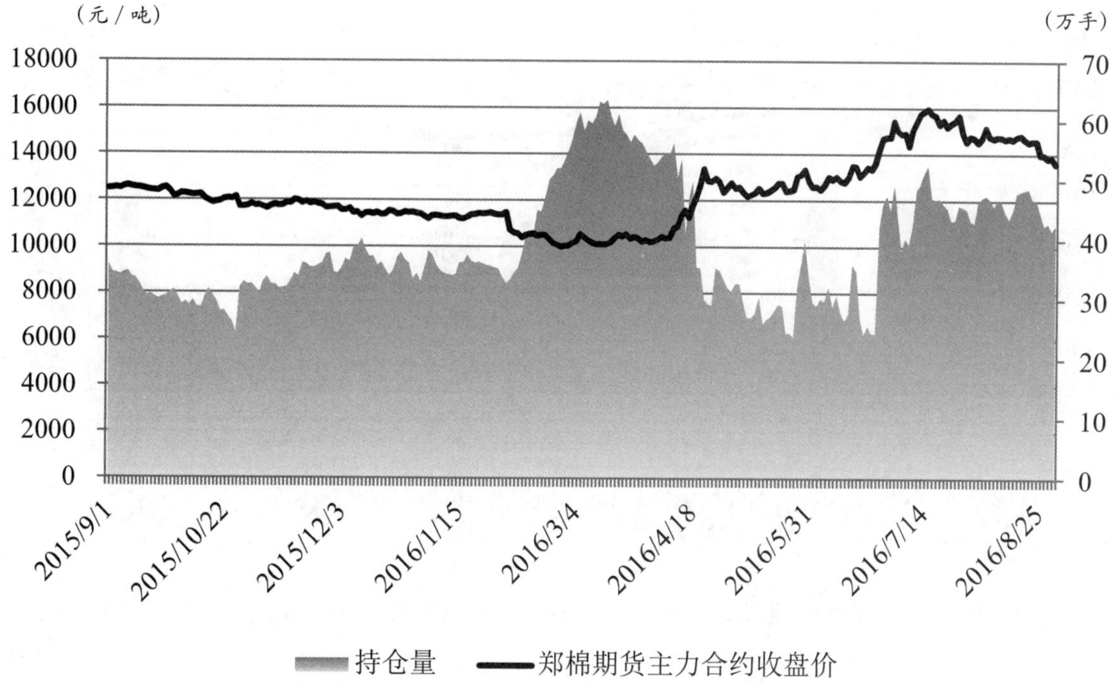

图 4-10　2015/2016 年度郑棉期货交易持仓量变化情况

表4-31　2015/2016年度郑州棉花期货与现货月平均价格

（元／吨）

月　份	国家棉花价格B指数	郑棉期货近月合约	价差（现货－期货）
2015年9月	12849	12370	+479
2015年10月	12840	12330	+510
2015年11月	12869	12229	+640
2015年12月	12872	12054	+818
2016年1月	12669	11564	+1105
2016年2月	12342	11365	+977
2016年3月	11927	10813	+1114
2016年4月	11971	11698	+273
2016年5月	12393	12370	+23
2016年6月	12596	13061	−465
2016年7月	14219	14949	−730
2016年8月	14627	13975	+652

资料来源：国家棉花市场监测系统、郑州商品交易所。

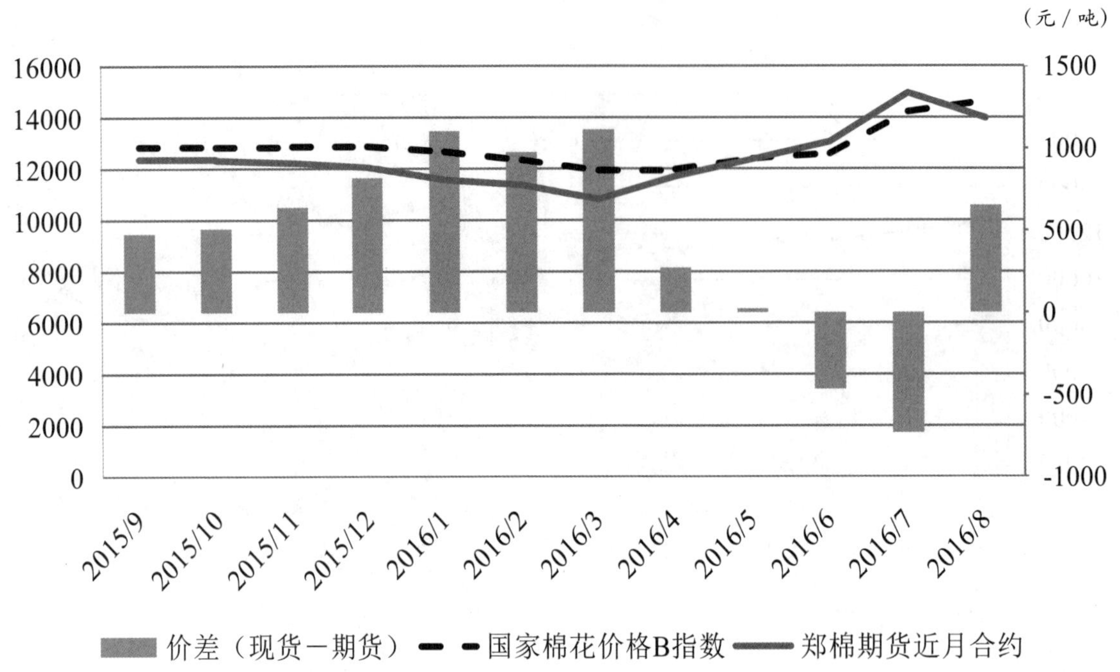

图 4-11 2015/2016 年度国内期、现货价格及差异

表4-32 2015/2016年度国内外现货月平均价格对比

（元/吨）

日　　期	国家棉花价格A指数	国家棉花价格B指数	国际棉花指数(SM)折人民币价格	国际棉花指数(M)折人民币价格
2015年9月	13571	12849	11659	11346
2015年10月	13560	12840	11728	11401
2015年11月	13551	12869	11568	11240
2015年12月	13547	12872	11780	11447
2016年1月	13309	12669	11769	11416
2016年2月	12987	12342	11611	11280
2016年3月	12524	11927	11273	10971
2016年4月	12442	11971	11910	11598
2016年5月	12746	12393	12039	11763
2016年6月	12932	12596	12540	12241
2016年7月	14487	14219	13726	13371
2016年8月	14938	14627	14085	13697

注：1. 资料来源为国家棉花市场监测系统。

2. 国际棉花指数折成人民币价格所采用的汇率为海关计征汇率，即每月使用上一个月第三个星期三（第三个星期三为法定节假日时，顺延采用第四个星期三的汇率）中国人民银行公布的美元对人民币的基准汇率；关税为配额内关税（1%）；增值税为（13%）；港口费用为200元/吨。

国际棉花指数简介

国际棉花指数（International Cotton Indices）包括SM级指数（Premium Index）和M级指数（Standard Index）。

1. 产地的选择：各主要棉花出口国家和地区，包括美国、印度、中亚、西非、澳大利亚、巴西等。

2. 等级的选择：SM 1-1/8"（相当于国棉2级）和M 1-3/32"（相当于国棉3级）。

3. 报价的选择：各主要棉商报价的加权平均价。

4. 产地权重的选择：上年度各主要产地的棉花进口总量视为100%进行权重分配。

5. 指数的生成：国际棉花指数包括SM指数和M指数，分别由各主要产地这两个等级棉花报价的加权平均值生成。

表4-33　2015/2016年度国际棉花指数日价格

（美分／磅）

日　期	2015/2016年度国际棉花指数（SM）	2015/2016年度国际棉花指数（M）
2015年		
9月1日	72.46	70.05
9月2日	72.28	69.89
9月6日	72.28	69.89
9月7日	72.34	69.98
9月8日	71.58	69.79
9月9日	72.06	70.21
9月10日	71.85	70.06
9月11日	71.94	70.13
9月14日	72.02	70.20
9月15日	71.55	69.77
9月16日	71.64	69.88
9月17日	71.66	69.90
9月18日	71.51	69.76
9月21日	70.48	68.74
9月22日	70.58	68.74
9月23日	69.74	67.76
9月24日	69.52	67.74
9月25日	69.62	67.80

续表

日　期	2015/2016年度国际棉花指数（SM）	2015/2016年度国际棉花指数（M）
9月28日	69.73	67.84
9月29日	69.85	67.97
9月30日	70.49	68.44
10月8日	70.91	68.96
10月9日	71.08	68.99
10月12日	70.91	68.85
10月13日	71.16	69.10
10月14日	73.04	71.07
10月15日	72.96	70.98
10月16日	72.63	70.62
10月19日	72.80	70.77
10月20日	72.22	70.16
10月21日	72.80	70.77
10月22日	73.22	71.16
10月23日	71.47	69.41
10月26日	71.72	69.66
10月27日	71.22	69.16
10月28日	71.30	69.27
10月29日	71.72	69.66
10月30日	71.30	69.27
11月2日	72.05	69.96
11月3日	72.14	70.07
11月4日	71.39	69.32
11月5日	70.89	68.82
11月6日	70.98	68.93
11月9日	70.64	68.57
11月10日	71.10	69.03
11月11日	70.89	68.82

续表

日　期	2015/2016年度国际棉花指数（SM）	2015/2016年度国际棉花指数（M）
11月12日	71.00	68.89
11月13日	71.00	68.89
11月16日	70.75	68.64
11月17日	71.13	69.11
11月18日	71.34	69.32
11月19日	71.59	69.57
11月20日	71.39	69.38
11月23日	71.14	69.13
11月24日	69.89	67.88
11月25日	70.39	68.38
11月26日	71.48	69.43
11月27日	71.48	69.43
11月30日	72.23	70.18
12月1日	71.14	69.13
12月2日	71.73	69.68
12月3日	71.73	69.68
12月4日	72.23	70.18
12月7日	72.98	70.93
12月8日	72.69	70.63
12月9日	72.69	70.63
12月10日	73.22	71.29
12月11日	72.18	70.25
12月14日	72.15	70.21
12月15日	71.85	69.89
12月16日	71.68	69.75
12月17日	71.67	69.73
12月18日	71.48	69.50
12月21日	72.34	70.26

续表

日　期	2015/2016年度国际棉花指数（SM）	2015/2016年度国际棉花指数（M）
12月22日	71.87	69.80
12月23日	71.86	69.78
12月24日	71.36	69.28
12月25日	71.36	69.28
12月28日	72.36	70.28
12月29日	72.93	70.60
12月30日	72.72	70.36
12月31日	72.93	70.60
2016年		
1月4日	72.19	69.86
1月5日	71.78	69.52
1月6日	71.99	69.76
1月7日	71.42	69.22
1月8日	70.90	68.71
1月11日	70.92	68.72
1月12日	70.92	68.72
1月13日	70.92	68.72
1月14日	71.20	69.36
1月15日	71.43	69.24
1月18日	70.92	68.72
1月19日	70.92	68.72
1月20日	71.75	69.51
1月21日	71.25	69.01
1月22日	71.12	68.98
1月25日	71.62	69.48
1月26日	70.62	68.48
1月27日	70.62	68.48
1月28日	69.87	67.73

续表

日　期	2015/2016年度国际棉花指数（SM）	2015/2016年度国际棉花指数（M）
1月29日	70.70	68.64
2月1日	70.70	68.64
2月2日	71.20	69.14
2月3日	71.70	69.64
2月4日	71.45	69.39
2月5日	69.70	67.64
2月15日	68.33	66.31
2月16日	68.33	66.31
2月17日	69.33	67.30
2月18日	69.21	67.23
2月19日	69.40	67.39
2月22日	69.21	67.23
2月23日	68.46	66.48
2月24日	67.81	65.85
2月25日	67.18	65.18
2月26日	67.43	65.43
2月29日	67.18	65.18
3月1日	66.57	64.68
3月2日	66.21	64.35
3月3日	66.07	64.18
3月4日	66.57	64.68
3月7日	67.07	65.18
3月8日	67.57	65.68
3月9日	66.76	64.99
3月10日	66.68	64.94
3月11日	66.93	65.19
3月14日	67.29	65.39
3月15日	68.22	66.37

续表

日　期	2015/2016年度国际棉花指数（SM）	2015/2016年度国际棉花指数（M）
3月16日	68.06	66.17
3月17日	68.19	66.27
3月18日	68.03	66.06
3月21日	67.30	65.52
3月22日	68.14	66.32
3月23日	68.28	66.42
3月24日	68.18	66.36
3月25日	68.18	66.36
3月28日	67.80	66.02
3月29日	67.94	66.12
3月30日	67.64	65.87
3月31日	67.94	66.12
4月1日	68.31	66.46
4月5日	68.69	66.81
4月6日	68.55	66.70
4月7日	68.59	66.74
4月8日	68.69	66.88
4月11日	69.82	68.03
4月12日	70.65	68.89
4月13日	71.32	69.53
4月14日	71.36	69.46
4月15日	70.70	68.75
4月18日	70.19	68.31
4月19日	72.02	70.02
4月20日	72.52	70.47
4月21日	73.52	71.47
4月22日	73.85	71.88
4月25日	73.68	71.73

续表

日　期	2015/2016年度国际棉花指数（SM）	2015/2016年度国际棉花指数（M）
4月26日	74.01	72.08
4月27日	73.84	71.93
4月28日	74.18	72.23
4月29日	73.84	71.93
5月3日	74.47	72.59
5月4日	73.46	71.65
5月5日	73.29	71.50
5月6日	72.61	70.91
5月9日	72.61	70.91
5月10日	72.31	70.66
5月11日	71.91	70.28
5月12日	71.71	70.03
5月13日	71.81	70.15
5月16日	71.71	70.05
5月17日	71.97	70.38
5月18日	72.79	71.14
5月19日	72.52	70.72
5月20日	71.84	70.13
5月23日	72.29	70.57
5月24日	72.17	70.49
5月25日	73.45	71.77
5月26日	73.44	71.76
5月27日	74.53	72.74
5月30日	74.62	72.92
5月31日	74.62	72.92
6月1日	74.99	73.45
6月2日	74.00	72.33
6月3日	73.74	72.07

续表

日　期	2015/2016年度国际棉花指数（SM）	2015/2016年度国际棉花指数（M）
6月6日	74.57	72.79
6月7日	75.92	74.10
6月8日	76.41	74.66
6月12日	76.41	74.66
6月13日	76.85	75.41
6月14日	76.25	74.92
6月15日	75.96	74.55
6月16日	73.11	71.09
6月17日	74.56	72.51
6月20日	75.59	73.56
6月21日	75.57	73.53
6月22日	74.06	72.02
6月23日	74.08	72.04
6月24日	75.21	73.21
6月27日	74.83	72.86
6月28日	74.79	72.83
6月29日	76.29	74.33
6月30日	76.10	74.14
7月1日	74.50	72.51
7月4日	75.39	73.30
7月5日	75.63	73.48
7月6日	75.63	73.48
7月7日	76.16	74.08
7月8日	76.48	74.22
7月11日	77.08	74.85
7月12日	79.41	77.40
7月13日	82.41	80.40
7月14日	84.31	82.01

续表

日　期	2015/2016年度国际棉花指数（SM）	2015/2016年度国际棉花指数（M）
7月15日	85.20	83.00
7月18日	85.77	83.59
7月19日	85.51	83.32
7月20日	84.85	82.69
7月21日	83.94	81.80
7月22日	84.54	82.50
7月25日	84.29	82.24
7月26日	84.01	81.89
7月27日	85.59	83.42
7月28日	85.10	82.94
7月29日	84.60	82.44
8月1日	85.26	83.28
8月2日	86.00	83.81
8月3日	85.59	83.43
8月4日	85.85	83.69
8月5日	87.36	85.20
8月8日	88.28	86.10
8月9日	87.59	85.41
8月10日	84.47	82.28
8月11日	83.00	80.82
8月12日	83.49	81.24
8月15日	82.28	79.97
8月16日	80.62	78.27
8月17日	80.27	77.89
8月18日	80.52	78.14
8月19日	80.87	78.51
8月22日	79.55	77.12
8月23日	79.71	77.25

续表

日　　期	2015/2016年度国际棉花指数（SM）	2015/2016年度国际棉花指数（M）
8月24日	80.07	77.64
8月25日	79.33	76.90
8月26日	79.56	77.13
8月29日	79.72	77.33
8月30日	78.60	76.18
8月31日	77.86	75.43

资料来源：国家棉花市场监测系统、中国棉花网。

表4-34　2015/2016年度国际期、现货月平均价格对比

（美分/磅）

日期	国际棉花指数（SM）	国际棉花指数(M)	ICE期货近月合约结算价
2015年9月	71.20	69.26	61.56
2015年10月	71.91	69.87	62.36
2015年11月	71.18	69.13	61.70
2015年12月	72.14	70.07	63.23
2016年1月	71.15	68.98	61.79
2016年2月	69.16	67.15	59.40
2016年3月	67.46	65.62	57.98
2016年4月	71.41	69.51	61.64
2016年5月	72.86	71.16	62.14
2016年6月	75.20	73.38	64.05
2016年7月	81.45	79.31	70.58
2016年8月	82.43	80.13	70.13

资料来源：国家棉花市场监测系统、美国洲际交易所（ICE）。

表4-35　2015/2016年度ICE棉花期货近月合约日结算价格

（美分/磅）

日　期	结算价	日　期	结算价
2015年		10月7日	61.94
9月1日	63.58	10月8日	61.61
9月2日	63.18	10月9日	61.61
9月3日	63.12	10月12日	61.69
9月4日	63.07	10月13日	63.86
9月8日	63.29	10月14日	63.76
9月9日	63.32	10月15日	63.44
9月10日	63.48	10月16日	63.85
9月11日	64.09	10月19日	63.24
9月14日	63.51	10月20日	63.78
9月15日	62.82	10月21日	64.23
9月16日	62.38	10月22日	62.52
9月17日	61.83	10月23日	62.76
9月18日	59.85	10月26日	62.13
9月21日	59.75	10月27日	62.34
9月22日	58.73	10月28日	62.67
9月23日	58.70	10月29日	62.32
9月24日	59.04	10月30日	63.32
9月25日	59.64	11月2日	63.29
9月28日	59.80	11月3日	62.57
9月29日	60.05	11月4日	61.94
9月30日	59.49	11月5日	61.95
10月1日	59.65	11月6日	61.66
10月2日	59.20	11月9日	61.90
10月5日	60.93	11月10日	61.93
10月6日	61.14	11 月 11 日	62.18

续表

日　期	结算价	日　期	结算价
11月12日	61.84	12月23日	62.77
11月13日	61.68	12月24日	63.66
11月16日	61.74	12月28日	63.97
11月17日	61.53	12月29日	63.87
11月18日	61.52	12月30日	63.97
11月19日	61.58	12月31日	63.28
11月20日	60.04	2016年	
11月23日	60.16	1月4日	62.61
11月24日	60.60	1月5日	62.68
11月25日	61.98	1月6日	62.00
11月27日	62.63	1月7日	61.43
11月30日	61.30	1月8日	61.40
12月1日	62.20	1月11日	61.50
12月2日	62.11	1月12日	61.59
12月3日	61.86	1月13日	62.14
12月4日	63.23	1月14日	61.90
12月7日	62.40	1月15日	61.41
12月8日	62.27	1月19日	62.47
12月9日	64.81	1月20日	61.97
12月10日	63.77	1月21日	62.09
12月11日	63.71	1月22日	62.45
12月14日	63.38	1月25日	61.60
12月15日	63.31	1月26日	61.41
12月16日	63.25	1月27日	60.86
12月17日	62.99	1月28日	61.36
12月18日	63.69	1月29日	61.13
12月21日	63.32	2月1日	61.79
12月22日	63.16	2月2日	62.30

续表

日　期	结算价	日　期	结算价
2月3日	61.94	3月15日	58.24
2月4日	60.23	3月16日	58.32
2月5日	59.97	3月17日	58.36
2月8日	59.60	3月18日	57.16
2月9日	58.64	3月21日	58.17
2月10日	58.88	3月22日	58.37
2月11日	58.42	3月23日	58.39
2月12日	58.90	3月24日	57.72
2月16日	59.85	3月28日	57.80
2月17日	59.87	3月29日	57.38
2月18日	59.91	3月30日	57.67
2月19日	60.01	3月31日	58.44
2月22日	57.74	4月1日	59.20
2月23日	58.17	4月4日	58.96
2月24日	57.70	4月5日	58.90
2月25日	58.16	4月6日	58.75
2月26日	57.92	4月7日	59.03
2月29日	58.01	4月8日	60.07
3月1日	58.25	4月11日	60.71
3月2日	58.04	4月12日	61.51
3月3日	58.42	4月13日	61.63
3月4日	58.93	4月14日	60.64
3月7日	58.92	4月15日	60.03
3月8日	58.21	4月18日	62.15
3月9日	56.59	4月19日	62.69
3月10日	56.83	4月20日	63.80
3月11日	57.15	4月21日	63.49
3月14日	58.29	4月22日	63.08

续表

日 期	结算价	日 期	结算价
4月25日	64.77	6月3日	63.92
4月26日	63.46	6月6日	65.55
4月27日	64.07	6月7日	65.85
4月28日	63.69	6月8日	65.78
4月29日	63.76	6月9日	64.96
5月2日	64.36	6月10日	64.75
5月3日	63.05	6月13日	63.79
5月4日	62.17	6月14日	63.04
5月5日	61.63	6月15日	62.60
5月6日	61.63	6月16日	63.30
5月9日	61.33	6月17日	64.57
5月10日	60.90	6月20日	64.39
5月11日	60.60	6月21日	62.85
5月12日	60.73	6月22日	62.94
5月13日	60.62	6月23日	64.88
5月16日	60.99	6月24日	64.50
5月17日	62.20	6月27日	63.48
5月18日	62.05	6月28日	64.66
5月19日	61.07	6月29日	64.50
5月20日	61.67	6月30日	62.82
5月23日	61.45	7月1日	63.62
5月24日	63.01	7月5日	63.75
5月25日	62.90	7月6日	63.78
5月26日	64.33	7月7日	63.67
5月27日	64.28	7月8日	65.92
5月31日	63.94	7月11日	68.14
6月1日	63.17	7月12日	71.14
6月2日	62.87	7月13日	73.38

续表

日　期	结算价	日　期	结算价
7月14日	73.82	8月9日	73.06
7月15日	73.86	8月10日	71.16
7月18日	73.63	8月11日	71.27
7月19日	72.96	8月12日	69.88
7月20日	71.95	8月15日	68.09
7月21日	72.66	8月16日	68.01
7月22日	72.52	8月17日	68.36
7月25日	72.12	8月18日	68.50
7月26日	73.63	8月19日	67.57
7月27日	73.83	8月22日	67.92
7月28日	73.02	8月23日	68.12
7月29日	74.16	8月24日	67.41
8月1日	74.17	8月25日	67.75
8月2日	73.67	8月26日	67.71
8月3日	73.84	8月29日	66.69
8月4日	75.86	8月30日	65.97
8月5日	76.64	8月31日	65.32
8月8日	76.06		

棉花进出口

表4-36　2015/2016年度中国棉花进口分贸易方式统计

（吨）

项目 \ 年度	2015/2016	2014/2015	同比（±）	幅度（±%）
合计	967349	1670944	-703595	-42.11
一般贸易	239266	360026	-120761	-33.54
来料加工装配贸易	494	6162	-5667	-91.98
进料加工贸易	323430	551200	-227770	-41.32
边境小额贸易	0	0	0	0
保税监管场所进出境货物	145543	252841	-107298	-42.44
特殊监管区域物流货物	258616	500715	-242099	-48.35

资料来源：中国海关总署。

表4-37　2015/2016年度中国棉花进口分国别统计

（吨）

国别	数量	国别	数量
合计	**958849**	巴西	116495
澳大利亚	270483	喀麦隆	55213
美国	190108	墨西哥	15366
乌兹别克斯坦	135391	贝宁	13232
印度	118012	苏丹	9707

资料来源：中国海关总署（不含已梳的棉花）。

表4-38　2015/2016年度中国棉花进口分港别统计

（吨）

港　别	数　量	港　别	数　量
合　计	**958849**	合肥海关	4467
青岛海关	397426	广州海关	4060
南京海关	193338	湛江海关	3783
济南海关	119324	南宁海关	3492
上海海关	118564	杭州海关	3111
乌鲁木齐海关	32507	大连海关	2948
黄埔海关	23072	西安海关	1975
南昌海关	13028	郑州海关	1735
武汉海关	11456	福州海关	1521
天津海关	8174	厦门海关	1425
银川海关	6024	江门海关	1373
拱北海关	5805	宁波海关	240

资料来源：中国海关总署（不含已梳的棉花）。

表4-39　2015/2016年度中国棉花出口分贸易方式统计

（吨）

项目＼年度	2015/2016	2014/2015	同比（±）	幅度（±%）
合计	17064	26758	-9693	-103
一般贸易	0	0	0	0
进料加工贸易	66	84	-18	-21
边境小额贸易	2434	940	1495	+159
保税监管场所进出境货物	4933	3994	940	+24
特殊监管区域物流货物	9073	21740	-12667	-58

资料来源：中国海关总署。

表4-40　2015/2016年度中国棉花出口分国别和地区统计

（吨）

国别（地区）	数量	国别（地区）	数量
合计	16998	喀麦隆	315
越南	5954	马来西亚	221
印度尼西亚	3714	印度	167
朝鲜	2452	泰国	165
韩国	1962	德国	98
孟加拉国	1017	日本	7
美国	506	中国香港	2
菲律宾	418	巴基斯坦	0

资料来源：中国海关总署（不含已梳的棉花）。

表4-41　2015/2016年度中国棉花出口分港别统计

（吨）

港别	数量	港别	数量
合计	16998	南京海关	1140
青岛海关	11868	南昌海关	21
大连海关	2434	黄埔海关	2
上海海关	1532	成都海关	0

资料来源：中国海关总署（不含已梳的棉花）。

表4-42 2015/2016年度中国棉花进出口额分省（区、市）统计

（万美元）

省份（市、区）	进出口额	同比（±%）	进口额	同比（±%）	出口额	同比（±%）
全国	165953.21	**-45.68**	162858.83	**-45.98**	3094.37	**-23.13**
北京市	11921.65	77.35	11775.56	75.85	146.10	461.04
天津市	444.61	-51.41	411.91	-54.99	32.70	—
河北省	1100.76	-79.22	1066.07	-79.51	34.68	-63.57
山西省	—	—	159.30	105.16	—	—
辽宁省	—	—	183.66	-87.71	—	—
吉林省	—	—	270.23	-30.99	—	—
黑龙江	—	—	—	—	—	—
上海市	7163.86	-73.84	6780.90	-74.61	382.96	-44.01
江苏省	39594.95	-45.22	39414.37	-45.33	180.59	-7.01
浙江省	2731.95	-59.12	2707.17	-59.49	24.78	—
安徽省	—	—	1164.19	-30.34	—	—
福建省	—	—	491.56	-60.14	—	—
江西省	2365.45	-16.14	2357.91	-16.40	7.54	—
山东省	81586.21	-38.34	79413.82	-38.60	2172.39	-26.99
河南省	3226.61	-73.58	3226.08	-73.58	0.53	-43.61
湖北省	4498.14	-28.77	4498.14	-28.77	—	—
湖南省	—	—	—	—	—	—
广东省	4830.36	-69.28	4830.36	-69.28	—	—
广西	761.45	-32.28	761.45	-32.28	—	—
重庆市	0.00	-100.00	—	—	—	—
四川省	117.72	-82.27	117.72	-82.27	—	—
贵州省	—	—	—	—	—	—
云南省	—	—	—	—	—	—
陕西省	—	—	95.80	-89.82	—	—
宁夏	—	—	1172.77	1319.47	—	—
新疆	2071.54	-71.72	1959.87	-73.06	111.67	124.19

资料来源：中国海关总署。

表4-43　2003/2004年度以来进口棉占中国用棉总量比例

（万吨）

年度	合计	国内产量	进口量	进口比例（%）
2003/2004	684.9	485.9	199.0	29.1
2004/2005	798.3	632.3	166.0	20.8
2005/2006	982.3	571.3	411.0	41.8
2006/2007	977.8	749.8	228.0	23.3
2007/2008	1033.0	789.0	244.0	23.6
2008/2009	943.8	799.1	144.7	15.3
2009/2010	926.1	675.7	250.4	27.0
2010/2011	880.7	623.1	257.6	29.2
2011/2012	1298.8	802.8	544.0	41.9
2012/2013	1201.1	761.5	439.6	36.6
2013/2014	1000.1	699.7	300.4	30.0
2014/2015	806.4	651.0	155.4	19.3
2015/2016	617.7	521.6	96.1	18.4

资料来源：国家棉花市场监测系统。

棉花消费

表4-44　2015/2016年度全国纺织生产分月统计

（万吨、亿米）

月　　份	纺纱产量	同比（±%）	化纤产量	同比（±%）	棉布产量	同比（±%）
总　　计	**4160.8**	**15.64**	**5065.6**	**9.69**	**387.8**	**0.14**
2015年9月	359.8	5.66	431.1	14.61	34.2	-0.41
2015年10月	363.1	4.80	445.3	13.80	33.7	-2.60
2015年11月	378	5.69	465.1	16.89	35.4	-0.51
2015年12月	387.2	—	445.3	24.39	36.4	8.11
2016年1-2月	569.2	4.12	701.8	1.75	51.9	-1.14
2016年3月	338.5	7.35	424.8	8.35	31.9	1.62
2016年4月	336	4.72	429.6	7.35	31.4	1.32
2016年5月	343.5	3.81	431.4	4.53	32	1.49
2016年6月	371.6	4.30	466.3	11.06	34.1	-3.32
2016年7月	358.1	4.87	426.5	9.68	33.6	-1.64
2016年8月	355.8	4.07	398.4	1.82	33.2	-0.12

资料来源：国家统计局，纺纱产量总计和总计同比为不含2015年12月份数据。

表4-45 2015/2016年度全国服装生产分月统计

（单位：万件）

月 份	服装产量	同比 (±%)	梭织服装	同比 (±%)	针织服装	同比 (±%)
2015 年 9 月	270556	-1.72	143327	1.67	127229	-5.28
2015 年 10 月	271147	-3.75	143274	-4.40	127873	-3.03
2015 年 11 月	284613	4.32	151990	7.41	132623	1.00
2016 年 3 月	250335	1.76	134109	3.38	116225	-0.05
2016 年 4 月	246233	4.51	133224	5.18	113010	3.73
2016 年 8 月	276917	6.36	149700	8.85	127217	3.57

资料来源：国家统计局。

纺织品服装进出口统计

表4-46 2015/2016年度全国纺织品进出口额分省（区、市）统计

（万美元）

省 份	进出口额	同比（±%）	出口额	同比（±%）	进口额	同比（±%）
全国	**12614178**	**-3.53**	**10911558**	**−1.68**	**1702619.9**	**−13.94**
浙江	3806690	−2.80	3613574.4	−2.11	193115.7	−14.11
江苏	2255002.1	−0.94	2038899.6	0.74	216102.5	−14.41
广东	1772598	−7.96	1208691.7	−4.00	563906.3	−15.43
山东	1121745.9	0.79	969912	1.17	151833.8	−1.59
上海	857844.4	−8.82	669626.7	−0.23	188217.7	−30.21
福建	815979.4	11.38	681993.7	7.53	133985.7	36.20
广西	335377.3	22.71	331559.2	23.20	3818.1	−8.72
河北	172143.3	−3.16	162665.8	−3.32	9477.4	−0.22

续表

省　份	进出口额	同比（±%）	出口额	同比（±%）	进口额	同比（±%）
安徽	189949.9	−0.94	156796.7	1.15	33153.1	−9.77
新疆	92079.4	−36.32	91303.3	−34.03	776	−87.48
四川	90581.4	−19.11	87250.1	−20.03	3331.3	15.84
江西	140166.1	3.32	126687.8	3.16	13478.2	4.81
黑龙江	31362.1	−56.34	30073.8	−57.68	1288.4	67.43
辽宁	144449.5	−2.68	86892.9	−4.64	57556.5	0.43
天津	129746	4.23	113633.5	13.95	16112.5	−34.93
河南	102564.5	−2.24	91234.2	−8.39	11330.2	112.73
重庆	99286.8	−12.32	92319.7	−14.76	6967.1	41.30
湖北	89117.5	−5.39	75705.7	−3.51	13411.8	−14.72
云南	51026.3	−36.05	50741.1	−36.24	285.3	37.16
北京	129854.2	−26.23	65371.3	−2.20	64482.9	−40.94
湖南	34897.3	−28.04	24712.1	−35.53	10185.1	0.24
陕西	22748.2	−18.26	22044.9	−19.58	703.3	68.01
内蒙古	18557.9	−27.76	18638.4	−26.89	−80.6	−141.23
吉林	20745.8	−25.52	15392	−20.41	5353.8	−37.12
贵州	13567.2	−38.06	13480.4	−38.27	86.9	30.48
青海	17386	−1.30	17154.2	−1.78	231.8	55.15
宁夏	18947.1	22.47	18871.3	24.68	75.8	−77.37
山西	10768.4	−6.82	10437.3	−6.96	331.1	−2.27
甘肃	21038.3	64.77	18735.2	49.53	2303.1	867.28
西藏	2496.5	−66.99	2358.2	−67.70	138.3	−47.43
海南	5461	−16.91	4800.2	−17.34	660.9	−13.59

资料来源：中国海关总署。

表4-47 2015/2016年度全国服装进出口额分省（区、市）统计

（万美元）

省 份	进出口额	同比（±%）	出口额	同比（±%）	进口额	同比（±%）
全国	17502183	-5.39	16840026	-5.71	662156.6	3.55
广东	4039870	0.33	3944067	0.41	95803.7	-2.99
浙江	3145944	-3.40	3126333	-3.62	19610.5	50.86
江苏	2398120	-2.85	2353180	-3.17	44939.6	17.14
福建	1564067	-4.47	1558138	-4.66	5929	100.43
上海	1555640	-8.77	1173449	-12.51	382191.2	5.01
山东	1216468	5.35	1211775	5.43	4692.5	-12.51
新疆	353157.3	-27.09	352709.6	-27.12	447.9	9.27
江西	392168.8	2.08	391707.9	2.24	460.7	-56.40
河北	361351.5	-15.06	360879.3	-15.06	472.2	-12.41
辽宁	389850.5	-3.90	355854.8	-3.95	33995.7	-3.35
黑龙江	60259.6	-68.75	60067.9	-68.82	191.7	30.23
广西	340208.1	-2.21	340107.8	-2.15	100.3	-67.48
湖北	268378.2	4.21	267704.6	4.31	673.6	-25.33
安徽	234959	7.77	234677.5	7.72	281.4	85.01
重庆	145064.5	-32.00	143992.3	-30.67	1072.2	-80.99
四川	56357.7	-60.16	51613.4	-62.12	4744.2	-8.59
北京	313075.1	72.79	278275.6	97.12	34799.2	-13.05
湖南	73271.3	-34.80	73139.6	-34.75	131.6	-55.82
西藏	17972.1	-83.12	17554.3	-83.43	417.7	-13.56
河南	92116.6	-16.60	91427.6	-16.78	689.1	17.17
天津	126292.9	-2.14	118611.5	-3.94	7681.4	37.58
贵州	75710.5	-24.90	75274.8	-25.29	435.7	700.92
云南	34803.8	-69.60	34762.8	-69.48	41	-92.92
内蒙古	54069.9	-38.85	54039.3	-38.82	30.6	-64.04

续表

省　份	进出口额	同比（±%）	出口额	同比（±%）	进口额	同比（±%）
甘肃	83134.5	-5.52	78329.1	-8.89	4805.4	138.04
宁夏	28330.3	-41.59	27952.9	-41.50	377.5	-47.63
吉林	43504.6	-22.30	34177.4	-18.23	9327.2	-34.30
陕西	10535.4	-43.47	10370.5	-43.82	165	-5.44
海南	10859.8	3.30	3235.4	-58.54	7624.4	181.48
青海	16096.1	12.97	16077.7	12.84	18.4	3580.00
山西	546.5	-61.03	540.7	-61.35	5.8	81.25

资料来源：中国海关总署。

表4-48　2015/2016年度全国纺织品服装进出口额分省（区、市）统计

（万美元）

省　份	进出口额	同比（±%）	出口额	同比（±%）	进口额	同比（±%）
全国	**28866778**	**-8.58**	**27377910**	**-5.46**	**1488868**	**-43.13**
浙江	5640534	-21.36	5554736	-19.90	85798	-63.93
广东	6192576	4.03	5848996	12.76	343579	-55.12
江苏	6192576	30.51	5848996	31.32	343579	18.14
福建	2442086	3.05	2407213	6.12	34873	-65.58
山东	2042650	-9.92	1980733	-6.04	61916	-61.22
上海	2509869	-5.15	1927048	-4.24	582820	-8.02
新疆	527676	-16.11	525184	-15.62	2492.4	-62.28
河北	586626	-2.74	582835	-1.74	3790.8	-62.23
江西	561548	8.02	556034	9.91	5513.3	-60.38
辽宁	616435	11.25	546309	18.35	70126.1	-24.18
广西	774453	24.67	772919	25.33	1534.8	-65.83
黑龙江	114326	-56.80	113686	-56.89	640.2	-30.16
安徽	413148	0.82	400216	7.33	12932	-64.95
湖北	358515	1.93	352734	5.26	5781.2	-65.24
四川	146622	-42.15	140009	-42.94	6613.7	-18.00
重庆	215877	-33.90	210478	-33.39	5399	-48.93

续表

省　份	进出口额	同比（±）	出口额	同比（±）	进口额	同比（±）
天津	213239	-15.89	196958	-11.75	16281	-46.34
河南	154463	-28.28	151965	-27.45	2497	-57.77
北京	520866	45.81	445406	114.13	75459	-49.43
湖南	114904	-28.58	111208	-26.07	3695	-64.66
云南	110958	-42.88	110717	-42.78	241	-69.35
西藏	37985	-66.68	37355	-67.02	630	-15.58
贵州	127356	3.78	127262	3.80	94	-21.82
内蒙古	98933	-13.30	98870	-13.14	62	-77.77
甘肃	117864	16.98	114207	15.94	3657	62.04
吉林	85081	1.47	63129	3.26	21952	-3.34
宁夏	55414	-13.38	54326	-13.66	1088	3.12
陕西	23863.3	-48.64	23320	-49.16	543.6	-8.35
青海	24609.1	-22.77	24527.8	-22.66	81.3	-45.73
海南	19474.6	13.99	9914	-27.16	9560.6	175.24
山西	4731.2	-63.49	4614	-63.43	117.1	-65.77

资料来源：中国海关总署。

表4-49　1996—2015年全国货物贸易商品进出口额统计

（亿美元）

年　份	进出口额	同比（±%）	出口额	同比（±%）	进口额	同比（±%）	顺差	同比（±%）
1996	2899.0	+3.20	1511.0	+1.55	1388.0	+5.07	123.0	-26.35
1997	3251.0	+12.14	1827.0	+20.91	1424.0	+2.59	403.0	+227.64
1998	3240.0	-0.34	1838.0	+0.60	1402.0	-1.54	436.0	+8.19
1999	3606.0	+11.30	1949.0	+6.04	1657.0	+18.19	292.0	-33.03
2000	4743.0	+31.53	2492.0	+27.86	2251.0	+35.85	241.0	-17.47
2001	5098.0	+7.48	2662.0	+6.82	2436.0	+8.22	226.0	-6.22
2002	6208.0	+21.77	3256.0	+22.31	2952.0	+21.18	304.0	+34.51
2003	8512.0	+37.11	4384.0	+34.64	4128.0	+39.84	256.0	-15.79
2004	11548.0	+35.67	5934.0	+35.36	5614.0	+36.00	320.0	+25.00

续表

年　份	进出口额	同比（±%）	出口额	同比（±%）	进口额	同比（±%）	顺差	同比（±%）
2005	14221.0	+23.15	7620.0	+28.41	6601.0	+17.58	1019.0	+218.44
2006	17607.0	+23.81	9691.0	+27.18	7916.0	+19.92	1775.0	+74.19
2007	21738.4	+23.46	12180.2	+25.69	9558.2	+20.75	2622.0	+47.72
2008	25616.3	+17.84	14285.5	+17.28	11330.9	+18.55	2954.6	+12.69
2009	22072.7	−13.90	12016.6	−16.00	10056.0	−11.20	1960.6	−33.64
2010	29727.6	+34.68	15779.3	+31.31	13948.3	+38.71	1831.0	−6.61
2011	36420.6	+22.51	18986.0	+20.32	17434.6	+24.99	1551.4	−15.27
2012	38667.6	+6.17	20489.4	+7.92	18178.3	+4.27	2311.1	+48.97
2013	41603.3	+7.6	22100.4	+7.9	19502.9	+7.3	2597.5	+12.39
2014	43030.4	+3.43	23427.5	+6.00	19602.9	+0.51	3824.6	+47.24
2015	39586.4	−8.0	22765.7	−2.8	16820.7	−14.1	5945.0	+55.44

资料来源：中国海关总署。

表4-50　1996—2015年全国纺织品服装进出口额统计

（亿美元）

年　份	进出口额	占比（%）	同比（±%）	出口额	占比（%）	同比（±%）	进口额	占比（%）	同比（±%）
1996	517	17.83	0.00	350	23.20	−2.51	167	12.00	+5.70
1997	604	18.58	+16.83	432	23.70	+23.43	172	12.10	+2.99
1998	549	16.94	−9.11	405	22.00	−6.25	144	10.30	−16.28
1999	523	14.50	−4.74	403	20.70	−0.49	120	7.24	−16.67
2000	614	12.95	+17.40	485	19.50	+20.35	129	5.73	+7.50
2001	647	12.69	+5.37	519	19.50	+7.01	128	5.25	−0.78
2002	766	12.34	+18.39	622	19.10	+19.85	144	4.88	+12.50
2003	950	11.16	+24.02	793	18.10	+27.49	157	3.80	+9.03
2004	1120	9.70	+17.89	951	16.00	+19.92	169	3.01	+7.64
2005	1321	9.29	+17.95	1150	15.10	+20.93	171	2.59	+1.18

续表

年　份	进出口额	占比（%）	同比（±%）	出口额	占比（%）	同比（±%）	进口额	占比（%）	同比（±%）
2006	1620	9.20	+22.63	1440	14.90	+25.22	180	2.27	+5.26
2007	1899	8.73	+17.19	1712.1	14.10	+18.90	186.4	1.95	+3.56
2008	2038	7.95	+7.34	1852.2	13.00	+8.20	185.4	1.64	−0.55
2009	1839	8.30	−8.30	1671	13.90	−9.80	168	1.70	−9.28
2010	2268	7.63	+23.32	2065	13.09	+23.62	202	1.45	+20.33
2011	2710	7.44	+19.49	2480	13.06	+20.10	230	1.32	+13.86
2012	2794.4	7.20	+3.11	2549.8	12.40	+2.81	244.6	1.30	+6.35
2013	3110.6	7.5	+11.3	2840.7	12.9	+11.4	269.9	1.4	+10.4
2014	3250.4	8.18	+4.49	2984.9	12.74	+5.08	265.5	1.35	−1.65
2015	3095.1	7.8	−4.8	2839	12.5	−4.9	256.1	1.5	−3.5

注：1. 资料来源：中国海关总署。
2. 占比为纺织品服装占当年全国货物贸易商品进出口总额的比重。

表4-51　2015/2016年度全国货物贸易商品进出口额统计

（亿美元）

月　份	进出口额	同比（±%）	出口额	同比（±%）	进口额	同比（±%）
2015年9月	3507.7	−11.4	2055.6	−3.7	1452.2	−20.4
2015年10月	3231.9	−12.1	1924.1	−6.9	1307.7	−18.8
2015年11月	3403.8	−7.6	1972.4	−6.8	1431.4	−8.7
2015年12月	3882.8	−4.1	2241.9	−1.4	1641.0	−7.6
2016年1月	2916.6	−14.3	1774.8	−11.2	1141.9	−18.8
2016年2月	2197.0	−20.8	1261.5	−25.4	935.5	−13.8
2016年3月	2917.7	2.0	1608.1	11.5	1309.6	−7.6
2016年4月	2999.6	−5.8	1727.6	−1.8	1272.0	−10.9
2016年5月	3121.5	−2.6	1810.6	−4.1	1310.8	−0.4
2016年6月	3126.6	−6.4	1803.8	−4.8	1322.8	−8.4

续表

月　份	进出口额	同比（±%）	出口额	同比（±%）	进口额	同比（±%）
2016年7月	3171.6	-7.9	1847.3	-4.4	1324.3	-12.5
2016年8月	3291.4	-1.1	1905.9	-2.8	1385.4	1.5

资料来源：中国海关总署。

表4-52　2015/2016年度全国纺织品服装进出口额统计

（亿美元）

月　份	进出口额	占比(%)	同比(±%)	出口额	占比(%)	同比(±%)	进口额	占比(%)	同比(±%)
2015年9月	255.7	7.9	-11	236.5	12.3	-10.9	19.1	1.5	-12.2
2015年10月	239.4	7.0	-9.3	219.7	11.1	-9.8	19.7	1.4	-3.8
2015年11月	291.3	7.5	4.0	268.9	12.0	4.7	22.4	1.4	-4.2
2015年12月	259.4	8.9	-6.4	241.3	13.6	-5.5	18.0	1.6	-16.6
2016年1月	170.5	7.8	-26.2	156.6	12.4	-27.8	13.9	1.5	-2.9
2016年2月	189.7	6.5	26.4	168.5	10.5	34.1	21.2	1.6	-13.2
2016年3月	227.6	7.6	2.9	208.6	12.1	4.9	19.1	1.5	-15.4
2016年4月	254.5	8.2	0.03	235.2	13.0	0.5	19.3	1.5	-5.7
2016年5月	259.7	8.3	-5.8	240.1	13.3	-5.3	19.5	1.5	-11.6
2016年6月	271.4	8.6	-8.7	251.3	13.6	-7.8	20.1	1.5	-18.3
2016年7月	301.1	9.1	-3.1	279.3	14.7	-3.1	21.7	1.6	-3.1
2016年8月	255.7	7.9	-11	236.5	12.3	-10.9	19.1	1.5	-12.2

资料来源：中国海关总署。

表4-53　2015/2016年度棉纱进出口分月统计

（吨）

月　份	进口		出口	
	数量	同比（±%）	数量	同比（±%）
合计	**2034785**	**6.32**	**33302**	**-19.41**
2015年9月	217833	4.90	25472	25.19
2015年10月	174271	-20.00	22182	0.86
2015年11月	159484	-8.49	19921	-2.91
2015年12月	186263	16.79	28011	-9.76
2016年1月	161487	-13.30	25752	-25.87
2016年2月	115949	-28.20	18667	-6.56
2016年3月	190524	64.32	30694	-23.35
2016年4月	164606	-13.60	30468	-23.64
2016年5月	170952	3.86	31564	-7.31
2016年6月	159328	-6.80	29721	-17.68
2016年7月	163681	2.73	35231	-24.10
2016年8月	170407	4.11	35344	-17.94

资料来源：中国海关总署。

表4-54　2015/2016年度棉布进出口分月统计

（万米）

月　份	进口		出口	
	数量	同比（±%）	数量	同比（±%）
合计	**45419**	**-292.14**	**908596**	**153.30**
2015年9月	4696	-11.11	77633	7.54
2015年10月	4516	-16.54	81993	7.20
2015年11月	4469	-9.24	70222	-7.52
2015年12月	4558	-16.61	74233	6.65

续表

月　份	进口		出口	
	数量	同比（±%）	数量	同比（±%）
2016年1月	3220	−29.81	77342	18.54
2016年2月	2420	−20.01	52006	−6.84
2016年3月	3720	−37.65	75908	71.56
2016年4月	3986	−32.28	81909	13.39
2016年5月	3368	−30.52	84272	10.57
2016年6月	3693	−28.99	71635	8.75
2016年7月	3415	−35.94	75915	8.67
2016年8月	3358	−23.43	85527	14.81

资料来源：中国海关总署。

中国棉花产销存预测

表4-55　2001/2002年度以来国内棉花产销存预测与价格对比

（万吨、元/吨）

年　度	期初库存	产量	进口量	消费量	出口量	期末库存	库存消费比（%）	年度均价
2001/2002	436.49	531.48	11.65	582.26	9.05	447.08	75.61	10140
2002/2003	447.08	491.70	71.90	659.84	15.10	394.55	58.46	12008
2003/2004	394.55	485.90	199.00	674.25	3.00	456.17	67.36	16100
2004/2005	456.17	632.30	166.00	871.54	1.00	440.06	50.43	12432
2005/2006	440.06	571.27	411.00	1032.01	1.00	467.87	45.29	14103
2006/2007	467.87	749.79	228.00	1166.66	1.86	337.51	28.88	13300
2007/2008	337.51	789.00	244.00	1111.56	1.50	351.59	31.59	13767
2008/2009	351.59	799.12	144.65	989.56	1.74	324.18	32.70	12162
2009/2010	324.18	675.70	250.47	1041.06	0.53	231.71	22.25	15753
2010/2011	231.71	623.05	257.63	923.27	2.66	215.84	23.31	25654

续表

年 度	期初库存	产量	进口量	消费量	出口量	期末库存	库存消费比（%）	年度均价
2011/2012	215.84	802.80	544.03	790.10	1.23	738.75	93.36	19192
2012/2013	738.75	761.50	439.61	790.82	0.93	1166.53	147.34	19141
2013/2014	1166.53	699.70	300.37	775.37	0.93	1364.77	175.80	18581
2014/2015	1364.77	662.10	167.13	755.32	1.46	1406.84	185.90	13751
2015/2016	1406.84	521.60	123.88	715.62	1.42	1305.89	182.12	12842
2016/2017	1035.50	487.70	98.50	745.30	1.40	845.10	113.18	12848

注：1．资料来源：国家棉花市场监测系统（发布时间截至年月）。
2．年度均价为国家棉花价格B指数的棉花年度均价。

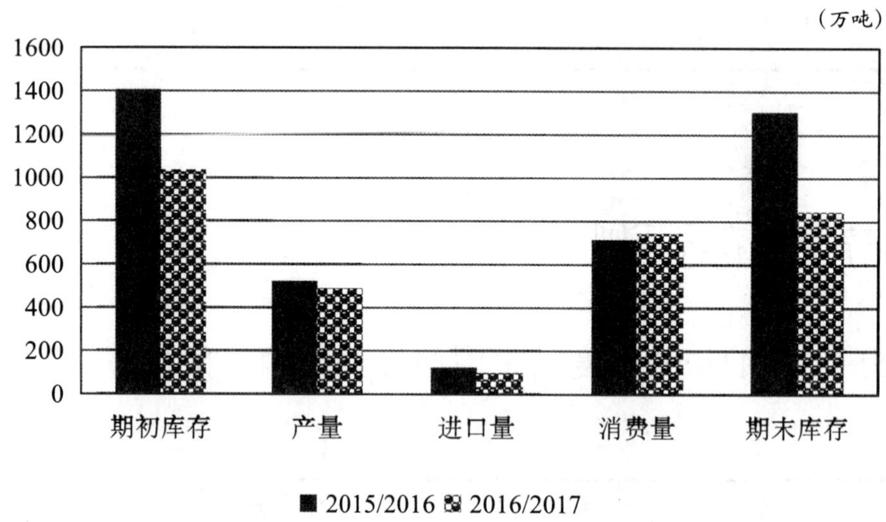

图 4–12　2016/2017 年度中国产销存预测同比对比

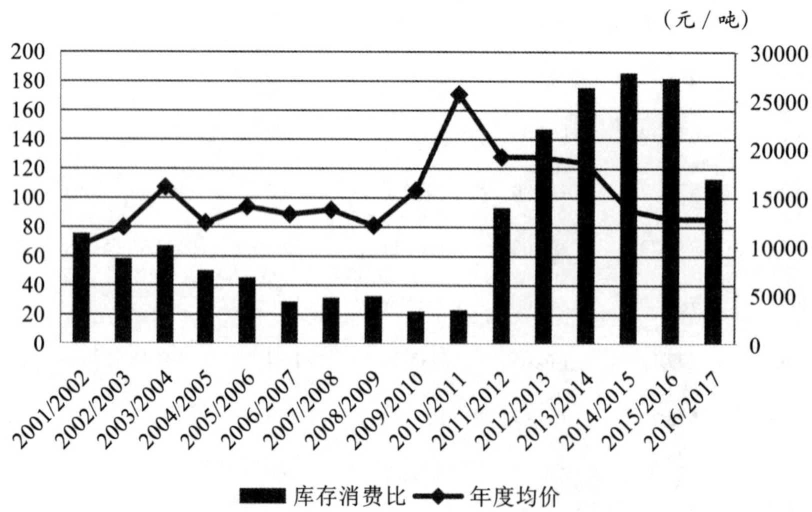

图 4–13　2003/2004 年度以来国内棉价与中国棉花产量预测对比

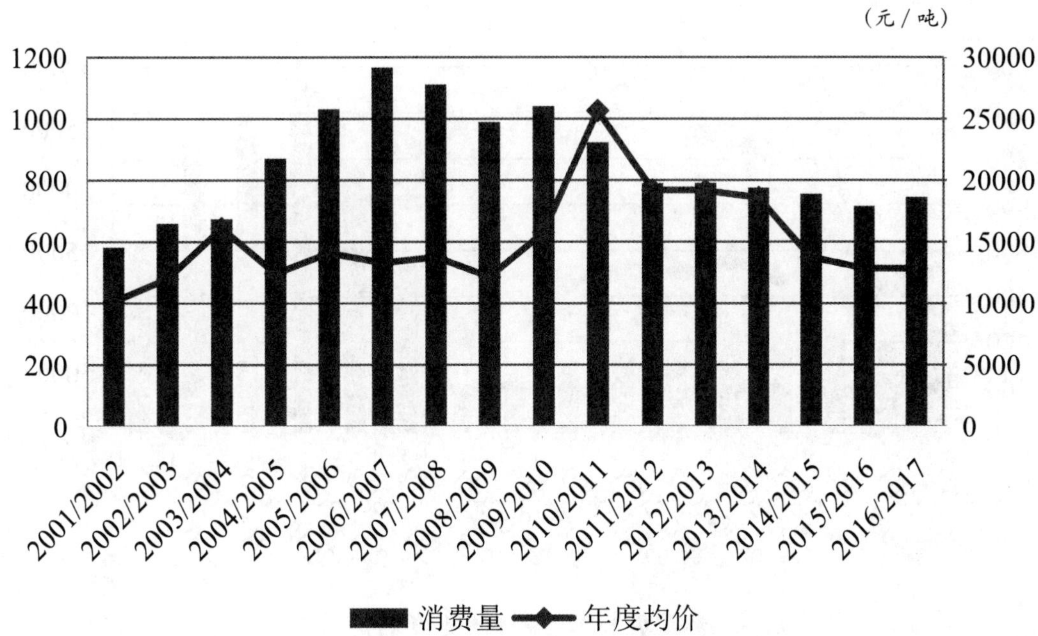

图 4-14　2003/2004 年度以来国内棉价与中国棉花消费量预测对比

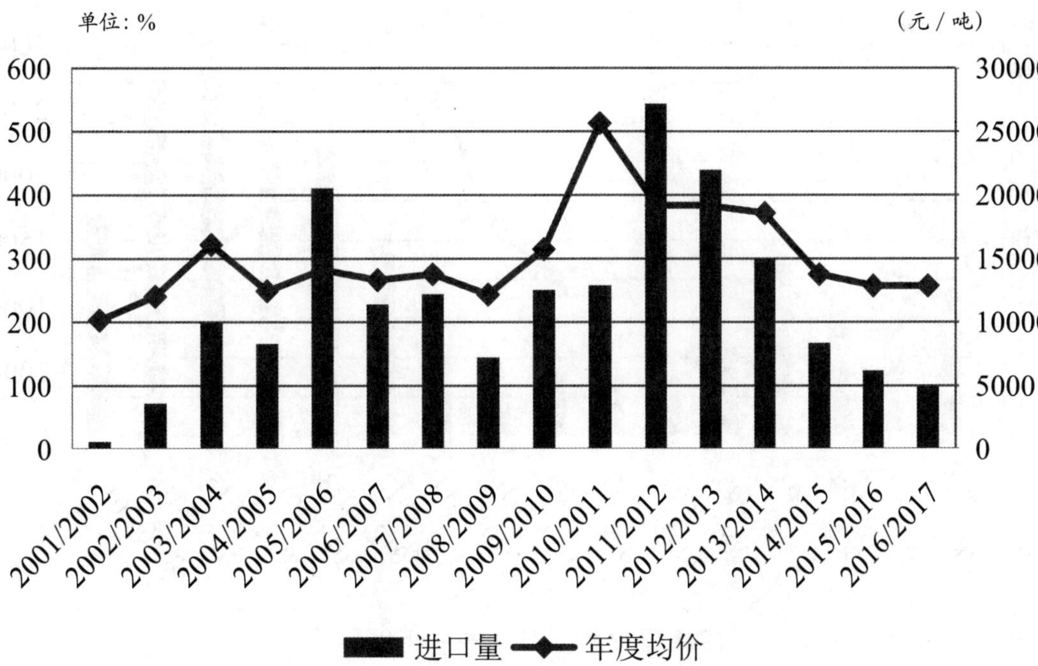

图 4-15　2003/2004 年度以来国内棉价与中国棉花进口量预测对比

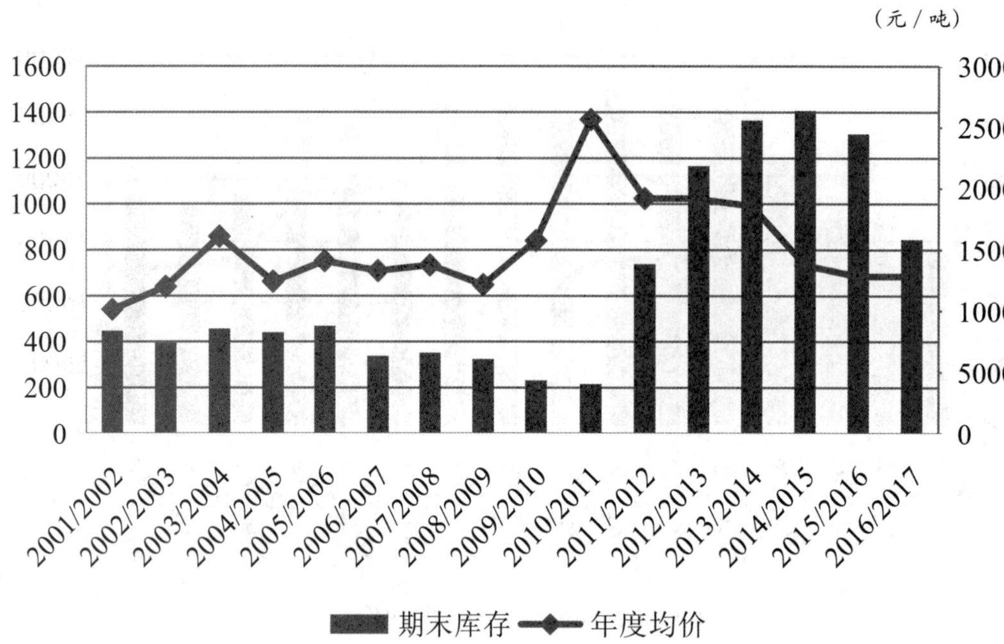

图 4–16　2003/2004 年度以来国内棉价与中国棉花期末库存预测对比

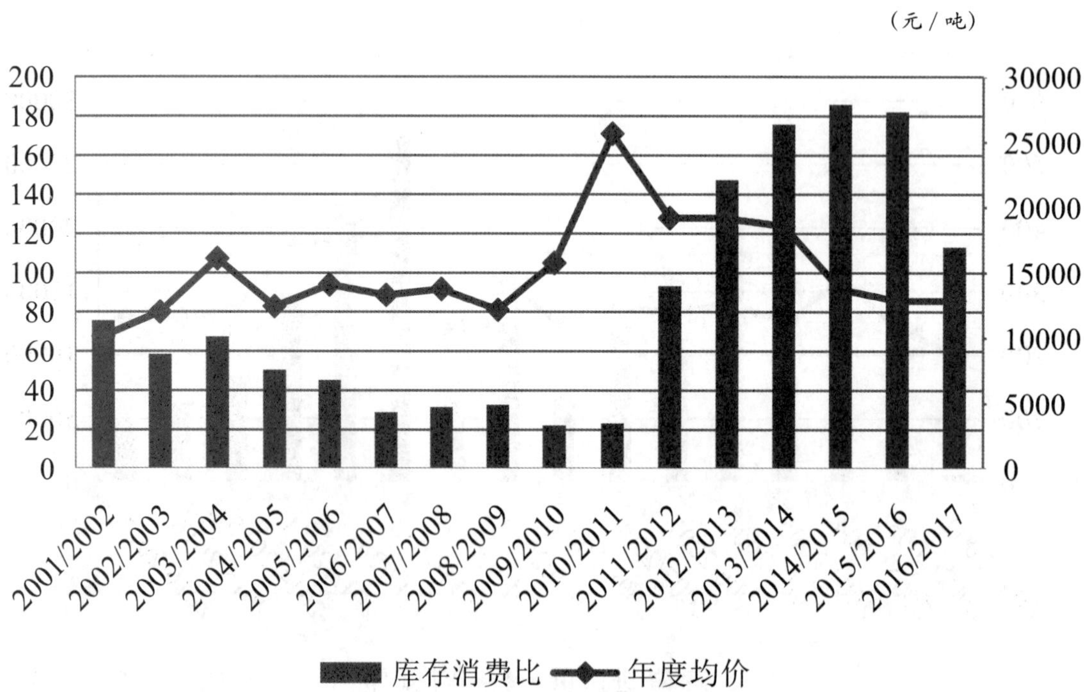

图 4–17　2003/2004 年度以来国内棉价与中国棉花库存消费比对比

全球棉花产销存预测

表4-56　2003/2004年度以来全球棉花产销存预测

（万吨）

年度	期初库存	产量	进口量	消费量	出口量	期末库存	库存消费比（%）	国际棉花指数（M）
2003/2004	920.2	1711.1	741.7	1998.9	423.6	974.4	49	55.71
2004/2005	974.4	2139.2	736.2	2229.3	448.0	1200.3	56	53.22
2005/2006	1200.3	2014.5	972.0	2414.9	591.8	1213.7	53	57.35
2006/2007	1213.7	2191.1	830.1	2590.5	535.8	1165.6	51	59.04
2007/2008	1165.6	2186.8	855.9	2591.9	553.4	1131.7	50	74.80
2008/2009	1131.7	2057.5	663.5	2321.7	373.2	1201.1	56	62.28
2009/2010	1201.1	1960.5	791.4	2504.0	512.9	955.3	40	80.00
2010/2011	955.3	2140.1	780.5	2399.9	485.2	1002.2	44	166.55
2011/2012	1002.2	2363.7	973.0	2174.3	725.7	1441.7	71	105.71
2012/2013	1441.7	2156.3	793.7	2252.9	541.1	1600.6	84	88.76
2013/2014	1955.7	2603.9	886.6	2360.3	890.9	2205.8	93	92.25
2014/2015	2205.8	2599.0	748.7	2475.1	749.0	2332.1	94	76.43
2015/2016	2438.8	2258.0	769.6	2425.2	769.7	2272.9	71	72.00
2016/2017	2107.6	2269.5	768.60	2436.7	769.1	1941.0	80	78.56

注：1. 资料来源为美国农业部、中国棉花网。
　　2. 2004/2005年度以前为北欧到岸价A指数，2004/2005年度以后为国际棉花指数(M)。

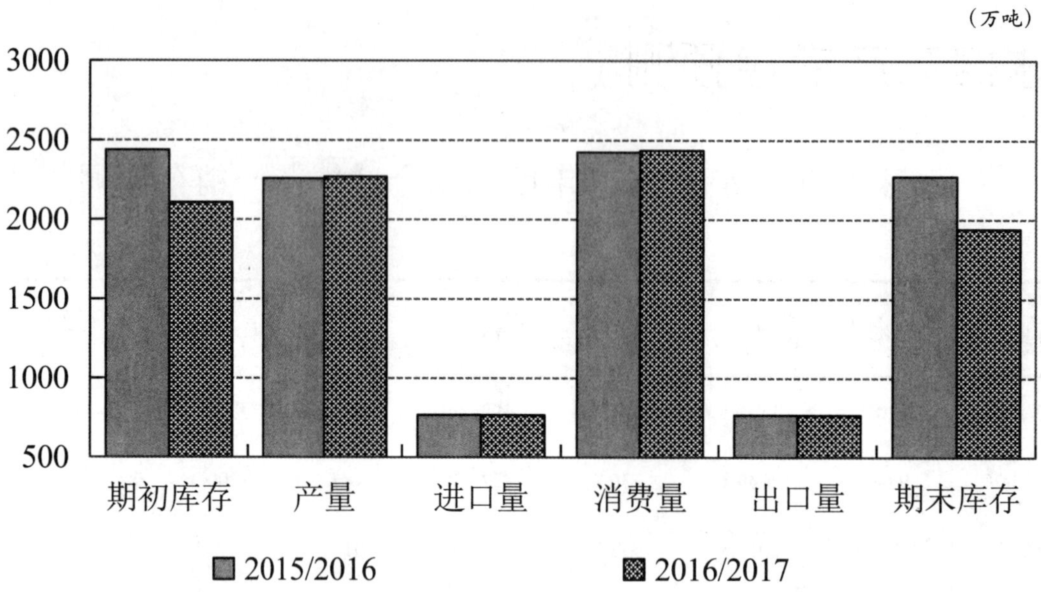

图 4-18 2015/2016 年度和 2016/2017 年度全球产销存预测比较

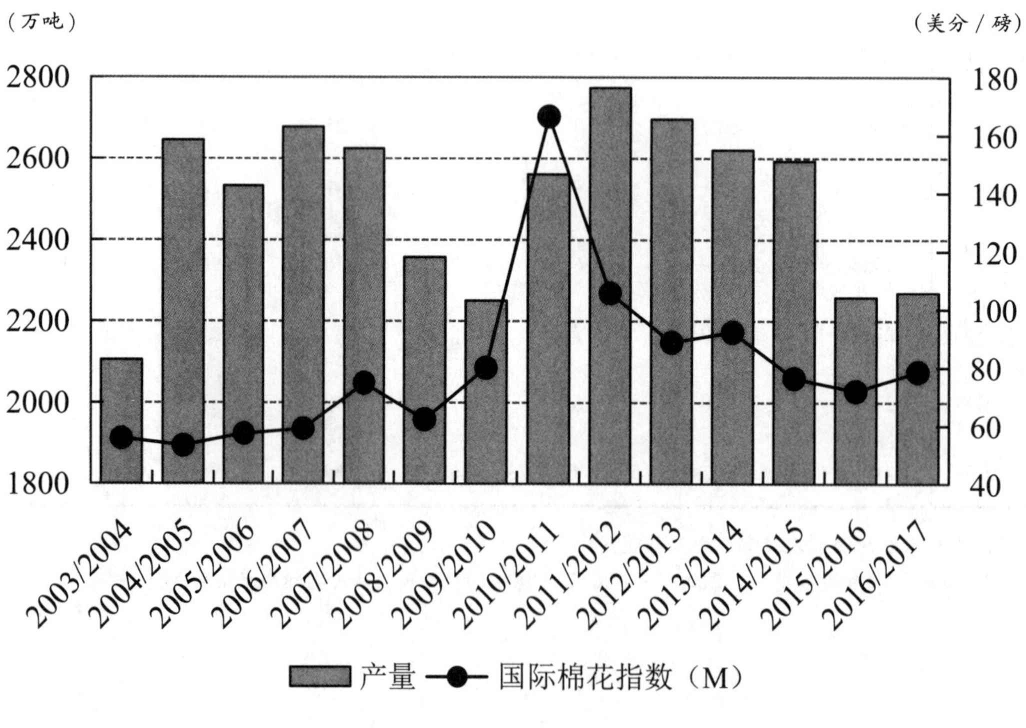

图 4-19 2003/2004 年度以来国际棉价与全球棉花产量变化

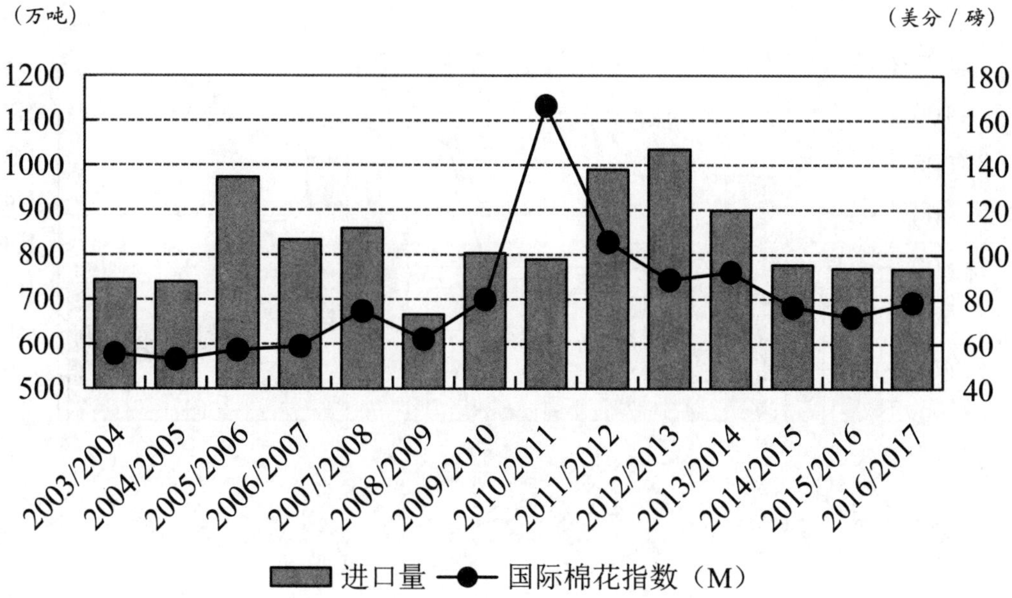

图 4–20 2003/2004 年度以来国际棉价与全球棉花进口量变化

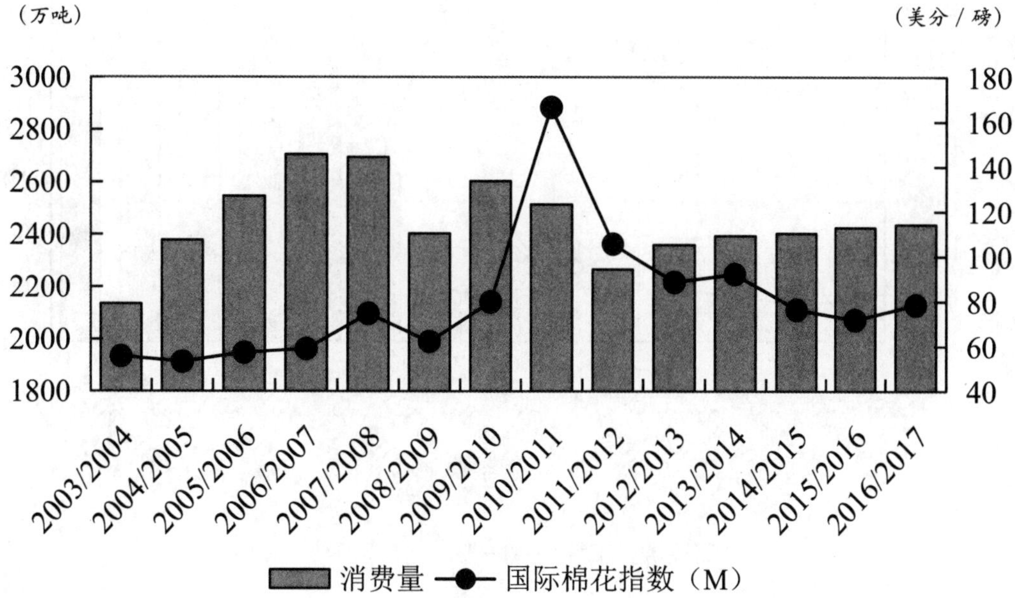

图 4–21 2003/2004 年度以来国际棉价与全球棉花消费量变化

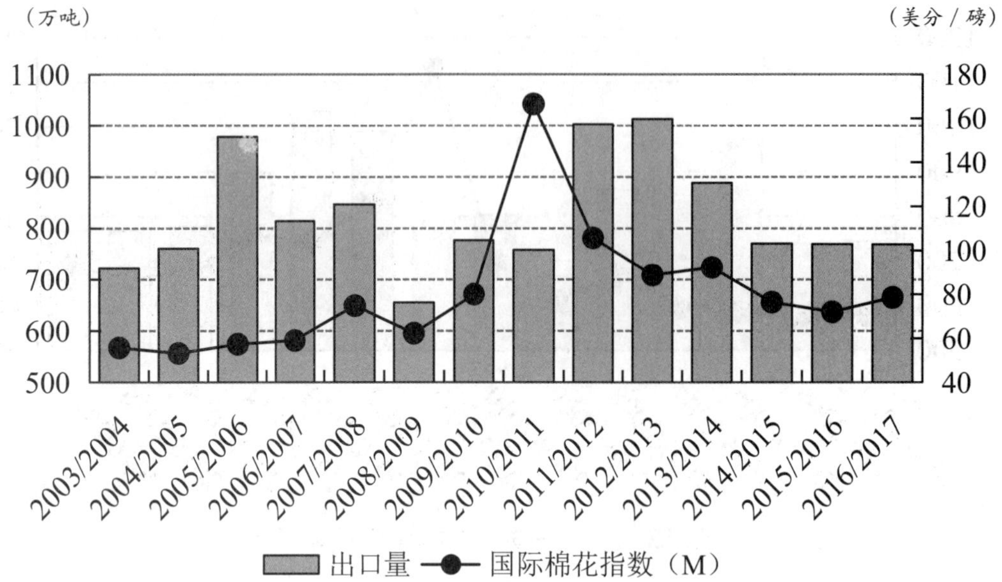

图 4–22 2003/2004 年度以来国际棉价与全球棉花出口量变化

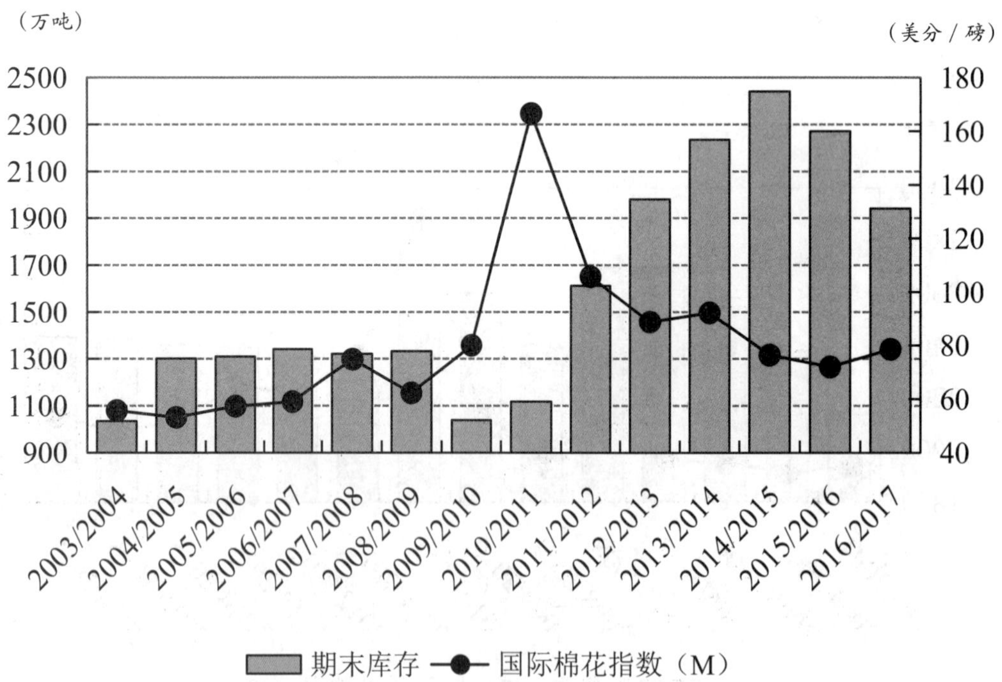

图 4–23 2003/2004 年度以来国际棉价与全球棉花期末库存变化

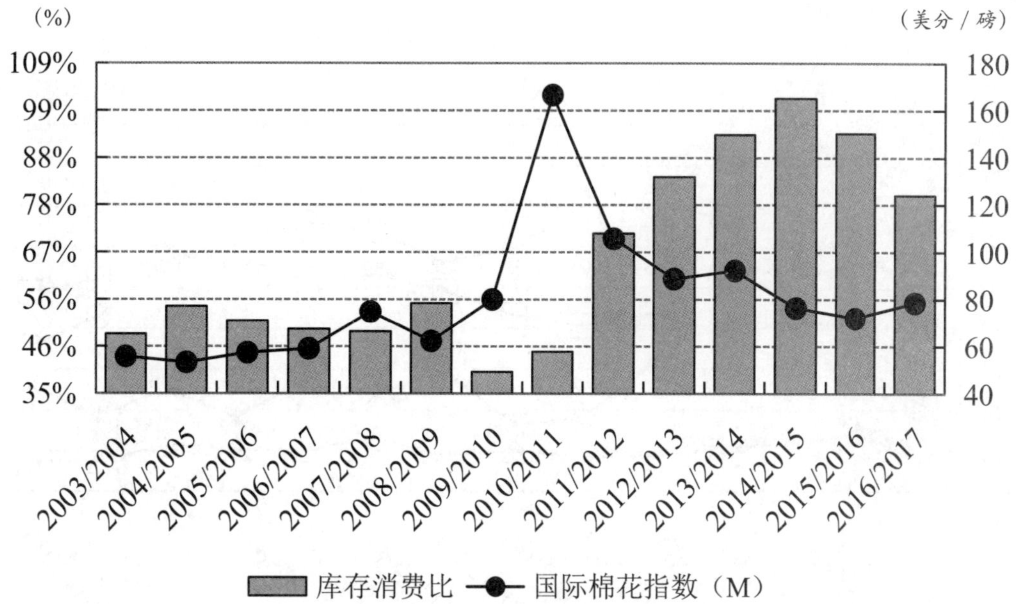

图 4-24 2003/2004 年度以来国际棉价与全球棉花库存消费比变化

表4-57 2003/2004年度以来主要国家和地区棉花产量预测统计

年度	中国	印度	美国	巴基斯坦	乌兹别克斯坦	巴西	土耳其	澳大利亚	西非
2003/2004	518.2	304.8	397.5	170.8	89.3	131.0	89.3	34.8	92.8
2004/2005	659.7	413.7	506.2	242.5	113.2	128.5	90.4	65.3	100.9
2005/2006	618.3	414.8	520.2	214.5	120.8	102.3	77.3	59.9	90.6
2006/2007	772.9	489.9	470.0	208.6	116.5	152.4	82.7	29.4	81.9
2007/2008	805.6	537.8	418.2	186.2	116.5	160.2	67.5	13.6	57.0
2008/2009	799.1	507.3	279.0	185.9	100.2	119.3	42.0	33.2	57.0
2009/2010	696.7	533.4	265.4	201.2	84.9	118.7	38.1	38.6	55.9
2010/2011	664.1	592.2	394.2	188.1	89.3	196.0	45.9	91.4	56.3
2011/2012	740.3	631.4	339.1	230.8	91.4	189.4	74.9	119.8	70.2
2012/2013	762.0	620.5	377.0	202.5	98.0	130.6	57.7	100.2	90.4
2013/2014	713.1	675.0	281.1	206.8	89.3	174.2	50.1	89.3	91.1
2014/2015	664.1	675.0	353.9	213.4	89.3	152.4	68.6	50.1	110.8
2015/2016	529.1	620.5	283.7	174.2	80.6	141.5	57.7	52.3	91.0
2016/2017	457.2	587.9	359.8	179.6	80.6	141.5	69.7	98.0	129.1

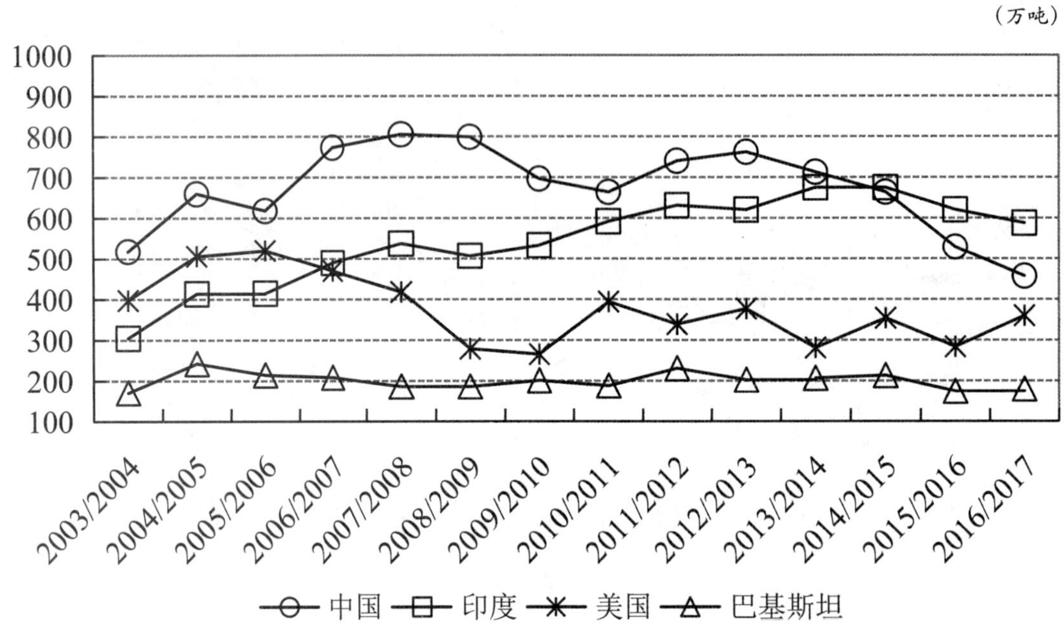

图 4–25 2003/2004 年度以来主要国家棉花产量变化

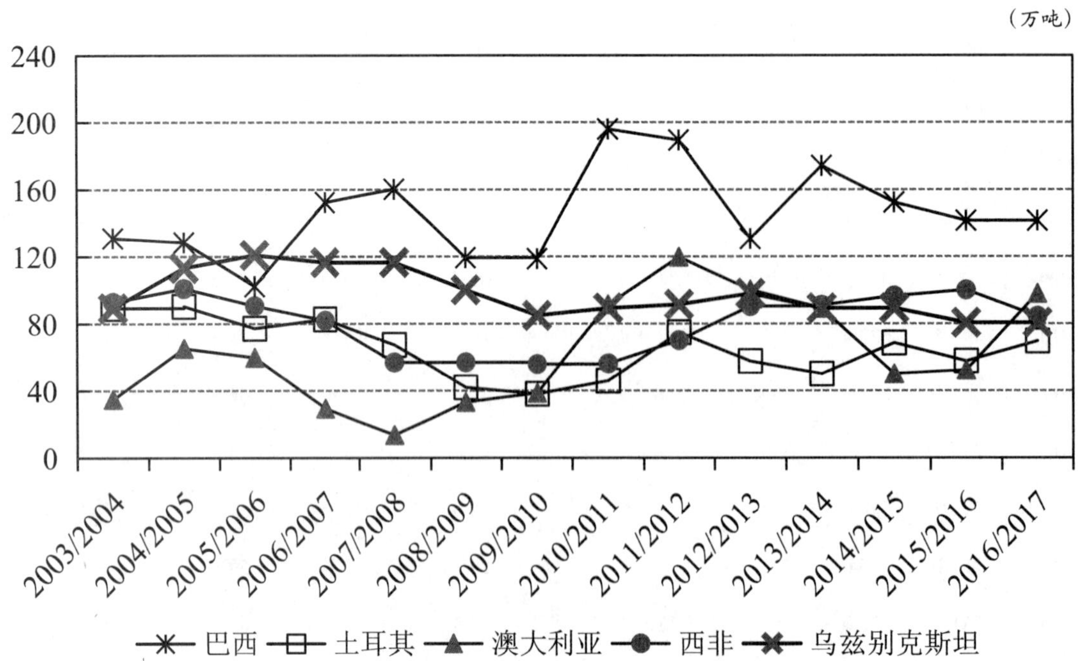

图 4–26 2003/2004 年度以来主要国家和地区棉花产量变化

表4-58 2003/2004年度以来主要国家棉花消费量预测统计

（万吨）

年 度	中国	印度	巴基斯坦	土耳其	美国	巴西	孟加拉国	印度尼西亚	泰国	墨西哥
2003/2004	696.7	293.9	209.0	130.6	136.4	87.4	39.2	46.8	40.3	43.5
2004/2005	838.3	322.2	228.6	154.6	145.7	93.8	47.9	46.8	45.7	45.7
2005/2006	979.8	363.6	250.4	152.4	127.8	96.9	54.4	47.4	44.6	45.7
2006/2007	1088.6	394.1	261.3	158.9	107.4	99.6	69.7	51.7	42.5	45.7
2007/2008	1110.4	405.0	261.3	132.8	99.8	100.2	76.2	56.6	42.5	43.5
2008/2009	958.0	386.5	241.7	107.8	77.1	91.4	80.6	51.2	34.8	40.3
2009/2010	1088.6	430.0	226.4	128.5	77.3	95.8	87.1	56.6	38.6	41.4
2010/2011	1001.5	447.4	215.6	121.9	84.9	93.6	91.4	56.6	37.0	37.0
2011/2012	827.4	423.5	217.7	121.9	71.9	87.1	76.2	53.3	28.3	37.0
2012/2013	783.8	475.7	234.1	131.7	76.2	89.3	84.9	64.2	32.1	39.2
2013/2014	751.2	511.7	226.4	137.2	77.3	91.4	90.4	66.4	32.7	40.3
2014/2015	827.4	533.4	230.8	141.5	82.7	89.3	94.7	66.4	32.7	40.8
2015/2016	707.6	550.8	219.9	139.3	80.6	72.9	127.4	68.6	30.5	41.4
2016/2017	778.4	517.1	222.1	147.0	71.8	69.7	139.3	63.1	26.1	40.3

资料来源：美国农业部（USDA）。

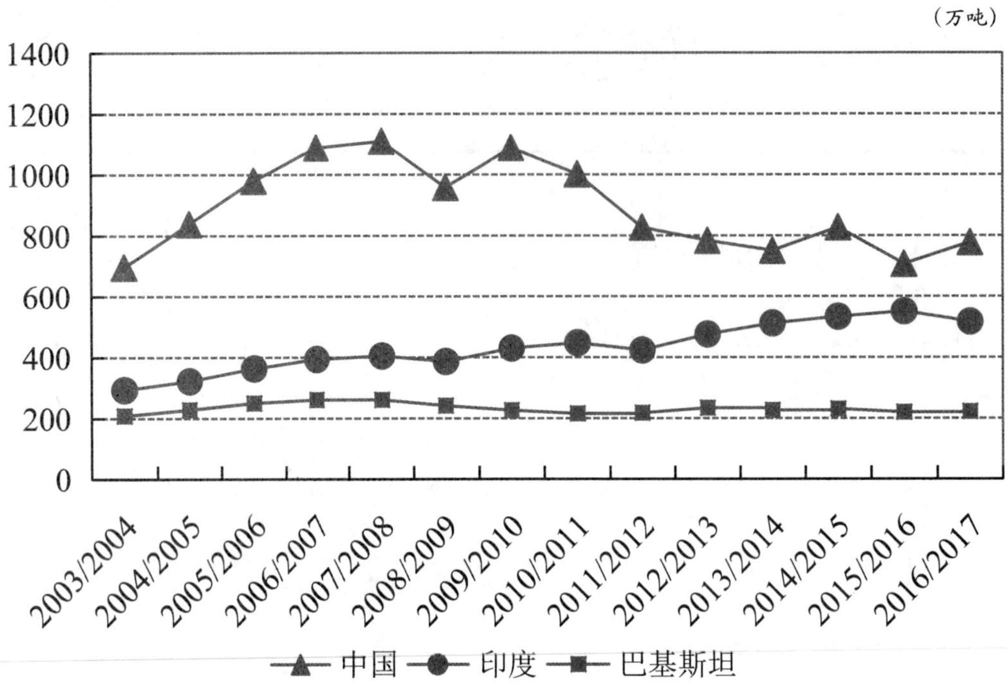

图 4–27 2003/2004 年度以来主要国家棉花消费量变化

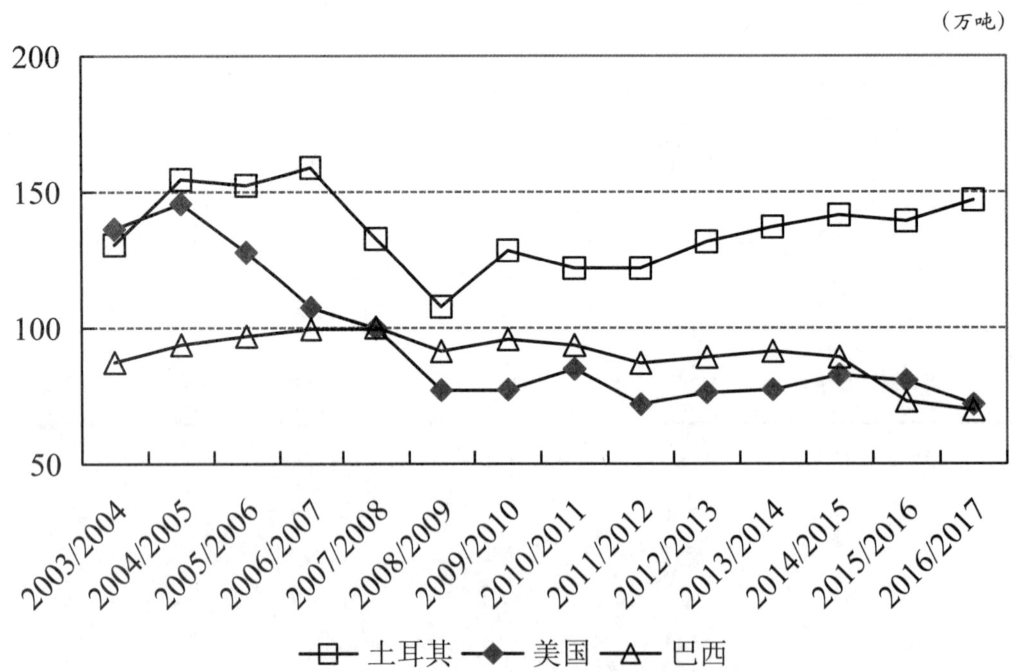

图 4–28 2003/2004 年度以来主要国家棉花消费量变化

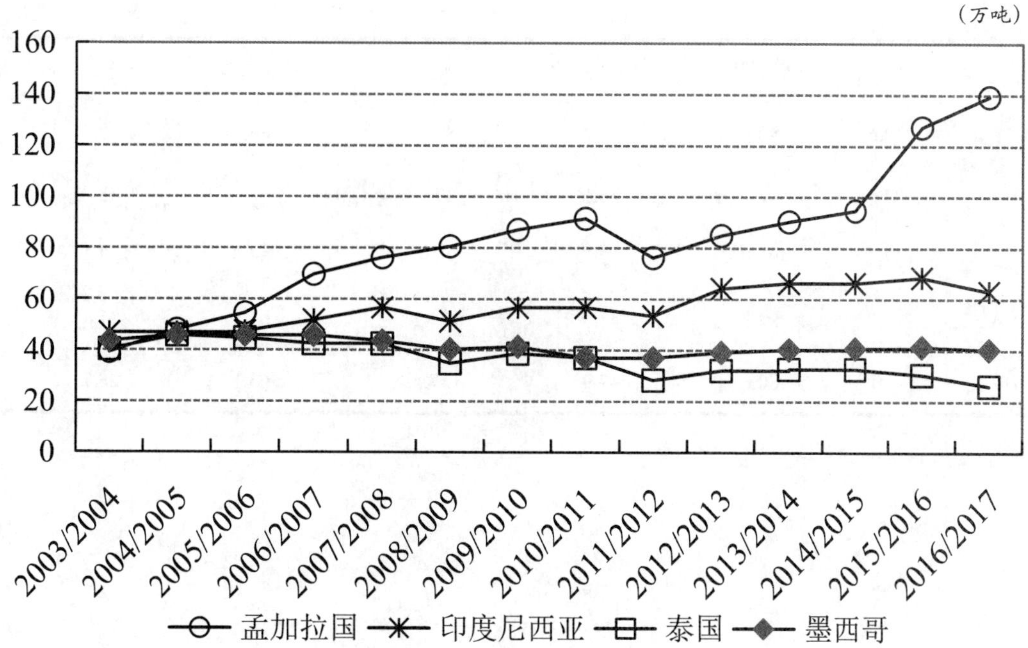

图 4–29　2003/2004 年度以来主要国家棉花消费量变化

表4-59　2003/2004年度以来主要国家棉花进口量预测统计

（万吨）

年　度	中国	土耳其	巴基斯坦	孟加拉国	印度尼西亚	泰国	墨西哥
2003/2004	192.3	51.6	39.3	39.2	46.8	36.5	40.5
2004/2005	139.0	74.3	38.2	49.0	47.9	49.7	39.4
2005/2006	419.9	76.2	35.2	53.3	47.9	41.2	38.0
2006/2007	230.5	87.7	50.2	70.8	52.3	41.5	29.5
2007/2008	251.0	71.1	85.1	78.4	58.8	42.0	33.3
2008/2009	152.3	63.6	41.7	82.7	52.3	34.9	28.6
2009/2010	237.4	95.7	34.3	87.1	58.8	39.3	30.3
2010/2011	260.8	72.9	31.4	92.5	56.6	38.1	26.0
2011/2012	534.2	51.9	19.6	71.9	54.4	27.5	21.8

续表

年度	中国	土耳其	巴基斯坦	孟加拉国	印度尼西亚	泰国	墨西哥
2012/2013	442.6	80.4	39.2	84.9	65.3	32.9	20.7
2013/2014	307.5	92.4	26.1	89.3	65.3	33.7	22.6
2014/2015	152.4	82.7	32.7	96.9	67.5	34.3	22.3
2015/2016	119.7	82.7	43.5	125.2	67.5	31.6	21.2
2016/2017	98.0	80.6	47.9	137.2	63.1	26.7	27.8

资料来源：美国农业部（USDA）。

（万吨）

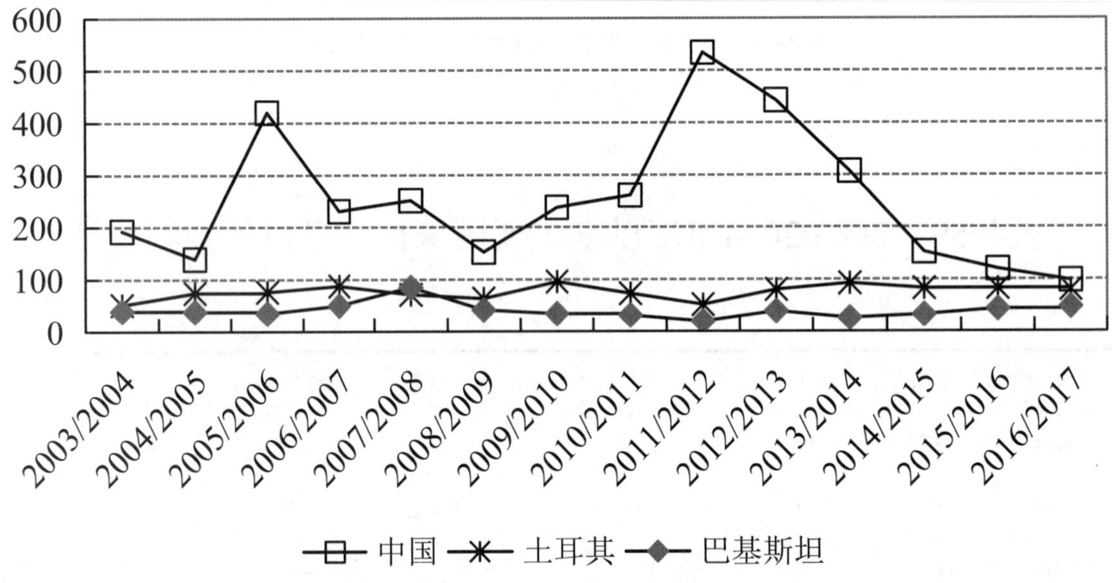

图 4-30 2003/2004 年度以来主要国家棉花进口量变化

（万吨）

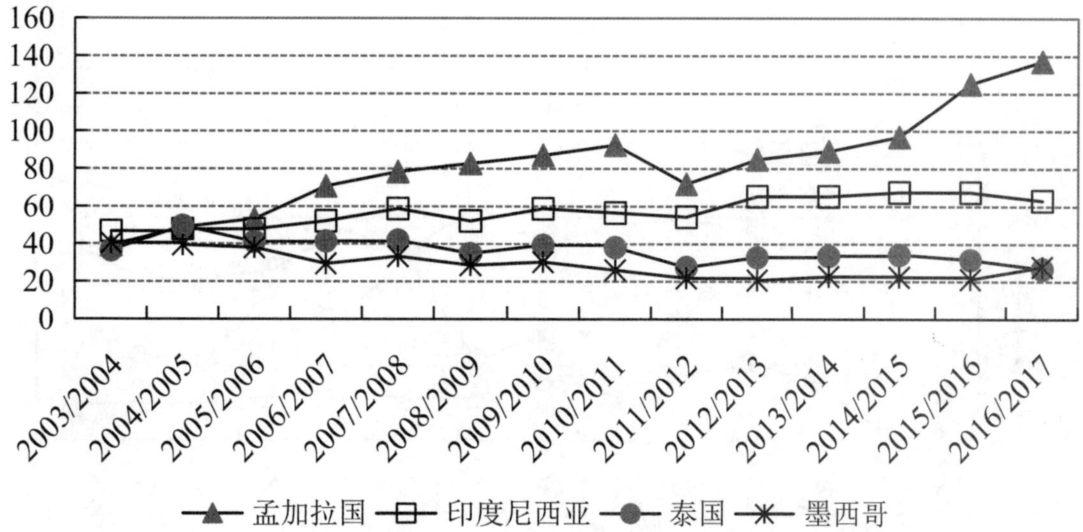

图 4-31 2003/2004 年度以来主要国家棉花进口量变化

表4-60 2003/2004年度以来主要国家和地区棉花出口量预测统计

（万吨）

年　度	美国	印度	乌兹别克斯坦	西非	澳大利亚	巴西
2003/2004	299.6	15.2	67.5	86.8	47.0	21.0
2004/2005	314.3	14.4	86.0	79.2	43.5	33.9
2005/2006	384.8	80.0	104.5	88.4	62.8	42.9
2006/2007	282.2	106.1	98.0	80.0	46.4	28.3
2007/2008	296.9	163.3	91.4	54.9	26.5	48.6
2008/2009	288.7	51.4	65.3	45.5	26.1	59.6
2009/2010	262.1	142.6	82.7	49.9	46.0	43.3
2010/2011	313.0	108.9	57.7	48.3	54.5	43.5
2011/2012	255.0	241.2	54.4	50.5	101.0	104.3
2012/2013	283.6	165.5	69.7	80.3	134.5	93.8
2013/2014	229.3	204.7	58.8	81.9	105.6	48.6
2014/2015	217.7	108.9	50.1	77.9	69.7	74.0
2015/2016	217.7	115.4	50.1	102.9	56.6	91.4
2016/2017	265.6	91.4	46.8	78.4	89.3	63.1

资料来源：美国农业部（USDA）。

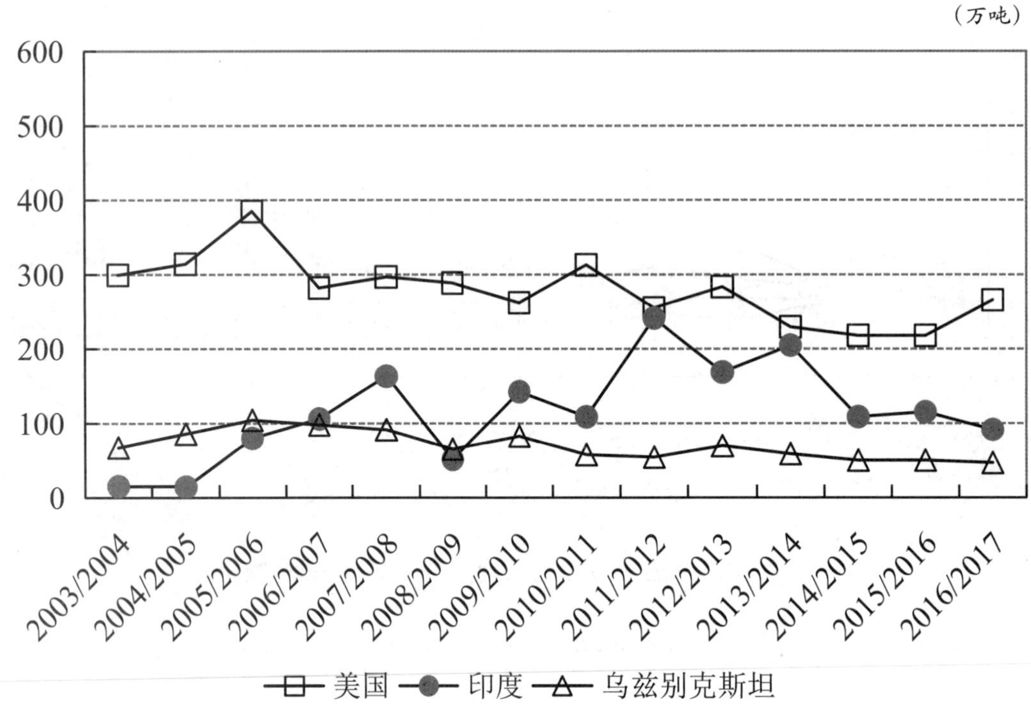

图 4-32 2003/2004 年度以来主要国家棉花出口量变化

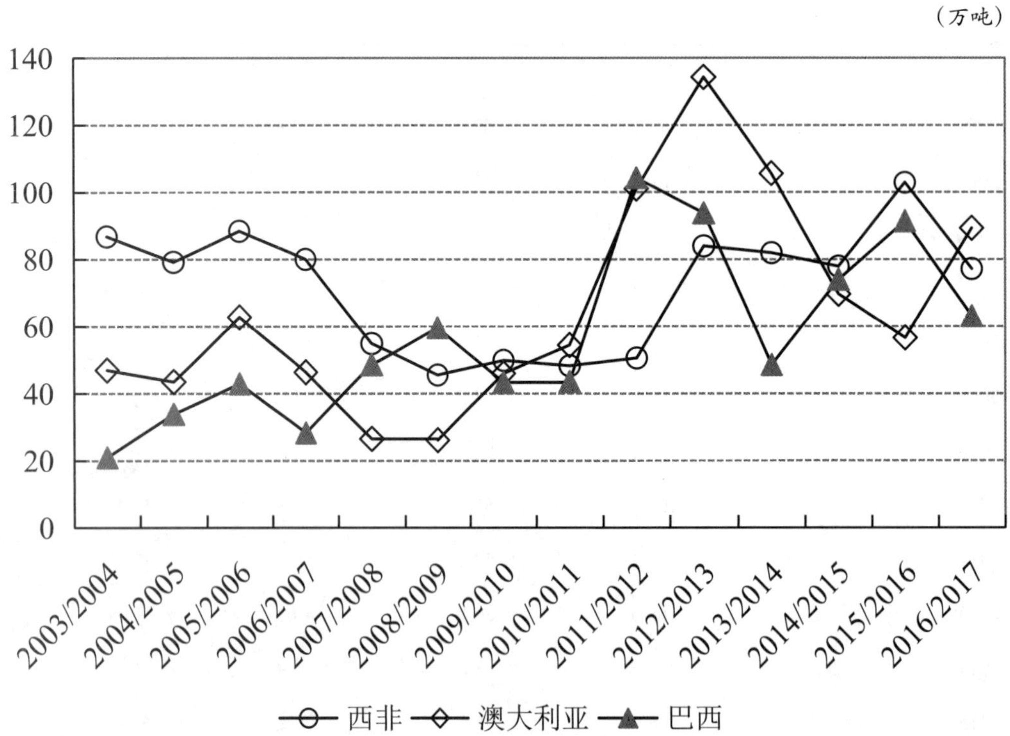

图 4-33 2003/2004 年度以来主要国家和地区棉花出口量变化

表4-61　2003/2004年度以来主要国家棉花期末库存预测统计

（万吨）

年度	中国	印度	巴基斯坦	土耳其	美国	巴西	孟加拉国	印度尼西亚	泰国	墨西哥
2003/2004	413.3	91.1	68.2	32.2	75.1	97.7	8.2	8.0	8.6	24.9
2004/2005	400.4	190.8	107.7	39.0	119.6	106.3	10.5	8.2	12.5	28.7
2005/2006	490.7	170.7	100.1	35.4	132.1	78.7	10.8	7.9	8.9	28.8
2006/2007	447.1	166.1	92.3	40.3	206.4	117.7	12.9	7.7	7.7	22.4
2007/2008	446.4	146.0	95.9	38.1	218.8	136.1	15.6	9.0	6.9	20.3
2008/2009	465.2	231.7	73.5	32.9	138.0	108.7	16.3	9.2	6.3	16.6
2009/2010	310.2	204.1	66.2	34.9	64.2	94.8	17.2	9.6	6.4	13.4
2010/2011	230.9	243.3	54.9	28.7	56.6	172.1	18.3	9.9	7.0	13.0
2011/2012	676.7	205.6	61.7	27.0	72.9	174.0	17.8	10.4	5.7	15.5
2012/2013	1096.5	260.6	59.0	28.6	82.7	126.3	21.0	13.2	5.8	14.1
2013/2014	1365.3	246.4	53.9	29.5	53.3	167.0	22.2	12.5	6.3	12.5
2014/2015	1353.3	296.5	58.8	35.0	106.7	161.0	26.8	14.0	7.3	15.2
2015/2016	1415.7	269.7	50.3	30.4	65.3	141.1	28.2	11.9	5.1	12.8
2016/2017	1041.8	256.8	56.4	31.7	104.5	148.3	33.7	11.5	4.8	11.3

资料来源：美国农业部（USDA）。

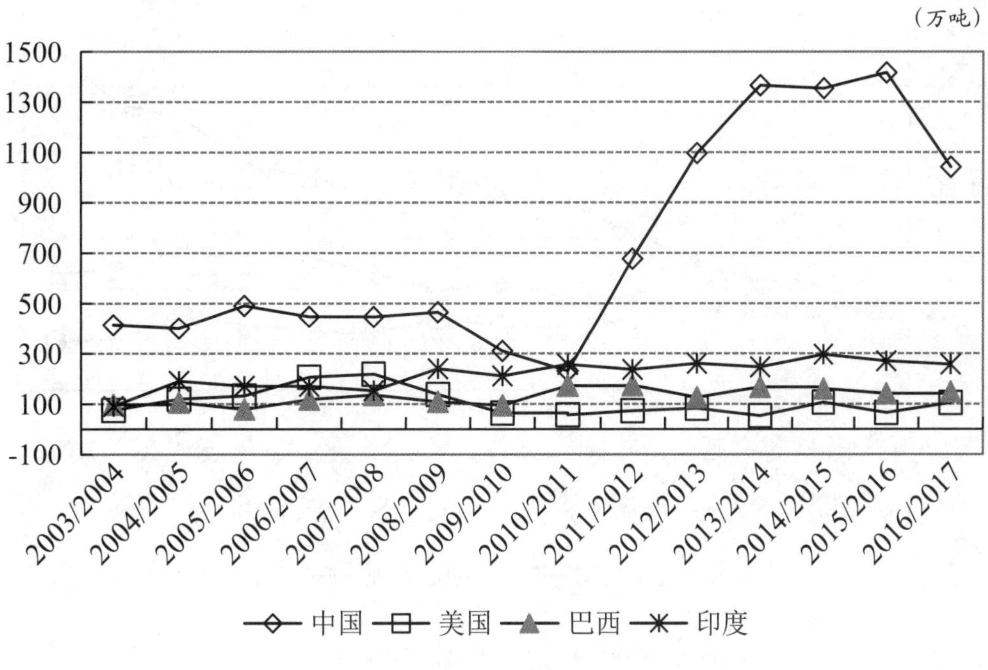

图 4-34　2003/2004 年度以来主要国家棉花期末库存变化

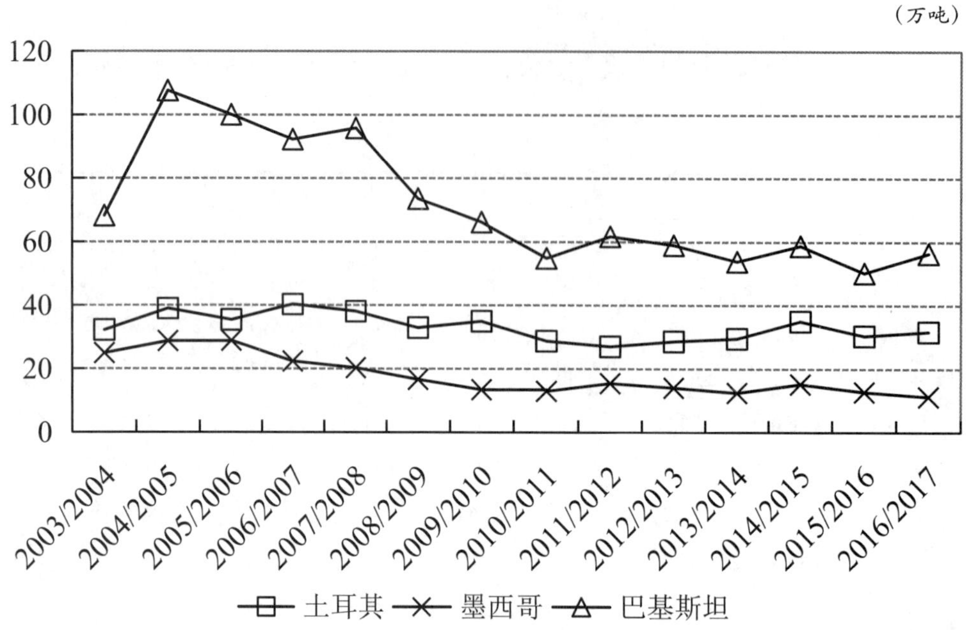

图 4–35 2003/2004 年度以来主要国家棉花期末库存变化

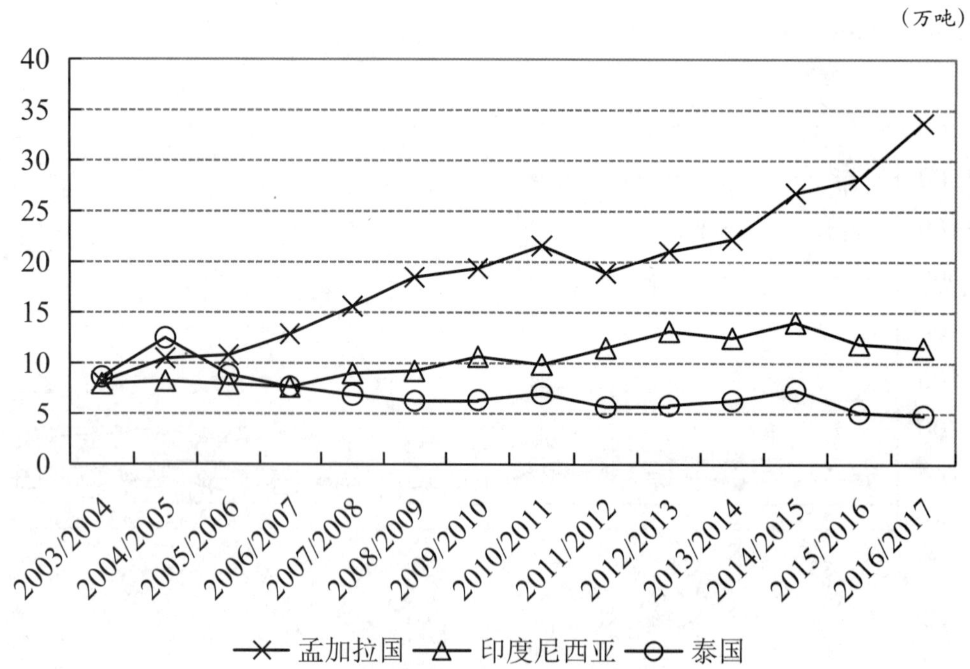

图 4–36 2003/2004 年度以来主要国家棉花期末库存变化

表4-62　2015/2016年度主要国家棉花产销存预测

（万吨）

国家和地区	期初库存	产量	进口量	消费量	出口量	期末库存
全球	**2159.30**	**2211.70**	**741.30**	**2422.50**	**740.70**	**1951.10**
美国	85.00	345.70	0.20	78.40	250.40	102.30
中亚	25.50	80.60	0.00	34.80	47.90	23.40
西非	47.90	91.00	0.00	3.00	105.80	29.80
澳大利亚	33.60	61.00	0.00	0.80	61.00	35.00
巴西	138.40	144.80	2.20	69.70	78.40	140.60
印度	236.40	587.90	21.80	522.50	91.40	232.10
墨西哥	11.10	15.20	27.80	41.40	2.20	10.00
中国	1312.80	457.20	98.00	762.00	2.20	1103.80
土耳其	36.40	65.30	82.70	143.70	6.00	34.70
巴基斯坦	56.90	174.20	47.90	222.10	4.40	52.00
印度尼西亚	12.80	0.10	61.00	61.00	0.10	12.80
泰国	4.80	0.00	28.30	27.80	0.00	4.80
孟加拉国	28.10	2.60	128.50	130.60	0.00	28.30

资料来源：美国农业部（USDA）。

表4-63　2003/2004年度以来全球棉花种植面积和单产统计

（亿公顷、公斤/公顷）

年度	种植面积	单产
2003/2004	72.0	651
2004/2005	81.0	741
2005/2006	78.0	729
2006/2007	78.0	774

续表

年度	种植面积	单产
2007/2008	73.5	798
2008/2009	69.0	768
2009/2010	67.5	743
2010/2011	75.0	761
2011/2012	81.0	771
2012/2013	76.5	780
2013/2014	73.5	798
2014/2015	76.5	759
2015/2016	70.5	723
2016/2017	66.0	776

资料来源：美国农业部（USDA）。

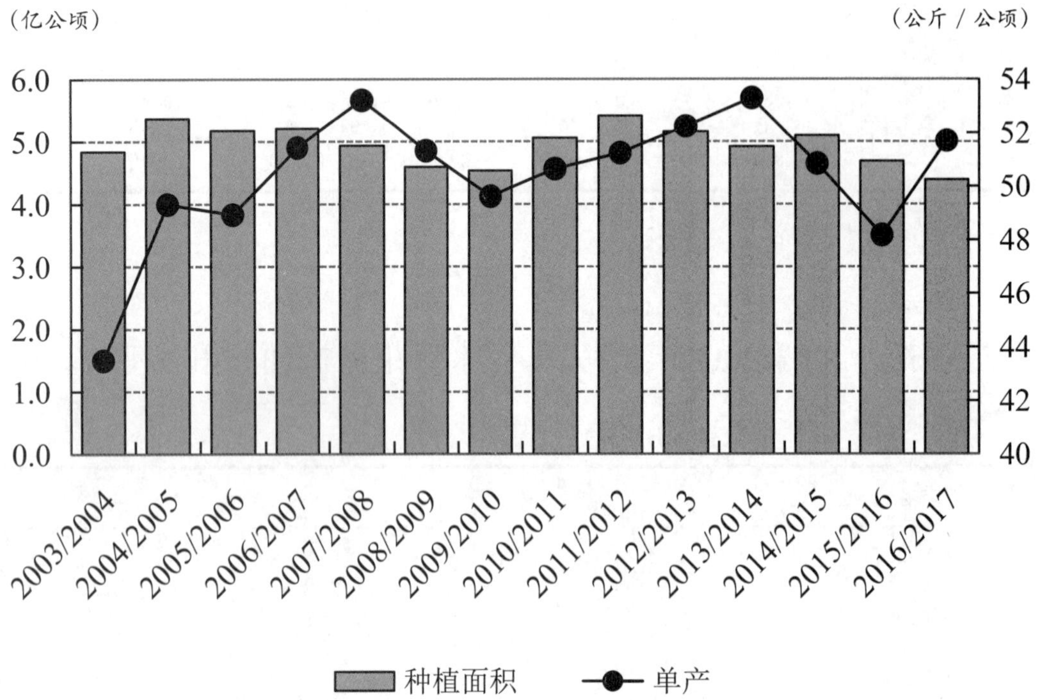

图 4-37 2003/2004 年度以来全球棉花种植面积和单产变化

表4-64　2009/2010年度以来ICE期货近月合约均价与美棉出口量对比

（万吨、美分/磅）

年　度	美棉出口装运量	ICE期货价格
2008/2009	288.7	50.50
2009/2010	262.1	73.23
2010/2011	313.0	144.02
2011/2012	255.0	90.72
2012/2013	283.6	79.41
2013/2014	232.0	84.29
2014/2015	240.4	63.55
2015/2016	199.9	63.08

资料来源：美国农业部（USDA）、美国洲际交易所（ICE）。

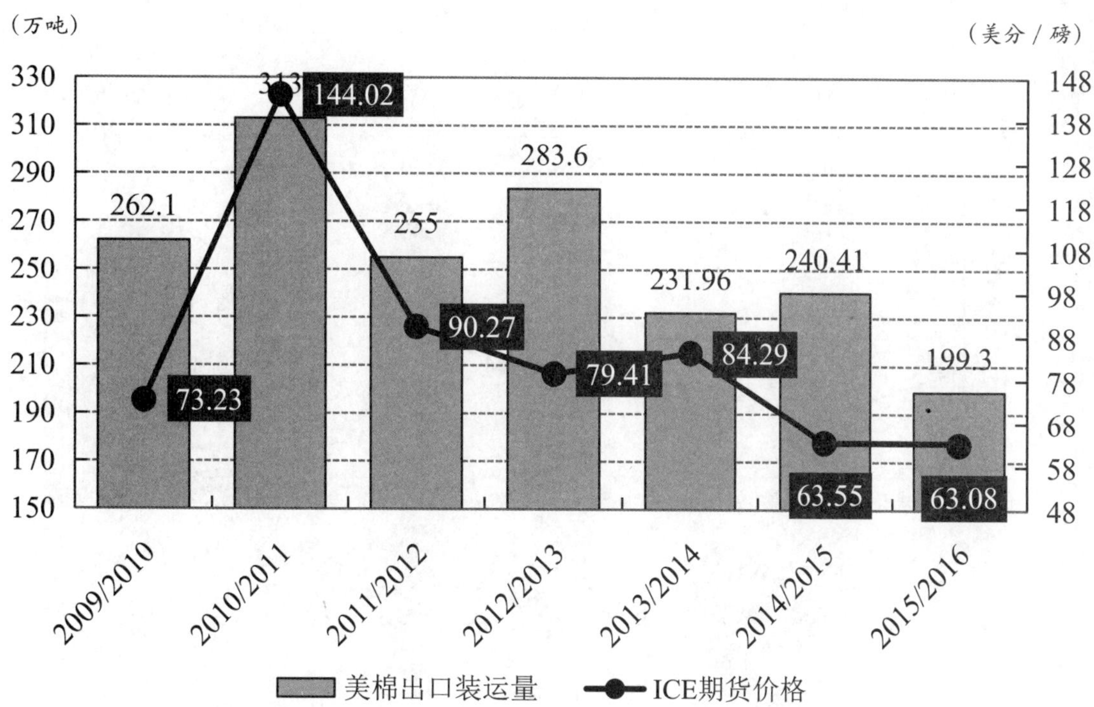

图 4-38　2009/2010 年度以来 ICE 期货近月合约均价与美棉出口量比较

表4-65 2015/2016年度美棉出口装运量分月统计

（万吨）

月 份	美棉出口装运量	美棉对中国出口装运量	比重（%）
2015年8月	11.32	0.93	8
2015年9月	9.12	0.47	5
2015年10月	11.62	1.15	10
2015年11月	7.43	0.83	11
2015年12月	15.84	0.87	6
2016年1月	14.45	0.80	6
2016年2月	17.87	1.42	8
2016年3月	27.68	2.56	9
2016年4月	21.66	2.29	11
2016年5月	20.81	3.20	15
2016年6月	25.06	2.41	10
2016年7月	17.80	1.86	10

资料来源：美国农业部（USDA）。

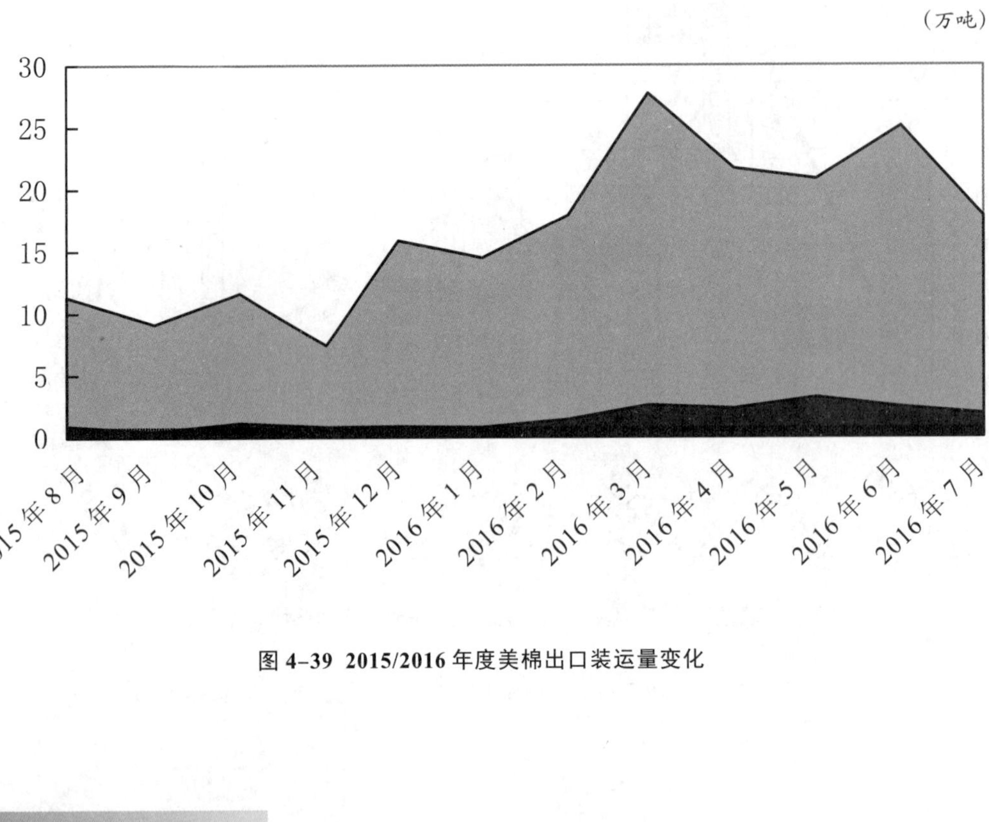

图4-39 2015/2016年度美棉出口装运量变化

大 事 记

第五部分

国 内 棉 花

国家发展改革委、工商总局、质检总局关于下放棉花加工生产线总量指标审批权限的通知

近几年，我国棉花种植区域和品种结构发生了较大变化，部分地区棉花生产和加工产能不匹配问题突出，棉花加工资格认定工作面临新形势。按照国务院关于简政放权、减少事前审批、强化事中事后监管等有关要求，经研究决定，从2015年开始将棉花加工生产线总量指标审批权限下放给省、自治区、直辖市及计划单列市、新疆生产建设兵团发展改革委、工商局、质监局。

一、合理确定棉花加工生产线数量。请相关单位继续按照“统一规划、合理布局”“总量控制、适度竞争”和“优先支持棉花主产地区”的基本原则，优化棉花加工布局，统筹利用好现有加工能力，避免重复投资造成加工产能的无序扩张。

二、切实加强后续管理。各地要建立起棉花加工企业进入退出动态调整机制，鼓励企业兼并、重组，避免在局部地区出现较大的棉花加工能力结构性不足矛盾;要会同有关方面加强对棉花市场和棉花质量的监督管理，维护棉花正常流通秩序，为棉花目标价格改革试点的顺利开展营造良好的市场环境。

一号文件要求继续推进新疆棉花目标价格改革试点

2016年1月27日，中共中央、国务院印发了《关于落实发展新理念加快农业现代化　实现全面小康目标的若干意见》，要求各地区各部门要牢固树立和深入贯彻落实创新、协调、绿色、开放、共享的发展理念，大力推进农业现代化，确保亿万农民与全国人民一道迈入全面小康社会。在这份近15000字的文件中，两处提到棉花，分别是制定划定粮食生产功能区和大豆、棉花、油料、糖料蔗等重要农产品生产保护区的指导意见。改革完善粮食等重要农产品价格形成机制和收储制度。坚持市场化改革取向与保护农民利益并重，采取“分品种施策、渐进式推进”的办法，完善农产品市场调控制度。深入推进新疆棉花、东北地区大豆目标价格改革试点。

国家公布 2016 年新疆棉花目标价格

2016年国家继续在新疆实施棉花目标价格改革试点。综合考虑棉花市场供求、生产成本收益等因素，经国务院批准，国家发展改革委发布2016年新疆棉花目标价格水平为每吨18600元。国家在新疆实施新年度棉花目标价格，有利于继续保护棉农的收益，棉农种植热情也得到保障，最大限度地维护了新疆广大棉农和企业的利益。在试点阶段，目标价格每年确定一次，在棉花播种前公布，引导农民合理种植，安排农业生产。2014年的新疆棉花目标价格为19800元/吨，2015年为19100元/吨。

国家发布 2016 年储备棉轮出细则

2016年储备棉轮出原则上通过全国棉花交易市场以公开竞价的方式挂牌销售，如有需要国家将增加其他指定的交易平台开展储备棉交易。如一段时期内国内外市场价格出现明显快速上涨，储备棉竞价销售成交率一周有三日以上超过70%，将适当加大挂牌销售数量。储存时间长的棉花优先安排轮出。储备棉轮出销售底价随行就市动态确定，原则上挂牌销售底价与国内外棉花现货价格挂钩联动，由国内市场棉花现货价格指数和国际市场棉花现货

价格指数各按50%的权重计算确定，每周调整一次（具体计算公式见附件）。轮出的储备棉由中国纤维检验局组织对质量和重量进行全面公证检验。具体轮出时间为2016年5月3日—2016年8月31日的国家法定工作日。轮出总量不超过200万吨，原则上每日挂牌销售数量不超过3万吨，优先安排进口棉轮出。

2015 年度储备棉成交量达 234.36 万吨

2016年5月3日—9月30日，储备棉按计划轮出。截至8月31日，储备棉累计计划出库234.36万吨，累计出库成交204.40万吨，成交率为87.22%，其中，国产棉累计成交174.77万吨，成交率85.50%；进口棉累计成交29.63万吨，成交率16.95%。成交最高价16490元/吨，最低价9730元/吨，折3128级价格14935元/吨，成交平均价格为13186元/吨，累计成交平均长度为28.3毫米，累计成交870家。

国内纺织

第 118 届广交会采购商和成交量仍现双降

第118届广交会于2015年11月4日下午闭幕。本届广交会境外采购商和出口成交再现“双降”，这已经是广交会连续多届出现采购商和出口成交额双双下降。国际外贸形势的不景气已成为行业共识，本届到会采购商总人数、出口成交额均继续保持小幅下降。同时新形势也倒逼企业深耕目标市场以针对不同的市场和群体。据数据显示，本届广交会累计出口成交1712.49亿元人民币，同比下降7.4%。品牌展区成交86.1亿美元，同比增长6.1%，占总成交额的31.9%。成交订单中，3个月以内的短单占46%，3—6个月的中单占35.3%，6个月以上的长单占18.7%。

进口纱结构走向高端

2015/2016年度，进口纱逐步向中高支纱蔓延。从分析进口的占比情况来看，8—25支的纱占了55%，30—47支的纱占了33%。2015/2016年度，我国的进口纱都是25支以下的低支纱，但是现在30—47支的纱已经占了1/3。

第 119 届广交会采购商和成交量逆势回升

2016年5月5日，第119届广交会在广州落下帷幕。本届广交会境外采购商到会185596人，比2015年春交会增长0.43%；累计出口成交1822.88亿元人民币（折合280.84亿美元），比2015年春交会增长0.1%。这是近三年来连续五届广交会出口成交额和与会境外采购商数量“双降”后首次出现回升，对于我国外贸出口“晴雨表”与“风向标”的广交会来说，其意义不言而喻。

严抓环保，关停整顿落后产能

2016年初，浙江绍兴开展环保整治“亮剑”行动，关停印染企业72家。浙江印染产能占到了全国1/3以上，随着“大气十条”“水十条”“新环保法”的相继出台，以中小企业为主的印染企业大量被关停。

《超限运输车辆行驶公路管理规定》出台

在物流领域，大宗商品运输时常常出现超载现象，用以超载的车辆往往都经过了非法改装。为提高运输安全，减少事故，交通运输部、公安部发布的《超限运输车辆行驶公路管理规定》。新规堪称史上最严治超措施。如果加上相应增加的税费，运输单价上涨35%—38%。

国 际 市 场

全球产量大幅减少

2015/2016年度，全球棉花产量大幅下降近500万吨。除澳大利亚和乌兹别克斯坦以外，全球主要国家和地区普遍大幅减产，其中中国产量减少174万吨，美国、印度和巴基斯坦产量减少67万—78万吨，巴西产量减少24万吨。全球减产幅度之大、覆盖面之广历史罕见。

基本面发生逆转 全球库存五年来首降

2015/2016年度，受全球棉花大幅减产和中国轮出储备棉的影响，全球期末库存同比减少323万吨，是连续五年增长之后首次下降，这是市场最为显著的变化。全球基本面由上年度供大于求的170万吨变为323万吨的供需缺口。

印度和巴基斯坦棉花供应严重短缺致价格疯涨

2015/2016年度，巴基斯坦棉花减产35%导致纺织厂大量进口外棉，进口量从20万吨猛增到70万吨，且大部分进口都来自印度，年度后期两国棉花供应严重短缺导致棉花和棉纱价格疯涨。2016年6–8月，印度国内棉花价格累计涨幅达到40%。印度棉价大涨给美棉出口带来机遇，抬高了国际棉价的整体水平。受印巴市场和中国市场同步走强的影响，ICE期货强势走高持续震荡上行。3月底至8月初，ICE期货从57美分/磅飙至77美分/磅，累计上涨近20美分/磅，涨幅达到35%。

印巴价格上涨使中国棉纱进口格局生变

2015/2016年度，印巴棉花供应奇缺使两国的棉纱价格也出现两位数的涨幅，抑制了两国的棉花消费和棉纱出口，使中国棉纱进口格局发生变化。据统计，2015/2016年度印度纱线占中国的份额从上年度的27.8%下降到24.4%，巴基斯坦的份额从21.6%下降到17.4%，而越南纱的份额从21.8%扩大到28.8%，超越印度和巴基斯坦居中国棉纱进口第一位。

印度废除大额旧钞政策引发市场震荡

印度总理莫迪宣布，自11月9日零点起，市面上流通的500和1000面值的印度卢比正式作废。受此影响，印度经济一度陷入混乱，习惯现金交易的棉农无法正常销售籽棉，导致印度新棉上市延迟、短期供应紧张和价格上涨，给国际棉花和纺织市场带来影响。

宏 观 经 济

人民币跻身全球第四大支付货币

2015年10月6日，最新数据显示，以价值计算，8月份人民币首次超过日元，跻身全球第四大支付货币。人民币在全球支付体系中所占市场份额达到创纪录的2.79%，较7月份历史新高的2.34%又有所突破。

价格改革若干意见发布

坚持市场决定，正确处理政府和市场关系，凡是能由市场形成价格的都交给市场，政府不进行不当干预。推进水、石油、天然气、电力、交通运输等领域价格改革，放开竞争性环节价格，充分发挥市场决定价格作用。

“十三五”规划建议出炉 6.5%为经济增速底线

2015年11月3日，中共中央关于制定国民经济和社会发展第十三个五年规划的建议全文公布。

此次建议明确，实现“十三五”时期发展目标，破解发展难题，厚植发展优势，必须牢固树立创新、协调、绿色、开放、共享的发展理念。

A股迎冷静剂熔断机制 明年元旦后正式实施

2015年12月4日，经证监会同意，上证所、深交所和中金所正式发布指数熔断相关规定（以下简称《规定》），同时下发《指数熔断机制业务问答》，并将于2016年1月1日起正式实施。

人民币正式纳入SDR

2015年12月1日凌晨1点，代表188个成员国的国际货币基金组织（IMF）执行董事会在华盛顿宣布，经投票决定，人民币满足了可广泛使用的标准，IMF将人民币纳入特别提款权（SDR）的货币篮子。这一决定将从2016年10月1日起生效。这也是继美元、欧元、英镑、日元之后，IMF篮子货币的第五个成员。

中央经济工作会议：阶段性提高财政赤字率

2015年12月18—21日，中央经济工作会议在北京举行。会议强调，2016年及今后一个时期，要在适度扩大总需求的同时，着力加强供给侧结构性改革，实施相互配合的五大政策支柱。

“十三五”规划纲要发布：2020年居民收入翻番

经济保持中高速增长。在提高发展平衡性、包容性、可持续性基础上，到2020年国内生产总值和城乡居民人均收入比2010年翻一番，主要经济指标平衡协调，发展质量和效益明显提高。

我国启动实施十大扩消费行动 推动供需矛盾解决

2016年4月26日，由国家发展改革委、工信部、住建部、商务部等24部门联合发布《关于促进消费带动转型升级的行动方案》，为促进居民消费扩大和升级，带动产业结构调整升级，加快培育发展新动力，增强经济韧性，按照国务院有关部署，主要围绕十个主攻方向，出台实施“十大扩消费行动”。

“营改增”试点全面推开减税逾5000亿元

自2016年5月1日起，中国在全国范围内全面推开营业税改征增值税试点，将建筑业、房地产业、金融业、生活服务业全部纳入试点范围。数据显示，1—11月“营改增”累计减税4699亿元，全年减税总规模将超过5000亿元，不少企业都将从中得到实实在在的“红包”。

国务院时隔两年再发促外贸回稳14条意见

2016年5月9日，国务院发布《关于促进外贸回稳向好的若干意见》，从五个方面推出14条政策措施，促进外贸创新发展，努力实现外贸回稳向好。

制造业升级改造重大工程包推出 技改投资年均增15%

2016年5月18日，发展改革委、工信部联合发布《关于实施制造业升级改造重大工程包的通知》，提出组织实施十大重点工程，力争通过3年努力，规模以上制造业增加值年均增长7%以上，企业技术改造投资年均增长15%左右。

央企重组顶层设计方案落地

国务院印发《推动中央企业结构调整与重组的指导意见》（以下简称《意见》），明确圈定电力、钢铁、航运、建材、旅游和航空服务等十多个行业为重组核心领域。由此，一场轰轰烈烈的央企并购重组浪潮即将掀起，多领域中更有望诞生新的巨无霸企业。

降成本“国八条”出炉 供给侧改革强力攻坚

供给侧结构性改革强力攻坚，“三去一降一补”再下一城。昨天，国务院发布《降低实体经济企业成本工作方案》，从八个方面提出了降低实体经济企业成本的具体措施，并分解到部委。

自贸试验区扩围花落七省市

上海、广东、天津、福建自贸试验区建设取得的成效，彰显了自贸试验区的试验田作用。近日，党中央、国务院决定，在辽宁省、浙江省、河南省、湖北省、重庆市、四川省、陕西省新设立7个自贸试验区。这代表着自贸试验区建设进入了试点探索的新航程。

第六部分

政 策 文 件

国家发展改革委关于2016年粮食、棉花进口关税配额数量申请条件和分配原则的公告

【发布单位】国家发展改革委

【发布日期】2015年9月29日

根据《农产品进口关税配额管理暂行办法》，制定了《2016年粮食进口关税配额申领条件和分配原则》和《2016年棉花进口关税配额申领条件和分配原则》，现予以公告。

附件：1. 2016年粮食进口关税配额申领条件和分配原则

2. 2016年棉花进口关税配额申领条件和分配原则

附件1

2016年粮食进口关税配额申领条件和分配原则

根据《农产品进口关税配额管理暂行办法》（商务部、国家发展和改革委员会令2003年第4号），现将2016年粮食进口关税配额数量、申领条件和分配原则公布如下。

一、配额数量

2016年粮食进口关税配额量为：小麦963.6万吨，非国营贸易比例10%；玉米720万吨，非国营贸易比例40%；大米532万吨（其中：长粒米266万吨、中短粒米266万吨），非国营贸易比例50%。

二、申领条件

2016年粮食进口关税配额申请者基本条件为：2015年10月1日前在工商管理部门登记注册；具有良好的财务状况、纳税记录和诚信情况；严格执行粮食流通统计制度、遵守粮食经营者最低最高库存规定；2013—2015年，在海关、工商、税务、外汇、检验检疫、粮食流通、环保等方面无违规记录，无不良贷款信用记录，没有违反《农产品进口关税配额管理暂行办法》的行为。

在具备上述条件的前提下，进口关税配额申请者还必须符合下列条件之一。

（一）小麦

1. 国营贸易企业。

2. 2015年有进口实绩（不包括代理进口）的企业。

3. 2014年或2015年小麦用量10万吨以上的面粉生产企业。

4. 2014年或2015年面粉用量5万吨以上的食品生产企业。

5. 具有进出口经营权并由所在地商务部门出具加工贸易生产能力证明、以小麦或面粉为原料从事加工贸易的企业。

（二）玉米

1. 国营贸易企业。

2. 2015年有进口实绩（不包括代理进口）的企业。

3. 2014年或2015年玉米用量5万吨以上的饲料生产企业。

4. 2014年或2015年玉米用量15万吨以上的其他生产企业。

5. 具有进出口经营权并由所在地商务部门出具加工贸易生产能力证明、以玉米为原料从事加工贸易的企业。

（三）大米（长粒米和中短粒米需分别申请）

1. 国营贸易企业。

2. 2015年有进口实绩（不包括代理进口）的企业。

3. 具有粮食批发零售资格，2014年或2015年大米销售额1亿元人民币以上的粮食企业。

4. 2014年或2015年大米用量5万吨以上的食品生产企业。

5. 具有进出口经营权并由所在地商务部门出具加工贸易生产能力证明、以大米为原料从事加工贸易的企业。

拥有多家加工厂的集团企业，须以各个加工厂名义独立申报、独立使用进口配额。申请大米进口关税配额的贸易型企业，可选择以集团总部或下属企业的名义申请，但总部和下属企业不得同时申请。

三、申请时间

2016年粮食进口关税配额申请时间为2015年10月15—30日。

申请者可到国家发展改革委授权机构领取，或从国家发展改革委网站（http://www.ndrc.gov.cn）下载《农产品进口关税配额申请表》，并如实填写。

国家发展改革委各授权机构负责受理属地范围内的企业申请，并于2015年11月30日前将符合公布条件的申请送达国家发展改革委，同时抄报商务部。

企业的申报信息将在国家发展改革委网站上公示。

四、分配原则

上述粮食进口关税配额将根据申请者的实际生产经营能力（包括历史生产加工、进口实绩、经营情况等）和其他相关商业标准进行分配。

五、分配结果

申请者可在国家发展改革委网站查询获得的2015年粮食进口关税配额数量。

六、配额使用

申请者获得的上述粮食进口关税配额必须自用，进口的货物需由本企业加工经营。其中，进口的小麦、玉米需在本厂加工使用；进口的大米需以本企业名义组织销售。

附件：

粮食进口关税配额申请表

申请企业盖章：　　　　　　　　　　企业法人代表签字：

企业名称：		工商注册号：
企业注册地址：		组织机构代码：
企业性质：□ 国有　□股份制　□民营　□外商投资		联系电话：
注册资本（万元）：	□2014年□2015年纳税额（万元）：	□2013年底□2014年底资产负债率：

续表

<table>
<tr><td colspan="6">2012年至2014年在以下方面有无违规记录，有的在□内打√
□ 海关　□ 工商　□ 税务　□ 外汇　□ 检验检疫　□ 粮食流通　□ 环保</td></tr>
<tr><td colspan="3">银行信用等级：</td><td colspan="3">有无不良贷款信用记录：□ 有　□ 无</td></tr>
<tr><td colspan="3" rowspan="2">申请农产品配额名称：</td><td colspan="2" rowspan="2">申请数量（吨）</td><td>一般贸易：</td></tr>
<tr><td>加工贸易：</td></tr>
<tr><td colspan="2">□ 2015年有该农产品一般贸易进口实绩者</td><td colspan="2">□ 2015年有该农产品加工贸易进口实绩者</td><td colspan="2">□ 2015年无该农产品进口实绩者</td></tr>
<tr><td colspan="6">以下由生产企业填写</td></tr>
<tr><td rowspan="9">企业生产经营情况</td><td rowspan="5">一般贸易</td><td colspan="4">□2014年　□2015年</td></tr>
<tr><td colspan="2">产品名称：</td><td colspan="2">加工原料名称：</td></tr>
<tr><td colspan="2">年生产能力（吨）：</td><td colspan="2">年处理能力（吨）：</td></tr>
<tr><td colspan="2">年实际产量（吨）：</td><td colspan="2">年实际用量（吨）：</td></tr>
<tr><td colspan="4">该产品年销售额（万元）：</td></tr>
<tr><td rowspan="4">加工贸易</td><td colspan="4">□2014年　□2015年　□新企业</td></tr>
<tr><td colspan="2">出口产品名称：</td><td colspan="2">进口原料名称：</td></tr>
<tr><td colspan="2">年实际出口量（吨）：</td><td colspan="2">年实际进口量（吨）：</td></tr>
<tr><td colspan="2">年加工出口能力（吨）：</td><td colspan="2">年进口处理需求（吨）：</td></tr>
<tr><td colspan="6">以下由具有大米批发零售资格的粮食企业填写</td></tr>
<tr><td colspan="3">2014年大米贸易年销售额（万元）：</td><td colspan="3">2015年大米贸易完成销售额（万元）：</td></tr>
<tr><td colspan="6">以下由有进口实绩（不包括代理进口）的企业填写</td></tr>
<tr><td rowspan="7">企业实际进口情况</td><td></td><td colspan="2">2014年分配</td><td colspan="2">2015年分配</td></tr>
<tr><td rowspan="3">一般贸易配额</td><td colspan="2">分配量（吨）：</td><td colspan="2">分配量（吨）：</td></tr>
<tr><td colspan="2">实际进口量（吨）：</td><td colspan="2">已完成进口量（吨）：</td></tr>
<tr><td colspan="2">调整期退回量（吨）：</td><td colspan="2">调整期退回量（吨）：</td></tr>
<tr><td rowspan="3">加工贸易配额</td><td colspan="2">分配量（吨）：</td><td colspan="2">分配量（吨）：</td></tr>
<tr><td colspan="2">实际进口量（吨）：</td><td colspan="2">已完成进口量（吨）：</td></tr>
<tr><td colspan="2">调整期退回量（吨）：</td><td colspan="2">调整期退回量（吨）：</td></tr>
<tr><td colspan="6">备注：</td></tr>
</table>

填表说明：1.“企业生产经营情况”：指企业2014年或2015年以申请进口的农产品（包括粉、粒）为主要原料加工产品实际生产经营情况。2. 申请加工贸易的新企业按照当地商务部门出具的加工贸易能力证明，填写产品“年加工出口能力”和原料“年进口处理需求”。3.“备注”：指授权机构对申请企业是否符合相关申请条件出具的审核意见。

附件2

2015年棉花进口关税配额申领条件和分配原则

根据《农产品进口关税配额管理暂行办法》（商务部、国家发展和改革委员会令2003年第4号），现将2016 年棉花进口关税配 额数量、申领条件和分配原则公布如下。

一、配额数量

2016年棉花进口关税配额量为89.4万吨，其中国营贸易比例为33%。

二、申领条件

2016年棉花进口关税配额申请者基本条件为：2015年10月1日前在工商管理部门登记注册；具有良好的财务状况、纳税记录和诚信情况；2013年至2015年在海关、工商、税务、外汇、检验检疫、环保等方面无违规记录，无不良贷款信用记录；履行了与业务相关的社会责任；没有违反《农产品进口关税配额管理暂行办法》的行为。

在具备上述条件的前提下，棉花进口关税配额申请者还必须符合下列条件之一。

1. 国营贸易企业。

2. 2015年有进口实绩（不包括代理进口）的企业。

3. 纺纱设备5万锭以上的棉纺企业。

三、申请时间

2016年棉花进口关税配额申请时间为2015年10月15—30日。

申请者可到国家发展改革委授权机构领取，或从国家发展改革委网站（http://www.ndrc.gov.cn）下载《棉花进口关税配额申请表》，并如实填写。

国家发展改革委各授权机构负责受理属地范围内的企业申请，并于2015年11月30日前将符合公布条件的申请送达国家发展改革委，同时抄报商务部。

企业申报信息将在国家发展改革委网站上公示。

四、分配原则

上述棉花进口关税配额将根据申请者的实际生产经营能力（包括历史生产加工、进口实绩、经营情况等）和其他相关商业标准进行分配。

五、配额使用

申请者获得的上述棉花进口关税配额必须自用，进口的货物需由本企业加工经营。

附件

棉花进口关税配额申请表

申请企业盖章： 企业法人代表签字：

企业名称：		工商注册号：
企业注册地址：		组织机构代码：
企业性质：□ 国有 □股份制 □民营 □外商投资		联系电话：
注册资本（万元）：	□2014□2015年纳税额（万元）：	□2014□2015年底资产负债率：

续表

<table>
<tr><td colspan="6">2013年至2015年在以下方面有无违规记录，有的在□内打 √
□ 海关 □ 工商 □ 税务 □ 外汇 □ 检验检疫 □ 环保</td></tr>
<tr><td colspan="3">银行信用等级：</td><td colspan="3">有无不良贷款信用记录：□ 有 □ 无</td></tr>
<tr><td colspan="3" rowspan="2">申请棉花配额数量（吨）：</td><td colspan="3">一般贸易：</td></tr>
<tr><td colspan="3">加工贸易：</td></tr>
<tr><td colspan="2">□ 2015年有棉花一般贸易进口实绩者</td><td colspan="2">□ 2015年有棉花加工贸易进口实绩者</td><td colspan="2">□ 2015年无棉花进口实绩者</td></tr>
<tr><td colspan="6">以下由生产企业填写</td></tr>
<tr><td rowspan="10">企业生产经营情况</td><td rowspan="5">一般贸易</td><td colspan="4">□2014年 □2015年 □新企业</td></tr>
<tr><td colspan="2">产品名称：</td><td colspan="2">加工原料名称：</td></tr>
<tr><td colspan="2">纺纱能力（万锭）：</td><td colspan="2">年处理能力（吨）：</td></tr>
<tr><td colspan="2">年实际产量（吨）：</td><td colspan="2">年实际用量（吨）：</td></tr>
<tr><td colspan="4">该产品年销售额（万元）：</td></tr>
<tr><td rowspan="5">加工贸易</td><td colspan="4">□2014年 □2015年 □新企业</td></tr>
<tr><td colspan="2">出口产品名称：</td><td colspan="2">进口原料名称：</td></tr>
<tr><td colspan="2">纺纱能力（万锭）：</td><td colspan="2">年实际进口量（吨）：</td></tr>
<tr><td colspan="2">年加工出口能力（吨）：</td><td colspan="2">年进口处理需求（吨）：</td></tr>
<tr><td colspan="4">申请企业与报关企业名称是否一致：□是
申请企业与报关企业名称是否一致：□否（报关企业名称：　　　　）</td></tr>
<tr><td colspan="6">以下由有进口实绩（不包括代理进口）的企业填写</td></tr>
<tr><td rowspan="8">企业实际进口情况</td><td></td><td colspan="2">2014年分配</td><td colspan="2">2015年分配</td></tr>
<tr><td rowspan="3">一般贸易配额</td><td colspan="2">分配量（吨）：</td><td colspan="2">分配量（吨）：</td></tr>
<tr><td colspan="2">实际进口量（吨）：</td><td colspan="2">已完成进口量（吨）：</td></tr>
<tr><td colspan="2">调整期退回量（吨）：</td><td colspan="2">调整期退回量（吨）：</td></tr>
<tr><td rowspan="4">加工贸易配额</td><td colspan="2">分配量（吨）：</td><td colspan="2">分配量（吨）：</td></tr>
<tr><td colspan="2">实际进口量（吨）：</td><td colspan="2">已完成进口量（吨）：</td></tr>
<tr><td colspan="2">调整期退回量（吨）：</td><td colspan="2">调整期退回量（吨）：</td></tr>
<tr><td colspan="4">申请企业与报关企业名称是否一致：□是
申请企业与报关企业名称是否一致：□否（报关企业名称：　　　）</td></tr>
<tr><td colspan="6">备注：</td></tr>
</table>

填表说明：1.“企业生产经营情况”：指企业2014年或2015年以棉花为主要原料加工产品实际生产经营情况。2.申请加工贸易的企业按照当地商务部门出具的加工贸易能力证明，填写产品“年加工出口能力”和原料“年进口处理需求”。3.“备注”：指授权机构填写其他需要说明的情况。

商务部关于公布《2016 年进口许可证管理货物分级发证目录》的公告

【发布单位】中华人民共和国商务部

【发布日期】2015年12月31日

根据《货物进口许可证管理办法》（商务部令2004年第27号）、《重点旧机电产品进口管理办法》（商务部、海关总署、质检总局令2008年第5号）和《2016年进口许可证管理货物目录》（商务部、海关总署、质检总局公告2015年第75号），现发布《2016年进口许可证管理货物分级发证目录》（见附件），并就有关问题公告如下。

一、2016年实行进口许可证管理的货物共2种，由商务部和有关地方商务主管部门（以下简称地方发证机构）负责签发相应货物的进口许可证。

（一）商务部负责签发重点旧机电产品的进口许可证。

（二）地方发证机构负责签发消耗臭氧层物质的进口许可证。

二、在京中央企业申领的进口许可证由商务部签发。

三、发证机构应严格按照《货物进口许可证管理办法》《重点旧机电产品进口管理办法》《2016年进口许可证管理货物目录》和《进口许可证签发工作规范》（商配发〔2007〕360号）等有关规定签发进口许可证。

本目录自2016年1月1日起执行。《2015年进口许可证管理货物分级发证目录》同时废止。

附件

2016年进口许可证管理货物分级发证目录

货物种类	海关商品编号	商品名称及备注	单位
商务部负责签发以下货物的进口许可证			
重点旧机电产品进口目录			
一、化工设备	8419409090	其他蒸馏或精馏设备	台
	8419609010	液化器（将来自级联的UF6气体压缩并冷凝成液态UF6）	台
	8419899010	带加热装置的发酵罐（不发散气溶胶，且容积＞20升）	台

续表

货物种类	海关商品编号	商品名称及备注	单位
二、金属冶炼设备	8454100000	金属冶炼及铸造用转炉	台
	8454309000	其他金属冶炼及铸造用铸造机	台
三、工程机械类	8425319000	其他电动卷扬机及绞盘	台
	8426200000	塔式起重机	台
	8426411000	轮胎式起重机	台
	8426419000	其他带胶轮的自推进起重机械	台
	8426491000	履带式自推进起重机械	台
	8426499000	其他不带胶轮的自推进起重机械	台
	8426910000	供装于公路车辆的其他起重机械	台
	8426990000	其他起重机械	台
	8427201000	集装箱叉车	台
	8427209000	其他机动叉车及有升降装置工作车（包括装有搬运装置的机动工作车）	台
	8427900000	其他叉车及可升降的工作车（工作车指装有升降或搬运装置）	台
	8428101001	无障碍升降机	台
	8428101090	其他载客电梯	台
	8428109000	其他升降机及倒卸式起重机	台
	8428400000	自动梯及自动人行道	台
	8428602900	非单线循环式客运架空索道	台
四、起重运输设备	8426193000	龙门式起重机	台
	8426194100	门式装卸桥	台
	8426194200	集装箱装卸桥	台
	8427101000	有轨巷道堆垛机	台
	8427102000	无轨巷道堆垛机	台
	8428602100	单线循环式客运架空索道	台
五、造纸设备	8439100000	制造纤维素纸浆的机器	台
	8439200000	纸或纸板的抄造机器	台
	8439300000	纸或纸板的整理机器	台

续表

货物种类	海关商品编号	商品名称及备注	单位
六、电力、电气设备	8501610000	输出功率≤75KVA交流发电机	台，千瓦
	8501620000	75KVA＜输出功率≤375KVA交流发电机	台，千瓦
	8501630000	375KVA＜输出功率≤750KVA交流发电机	台，千瓦
	8501641010	由使用可再生燃料锅炉和涡轮机组驱动的交流发电机，750KVA＜输出功率≤350MVA	台，千瓦
	8501641090	其他750KVA＜输出功率≤350MVA的交流发电机	台，千瓦
	8501642010	由使用可再生燃料锅炉和涡轮机组驱动的交流发电机，350MVA＜输出功率≤665MVA	台，千瓦
	8501642090	其他350MVA＜输出功率≤665MVA的交流发电机	台，千瓦
	8501643010	由使用可再生燃料锅炉和涡轮机组驱动的交流发电机，输出功率＞665MVA	台，千瓦
	8501643090	其他输出功率＞665MVA的交流发电机	台，千瓦
	8502110000	输出功率≤75KVA柴油发电机组（包括半柴油发电机组）	台，千瓦
	8502120000	75KVA＜输出功率≤375KVA柴油发电机组（包括半柴油发电机组）	台，千瓦
	8502131000	375KVA＜输出功率≤2MVA柴油发电机组（包括半柴油发电机组）	台，千瓦
	8502132000	输出功率＞2MVA柴油发电机组（包括半柴油发电机组）	台，千瓦
	8502200000	装有点燃式活塞发动机的发电机组（内燃的）	台，千瓦
	8502390010	依靠可再生能源（太阳能、小水电、潮汐、沼气、地热能、生物质/余热驱动的汽轮机）生产电力的发电机组	台，千瓦
	8502390090	其他发电机组（风力驱动除外）	台，千瓦
	8515219100	直缝焊管机（电阻焊接式，全自动或半自动的）	台
	8515212001	汽车生产线电阻焊接机器人	台
	8515212090	其他电阻焊接机器人	台
	8515219900	其他电阻焊接机器（全自动或半自动的）	台
	8515290000	其他电阻焊接机器及装置	台
	8515312000	电弧（包括等离子弧）焊接机器人	台
	8515319100	螺旋焊管机【备注：电弧（包括等离子弧）焊接】	台
	8515319900	其他电弧（包括等离子弧）焊接机及装置（全自动或半自动的）	台
	8515390000	其他电弧（等离子弧）焊接机器及装置（非全自动或半自动的）	台
	8515809010	电子束、激光自动焊接机【将端塞焊接于燃料细棒（或棒）的自动焊接机】	台
	8515809090	其他焊接机器及装置	台

续表

货物种类	海关商品编号	商品名称及备注	单位
七、食品加工及包装设备	8419810000	加工热饮料，烹调、加热食品的机器	台
	8421220000	过滤或净化饮料的机器及装置（过滤或净化水的装置除外）	台
	8422301010	乳品加工用自动化灌装设备	台
	8422301090	其他饮料及液体食品灌装设备	台
	8434200000	乳品加工机器	台
	8438100010	糕点生产线	台
	8438100090	通心粉，面条的生产加工机器（包括类似产品的加工机）	台
	8438500000	肉类或家禽加工机器	台/千克
八、农业机械类	8433510001	功率≥160马力的联合收割机	台
	8433510090	功率＜160马力的联合收割机	台
	8433599090	其他收割机及脱粒机	台
	8434100000	挤奶机	台
九、印刷机械类	8443120000	办公室用片取进料式胶印机（片尺寸不超过22×36厘米，用品目8442项下商品进行印刷的机器）	台
	8443140000	卷取进料式凸版印刷机，但不包括苯胺印刷机（用品目8442项下商品进行印刷的机器）	台
	8443150000	除卷取进料式以外的凸版印刷机，但不包括苯胺印刷机（用品目8442项下商品进行印刷的机器）	台
	8443160001	苯胺印刷机，线速度≥350米/分钟，幅宽≥800毫米（柔性版印刷机，用品目8442项下商品进行印刷的机器）	台
	8443160002	机组式柔性版印刷机，线速度≥160米/分钟，250毫米≤幅宽＜800毫米（具有烫印或全息或丝网印刷功能单元的）	台
	8443160090	其他苯胺印刷机（柔性版印刷机，用品目8442项下商品进行印刷的机器）	台
	8443198000	未列名印刷机（网式印刷机除外，用品目8442项下商品进行印刷的机器）	台
十、纺织机械类	8446304000	织物宽度＞30厘米的喷水织机	台
	8447202000	平型纬编机	台
	8451400000	其他洗涤、漂白或染色机器	台
	8453100000	生皮、皮革的处理或加工机器（包括鞣制机）	台

续表

货物种类	海关商品编号	商品名称及备注	单位
十一、船舶类	8901101010	高速客船（包括主要用于客运的类似船舶）	艘
	8901101090	其他机动巡航船、游览船及各式渡船（包括主要用于客运的类似船舶）	艘
	8903100000	充气的娱乐或运动用快艇（包括充气的划艇及轻舟）	艘
	8903920001	8米＜长度＜90米的汽艇（装有舷外发动机的除外）	艘
	8903920090	其他汽艇（装有舷外发动机的除外）	艘
	8903990001	8米＜长度＜90米的娱乐或运动用其他机动船舶或快艇（包括划艇及轻舟）	艘
	8903990090	娱乐或运动用其他船舶或快艇（包括划艇及轻舟）	艘
	8901109000	非机动巡航船、游览船及各式渡船（以及主要用于客运的类似船舶）	艘
	8901909000	非机动货运船舶及客货兼运船舶	艘
十二、硒鼓	8443999010	其他印刷（打印）机、复印机及传真机的感光鼓和含感光鼓的碳粉盒	个
地方发证机构负责签发以下货物的进口许可证			
消耗臭氧层物质			
	消耗臭氧层物质		
	2903191010	1，1，1-三氯乙烷（甲基氯仿），用于清洗剂的除外	千克
	2903191090	1，1，1-三氯乙烷（甲基氯仿），用于清洗剂的	千克
	2903399020	溴甲烷（甲基溴）	千克
	2903710000	一氯二氟甲烷	千克
	2903720000	二氯三氟乙烷	千克
	2903730000	二氯一氟乙烷	千克
	2903740000	一氯二氟乙烷	千克
	2903750010	1，1，1，2，2-五氟-3，3-二氯丙烷	千克
	2903750020	1，1，2，2，3-五氟-1，3-二氯丙烷	千克
	2903750090	其他二氯五氟丙烷	千克
	2903760010	溴氯二氟甲烷	千克
	2903760020	溴三氟甲烷	千克
	2903771000	三氯氟甲烷	千克
	2903772011	二氯二氟甲烷	千克
	2903772012	三氯三氟乙烷，用于清洗剂除外（CFC-113）	千克

续表

货物种类	海关商品编号	商品名称及备注	单位
	2903772014	二氯四氟乙烷（CFC-114）	千克
	2903772015	一氯五氟乙烷（CFC-115）	千克
	2903772016	一氯三氟甲烷（CFC-13）	千克
	2903791011	一氟二氯甲烷	千克
	2903791012	1，1，1，2-四氟-2-氯乙烷	千克
	2903791013	三氟一氯乙烷	千克
	2903791014	1-氟-1，1-二氯乙烷	千克
	2903791015	1，1-二氟-1-氯乙烷	千克
	2903791090	其他仅含氟和氯的甲烷、乙烷及丙烷的卤化衍生物	千克
	2903799021	其他仅含溴、氟的甲烷、乙烷和丙烷	千克
	3824710011	二氯二氟甲烷和二氟乙烷的混合物（R-500）	千克
	3824710012	一氯二氟甲烷和二氯二氟甲烷的混合物（R-501）	千克
	3824710013	一氯二氟甲烷和一氯五氟乙烷的混合物（R-502）	千克
	3824710014	三氟甲烷和一氯三氟甲烷的混合物（R-503）	千克
	3824710015	二氟甲烷和一氯五氟乙烷的混合物（R-504）	千克
	3824710016	二氯二氟甲烷和一氟一氯甲烷的混合物（R-505）	千克
	3824710017	一氟一氯甲烷和二氯四氟乙烷的混合物（R-506）	千克
	3824710018	二氯二氟甲烷和二氯四氟乙烷的混合物（R-400）	千克
	3824740011	二氟一氯甲烷、二氟乙烷和一氯四氟乙烷的混合物（R-401）	千克
	3824740012	五氟乙烷、丙烷和二氟一氯甲烷的混合物（R-402）	千克
	3824740013	丙烷、二氟一氯甲烷和八氟丙烷的混合物（R-403）	千克
	3824740014	二氟一氯甲烷、二氟乙烷、一氯二氟乙烷和八氟环丁烷的混合物（R-405）	千克
	3824740015	二氟一氯甲烷、2-甲基丙烷（异丁烷）和一氯二氟乙烷的混合物（R-406）	千克
	3824740016	五氟乙烷、三氟乙烷和二氟一氯甲烷的混合物（R-408）	千克
	3824740017	二氟一氯甲烷、一氯四氟乙烷和一氯二氟乙烷的混合物（R-409）	千克
	3824740018	丙烯、二氟一氯甲烷和二氟乙烷的混合物（R-411）	千克
	3824740019	二氟一氯甲烷、八氟丙烷和一氯二氟乙烷的混合物（R-412）	千克
	3824740021	二氟一氯甲烷、一氯四氟乙烷、一氯二氟乙烷和2-甲基丙烷的混合物（R-414）	千克

续表

货物种类	海关商品编号	商品名称及备注	单位
	3824740022	二氟一氯甲烷和二氟乙烷的混合物（R-415）	千克
	3824740023	四氟乙烷、一氯四氟乙烷和丁烷的混合物（R-416）	千克
	3824740024	丙烷、二氟一氯甲烷和二氟乙烷的混合物（R-418）	千克
	3824740025	二氟一氯甲烷和八氟丙烷的混合物（R-509）	千克
	3824740026	二氟一氯甲烷和一氯二氟乙烷的混合物	千克
	3824740090	其他含甲烷、乙烷或丙烷的氢氯氟烃混合物（不论是否含甲烷、乙烷或丙烷的全氟烃或氢氟烃，但不含全氯氟烃）	千克

说明：标有“*”的货物免于申领出口许可证，但须按规定申领两用物项和技术出口许可证。

商务部、海关总署发布《2016年出口许可证管理货物目录》的公告

【发布单位】中华人民共和国商务部 海关总署
【发布日期】2015年12月29日

依据《中华人民共和国对外贸易法》《中华人民共和国货物进出口管理条例》和有关规章，现公布《2016年出口许可证管理货物目录》（以下简称目录），自2016年1月1日起执行。2014年12月31日商务部、海关总署发布的《2015年出口许可证管理货物目录》同时废止。有关事项公告如下。

一、列入目录的货物有48种，分别属于出口配额或出口许可证管理

（一）属于出口配额管理的货物为：活牛（对港澳出口）、活猪（对港澳出口）、活鸡（对港澳出口）、小麦、小麦粉、玉米、玉米粉、大米、大米粉、甘草及甘草制品、蔺草及蔺草制品、滑石块（粉）、镁砂 、锯材、棉花、煤炭、原油、成品油（不含润滑油、润滑脂、润滑油基础油）、锑及锑制品、锡及锡制品、白银、铟及铟制品、磷矿石。

出口本款所列上述货物的，须按规定申请取得配额（全球或国别、地区配额），凭配额证明文件申领出口许可证。其中，出口甘草及甘草制品、蔺草及蔺草制品、镁砂、滑石块（粉）的，须凭配额招标中标证明文件申领出口许可证。

（二）属于出口许可证管理的货物为：活牛（对港澳以外市场）、活猪（对港澳以外市场）、活鸡（对港澳以外市场）、冰鲜牛肉、冻牛肉、冰鲜猪肉、冻猪肉、冰鲜鸡肉、冻鸡肉、矾土、稀土、焦炭、成品油（润滑油、润滑脂、润滑油基础油）、石蜡、钨及钨制品、碳化硅、消耗臭氧层物质、铂金（以加工贸易方式出口）、部分金属及制品、钼、钼制品、天然砂（含标准砂）、柠檬酸、青霉素工业盐、维生素C、硫酸二钠、氟石、摩托车（含全地形车）及其发动机和车架、汽车（包括成套散件）

及其底盘等。其中，对向港、澳、台地区出口的天然砂实行出口许可证管理，对标准砂实行全球出口许可证管理。

出口矾土、稀土、焦炭、钨及钨制品、碳化硅、锰、钼、柠檬酸、氟石的，凭货物出口合同申领出口许可证。消耗臭氧层物质的货样广告品需凭出口许可证出口。企业以一般贸易、加工贸易、边境贸易和捐赠贸易方式出口汽车、摩托车产品，须申领出口许可证，并符合申领许可证的条件；企业以工程承包方式出口汽车、摩托车产品，须凭中标文件等相关证明材料申领出口许可证；企业以上述贸易方式出口非原产于中国的汽车、摩托车产品，须凭进口海关单据和货物出口合同申领出口许可证；其他贸易方式出口汽车、摩托车产品免予申领出口许可证。

（三）以边境小额贸易方式出口以招标方式分配出口配额的货物和属于出口许可证管理的消耗臭氧层物质、摩托车（含全地形车）及其发动机和车架、汽车（包括成套散件）及其底盘等货物的，须按规定申领出口许可证。以边境小额贸易方式出口属于出口配额管理的货物的，由有关地方商务主管部门（省级）根据商务部下达的边境小额贸易配额和要求签发出口许可证。以边境小额贸易方式出口本款上述以外的列入《2016年出口许可证管理货物目录》的货物，免于申领出口许可证。

（四）铈及铈合金（颗粒＜500μm）、锆、铍、钨及钨合金（颗粒＜500μm）的出口免于申领出口许可证，但须按规定申领两用物项和技术出口许可证。

（五）我国政府对外援助项下提供的目录内货物不纳入出口配额和出口许可证管理。

二、对玉米、大米、煤炭、原油、成品油、棉花、锑及锑制品、钨及钨制品、白银等货物实行出口国营贸易管理

自2016年1月1日起，暂停对润滑油（27101991）、润滑脂（27101992）和润滑油基础油（27101993）一般贸易出口的国营贸易管理，实行出口许可证管理。企业凭货物出口合同申领出口许可证，海关凭出口许可证验放。其他贸易方式下出口管理仍按商务部、发展改革委、海关总署2008年第30号公告执行。

三、加工贸易项下出口目录内货物的，按以下规定执行

（一）以加工贸易方式出口属于配额管理的货物，凭配额证明文件、加工贸易企业注册地商务主管部门的《加工贸易业务批准证》和货物出口合同申领出口许可证。其中，出口以招标方式分配配额的货物，须凭省级商务主管部门的《加工贸易业务批准证》、配额招标中标证明文件、海关加工贸易进口报关单和货物出口合同申领出口许可证。

（二）以加工贸易方式出口属于出口许可证管理的货物，凭加工贸易企业注册地商务主管部门的《加工贸易业务批准证》、有关批准文件、海关加工贸易进口报关单和货物出口合同申领出口许可证。其中，以加工贸易方式出口石蜡、白银的，须凭省级商务主管部门的《加工贸易业务批准证》、海关加工贸易进口报关单、货物出口合同申领出口许可证，申领白银出口许可证还须加验商务部批件；加工贸易项下出口成品油（不含润滑油、润滑脂、润滑油基础油）免于申领出口许可证，加工贸易项下出口成品油（润滑油、润滑脂和润滑油基础油）须按商务部、发展改革委、海关总署2008年第30号公告执行。

（三）加工贸易项下签发的出口许可证有效期，按《加工贸易业务批准证》核定的出口期限（以下简称核定期限）确定，但不应超过当年12月31日。如核定期限超过当年12月31日，加工贸易企业须于原出口许可证有效期内申请换发下一年度出口许可证，有关发证机构收回并注销原证，扣除已使用的数量后，按核定期限签发下一年度出口许可证，并在备注栏中注明原证证号。

四、为实施出口许可证联网核销，对不属于“一批一证”制的货物，出口许可证签发时应在备注栏内填注“非一批一证”。

在出口许可证有效期内，“非一批一证”制货物可以多次报关使用，但最多不超过12次。12次报关后，出口许可证即使尚存余额，海关也停止接受报关。属于“非一批一证”制的货物为：

1. 外商投资企业出口货物；
2. 加工贸易方式出口货物；
3. 补偿贸易项下出口货物；
4. 小麦、玉米、大米、小麦粉、玉米粉、大米粉、活牛、活猪、活鸡、牛肉、猪肉、鸡肉、原油、成品油、煤炭、摩托车（含全地形车）及其发动机和车架、汽车（包括成套散件）及其底盘。

消耗臭氧层物质的出口许可证管理实行“一批一证”制，出口许可证在有效期内一次报关使用。

五、为维护对外贸易秩序，对目录内部分货物实行指定口岸报关出口

（一）甘草出口的报关口岸指定为天津海关、上海海关、大连海关；甘草制品出口的报关口岸指定为天津海关、上海海关。

（二）镁砂项下产品“按重量计含氧化镁70%以上的混合物”（海关商品编码为3824909200）的出口不再指定报关口岸，镁砂项下其他产品的出口指定大连（大窑湾、营口、鲅鱼圈、丹东、大东港）、青岛（莱州海关）、天津（东港、新港）、长春（图们）、满洲里为报关口岸。

（三）稀土出口的报关口岸指定为天津海关、上海海关、青岛海关、黄埔海关、呼和浩特海关、南昌海关、宁波海关、南京海关和厦门海关。

（四）锑及锑制品出口的报关口岸指定为黄埔海关、北海海关、天津海关。

（五）对台港澳地区出口天然砂的报关口岸限定于企业所在省的海关。

附件：2016年出口许可证管理货物目录

附件：

2016年出口许可证管理货物目录

序号	货物种类	海关商品编号	货物名称	单位
1	活牛	0102290000	非改良种用家牛	千克／头
		0102390010	非改良种用濒危水牛	千克／头
		0102390090	非改良种用其他水牛	千克／头
		0102909010	非改良种用濒危野牛	千克／头
		0102909090	非改良种用其他牛	千克／头
2	活猪			
	活大猪	0103920010	重量在50千克及以上的其他野猪（改良种用的除外）	千克／头
		0103920090	重量在50千克及以上的其他猪（改良种用的除外）	千克／头
	活中猪	0103912010	10≤重量＜50千克的其他野猪（改良种用的除外）	千克／头
		0103912090	10≤重量＜50千克的其他猪（改良种用的除外）	千克／头
	活乳猪	0103911010	重量在10千克以下的其他野猪（改良种用的除外）	千克／头
		0103911090	重量在10千克以下的其他猪（改良种用的除外）	千克／头

续表

3	活鸡	0105941000	超过185克改良种用鸡	千克／只
		0105949000	超过185克其他鸡（改良种用的除外）	千克／只
		0105999300	超过185克的非改良种用珍珠鸡	千克／只
4	冰鲜牛肉	0201100010	整头及半头鲜或冷藏的野牛肉	千克
		0201100090	其他整头及半头鲜或冷藏的牛肉	千克
		0201200010	鲜或冷藏的带骨野牛肉	千克
		0201200090	其他鲜或冷藏的带骨牛肉	千克
		0201300010	鲜或冷藏的去骨野牛肉	千克
		0201300090	其他鲜或冷藏的去骨牛肉	千克
		0206100000	鲜或冷藏的牛杂碎	千克
5	冻牛肉	0202100010	冻藏的整头及半头野牛肉	千克
		0202100090	其他冻藏的整头及半头牛肉	千克
		0202200010	冻藏的带骨野牛肉	千克
		0202200090	其他冻藏的带骨牛肉	千克
		0202300010	冻藏的去骨野牛肉	千克
		0202300090	其他冻藏的去骨牛肉	千克
		0206210000	冻牛舌	千克
		0206220000	冻牛肝	千克
		0206290000	其他冻牛杂碎	千克
6	冰鲜猪肉	0203111010	鲜或冷藏整头及半头野乳猪肉	千克
		0203111090	其他鲜或冷藏的整头及半头乳猪肉	千克
		0203119010	其他鲜或冷藏整头及半头野猪肉	千克
		0203119090	其他鲜或冷藏的整头及半头猪肉	千克
		0203120010	鲜或冷的带骨野猪前腿，后腿及肉块	千克
		0203120090	鲜或冷的带骨猪前腿、后腿及其肉块	千克
		0203190010	其他鲜或冷藏的野猪肉	千克
		0203190090	其他鲜或冷藏的猪肉	千克
		0206300000	鲜或冷藏的猪杂碎	千克

续表

<table>
<tr><td rowspan="10">7</td><td rowspan="10">冻猪肉</td><td>0203219010</td><td>其他冻整头及半头野猪肉</td><td>千克</td></tr>
<tr><td>0203219090</td><td>其他冻整头及半头猪肉</td><td>千克</td></tr>
<tr><td>0203220010</td><td>冻带骨野猪前腿、后腿及肉</td><td>千克</td></tr>
<tr><td>0203220090</td><td>冻藏的带骨猪前腿、后腿及其肉块</td><td>千克</td></tr>
<tr><td>0203290010</td><td>冻藏野猪其他肉</td><td>千克</td></tr>
<tr><td>0203290090</td><td>其他冻藏猪肉</td><td>千克</td></tr>
<tr><td>0206410000</td><td>冻猪肝</td><td>千克</td></tr>
<tr><td>0206490000</td><td>其他冻猪杂碎</td><td>千克</td></tr>
<tr><td>0203211010</td><td>冻整头及半头野乳猪肉</td><td>千克</td></tr>
<tr><td>0203211090</td><td>冻整头及半头乳猪肉</td><td>千克</td></tr>
<tr><td rowspan="5">8</td><td rowspan="5">冰鲜鸡肉</td><td>0207110000</td><td>鲜或冷藏的整只鸡</td><td>千克</td></tr>
<tr><td>0207131100</td><td>鲜或冷的带骨的鸡块</td><td>千克</td></tr>
<tr><td>0207131900</td><td>其他鲜或冷的鸡块</td><td>千克</td></tr>
<tr><td>0207132100</td><td>鲜或冷的鸡翼（不包括翼尖）</td><td>千克</td></tr>
<tr><td>0207132900</td><td>其他鲜或冷的鸡杂碎</td><td>千克</td></tr>
<tr><td rowspan="6">9</td><td rowspan="6">冻鸡肉</td><td>0207120000</td><td>冻的整只鸡</td><td>千克</td></tr>
<tr><td>0207141100</td><td>冻的带骨鸡块（包括鸡胸脯、鸡大腿等）</td><td>千克</td></tr>
<tr><td>0207141900</td><td>冻的不带骨鸡块（包括鸡胸脯、鸡大腿等）</td><td>千克</td></tr>
<tr><td>0207142100</td><td>冻的鸡翼（不包括翼尖）</td><td>千克</td></tr>
<tr><td>0207142200</td><td>冻的鸡爪</td><td>千克</td></tr>
<tr><td>0207142900</td><td>冻的其他食用鸡杂碎（包括鸡翼尖、鸡肝等）</td><td>千克</td></tr>
<tr><td rowspan="8">10</td><td rowspan="8">小麦</td><td>1001110001</td><td>种用硬粒小麦</td><td>千克</td></tr>
<tr><td>1001110090</td><td>种用硬粒小麦</td><td>千克</td></tr>
<tr><td>1001190001</td><td>其他硬粒小麦</td><td>千克</td></tr>
<tr><td>1001190090</td><td>其他硬粒小麦</td><td>千克</td></tr>
<tr><td>1001910001</td><td>其他种用小麦及混合麦</td><td>千克</td></tr>
<tr><td>1001910090</td><td>其他种用小麦及混合麦</td><td>千克</td></tr>
<tr><td>1001990001</td><td>其他小麦及混合麦</td><td>千克</td></tr>
<tr><td>1001990090</td><td>其他小麦及混合麦</td><td>千克</td></tr>
</table>

续表

11	小麦粉	1101000001	小麦或混合麦的细粉	千克
		1101000090	小麦或混合麦的细粉	千克
		1103110001	小麦粗粒及粗粉	千克
		1103110090	小麦粗粒及粗粉	千克
		1103201001	小麦团粒	千克
		1103201090	小麦团粒	千克
12	玉　米	1005100001	种用玉米	千克
		1005100090	种用玉米	千克
		1005900001	其他玉米	千克
		1005900090	其他玉米	千克
13	玉米粉	1102200001	玉米细粉	千克
		1102200090	玉米细粉	千克
		1103130001	玉米粗粒及粗粉	千克
		1103130090	玉米粗粒及粗粉	千克
		1104199010	滚压或制片的玉米	千克
		1104230001	经其他加工的玉米	千克
		1104230090	经其他加工的玉米	千克
14	大米	1006101101	种用籼米稻谷	千克
		1006101190	种用籼米稻谷	千克
		1006101901	其他种用稻谷	千克
		1006101990	其他种用稻谷	千克
		1006109101	其他籼米稻谷	千克
		1006109190	其他籼米稻谷	千克
		1006109901	其他稻谷	千克
		1006109990	其他稻谷	千克
		1006201001	籼米糙米	千克
		1006201090	籼米糙米	千克
		1006209001	其他糙米	千克
		1006209090	其他糙米	千克
		1006301001	籼米精米（不论是否磨光或上光）	千克

续表

15	大米粉	1006301090	籼米精米（不论是否磨光或上光）	千克
		1006309001	其他精米（不论是否磨光或上光）	千克
		1006309090	其他精米（不论是否磨光或上光）	千克
		1006401001	籼米碎米	千克
		1006401090	籼米碎米	千克
		1006409001	其他碎米	千克
		1006409090	其他碎米	千克
		1102901101	籼米大米细粉	千克
		1102901190	籼米大米细粉	千克
		1102901901	其他大米细粉	千克
		1102901990	其他大米细粉	千克
		1103192101	籼米大米粗粒及粗粉	千克
		1103192190	籼米大米粗粒及粗粉	千克
		1103192901	其他大米粗粒及粗粉	千克
		1103192990	其他大米粗粒及粗粉	千克
16	甘草及甘草制品	1211903600	鲜或干的甘草（不论是否切割，压碎或研磨成粉）	千克
		1302120000	甘草液汁及浸膏	千克
		2938909010	甘草酸粉	千克
		2938909020	甘草酸盐类	千克
		2938909030	甘草次酸及其衍生物	千克
17	蔺草及蔺草制品	1401903100	蔺草（已净、漂白或染色的）	千克
		4601291111	蔺草制的提花席、双苜席、垫子（单位面积）1平方米，不论是否包边）	千克 / 张
		4601291112	蔺草制的其他席子（单位面积）1平方米，不论是否包边）	千克 / 张
		9404210010	蔺草包面的垫子（单件面积大于1平方米，无论是否包边）	个 / 千克

续表

18	矾土	2508300000	耐火黏土（不论是否煅烧）（包括矾土、焦宝石及其他耐火黏土）	千克
		2606000000	铝矿砂及其精矿	千克
19	镁砂	2519100000	天然碳酸镁（菱镁矿）	千克
		2519901000	熔凝镁氧矿（电熔镁，包括喷补料）	千克
		2519902000	烧结镁氧矿（重烧镁，包括喷补料）	千克
		2519903000	碱烧镁（轻烧镁）	千克
		2519909910	其他氧化镁含量在70％以上的矿产品	千克
		2530909910	废镁砖	千克
		2530909930	未煅烧的水镁石	千克
		3824909200	按重量计含氧化镁70%以上的混合物	千克
20	滑石块（粉）	2526102000	未破碎及未研粉的滑石（不论是否粗加修整或仅用锯或其他方法切割成矩形板块）	千克
		2526202001	滑石粉（体积百分比90%及以上的产品颗粒度小于等于18微米的）	千克
		2526202090	已破碎或已研粉的其他天然滑石	千克
		3824909100	按重量计含滑石50%以上的混合物	千克
21	稀土			
	中重稀土	2530902010	按重量计中重稀土总含量≥30%的稀土金属矿	千克
		2612200000	钍矿砂及其精矿	千克
		2805301200	镝（未相互混合或相互熔合）	千克
		2805301300	铽（未相互混合或相互熔合）	千克
		2805301700	金属钇（未相互混合或相互熔合）	千克
		2805301913	金属钐（未相互混合或相互熔合）	千克
		2805301914	金属铕（未相互混合或相互熔合）	千克
		2805301915	金属钪（未相互混合或相互熔合）	千克
		2805302110	按重量计中重稀土总含量≥30%的电池级的稀土金属、钪及钇（已相互混合或相互熔合）	千克
		2805302910	按重量计中重稀土总含量≥30%的其他稀土金属、钪及钇（已相互混合或相互熔合）	千克
		2846901100	氧化钇	千克

续表

21	中重稀土	2846901400	氧化铕	千克
		2846901500	氧化镝	千克
		2846901600	氧化铽	千克
		2846901920	氧化铒	千克
		2846901930	氧化钆	千克
		2846901940	氧化钐	千克
		2846901970	氧化镱	千克
		2846901980	氧化钪	千克
		2846901991	灯用红粉	千克
		2846901992	按重量计中重稀土总含量≥30%的其他氧化稀土（灯用红粉、氧化铈除外）	千克
		2846902100	氯化铽	千克
		2846902200	氯化镝	千克
		2846902600	氯化钇	千克
		2846902810	按重量计中重稀土总含量≥30%的混合氯化稀土	千克
		2846902900	其他未混合氯化稀土	千克
		2846903100	氟化铽	千克
		2846903200	氟化镝	千克
		2846903600	氟化钇	千克
		2846904200	碳酸铽	千克
		2846904300	碳酸镝	千克
		2846904600	碳酸钇	千克
		2846904810	按重量计中重稀土总含量≥30%的混合碳酸稀土	千克
		2846904900	其他未混合碳酸稀土	千克
		2846909300	铽的其他化合物	千克
		2846909400	镝的其他化合物	千克
		2846909690	钇的其他化合物（LED用荧光粉除外）	千克
		2846909910	按重量计中重稀土总含量≥30%的稀土金属、钪的其他化合物（LED用荧光粉、铈的化合物除外）	千克
		7202999110	按重量计中重稀土总含量≥30%的铁合金（按重量计稀土元素总含量在10%以上）	千克

续表

21	轻稀土	2530902090	其他稀土金属矿	千克
		2805301100	钕（未相互混合或相互熔合）	千克
		2805301400	镧（未相互混合或相互熔合）	千克
		2805301510	颗粒＜500μm的铈及其合金（含量≥97%，不论球形，椭球体，雾化，片状，研碎金属燃料；未相互混合或相互熔合）	千克
		2805301590	其他金属铈（未相互混合或相互熔合）	千克
		2805301600	金属镨（未相互混合或相互熔合）	千克
		2805301990	其他稀土金属（未相互混合或相互熔合）	千克
		2805302190	其他电池级的稀土金属、钪及钇（已相互混合或相互熔合）	千克
		2805302990	其他稀土金属、钪及钇（已相互混合或相互熔合）	千克
		2846101000	氧化铈	千克
		2846102000	氢氧化铈	千克
		2846103000	碳酸铈	千克
		2846109010	氰化铈	千克
		2846109090	铈的其他化合物	千克
		2846901200	氧化镧	千克
		2846901300	氧化钕	千克
		2846901700	氧化镨	千克
		2846901999	其他氧化稀土（灯用红粉、氧化铈除外）	千克
		2846902300	氯化镧	千克
		2846902400	氯化钕	千克
		2846902500	氯化镨	千克
		2846902890	其他混合氯化稀土	千克
		2846903300	氟化镧	千克
		2846903400	氟化钕	千克
		2846903500	氟化镨	千克
		2846903900	其他氟化稀土	千克
		2846904100	碳酸镧	千克
		2846904400	碳酸钕	千克
		2846904500	碳酸镨	千克

续表

21	轻稀土	2846904890	其他混合碳酸稀土	千克
		2846909100	镧的其他化合物	千克
		2846909200	钕的其他化合物	千克
		2846909500	镨的其他化合物	千克
		2846909990	其他稀土金属、钪的其他化合物（LED用荧光粉、铈的化合物除外）	千克
		7202999191	稀土硅铁合金（按重量计稀土元素总含量在10%以上）	千克
		7202999199	其他按重量计稀土元素总含量在10%以上的铁合金	千克
22	锡及锡制品			
	锡矿砂	2609000000	锡矿砂及其精矿	千克
	锡及锡基合金	2825903100	二氧化锡	千克
		2825903900	其他锡的氧化物及氢氧化物	千克
		8001100000	未锻轧非合金锡	千克
		8001201000	锡基巴毕脱合金	千克
		8001202100	按重量计含铅量在0.1%以下的焊锡	千克
		8001202900	其他焊锡	千克
		8001209000	其他锡合金	千克
		8002000000	锡废碎料	千克
		8003000000	锡及锡合金条、杆、型材、丝	千克
		8007002000	锡板、片及带，厚度超过0.2毫米	千克
		8007004000	锡管及管子附件（例如，接头，肘管，管套 ）	千克
23	锑及锑制品			
	锑砂	2617101000	生锑（锑精矿，选矿产品）	千克
		2617109001	其他锑矿砂及其精矿（黄金价值部分）	千克
		2617109090	其他锑矿砂及其精矿（非黄金价值部分）	千克
	氧化锑	2825800000	锑的氧化物	千克
	锑（包括锑合金）及锑制品	8110101000	未锻轧锑	千克
		8110102000	锑粉末	千克
		8110200000	锑废碎料	千克
		8110900000	其他锑及锑制品	千克

续表

24	煤炭	2701110010	无烟煤（不论是否粉化，但未制成形）	千克
		2701121000	未制成形的炼焦煤（不论是否粉化）	千克
		2701129000	其他烟煤（不论是否粉化，但未制成形）	千克
		2701190000	其他煤（不论是否粉化，但未制成形）	千克
		2702100000	褐煤（不论是否粉化，但未制成形）	千克
25	焦炭	2704001000	焦炭或半焦炭（煤，褐煤或泥煤制成的，不论是否成形）	千克
26	原油	2709000000	石油原油（包括从沥青矿物提取的原油）	千克
27	成品油	2710121000	车用汽油及航空汽油，不含生物柴油	千克／升
		2710122000	石脑油，不含生物柴油	千克／升
		2710129101	壬烯（碳九异构体混合物含量高于90%），不含生物柴油	千克
		2710129190	其他壬烯，不含生物柴油	千克
		2710129910	异戊烯同分异构体混合物，不含生物柴油	千克
		2710129990	其他轻油及制品（包括按重量计含油≥70%的制品），不含生物柴油	千克
		2710191100	航空煤油，不含生物柴油	千克／升
		2710191200	灯用煤油，不含生物柴油	千克／升
		2710191910	正构烷烃（C9-C13），不含生物柴油	千克／升
		2710191990	其他煤油馏分的油及制品，不含生物柴油	千克／升
		2710192300	柴油	千克／升
		2710199100	润滑油，不含生物柴油	千克／升
		2710199200	润滑脂，不含生物柴油	千克／升
		2710199300	润滑油基础油，不含生物柴油	千克／升
		2710200000	石油及从沥青矿物提取的油类（但原油除外）以及以上述油为基本成分（按重量计≥70%）的其他税目未列名制品（含生物柴油<30%，废油除外）	千克／升
		2711110000	液化天然气	千克
28	石蜡	2712200000	石蜡，不论是否着色（按重量计含油量小于0.75%）	千克
		2712901000	微晶石蜡	千克

续表

29	钨及钨制品			
	钨砂	2611000000	钨矿砂及其精矿	千克
		2620991000	其他主要含钨的矿渣、矿灰及残渣	千克
	仲、偏钨酸铵	2841801000	仲钨酸铵	千克
		2841804000	偏钨酸铵	千克
	三氧化钨及蓝色氧化钨	2825901200	三氧化钨	千克
		2825901910	蓝色氧化钨	千克
	钨酸及其盐类	2825901100	钨酸	千克
		2841802000	钨酸钠	千克
		2841803000	钨酸钙	千克
	钨粉及其制品	2849902000	碳化钨	千克
		8101100010	其他颗粒＜500μm的钨及其合金（含量≥97%，不论球形，椭球体，雾化，片状，研碎金属燃料）	千克
		8101100090	其他钨粉末	千克
		8101940000	未锻轧钨（包括简单烧结的条、杆）	千克
		8101970000	钨废碎料	千克
30	碳化硅	2849200000	碳化硅	千克
		3824909910	粗制碳化硅（其中碳化硅含量大于15%，按重量计）	千克
31	消耗臭氧层物质	2903140010	非用于清洗剂的四氯化碳	千克
		2903191010	1，1，1-三氯乙烷（甲基氯仿），用于清洗剂的除外	千克
		2903399020	溴甲烷（甲基溴）	千克
		2903710000	一氯二氟甲烷	千克
		2903720000	二氯三氟乙烷	千克
		2903730000	二氯一氟乙烷	千克
		2903740000	一氯二氟乙烷	千克
		2903750010	1，1，1，2，2-五氟-3，3-二氯丙烷	千克
		2903750020	1，1，2，2，3-五氟-1，3-二氯丙烷	千克
		2903750090	其他二氯五氟丙烷	千克
		2903760010	溴氯二氟甲烷（halon-1211）	千克
		2903760020	溴三氟甲烷（halon-1301）	千克

续表

31	消耗臭氧层物质	2903771000	三氯氟甲烷（CFC-11）	千克
		2903772011	二氯二氟甲烷（CFC-12）	千克
		2903772012	三氯三氟乙烷，用于清洗剂除外（CFC-113）	千克
		2903772014	二氯四氟乙烷（CFC-114）	千克
		2903772015	一氯五氟乙烷（CFC-115）	千克
		2903772016	一氯三氟甲烷（CFC-113）	千克
		2903791011	一氟二氯甲烷	千克
		2903791012	1，1，1，2-四氟-2-氯乙烷	千克
		2903791013	三氟一氯乙烷	千克
		2903791014	1-氟-1，1-二氯乙烷	千克
		2903791015	1，1-二氟-1-氯乙烷	千克
		2903791090	其他仅含氟和氯的甲烷、乙烷及丙烷的卤化衍生物	千克
		2903799021	其他仅含溴、氟的甲烷、乙烷和丙烷	千克
		3824710011	二氯二氟甲烷和二氟乙烷的混合物（R-500）	千克
		3824710012	一氯二氟甲烷和二氯二氟甲烷的混合物（R-501）	千克
		3824710013	一氯二氟甲烷和一氯五氟乙烷的混合物（R-502）	千克
		3824710014	三氟甲烷和一氯三氟甲烷的混合物（R-503）	千克
		3824710015	二氟甲烷和一氯五氟乙烷的混合物（R-504）	千克
		3824710016	二氯二氟甲烷和一氟一氯甲烷的混合物（R-505）	千克
		3824710017	一氟一氯甲烷和二氯四氟乙烷的混合物（R-506）	千克
		3824710018	二氯二氟甲烷和二氯四氟乙烷的混合物（R-400）	千克
		3824740011	二氟一氯甲烷、二氟乙烷和一氯四氟乙烷的混合物（R-401）	千克
		3824740012	五氟乙烷、丙烷和二氟一氯甲烷的混合物（R-402）	千克
		3824740013	丙烷、二氟一氯甲烷和八氟丙烷的混合物（R-403）	千克
		3824740014	二氟一氯甲烷、二氟乙烷、一氯二氟乙烷和八氟环丁烷的混合物（R-405）	千克
		3824740015	二氟一氯甲烷、2-甲基丙烷（异丁烷）和一氯二氟乙烷的混合物（R-406）	千克
		3824740016	五氟乙烷、三氟乙烷和二氟一氯甲烷的混合物（R-408）	千克

续表

31	消耗臭氧层物质	3824740017	二氟一氯甲烷、一氯四氟乙烷和一氯二氟乙烷的混合物（R-409）	千克
		3824740018	丙烯、二氟一氯甲烷和二氟乙烷的混合物（R-411）	千克
		3824740019	二氟一氯甲烷、八氟丙烷和一氯二氟乙烷的混合物（R-412）	千克
		3824740021	二氟一氯甲烷、一氯四氟乙烷、一氯二氟乙烷和2-甲基丙烷的混合物（R-414）	千克
		3824740022	二氟一氯甲烷和二氟乙烷的混合物（R-415）	千克
		3824740023	四氟乙烷、一氯四氟乙烷和丁烷的混合物（R-416）	千克
		3824740024	丙烷、二氟一氯甲烷和二氟乙烷的混合物（R-418）	千克
		3824740025	二氟一氯甲烷和八氟丙烷的混合物（R-509）	千克
		3824740026	二氟一氯甲烷和一氯二氟乙烷的混合物	千克
		3824740090	其他含甲烷、乙烷或丙烷的氢氯氟烃混合物（不论是否含甲烷、乙烷或丙烷的全氟烃或氢氟烃，但不含全氯氟烃）	千克
32	锯材	4406100000	未浸渍的铁道及电车道枕木	千克／立方米
		4407101091	非端部接合的红松厚板材（经纵锯、纵切、刨切或旋切的，厚度超过6毫米）	千克／立方米
		4407101099	非端部接合的樟子松厚板材（经纵锯、纵切、刨切或旋切的，厚度超过6毫米）	千克／立方米
		4407102091	非端部接合濒危白松（云杉，冷杉）厚板材（经纵锯、纵切、刨切或旋切的，厚度超过6毫米）	千克／立方米
		4407102099	非端部接合其他白松（云杉，冷杉）厚板材（经纵锯、纵切、刨切或旋切的，厚度超过6毫米）	千克／立方米
		4407103090	非端部接合的辐射松厚板材（经纵锯、纵切、刨切或旋切的，厚度超过6毫米）	千克／立方米
		4407104090	非端部接合的花旗松厚板材（经纵锯、纵切、刨切或旋切的，厚度超过6毫米）	千克／立方米
		4407109091	非端部接合其他濒危针叶木厚板材（经纵锯、纵切、刨切或旋切的，厚度超过6毫米）	千克／立方米
		4407109099	非端部接合的其他针叶木厚板材（经纵锯、纵切、刨切或旋切的，厚度超过6毫米）	千克／立方米
		4407210090	非端部接合美洲桃花心木（经纵锯、纵切、刨切或旋切的，厚度超过6毫米）	千克／立方米
		4407220090	非端部接合的苏里南肉豆蔻木、巴西胡桃木及美洲轻木（经纵锯、纵切、刨切或旋切的，厚度超过6毫米）	千克／立方米

续表

32	锯材	4407250090	非端部接合的红柳桉木板材（指深红色、浅红色及巴栲红柳桉木，经纵锯、纵切、刨切或旋切的，厚度超过6毫米）	千克／立方米
		4407260090	非端部接合的白柳桉、其他柳桉木和阿兰木板材（经纵锯、纵切、刨切或旋切的，厚度超过6毫米）	千克／立方米
		4407270090	非端部结合的沙比利木板材（经纵锯、纵切、刨切或旋切的，厚度超过6毫米）	千克／立方米
		4407280090	非端部接合的伊罗科木板材（经纵锯、纵切、刨切或旋切的，厚度超过6毫米）	千克／立方米
		4407291090	非端部接合的柚木板材（经纵锯、纵切、刨切或旋切的，厚度超过6毫米）	千克／立方米
		4407299091	非端部接合其他未列名本章子目注释二濒危热带木板材（经纵锯、纵切、刨切或旋切的，厚度超过6毫米）	千克／立方米
		4407299099	非端部接合其他未列名本章子目注释二热带木板材（经纵锯、纵切、刨切或旋切的，厚度超过6毫米）	千克／立方米
		4407910091	非端部接合的蒙古栎厚板材	千克／立方米
		4407910099	非端部接合的其他栎木（橡木）厚板材	千克／立方米
		4407920090	非端部接合的山毛榉木厚板材（经纵锯、纵切、刨切或旋切的，厚度超过6毫米）	千克／立方米
		4407930090	非端部接合的枫木厚板材（经纵锯、纵切、刨切或旋切的，厚度超过6毫米）	千克／立方米
		4407940090	非端部接合的樱桃木厚板材（经纵锯、纵切、刨切或旋切的，厚度超过6毫米）	千克／立方米
		4407950091	非端部接合的水曲柳厚板材	千克／立方米
		4407950099	非端部接合的其他白蜡木厚板材	千克／立方米
		4407991091	非端部接合濒危樟木／楠木／红木厚板材（经纵锯、纵切、刨切或旋切的，厚度超过6毫米）	千克／立方米
		4407991099	非端部接合其他樟木／楠木／红木厚板材（经纵锯、纵切、刨切或旋切的，厚度超过6毫米）	千克／立方米
		4407998091	非端部结合其他温带濒危非针叶厚板材（经纵锯、纵切、刨切或旋切的，厚度超过6毫米）	千克／立方米
		4407998099	非端部接合的其他温带非针叶厚板材（经纵锯、纵切、刨切或旋切的，厚度超过6毫米）	千克／立方米

续表

		4407999091	非端部接合的南美蒺藜木（玉檀木）厚板材（经纵锯、纵切、刨切或旋切的，厚度超过6毫米）	千克／立方米
		4407999092	非端部接合的沉香木及拟沉香木厚板材（经纵锯、纵切、刨切或旋切的，厚度超过6毫米）	千克／立方米
		4407999095	非端部接合的其他濒危木厚板材（经纵锯、纵切、刨切或旋切的，厚度超过6毫米）	千克／立方米
		4407999099	非端部接合的其他木厚板材（经纵锯、纵切、刨切或旋切的，厚度超过6毫米）	千克／立方米
33	棉花	5201000001	未梳的棉花，包括脱脂棉花	千克
		5201000080	未梳的棉花，包括脱脂棉花	千克
		5201000090	未梳的棉花，包括脱脂棉花	千克
		5203000001	已梳的棉花	千克
		5203000090	已梳的棉花	千克
34	白银	7106101100	平均粒径＜3微米非片状银粉	克
		7106101900	平均粒径≥3微米的非片状银粉	克
		7106102100	平均粒径＜10微米片状银粉	克
		7106102900	平均粒径≥10微米的片状银粉	克
		7106911000	纯度达99.99%及以上未锻造银，包括镀金、镀铂的银	克
		7106919000	其他未锻造银，包括镀金、镀铂的银	克
		7106921000	纯度达99.99%及以上半制成银，包括镀金、镀铂的银	克
		7106929000	其他半制成银，包括镀金、镀铂的银	克
35	铂金（铂或白金）	7110110000	未锻造或粉末状铂 （加工贸易方式）	克
		7110191000	板、片状铂 （加工贸易方式）	克
36	部分金属及制品			
	锆	8109200090	其他未锻轧锆；粉末	千克
		8109300000	锆废碎料	千克
		8109900090	其他锻轧锆及锆制品	千克
		2825600090	二氧化锆	千克
	钽	8103201100	松装密度小于2.2g／cm3的钽粉	千克
		8103201900	其他钽粉	千克
		8103209000	其他未锻轧钽，包括简单烧结而成的条、杆	千克

续表

36		8103300000	钽废碎料	千克
		8103909090	其他锻轧钽及其制品	千克
		8103901100	直径小于0.5mm的钽丝	千克
		8103901900	其他钽丝	千克
	锗	8112921010	未锻轧锗废碎料	千克
		8112921090	未锻轧的锗；锗粉末	千克
		8112991000	其他锗及其制品	千克
		2825600001	锗的氧化物	千克
	钒	8112922001	未锻轧、废碎料或粉末状的钒氮合金	千克
		8112992001	其他钒氮合金	千克
		8112922010	未锻轧的钒废碎料	千克
		8112922090	未锻轧的钒；钒粉末	千克
		8112992090	其他钒及其制品	千克
		2825301000	五氧化二钒	千克
		2825309000	其他钒的氧化物及氢氧化物	千克
	铋	2825902100	三氧化二铋	千克
		2825902900	其他铋的氧化物及氢氧化物	千克
		8106001091	其他未锻轧铋	千克
		8106001092	其他未锻轧铋废碎料	千克
		8106001099	其他未锻轧铋粉末	千克
		8106009090	其他铋及铋制品	千克
	钨	3824300010	混合的未烧结金属碳化钨（包括自身混合或与金属黏合剂混合的）	千克
	钛	3206111000	钛白粉	千克
		8108202100	未锻轧海绵钛	千克
		8108202990	其他未锻轧钛	千克

续表

36		8108203000	钛的粉末	千克
		8108300000	钛废碎料	千克
	镓、铼、铌	8112924010	铌废碎料	千克
		8112924090	未锻轧的铌；粉末	千克
		8112929091	未锻轧的镓、铼废碎料	千克
		8112929099	未锻轧的镓、铼；粉末	千克
		8112994000	锻轧的铌及其制品	千克
		8112999090	锻轧的镓、铼及其制品	千克
	钴	8105201000	钴湿法冶炼中间品	千克
		8105202000	未锻轧钴	千克
		8105209001	钴锍及其他冶炼钴时所得的中间产品	千克
		8105209090	其他钴锍、未锻轧钴、粉末	千克
		8105300000	钴锍废碎料	千克
		8105900000	其他钴及制品	千克
		2827393000	氯化钴	千克
		2917112000	草酸钴	千克
		2836993000	碳酸钴	千克
		2822001000	四氧化三钴	千克
		2822009000	其他钴的氧化物及氢氧化物（包括商品氧化钴，但四氧化三钴除外）	千克
		2833299010	硫酸钴	千克
	铍	8112120000*	未锻轧铍、铍粉末	千克
		8112130000*	铍废碎料	千克
		8112190000*	其他铍及其制品	千克
	镍	7501100000	镍锍	千克
		7501201000	镍湿法冶炼中间品	千克
		7501209000	其他氧化镍烧结物、镍的其他中间产品	千克
		7502101000	未锻轧非合金镍，按重量计镍、钴总量≥99.99%，但钴含量≤0.005%	千克
		7502109000	其他未锻轧非合金镍	千克

续表

36		7502200000	未锻轧镍合金	千克
		7503000000	镍废碎料	千克
	锰	8111001010	未锻轧锰废碎料	千克
		8111001090	未锻轧锰；粉末	千克
		8111009000	其他锰及制品	千克
	铬	8112210000	未锻轧铬；铬粉末	千克
		8112220000	铬废碎料	千克
		8112290000	其他铬及其制品	千克
	铂	7110199000	其他半制成铂	克
		7112921000	铂及包铂的废碎料（但含有其他贵金属除外）	克
		7112922001	铂含量在3%以上的其他含有铂及铂化合物的废碎料（但含有其他贵金属除外，主要用于回收铂）	克
		7112922090	其他含有铂及铂化合物的废碎料（但含有其他贵金属除外，主要用于回收铂）	克
		7111000000	以贱金属、银或金为底的包铂材料	克
		7115100000	金属丝布或格栅形状的铂催化剂	克
		2843900020	氯化铂	克
		2843900030	其他铂化合物	克
		2843900090	其他贵金属化合物，贵金属汞齐（不论是否已有化学定义）	克
	钯	7110210000	未锻造或粉末状钯	克
		7110291000	板、片状钯	克
		7110299000	其他半制成钯	克
	铑	7110310000	未锻造或粉末状铑	克
		7110391000	板、片状铑	克
		7110399000	其他半制成铑	克
	钌、铱、锇	7110410000	未锻造或粉末状铱、锇、钌	克
		7110491000	板、片状铱、锇、钌	克

续表

36	铁合金	7110499000	其他半制成铱、锇、钌	克
		7202210010	硅铁，含硅量大于55%，小于90%	千克
		7202210090	硅铁，含硅量大于90%	千克
		7202290010	硅铁，含硅量大于等于30%且不超过55%	千克
		7202290090	硅铁，含硅量小于30%	千克
		7202110000	锰铁，按重量计含碳量在2%以上	千克
		7202190000	锰铁，按重量计含碳量不超过2%	千克
		7202300000	硅锰铁	千克
		7202410000	铬铁，按重量计含碳量在4%以上	千克
		7202490000	铬铁，按重量计含碳量不超过4%	千克
		7202500000	硅铬铁	千克
		7202600000	镍铁	千克
		7202801000	钨铁	千克
		7202802000	硅钨铁	千克
		7202910000	钛铁及硅钛铁	千克
		7202921000	按重量计含钒量在75%及以上钒铁	千克
		7202929000	其他钒铁	千克
		7202930010	铁钽铌合金（钽含量＜10%）	千克
		7202930090	其他铌铁	千克
		7202991100	钕铁硼合金速凝永磁片	千克
		7202991200	钕铁硼合金磁粉	千克
		7202991900	其他钕铁硼合金	千克
		7202999900	其他铁合金	千克
37	钼	2613100000	已焙烧的钼矿砂及其精矿	千克
		2613900000	其他钼矿砂及其精矿	千克
		2825700000	钼的氧化物及氢氧化物	千克
		2841709000	其他钼酸盐	千克
		2841701000	钼酸铵	千克
		7202700000	钼铁	千克
		8102100000	钼粉	千克

续表

37		8102940000	未锻轧钼，包括简单烧结的条、杆	千克
		8102970000	钼废碎料	千克
38	钼制品	8102990000	钼制品	千克
39	铟及铟制品	8112923001	未锻轧的铟	千克
		8112923002	铟粉末	千克
		8112923090	未锻轧的铟废碎料	千克
		8112993000	锻轧的铟及其制品	千克
40	天然砂	2505100000	硅砂及石英砂（不论是否着色）	千克
		2505900010	标准砂（不论是否着色，二十六章的金属矿砂除外）	千克
		2505900090	其他天然砂（不论是否着色，二十六章的金属矿砂除外）	千克
41	柠檬酸	2918140000	柠檬酸	千克
		2918150000	柠檬酸盐及柠檬酸酯	千克
42	青霉素工业盐	2941109900	其他青霉素或衍生物及其盐（包括具有青霉烷酸结构和青霉素衍生物及其盐）	千克
43	维生素C	2936270010	未混合的维生素C原粉（不论是否溶于溶剂）	千克
		2936270020	未混合的维生素C钙、维生素C钠（不论是否溶于溶剂）	千克
		2936270030	颗粒或包衣维生素C（不论是否溶于溶剂）	千克
		2936270090	维生素C酯类及其他（不论是否溶于溶剂）	千克
44	硫酸二钠	2833110000	硫酸二钠	千克
45	氟石（萤石）	2529210000	按重量计氟化钙含量在97%及以下	千克
		2529220000	按重量计氟化钙含量在97%以上	千克
46	磷矿石	2510101000	未碾磨磷灰石	千克
		2510109000	其他未碾磨天然磷酸钙（包括天然磷酸铝钙及磷酸盐白垩，磷灰石除外）	千克
		2510201000	已碾磨磷灰石	千克
		2510209000	其他已碾磨天然磷酸钙（包括天然磷酸铝钙及磷酸盐白垩，磷灰石除外）	千克

续表

<table>
<tr><td rowspan="15">47</td><td rowspan="15">摩托车（含全地形车）及其发动机、车架</td><td>8407310000</td><td>往复式活塞引擎（第87章所列车辆用的点燃往复式活塞发动机，排气量≤50毫升）</td><td>台／千瓦</td></tr>
<tr><td>8407320000</td><td>往复式活塞引擎（第87章所列车辆用的点燃往复式活塞发动机，50毫升＜排气量≤250毫升）</td><td>台／千瓦</td></tr>
<tr><td>8714100010</td><td>摩托车架</td><td>千克</td></tr>
<tr><td>8711100010</td><td>微马力摩托车及脚踏两用车（装有往复式活塞内燃发动机，微马力指排气量＝50毫升）</td><td>辆</td></tr>
<tr><td>8711201000</td><td>小马力摩托车及脚踏两用车（装有往复式活塞内燃发动机，小马力指50毫升＜排气量≤100毫升）</td><td>辆</td></tr>
<tr><td>8711202000</td><td>小马力摩托车及脚踏两用车（装有往复式活塞内燃发动机，小马力指100毫升＜排气量≤125毫升）</td><td>辆</td></tr>
<tr><td>8711203000</td><td>小马力摩托车及脚踏两用车（装有往复式活塞内燃发动机，小马力指125毫升＜排气量≤150毫升）</td><td>辆</td></tr>
<tr><td>8711204000</td><td>小马力摩托车及脚踏两用车（装有往复式活塞内燃发动机，小马力指150毫升＜排气量≤200毫升）</td><td>辆</td></tr>
<tr><td>8711205010</td><td>小马力摩托车及脚踏两用车（装有往复式活塞内燃发动机，小马力指200毫升＜排气量＜250毫升）</td><td>辆</td></tr>
<tr><td>8711205090</td><td>小马力摩托车及脚踏两用车（装有往复式活塞内燃发动机，小马力指排气量＝250毫升）</td><td>辆</td></tr>
<tr><td>8711301000</td><td>小马力摩托车及脚踏两用车（装有往复式活塞内燃发动机，小马力指250毫升＜排气量≤400毫升）</td><td>辆</td></tr>
<tr><td>8711302000</td><td>小马力摩托车及脚踏两用车（装有往复式活塞内燃发动机，小马力指400毫升＜排气量≤500毫升）</td><td>辆</td></tr>
<tr><td>8711400000</td><td>摩托车及脚踏两用车（装有往复式活塞内燃发动机，500＜排气量≤800毫升）</td><td>辆</td></tr>
<tr><td>8711500000</td><td>摩托车及脚踏两用车（装有往复式活塞内燃发动机，排气量＞800毫升）</td><td>辆</td></tr>
<tr><td>8703101100</td><td>全地形车</td><td>辆</td></tr>
<tr><td rowspan="5">48</td><td rowspan="5">汽车（包括成套散件）及其底盘</td><td>8701200000</td><td>半挂车用的公路牵引车</td><td>辆</td></tr>
<tr><td>8702109100</td><td>30座及以上大型客车（柴油型，指装有柴油或半柴油发动机的30座及以上的客运车 ）</td><td>辆</td></tr>
<tr><td>8702109201</td><td>20≤座≤23装有压燃式活塞内燃发动机的客车</td><td>辆</td></tr>
<tr><td>8702109290</td><td>24≤座≤29装有压燃式活塞内燃发动机的客车</td><td>辆</td></tr>
<tr><td>8702109300</td><td>10≤座≤19装有压燃式活塞内燃发动机的客车</td><td>辆</td></tr>
</table>

续表

48	汽车（包括成套散件）及其底盘	8702901000	30座及以上大型客车（其他型，指装有其他发动机的30座及以上的客运车）	辆
		8702902001	20≤座≤23装有非压燃式活塞内燃发动机的客车	辆
		8702902090	24≤座≤29装有非压燃式活塞内燃发动机的客车	辆
		8702903000	10≤座≤19装有非压燃式活塞内燃发动机的客车	辆
		8703213001	排气量≤1升的装有点燃往复式活塞内燃发动机的小轿车	辆
		8703213090	排气量≤1升的装有点燃往复式活塞内燃发动机小轿车的成套散件	辆
		8703214001	排气量≤1升的带点燃往复式活塞内燃发动机的越野车（4轮驱动）	辆
		8703214090	排气量≤1升的带点燃往复式活塞内燃发动机的越野车（4轮驱动）的成套散件	辆
		8703215001	排气量≤1升的带点燃往复式活塞内燃发动机的小客车（9座及以下）	辆
		8703215090	排气量≤1升的带点燃往复式活塞内燃发动机的小客车的成套散件（9座及以下）	辆
		8703219001	排气量≤1升的带点燃往复式活塞内燃发动机的其他车辆	辆
		8703219090	排气量≤1升的带点燃往复式活塞内燃发动机的其他车辆的成套散件	辆
		8703223001	1＜排气量≤1.5升带点燃往复式活塞内燃发动机小轿车	辆
		8703223090	1＜排气量≤1.5升带点燃往复式活塞内燃发动机小轿车的成套散件	辆
		8703224001	1＜排气量≤1.5升带点燃往复活塞内燃发动机四轮驱动越野车	辆
		8703224090	1＜排气量≤1.5升带点燃往复活塞内燃发动机四轮驱动越野车的成套散件	辆
		8703225001	1＜排气量≤1.5升带点燃往复式活塞内燃发动机小客车（≤9座）	辆
		8703225090	1＜排气量≤1.5升带点燃往复式活塞内燃发动机小客车的成套散件（≤9座）	辆
		8703229001	1＜排气量≤1.5升带点燃往复式活塞内燃发动机其他车	辆
		8703229090	1＜排气量≤1.5升带点燃往复式活塞内燃发动机其他车的成套散件	辆

		8703234101	1.5＜排气量≤2升装点燃往复式活塞内燃发动机小轿车	辆
		8703234190	1.5＜排气量≤2升装点燃往复式活塞内燃发动机小轿车的成套散件	辆
		8703234201	1.5＜排气量≤2升装点燃往复式活塞内燃发动机越野车（4轮驱动）	辆
		8703234290	1.5＜排气量≤2升装点燃往复式活塞内燃发动机越野车的成套散件（4轮驱动）	辆
		8703234301	1.5＜排气量≤2升装点燃往复式活塞内燃发动机小客车（9座及以下的）	辆
		8703234390	1.5＜排气量≤2升装点燃往复式活塞内燃发动机小客车的成套散件（9座及以下的）	辆
		8703234901	1.5＜排气量≤2升装点燃往复式活塞内燃发动机的其他载人车辆	辆
		8703234990	1.5＜排气量≤2升装点燃往复式活塞内燃发动机的其他载人车辆的成套散件	辆
48	汽车（包括成套散件）及其底盘	8703235101	2＜排气量≤2.5升装点燃往复式活塞内燃发动机小轿车	辆
		8703235190	2＜排气量≤2.5升装点燃往复式活塞内燃发动机小轿车的成套散件	辆
		8703235201	2＜排气量≤2.5升装点燃往复式活塞内燃发动机越野车（4轮驱动）	辆
		8703235290	2＜排气量≤2.5升装点燃往复式活塞内燃发动机越野车的成套散件（4轮驱动）	辆
		8703235301	2＜排气量≤2.5升装点燃往复式活塞内燃发动机小客车（9座及以下的）	辆
		8703235390	2＜排气量≤2.5升装点燃往复式活塞内燃发动机的小客车的成套散件（9座及以下的）	辆
		8703235901	2＜排气量≤2.5升装点燃往复式活塞内燃发动机的其他载人车辆	辆
		8703235990	2＜排气量≤2.5升装点燃往复式活塞内燃发动机的其他载人车辆的成套散件	辆
		8703236101	2.5＜排气量≤3升装点燃往复式活塞内燃发动机小轿车	辆
		8703236190	2.5＜排气量≤3升装点燃往复式活塞内燃发动机小轿车的成套散件	辆

48	汽车（包括成套散件）及其底盘	8703236201	2.5<排气量≤3升装点燃往复式活塞内燃发动机越野车（4轮驱动）	辆
		8703236290	2.5<排气量≤3升装点燃往复式活塞内燃发动机越野车的成套散件（4轮驱动）	辆
		8703236301	2.5<排气量≤3升装点燃往复式活塞内燃发动机小客车（9座及以下的）	辆
		8703236390	2.5<排气量≤3升装点燃往复式活塞内燃发动机小客车的成套散件（9座及以下的）	辆
		8703236901	2.5<排气量≤3升装点燃往复式活塞内燃发动机的其他载人车辆	辆
		8703236999	2.5<排气量≤3升装点燃往复式活塞内燃发动机的其他载人车辆的成套散件	辆
		8703241101	3<排气量≤4升装点燃往复式活塞内燃发动机小轿车	辆
		8703241190	3<排气量≤4升装点燃往复式活塞内燃发动机小轿车的成套散件	辆
		8703241201	3<排气量≤4升装点燃往复式活塞内燃发动机越野车（4轮驱动）	辆
		8703241290	3<排气量≤4升装点燃往复式活塞内燃发动机越野车的成套散件（4轮驱动）	辆
		8703241301	3<排气量≤4升装点燃往复式活塞内燃发动机的小客车（9座及以下的）	辆
		8703241390	3<排气量≤4升装点燃往复式活塞内燃发动机的小客车的成套散件（9座及以下的）	辆
		8703241901	3<排气量≤4升装点燃往复式活塞内燃发动机的其他载人车辆	辆
		8703241999	3<排气量≤4升装点燃往复式活塞内燃发动机的其他载人车辆的成套散件	辆
		8703242101	排气量>4升装点燃往复式活塞内燃发动机小轿车	辆
		8703242190	排气量>4升装点燃往复式活塞内燃发动机小轿车的成套散件	辆
		8703242201	排气量>4升装点燃往复式活塞内燃发动机越野车（4轮驱动）	辆
		8703242290	排气量>4升装点燃往复式活塞内燃发动机越野车的成套散件（4轮驱动）	辆
		8703242301	排气量>4升装点燃往复式活塞内燃发动机的小客车（9座及以下的）	辆

续表

48	汽车（包括成套散件）及其底盘	8703242390	排气量＞4升装点燃往复式活塞内燃发动机的小客车的成套散件（9座及以下的）	辆
		8703242901	排气量＞4升装点燃往复式活塞内燃发动机的其他载人车辆	辆
		8703242999	排气量＞4升装点燃往复式活塞内燃发动机的其他载人车辆的成套散件	辆
		8703311101	排气量≤1升的装有压燃往复式活塞内燃发动机小轿车	辆
		8703311190	排气量≤1升的装有压燃往复式活塞内燃发动机小轿车的成套散件	辆
		8703311901	排气量≤1升的装有压燃往复式活塞内燃发动机的其他载人车辆	辆
		8703311990	排气量≤1升的装有压燃往复式活塞内燃发动机的其他载人车辆的成套散件	辆
		8703312101	1升＜排气量≤1.5升装压燃往复式活塞内燃发动机小轿车	辆
		8703312190	1升＜排气量≤1.5升装压燃往复式活塞内燃发动机小轿车的成套散件	辆
		8703312201	1升＜排气量≤1.5升装压燃式活塞内燃发动机越野车（4轮驱动）	辆
		8703312290	1升＜排气量≤1.5升装压燃式活塞内燃发动机越野车的成套散件（4轮驱动）	辆
		8703312301	1升＜排气量≤1.5升装压燃往复式活塞内燃发动机小客车（9座及以下的）	辆
		8703312390	1升＜排气量≤1.5升装压燃往复式活塞内燃发动机小客车的成套散件（9座及以下的）	辆
		8703312901	1升＜排气量≤1.5升装压燃往复式活塞内燃发动机的其他载人车辆	辆
		8703312990	1升＜排气量≤1.5升装压燃往复式活塞内燃发动机的其他载人车辆的成套散件	辆
		8703321101	1.5＜排气量≤2升装压燃往复式活塞内燃发动机小轿车	辆
		8703321190	1.5＜排气量≤2升装压燃往复式活塞内燃发动机小轿车的成套散件	辆
		8703321201	1.5＜排气量≤2升装压燃往复式活塞内燃发动机越野车（4轮驱动）	辆

续表

48	汽车（包括成套散件）及其底盘	8703321290	1.5＜排气量≤2升装压燃往复式活塞内燃发动机越野车的成套散件（4轮驱动）	辆
		8703321301	1.5＜排气量≤2升装压燃往复式活塞内燃发动机小客车（9座及以下的）	辆
		8703321390	1.5＜排气量≤2升装压燃往复式活塞内燃发动机小客车的成套散件（9座及以下的）	辆
		8703321901	1.5＜排气量≤2升装压燃往复式活塞内燃发动机的其他载人车辆	辆
		8703321990	1.5＜排气量≤2升装压燃往复式活塞内燃发动机的其他载人车辆的成套散件	辆
		8703322101	2＜排气量≤2.5升装压燃往复式活塞内燃发动机小轿车	辆
		8703322190	2＜排气量≤2.5升装压燃往复式活塞内燃发动机小轿车的成套散件	辆
		8703322201	2＜排气量≤2.5升装压燃往复式活塞内燃发动机越野车（4轮驱动）	辆
		8703322290	2＜排气量≤2.5升装压燃往复式活塞内燃发动机越野车的成套散件（4轮驱动）	辆
		8703322301	2＜排气量≤2.5升装压燃往复式活塞内燃发动机小客车（9座及以下的）	辆
		8703322390	2＜排气量≤2.5升装压燃往复式活塞内燃发动机小客车的成套散件（9座及以下的）	辆
		8703322901	2＜排气量≤2.5升装压燃往复式活塞内燃发动机的其他载人车辆	辆
		8703322990	2＜排气量≤2.5升装压燃往复式活塞内燃发动机的其他载人车辆的成套散件	辆
		8703331101	2.5＜排气量≤3升装压燃往复式活塞内燃发动机小轿车	辆
		8703331190	2.5＜排气量≤3升装压燃往复式活塞内燃发动机小轿车的成套散件	辆
		8703331201	2.5＜排气量≤3升装压燃往复式活塞内燃发动机越野车（4轮驱动）	辆
		8703331290	2.5＜排气量≤3升装压燃往复式活塞内燃发动机越野车的成套散件（4轮驱动）	辆
		8703331301	2.5＜排气量≤3升装压燃往复式活塞内燃发动机小客车（9座及以下的）	辆

续表

48	汽车（包括成套散件）及其底盘	8703331390	2.5＜排气量≤3升装压燃往复式活塞内燃发动机小客车的成套散件（9座及以下的）	辆
		8703331901	2.5＜排气量≤3升装压燃往复式活塞内燃发动机的其他载人车辆	辆
		8703331999	2.5＜排气量≤3升装压燃往复式活塞内燃发动机的其他载人车辆的成套散件	辆
		8703332101	3＜排气量≤4升装压燃往复式活塞内燃发动机小轿车	辆
		8703332190	3＜排气量≤4升装压燃往复式活塞内燃发动机小轿车的成套散件	辆
		8703332201	3＜排气量≤4升装压燃往复式活塞内燃发动机越野车（4轮驱动）	辆
		8703332290	3＜排气量≤4升装压燃往复式活塞内燃发动机越野车的成套散件（4轮驱动）	辆
		8703332301	3＜排气量≤4升装压燃往复式活塞内燃发动机小客车（9座及以下的）	辆
		8703332390	3＜排气量≤4升装压燃往复式活塞内燃发动机小客车的成套散件（9座及以下的）	辆
		8703332901	3＜排气量≤4升装压燃往复式活塞内燃发动机的其他载人车辆	辆
		8703332999	3＜排气量≤4升装压燃往复式活塞内燃发动机的其他载人车辆的成套散件	辆
		8703336101	排气量＞4升装压燃往复式活塞内燃发动机小轿车	辆
		8703336190	排气量＞4升装压燃往复式活塞内燃发动机小轿车的成套散件	辆
		8703336201	排气量＞4升装压燃往复式活塞内燃发动机越野车（4轮驱动）	辆
		8703336290	排气量＞4升装压燃往复式活塞内燃发动机越野车的成套散件（4轮驱动）	辆
		8703336301	排气量＞4升装压燃往复式活塞内燃发动机小客车（9座及以下的）	辆
		8703336390	排气量＞4升装压燃往复式活塞内燃发动机小客车的成套散件（9座及以下的）	辆
		8703336901	排气量＞4升装压燃往复式活塞内燃发动机其他载人车辆	辆
		8703336999	排气量＞4升装压燃往复式活塞内燃发动机其他载人车辆的成套散件	辆

续表

48	汽车（包括成套散件）及其底盘	8703900001	其他型排气量≤1升的其他载人车辆	辆
		8703900002	其他型1.5升＜排气量≤2升的其他载人车辆	辆
		8703900003	其他型2升＜排气量≤2.5升的其他载人车辆	辆
		8703900004	其他型2.5升＜排气量≤3升的其他载人车辆	辆
		8703900005	其他型3升＜排气量≤4升的其他载人车辆	辆
		8703900006	其他型排气量＞4升的其他载人车辆	辆
		8703900007	其他型1升＜排气量≤1.5升的其他载人车辆	辆
		8704210000	柴油型其他小型货车（装有压燃式活塞内燃发动机，小型指车辆总重量≤5吨）	辆
		8704223000	柴油型其他中型货车（装有压燃式活塞内燃发动机，中型指5＜车辆总重量＜14吨）	辆
		8704224000	柴油型其他重型货车（装有压燃式活塞内燃发动机，重型指14≤车辆总重≤20吨）	辆
		8704230010	固井水泥车、压裂车、混砂车、连续油管车、液氮泵车用底盘	辆
		8704230020	起重≥55吨汽车起重机用底盘	辆
		8704230030	车辆总重量≥31吨清障车专用底盘	辆
		8704230090	柴油型的其他超重型货车（装有压燃式活塞内燃发动机，超重型指车辆总重量＞20吨）	辆
		8704310000	总重量≤5吨的其他货车（汽油型，装有点燃式活塞内燃发动机）	辆
		8704323000	5吨＜总重量≤8吨的其他货车（汽油型，装有点燃式活塞内燃发动机）	辆
		8704324000	总重量＞8吨的其他货车（汽油型，装有点燃式活塞内燃发动机）	辆
		8704900000	装有其他发动机的货车	辆
		8706002100	车辆总重量≥14吨的货车底盘（装有发动机的）	台
		8706002200	车辆总重量＜14吨的货车底盘（装有发动机的）	台
		8706003000	大型客车底盘（装有发动机的）	台
		8706009000	其他机动车辆底盘（装有发动机的，编号8701，8703和8705所列车辆用）	台

国家发展改革委、商务部公布《2016年农产品进口关税配额再分配公告》

【发布单位】国家发展改革委 商务部
【发布日期】2016年8月17日

根据《农产品进口关税配额管理暂行办法》，特制定《2016年农产品进口关税配额再分配公告》，现予以公布。

2016年农产品进口关税配额再分配公告

根据《农产品进口关税配额管理暂行办法》（商务部、国家发展和改革委员会令2003年第4号，以下简称《暂行办法》）、《2016年粮食进口关税配额申领条件和分配原则》和《2016年棉花进口关税配额申领条件和分配原则》（国家发展和改革委员会公告2015年第22号，以下简称《分配原则》）、《2016年食糖进口关税配额申请和分配细则》（商务部公告2015年第42号，以下简称《分配细则》）中的有关规定，现将2016年农产品进口关税配额再分配的有关事项公告如下。

一、持有2016年小麦、玉米、稻谷及大米、食糖、棉花进口关税配额的最终用户，当年未就全部配额数量签订进口合同，或已签订进口合同但预计年底前无法从始发港出运的，均应将其持有的关税配额量中未完成或不能完成的部分于9月15日前交还所在地的省（自治区、直辖市、计划单列市）发展改革委、商务主管部门。国家发展改革委、商务部将对交还的配额进行再分配。对最终用户9月15日前没有交还且年底前未充分使用的配额，国家发展改革委、商务部在分配下一年农产品进口关税配额时按比例相应扣减。

二、获得本公告第一条所列商品2016年进口关税配额并全部使用完毕（须提供进口报关单复印件）的最终用户，以及符合《分配原则》《分配细则》中所列申请条件但在年初前分配时未申请2016年进口关税配额的新用户，可以向所在地省（自治区、直辖市、计划单列市）发展改革委、商务主管部门提出农产品进口关税配额再分配申请。

三、申请者须在9月1日至15日以书面形式向所在地省（自治区、直辖市、计划单列市）发展改革委、商务主管部门递交关税配额再分配申请。相关商品申请格式见附件。

四、各省（自治区、直辖市、计划单列市）发展改革委、商务主管部门对申请者的申请进行初步审核后，于9月1日开始将符合条件的申请通过农产品进口关税配额计算机管理系统分别进行申报，并于9月20日前将申请按时间顺序汇总后，以书面形式分别上报国家发展改革委、商务部。

五、国家发展改革委、商务部按照网上申报的顺序对用户交回的配额进行再分配。10月1日前将关税配额再分配的结果通知到最终用户。

当符合条件的申请数量总和小于关税配额再分配量时，每个申请者的申请均可获得满足；当符合条件的申请数量总和大于关税配额再分配量时，根据《分配原则》《分配细则》中的有关规定，按照先来先领的原则进行再分配。

六、再分配关税配额的有效期等其他事项按照《暂行办法》《分配原则》《分配细则》执行。

七、小麦、玉米、稻谷及大米、棉花进口关税配额的再分配，由国家发展改革委会同商务部以及各省（自治区、直辖市、计划单列市）发展改革委组织实施；食糖进口关税配额再分配，由商务部以及各省（自治区、直辖市、计划单列市）商务主管部门组织实施。

附件：

1. 2016年粮食进口关税配额再分配申请表
2. 2016年棉花进口关税配额再分配申请表
3. 2016年食糖进口关税配额再分配申请表

附件1

2016年粮食进口关税配额再分配申请表

申请企业盖章：　　　　　　　　　　　　企业法人代表签字：

企业名称：			统一社会信用代码：
企业注册地址：			
企业性质：□ 国有　□股份制　□民营　□外商投资			联系电话：
注册资本（万元）：	2015年纳税额（万元）：		2015年底资产负债率：
2013年至2015年在以下方面有无违规记录，有的在“□”内打√ □ 海关　□ 工商　□ 税务　□ 外汇　□ 检验检疫　□ 粮食流通　□ 环保			
银行信用等级：	有无不良贷款信用记录：□ 有　□ 无		
申请农产品配额名称：	申请数量（吨）	一般贸易：	
		加工贸易：	
□ 2015年有该农产品一般贸易进口实绩者	□ 2015年有该农产品加工贸易进口实绩者	□ 2015年无该农产品进口实绩者	
以下由生产企业填写			

企业生产经营情况	一般贸易	□2015年　□新企业	
		产品名称：	加工原料名称：
		年生产能力（吨）：	年处理能力（吨）：
		年实际产量（吨）：	年实际用量（吨）：
		该产品年销售额（万元）：	
	加工贸易	□2015年　□新企业	
		出口产品名称：	进口原料名称：
		年实际出口量（吨）：	年实际进口量（吨）：
		年加工出口能力（吨）：	年进口处理需求（吨）：

续表

<table>
<tr><td colspan="4">以下由具有大米批发零售资格的粮食企业填写</td></tr>
<tr><td colspan="3">2014年大米贸易年销售额（万元）：</td><td>2015年大米贸易完成销售额（万元）：</td></tr>
<tr><td colspan="4">以下由有进口实绩（不包括代理进口）的企业填写</td></tr>
<tr><td rowspan="7">企业实际进口情况</td><td></td><td>2015年分配</td><td>2016年分配</td></tr>
<tr><td rowspan="3">一般贸易配额</td><td>分配量（吨）：</td><td>分配量（吨）：</td></tr>
<tr><td>实际进口量（吨）：</td><td>已完成进口量（吨）：</td></tr>
<tr><td>调整期退回量（吨）：</td><td>调整期退回量（吨）：</td></tr>
<tr><td rowspan="3">加工贸易配额</td><td>分配量（吨）：</td><td>分配量（吨）：</td></tr>
<tr><td>实际进口量（吨）：</td><td>已完成进口量（吨）：</td></tr>
<tr><td>调整期退回量（吨）：</td><td>调整期退回量（吨）：</td></tr>
<tr><td colspan="4">备注：</td></tr>
</table>

填表说明：1.“企业生产经营情况”：指企业2014年或2015年以申请进口的农产品（包括粉、粒）为主要原料加工产品实际生产经营情况；2.申请加工贸易的新企业按照当地商务部门出具的加工贸易能力证明，填写产品“年加工出口能力”和原料“年进口处理需求”；3.统一社会信用代码未取得的，请填写工商注册号。

附件2

2016年棉花进口关税配额再分配申请表

申请企业盖章：　　　　　　　　　　　　企业法人代表签字：

<table>
<tr><td colspan="4">企业名称：</td><td rowspan="2">统一社会信用代码：</td></tr>
<tr><td colspan="4">企业注册地址：</td></tr>
<tr><td colspan="4">企业性质：□ 国有　□股份制　□民营　□外商投资</td><td>联系电话：</td></tr>
<tr><td>注册资本（万元）：</td><td colspan="3">2015年纳税额（万元）：</td><td>2015年底资产负债率：</td></tr>
<tr><td colspan="5">2013年至2015年在以下方面有无违规记录，有的在“□”内打√
□ 海关　□ 工商　□ 税务　□ 外汇　□ 检验检疫　□ 环保</td></tr>
<tr><td colspan="2">银行信用等级：</td><td colspan="3">有无不良贷款信用记录：□ 有　□ 无</td></tr>
<tr><td colspan="2" rowspan="2">棉花配额再分配申请数量（吨）：</td><td colspan="3">一般贸易：</td></tr>
<tr><td colspan="3">加工贸易：</td></tr>
<tr><td>□ 2015年有棉花一般贸易进口实绩者</td><td colspan="3">□ 2015年有棉花加工贸易进口实绩者</td><td>□ 2015年无棉花进口实绩者</td></tr>
</table>

续表

<table>
<tr><td colspan="4">以下由生产企业填写</td></tr>
<tr><td rowspan="10">企业生产经营情况</td><td rowspan="5">一般贸易</td><td colspan="2">□2015年 □新企业</td></tr>
<tr><td>产品名称：</td><td>加工原料名称：</td></tr>
<tr><td>纺纱能力（万锭）：</td><td>年处理能力（吨）：</td></tr>
<tr><td>年实际产量（吨）：</td><td>年实际用量（吨）：</td></tr>
<tr><td colspan="2">该产品年销售额（万元）：</td></tr>
<tr><td rowspan="5">加工贸易</td><td colspan="2">□2015年 □新企业</td></tr>
<tr><td>出口产品名称：</td><td>进口原料名称：</td></tr>
<tr><td>纺纱能力（万锭）：</td><td>年实际进口量（吨）：</td></tr>
<tr><td>年加工出口能力（吨）：</td><td>年进口处理需求（吨）：</td></tr>
<tr><td colspan="2">申请企业与报关企业名称是否一致：□是
申请企业与报关企业名否一致：□否（报关企业名称：）</td></tr>
<tr><td colspan="4">以下由有进口实绩（不包括代理进口）的企业填写</td></tr>
<tr><td rowspan="8">企业实际进口情况</td><td></td><td>2015年分配</td><td>2016年分配</td></tr>
<tr><td rowspan="3">一般贸易配额</td><td>分配量（吨）：</td><td>分配量（吨）：</td></tr>
<tr><td>实际进口量（吨）：</td><td>已完成进口量（吨）：</td></tr>
<tr><td>调整期退回量（吨）：</td><td>调整期退回量（吨）：</td></tr>
<tr><td rowspan="4">加工贸易配额</td><td>分配量（吨）：</td><td>分配量（吨）：</td></tr>
<tr><td>实际进口量（吨）：</td><td>已完成进口量（吨）：</td></tr>
<tr><td>调整期退回量（吨）：</td><td>调整期退回量（吨）：</td></tr>
<tr><td colspan="2">申请企业与报关企业名称是否一致：□是
□否（报关企业名称：）</td></tr>
<tr><td colspan="4">备注：</td></tr>
</table>

填表说明：1.“企业生产经营情况”：指企业2015年以棉花为主要原料加工产品实际生产经营情况；2.申请加工贸易的企业按照当地商务部门出具的加工贸易能力证明，填写产品“年加工出口能力”和原料“年进口处理需求”；3.统一社会信用代码未取得的，请填写工商注册号。

附件3

2016年食糖进口关税配额再分配申请表

申请企业盖章：　　　　　　　　　　　　企业法人代表签字：

<table>
<tr><td colspan="6">企业名称：</td></tr>
<tr><td colspan="6">企业注册地址：</td></tr>
<tr><td colspan="6">企业性质：□国有　□股份制　□民营　□外商投资</td></tr>
<tr><td colspan="6">企业类型：　□生产企业　□贸易企业</td></tr>
<tr><td colspan="6">统一社会信用代码：</td></tr>
<tr><td colspan="6">联系电话：</td></tr>
<tr><td colspan="2">申请配额名称：</td><td>□2015年有食糖一般贸易进口实绩者</td><td colspan="2">□2015年有食糖加工贸易进口实绩者</td><td>□2015年无食糖进口实绩者</td></tr>
<tr><td rowspan="2">一般贸易</td><td colspan="2">申请数量：</td><td rowspan="2">加工贸易</td><td colspan="2">申请数量：</td></tr>
<tr><td colspan="2">报关口岸：①　②</td><td colspan="2">报关口岸：①　②</td></tr>
<tr><td colspan="6">以下由生产企业填写：</td></tr>
<tr><td colspan="2" rowspan="4">2015年企业产品及生产能力</td><td colspan="2">产品名称：</td><td colspan="2"></td></tr>
<tr><td colspan="2">日产量（吨）：</td><td colspan="2">日食糖使用量（吨）：</td></tr>
<tr><td colspan="2">年产量（吨）：</td><td colspan="2">年食糖使用量（吨）：</td></tr>
<tr><td colspan="4">该产品年销售额（万元）：</td></tr>
<tr><td colspan="6">以下由有加工贸易进口实绩的企业填写：</td></tr>
<tr><td rowspan="3">2015年加工贸易配额</td><td colspan="2">申请到配额量（吨）：</td><td rowspan="3">2016年加工贸易配额</td><td colspan="2">已申领到配额量（吨）：</td></tr>
<tr><td colspan="2">实际进口量（吨）：</td><td colspan="2">已完成进口量（吨）：</td></tr>
<tr><td colspan="2">调整期退回量（吨）：</td><td colspan="2">调整期退回量（吨）：</td></tr>
<tr><td colspan="6">以下由有一般贸易进口实绩的企业填写（不包括代理进口）：</td></tr>
<tr><td rowspan="3">2015年一般贸易配额</td><td colspan="2">分配量（吨）：</td><td rowspan="3">2016年一般贸易配额</td><td colspan="2">分配量（吨）：</td></tr>
<tr><td colspan="2">实际进口量（吨）：</td><td colspan="2">已完成进口量（吨）：</td></tr>
<tr><td colspan="2">调整期退回量（吨）：</td><td colspan="2">调整期退回量（吨）：</td></tr>
<tr><td colspan="6">是否同意对外提供本企业基本信息和配额申领数量　□是　□否</td></tr>
<tr><td colspan="6">授权机构审核意见：</td></tr>
</table>

填表说明："2015年企业产品及生产能力"指以食糖为主要原料生产的产品及生产能力。

关于国家储备棉轮换有关安排的公告

【发布单位】国家发展改革委 财政部
【发布文号】2016年第9号
【发布日期】2016年4月15日

经国务院批准，国家发展改革委、财政部决定从今年起逐步有序消化国家储备棉库存，将储备规模调整至合理水平。现将有关事项公告如下。

一、储备棉消化总体思路

国家储备棉消化主要按照“不对称轮换、先轮出后轮入、多轮出少轮入”的方式进行操作，具体遵循以下四方面原则。

一是有利于促进产业持续健康发展。统筹考虑国内棉花种植和纺织行业发展，处理好稳定棉花生产与消化储备棉、扩大纺织用棉需求与推进产业转型升级之间的关系，促进棉花生产、流通、加工协调发展。

二是有利于引导市场平稳运行。储备棉消化要遵循市场规律，轮出保持常态化和机制化，轮入也随行就市，稳定市场预期，方便企业提前规划生产经营。

三是有利于减轻财政负担。尽可能多轮出、少轮入，妥善做好储备棉消化；改进操作方式，提高工作效率，尽可能减少财政支出。

四是有利于完善棉花储备调控机制。及时总结经验，健全完善动态、规范的储备棉轮入轮出机制，规范储备管理，不断提高储备调控效率。

二、储备棉轮出有关安排

（一）轮出方式。储备棉轮出原则上通过全国棉花交易市场以公开竞价的方式挂牌销售，如有需要国家将增加其他指定的交易平台开展储备棉交易。

（二）轮出时间。原则上每年3月至8月国家法定工作日均安排储备棉挂牌竞价销售。当年9月至下一年2月新棉集中上市期间暂停储备棉轮出。

（三）轮出数量。正常情况下每日储备棉挂牌销售数量不超过5万吨，具体轮出数量以实际成交为准。如一段时期内国内外市场价格出现明显快速上涨，储备棉竞价销售成交率一周有三日以上超过70%，将适当加大挂牌销售数量。储存时间长的棉花优先安排轮出。

（四）轮出价格。储备棉轮出销售底价随行就市动态确定，原则上挂牌销售底价与国内外棉花现货价格挂钩联动，由国内市场棉花现货价格指数和国际市场棉花现货价格指数各按50%的权重计算确定，每周调整一次（具体计算公式见附件）。

（五）公证检验。轮出的储备棉由中国纤维检验局组织对质量和重量进行全面公证检验。

三、储备棉轮入有关安排

为优化储备棉库存品质结构，在储备棉轮出后少量轮入高品质棉花。轮入时间，集中安排在新棉上市期间（当年9月至下一年2月）。轮入数量，主要根据上一年度储备棉实际轮出情况和当年度棉花市场供需状况确定，原则上最多不超过上年度实际轮出数量的30%。如新棉上市后市场供应偏紧，将不安排储备棉轮入。轮入价格，随行就市。具体安排届时另行公布。

四、2015/2016年度储备棉轮出有关安排

为了给市场棉花销售留出一定的空间，实现向新机制消化储备棉平稳有序过渡，2015/2016年度储备棉轮出在遵循上述有关安排的同时，对轮出时间和轮出数量作如下细化规定。

（一）从5月份开始轮出。具体轮出时间为2016年5月3日—2016年8月31日的国家法定工作日。

（二）轮出总量不超过200万吨。原则上每日挂牌销售数量不超过3万吨，优先安排进口棉轮出。

五、其他规定

（一）为做好储备棉轮出工作，中国储备棉管理总公司、全国棉花交易市场和中国纤维检验局将制定储备棉出库、竞价交易、公证检验等方面的相关实施细则，并通过各自官网和全国棉花交易市场网站（www.cnce.com）对外公布。

（二）在储备棉消化过程中，如国内外棉花市场发生重大变化，国家发展改革委和财政部将根据国务院有关精神，对储备棉消化相关安排作适当调整和完善，届时另行公布。

特此公告。

附件：

国家储备棉轮出销售底价计算公式

国家储备棉轮出销售底价每周调整确定一次，具体计算公式如下：

本周储备棉轮出销售底价（折标准级 3128B）=上一周国内市场棉花现货价格指数算术平均值×权重50%+上一周国际市场棉花现货价格指数算术平均值×权重50%

其中，1. 国内市场棉花现货价格指数=[中国棉花价格指数（3128B品种）+国家棉花价格指数（3128B 品种）]÷2；

2. 国际市场棉花现货价格指数=考特鲁克 A 指数（折美元/吨）×汇率×（1+关税1%）×（1+增值税 13%）；

3. 汇率参照海关征税方式，采用上一个月第三个星期三（如逢法定节假日，则顺延采用第四个星期三）

中国人民银行公布的外币对人民币的基准汇率。

质量等级价差按照中国棉花协会公布的棉花质量价差表执行。

关于组织国家储备棉轮出销售的公告

【发布单位】中国储备棉管理总公司 全国棉花交易市场 中国纤维检验局

【发布文号】2016年第1号

【发布日期】2016年4月25日

各涉棉企业：

根据国家发展和改革委员会、财政部联合发布的《关于国家储备棉轮换有关安排的公告》（2016年第9号）精神，全国棉花交易市场、中国储备棉管理总公司、中国纤维检验局分别制定了《2015/2016年度国家储备棉轮出交易办法》（见附件1）、《2015/2016年度国家储备棉出库实施细则》（见附件2）和《2015/2016年度国家储备棉轮出公证检验实施办法》（见附件3），现予以公布。

特此公告。

附件：

1. 2015/2016年度国家储备棉轮出交易办法

2. 2015/2016年度国家储备棉出库实施细则

3. 2015/2016年度国家储备棉轮出公证检验实施办法

附件1

2015/2016年度国家储备棉轮出交易办法

第一章　总则

第一条　为保证国家储备棉（以下简称“储备棉”）轮出交易按照“公开、公正、公平”的原则进行，根据《中华人民共和国合同法》及有关规定，制定本办法。

第二条　本办法适用于规范2015/2016年度储备棉轮出交易行为，全国棉花交易市场（以下简称“交易市场”）、买方、卖方和储备棉承储仓库等相关各方须遵守此办法。

第二章　交易地点和时间

第三条　储备棉轮出交易由国家有关部门委托交易市场组织实施。

第四条　轮出交易时间为2016年5月3日至2016年8月31日期间的国家法定工作日。每日具体交易时间分为上午和下午各1节，即：上午交易节自10:00开始交易，10:30开始1分钟倒计时，11:00开始30秒倒计时，直至闭市；下午交易节自3:00开始交易，3:30开始1分钟倒计时，4:00开始30秒倒计时，直至闭市。如上午交易节至下午3:00仍未结束，则下午交易节于上午交易节结束后即开始。

第三章　交易资格

第五条　储备棉轮出交易的卖方为中国储备棉管理总公司（以下简称“中储棉总公司”）。

参与储备棉轮出交易的买方为经国家工商行政管理部门登记注册的法人企业，资信状况良好，无不良经营记录。

参与轮出交易的买方应注册为交易市场交易商。如企业尚未成为交易市场交易商，须按照交易市场有关规定办理入市手续，交易市场相应开通交易权限。

第六条　交易商通过网络远程参与轮出交易。交易商应对其在交易市场的一切交易活动承担经济和法律责任。

第四章　交易方式

第七条　储备棉轮出通过竞卖交易方式销售。

竞卖交易是指拟销售的储备棉质量和数量等基础数据通过交易市场预先公布后挂牌报价，由符合资格的买方交易商（以下简称“买方”）自主加价，按价格优先、时间优先原则，以最高购买价成交，双方通过交易市场签订购销合同的交易方式。

第八条 竞卖交易实行倒计时制。即所有参与交易的买方对当日某一交易节内所有批次的储备棉在规定时间内不再提出任何新的报价，则该交易节全场结束竞价，自动成交。

第九条 标准级（3128B）储备棉的销售底价按国家有关部门规定的方式计算确定，非标准级储备棉的销售底价由交易市场按中国棉花协会公布的有关质量差价表计算确定。每日上市数量和实际批次储备棉的销售底价以届时公布的上市数据为准。

买方在销售底价基础上自主加价，每次最小加价幅度为20元/吨。

第十条 成交后，买方与中储棉总公司签订经国家工商行政管理部门登记备案的《国家储备棉购销合同》，交易市场见证。

第十一条 交易的计量单位为“吨”，计价单位为“元/吨”（含增值税）。

第五章 交易资料披露

第十二条 可上市交易的轮出储备棉的公证检验数据及时通过中国纤维检验局（以下简称“中纤局”）、中储棉总公司和交易市场网站上发布。

第十三条 储备棉轮出交易资源由国家有关部门委托中储棉总公司负责组织，由中纤局按照GB1103.1-2012《棉花第1部分：锯齿加工细绒棉》国家标准组织全面公证检验，每批储备棉的公证检验证书标示结果作为参与交易和成交结算货款的质量、重量依据。

进口棉的重量按原进口时的商检净重检验结果销售。2014/2015年度已经过公证检验的进口棉不再进行公证检验。

第十四条 中储棉总公司于上市交易前1个工作日按照有关部门规定的格式向交易市场提供拟上市交易的储备棉生产年度、产地、存放仓库、质量、数量、上市日期等基础资料。

第十五条 交易市场至迟于上市交易前1个工作日对外公布拟上市交易的储备棉资料。

第十六条 交易市场通过官网（www.cnce.com）“2015/2016年度储备棉轮出”专栏免费提供交易实时行情服务。

第十七条 交易市场及时将成交情况报送国家有关部门和中储棉总公司。

第六章 保证金、货款收付和手续费

第十八条 参加储备棉轮出交易的买方须于交易前在交易市场指定账户存放不少于30万元的保证金。交易市场预存交易商的交易保证金实行专户管理，具体账户为：

收款单位：北京全国棉花交易市场集团有限公司

开户行：中国农业发展银行总行营业部

账　号：20399990010100000038471

或：

开户行：中国工商银行北京分行金融街支行

账　号：0200216819200056225

或：

开户行：中国建设银行北京分行苏州桥支行

账　号：11001079800053005023

交易市场只接受本单位的汇款作为交易保证金。

第十九条 交易过程中，买方如保证金不足，将暂停交易，直至补足为止。

第二十条 成交后，交易市场从买方预存保证金中根据成交数量按1000元/吨的标准暂扣其保证金作为履约保证金。

第二十一条 买方须于成交后3个工作日内签订《国家储备棉购销合同》，并于成交后5个工作日内将成交货款汇至中储棉总公司“储备棉结算专户”，否则视为买方违约，交易市场扣除相应合同违约金后，相关批次棉花重新上市交易。

为简化操作手续，买方通过在交易市场提供的《国家储备棉购销合同》上加盖电子印章的方式完成买方签订购销合同的手续。交易市场免费为买方办理电子印章，具体按交易市场有关规定程序执行。

交易市场向中储棉总公司提供纸质《国家储备棉购销合同》。

为加快结算速度，减少资金在途时间，买方应按照合同金额汇款，并在汇款备注栏中标注成交合同号。

第二十二条 中储棉总公司在确认收到买方货款后2个工作日内向买方开具《储备棉出库单》，同时向承储仓库发出出库通知。买方凭《储备棉出库单》原件或中储棉总公司与买方约定的其他方式到承储仓库办理提货手续。

第二十三条 交易市场根据中储棉总公司的通知释放买方履约保证金，或将有关保证金扣为违约金。交易市场定期将违约金划转给中储棉总公司，由中储棉总公司上交中央财政。

第二十四条 交易市场按10元/吨（含税）向成交的买方收取交易手续费。中储棉总公司的交易手续费按有关政策规定执行。

第七章 交货及提货

第二十五条 除不可抗力外，买方应于有关批次《储备棉出库单》开具之日起10个工作日（含）内提货完毕，承储仓库应及时办理出库有关事宜，不得无故拒绝、拖延、阻挠。

买方逾期未提货的，相关棉花转作商品棉管理。

第二十六条 应买方要求，承储仓库应在代办运输、申报车皮计划、搬倒、装运等方面提供必要协助。

第二十七条 储备棉交货和提货过程中，所有票据的合法性和有效性由提供方负责。

第二十八条 储备棉出库费执行国家有关部门统一规定。除双方事先另有约定外，储备棉承储仓库不得额外收取任何费用，不得强行要求买方使用指定的运输工具。

第八章 质量重量保障和交易纠纷处理

第二十九条 买方如对购买的国产棉的质量和重量或进口棉的质量的检验结果有异议，可以在《储备棉出库单》出具之日起的10个工作日内向交易市场提交复检申请，交易市场初审符合申请条件的及时转交中纤局并抄送中储棉总公司，中纤局指定复检机构按申请人申请项目进行复检；超出10个工作日，有关单位不接受复检申请。

2014/2015年度公证检验的进口棉可接受颜色级、轧工质量、长度和马克隆值的复检申请；2015/2016年度公证检验的进口棉可接受颜色级、轧工质量、长度、马克隆值、断裂比强度和长度整齐度指数的复检申请；2015/2016年度公证检验的国产棉可接受公定重量、颜色级、轧工质量、长度、马克隆值、断裂比强度和长度整齐度指数的复检申请。

进口棉不接受重量复检申请。

有关复检程序和结果反馈按照中纤局有关规定执行。

交易市场复检申请传真号码：010-88087278；联系电话：010-59338692。

第三十条 买方在提交复检申请的同时，须将复检费用预存在交易市场储备棉交易保证金账户，或保障买方在交易市场预存的可动用保证金数额足够支付复检费用。

复检费用标准为：只检验质量的，费用标准为43元/吨；只检验重量的，费用标准为37元/吨；同时检验质量和重量的，费用标准为80元/吨。

第三十一条 国产棉的质量复检结果中，颜色级、轧工质量、长度级、马克隆值级、断裂比强度级、长度整齐度指数中任意一项指标与原公证检验结果不一致的，买方可提出退货，如买方选择不退货，仍按原公证检验结果结算货款。

国产棉的重量复检结果与原公定重量检验结果差异在1%及以内的，按原公定重量检验结果结算货款；重量复检结果与原公定重量检验结果差异在1%以上的，买方可提出退货，如买方选择不退货，仍按原公定重量检验结果结算货款。

进口棉质量复检结果中，颜色级、轧工质量、长度级、马克隆值级、断裂比强度级、长度整齐度指数中任意一项指标与原公证检验结果不一致的，买方可提出退货，如买方选择不退货，仍按原检验结果结算货款。

仓库配合复检发生的搬倒费用（40元/吨）由买方承担。如复检结果与原公证检验结果一致的，有关复检费用由买方承担，否则，买方交易商不承担复检费用。

质量复检结果与原公证检验结果是否一致的标准按中纤局发布的有关规定执行。

第三十二条 除非发生下列情形，已成交储备棉不予退货。

1. 经中纤局认定的掺杂使假；

2. 经中纤局复检认定质量或重量与原检验结果不一致；

3. 棉包内部有污染、霉变现象。

轮出的储备棉如存在掺杂使假等严重质量问题，由中纤局按照《棉花质量监督管理条例》予以处理。

第三十三条 在买方购买的储备棉符合退货条件且买方选择退货的情况下，中储棉总公司应及时办理退货手续，并于买方提出退货申请且原“捆”棉花已退回原承储仓库的5个工作日内将成交货款退还给买方。

买方只能按成交时的整“捆”办理退货。

第三十四条 交易市场鼓励交易双方协商解决纠纷，协商不成的可向交易市场申请调解，协商或调解不成的，可以向合同签订地人民法院提起法律诉讼。

第九章 其他

第三十五条 买方可到中储棉总公司自行领取《储备棉出库单》（纸质）以及增值税专用发票，也可委托指定人员凭委托书到中储棉总公司办理有关单据和发票的领取手续。

第三十六条 在交易或提货过程中发现交易资料有误时，属于提供资料错误，由中储棉总公司负责；属于交易市场数据处理错误，由交易市场负责。因上述原因造成的退货，不作为买方违约处理。

第三十七条 承储仓库和买方的历史债务纠纷，不得与储备棉提货业务挂钩。

第三十八条 买方对所购买储备棉验收无异议，可向中储棉总公司申请开具增值税发票。

第三十九条 交易市场于轮出交易结束后及时向买卖双方交付各种费用清单和发票。

第十章 附则

第四十条 储备棉轮出交易期间，交易市场每日对外公布价格行情、成交量、成交单位、成交价格等信息。公布的价格行情主要包括最高价、最低价、加权平均价等。

第四十一条 根据有关部门规定，储备棉轮出交易过程通过各种媒体向社会公开，接受公共监督。交易市场咨询、举报电话：4008106850。

第四十二条 本办法由交易市场负责制定和解释。

第四十三条 本办法经国家有关部门批准后实施。

附件2

2015/2016年度国家储备棉出库实施细则

根据国家发展改革委和财政部联合发布的《关于国家储备棉轮换有关安排的公告》（2016年第9号）的有关要求，中国储备棉管理总公司（以下简称“中储棉总公司”）制定2015/2016年度国家储备棉出库实施细则。

一、出库储备棉数量、结构和库点安排

本年度出库总量暂按200万吨安排，出库储备棉为2011/2012年度储备棉及部分2013年度储备棉。出库储备棉结构和库点安排按照“先进先出”的原则，考虑纺织企业实际需求情况，同时兼顾储备棉

安全管理需要。

二、储备棉销售和提货流程

（一）储备棉销售方式。储备棉销售通过全国棉花交易市场（以下简称“交易市场”）公开竞价销售。

（二）数据的发布和传递。储备棉出库库点和储备棉相关检验数据通过中储棉总公司、中国纤维检验局、全国棉花交易市场对外发布。交易数据由中储棉总公司在交易的前一日向交易市场提供。交易闭市后交易市场将成交结果及时传中储棉总公司。

（三）签订合同。竞卖交易成交即《国家储备棉购销合同》成立生效。在成交后三个工作日内，买方应通过传真等方式办理盖章签字手续并经交易市场见证以完备合同形式，否则视同买方违约。

（四）货款结算。买方须于成交后5个工作日内将成交货款汇至中储棉总公司“储备棉结算专户”，账号为：

收款单位：中国储备棉管理总公司

开户行：中国农业发展银行总行营业部

行　号：203100000027

账　号：203 9999 00101 00000 242801

中储棉总公司不接受承兑汇票。超过5个工作日未收到货款视同买方违约，扣除相应保证金。为加快结算速度，减少资金在途时间，买方要按照合同金额汇款，并在汇款备注栏标注成交合同号。

（五）办理提货单。中储棉总公司确认资金到账后的2个工作日内开具《储备棉出库单》，《储备棉出库单》由中储棉总公司客服中心统一办理。中储棉总公司客服中心地址及联系方式：

地址：北京市海淀区紫竹院路116号嘉豪国际中心Ｂ座15层

邮编：100097

联系电话：010–58931136

传真号码：010–58931123

（六）提货要求。买方凭《储备棉出库单》原件或者电子验证码到相应承储库办理提货手续。买方应于《储备棉出库单》开具之日起10个工作日（含）内提货，超过10个工作日（不含）未提货的，承储库需转作商品棉保管，有关费用由买方承担。

应买方要求，承储库应在代办运输、申报车皮计划、搬倒、装运等方面提供必要协助。储备棉出库费执行国家有关部门统一规定。除双方事先另有约定外，储备棉承储库不得额外收取任何费用，不得强行要求买方使用指定的运输工具。提货批次中存在崩包、炸包情况的，买方与承储库现场协商解决。储备棉提货过程中所有票据的合法性和有效性由提供方负责。

（七）开具增值税专用发票。买方须提货完成并验收无误后，方可向中储棉总公司申请开具增值税专用发票。为确保相关资料准确无误，买方须准确填写《储备棉竞买企业基本信息备案表》（见附件），并将电子邮件和盖章原件提供至中储棉客户服务中心。中储棉财务部地址：北京市西单北大街131号大悦城写字楼12层。电话：010–83326588

开具增值税发票后，中储棉总公司通知交易市场释放买方交易保证金。

（八）交易手续费。中储棉总公司根据有关规定，按照最终销售出库的数量支付交易手续费。

三、公证检验和质量纠纷处理

（一）储备棉出库公证检验

本年度出库的国产棉进行100%公检（质量指标包包检验、重量指标批批检验），质量和重量差异在允差范围内的按照重新公证检验结果销售。进口棉质量检验按照10%抽样检验，重量按照入库商检净重销售。出库储备棉质量和重量以相关机构出具的证书为准。

出库公证检验由中国纤维检验局组织实施，相关细则按照《2016年出库国家储备棉公证检验实施办法》执行，相关承储库要全力做好配合公正检验工作，确保储备棉出库任务顺利进行。

（二）质量重量纠纷处理

质量重量纠纷采用复检机制进行处理。买方按照《2016年国储棉出库公证检验实施办法》关于复检的有关规定，向交易市场提出申请，交易市场初审后转中纤局受理复检。

已经销售的储备棉除以下情况，一律不予退货。

1. 经中纤局认定属于掺杂使假。

2. 经中纤局复检质量或重量不相符的。

3. 棉包内部有污染、霉变情况。

鉴于储备棉按捆销售，发生以上情况退货时，仅接受整捆棉花全部退货，买方负责将退货棉花交回指定承储库，经验收无误后方可退货。

在库复检和退货所发生的配合公检费、入库费按国家核定标准执行。退货棉花须保持包装完好，如需回包整理的，费用由买方承担。

四、信息发布和上报

中储棉总公司通过中国棉花网和中国棉花信息网发布每日上市数据、成交结果和相关公告，每周将出库情况汇总统计，连同存在的问题报有关部门。

五、其他事项

（一）此次出库储备棉按捆销售，每捆棉花具体情况以中储棉总公司通过中储棉总公司官网、中国棉花网、交易市场官网、中国棉花信息网公布的上市数据为准。

（二）买方须出具委托书，委托指定经办人员办理《储备棉出库单》以及增值税专用发票领取等手续。使用《储备棉出库单电子认证》服务的，按照有关规定执行。

（三）中储棉总公司委托中储棉花信息中心免费对《储备棉出库单》实行电子认证，买方可凭《储备棉出库单》验证码短信到相关仓库办理提货手续，也可凭中储棉总公司出具的纸质《储备棉出库单》原件到相关仓库办理提货手续。储备棉出库单电子认证服务详见中储棉花信息中心相关公告。

（四）储备棉出库费为45元/吨（国家法定节日出库费为60元/吨），由买方自行承担，提货前与相关承储单位结清出库费。严禁承储单位超标准收费。

（五）各承储单位要进一步完善出库流程，接到中储棉总公司出库指令后，及时联系买方，合理安排出库时间，不得以任何理由延迟出库。如发生买方投诉或提起诉讼，将由故意拖延提货的承储企业承担相应责任。

（六）买方违约后，交易市场定期将违约金划转至中储棉总公司账户。本次储备棉竞卖结束后，由中储棉总公司统一上缴财政部。

（七）中储棉总公司投诉电话：010-59793586；传真：010-58931123。

附件：

储备棉竞买企业基本信息备案表

企业基本信息	单位名称		交易商代码	
	通信地址		邮编	
	法定代表人姓名	手机		
	业务联系人	手机		
	传真号码	电子邮箱		

续表

增值税发票开票信息	单位名称		
	纳税人类型	一般纳税人□	小规模纳税人□
	纳税人识别号		
	地址、电话		
	开户行、账号		
	财务联系人	电话	

注：1. 交易商代码为竞拍企业在全国棉花交易市场的交易商代码；

2. 请准确填写上表，并在参与储备棉竞拍交易前将电子邮件和盖章原件提供至中储棉客户服务中心；

3. 中储棉客户服务中心地址：北京市海淀区紫竹院路116号嘉豪国际中心B座15层，邮编：100097

4. 联系电话010－58931136　传真号码：010-58931123

电子邮箱：zcmkfzx@cncotton.com

企业名称：

（盖章）

年　　月　　日

附件3

2015/2016年度国家储备棉轮出公证检验实施办法

第一章　总则

第一条　为配合2015/2016年度国家储备棉（以下简称国储棉）轮出工作，做好轮出国储棉的公证检验，保障轮出国储棉质量和重量检验数据的真实性和准确性，根据《棉花质量监督管理条例》、国家有关部门发布的2015/2016年度国储棉轮出计划，制定本办法。

第二条　本办法适用于2015/2016年度轮出的国储棉公证检验。

第二章　组织管理及检验项目

第三条　中国纤维检验局（以下简称中纤局）负责轮出国储棉公证检验的管理工作，并依据2015/2016年度国储棉轮出计划，负责组织承担国储棉公证检验的专业纤维检验机构（以下简称承检机构）对轮出的国储棉实施公证检验。

承检机构由承担在仓库检验的机构（以下简称在库机构）和承担实验室检验的机构（以下简称公检实验室）组成。

第四条　检验依据及检验方式：依据《棉花　第1部分：锯齿加工细绒棉》国家标准（GB1103.1–2012）和中纤局发布的技术规范，承检机构对轮出的国储棉实施公证检验，逐批出具公检证书。

第五条　公证检验项目：国产棉检验公定重

量、颜色级、轧工质量、长度、马克隆值、断裂比强度、长度整齐度指数；进口棉检验颜色级、轧工质量、长度、马克隆值、断裂比强度、长度整齐度指数。

第三章　工作职责

第六条　中纤局职责

（一）根据国家有关部门研究确定的2015/2016年度国储棉轮出工作职责分工和检验项目与要求，制定公证检验实施办法，组织承检机构做好相关准备。

（二）根据国家有关部门制定的2015/2016年度国储棉轮出计划及销售进度，以及中国储备棉管理总公司（以下简称中储棉总公司）提供的国储棉存放地点及数量，及时下达公证检验任务并组织承检机构实施公证检验。

（三）负责向国家有关部门提供轮出国储棉公证检验进度和相关情况，并及时协调有关单位解决公证检验中的新问题、新情况。

（四）负责向中储棉总公司提供轮出国储棉公证检验结果的电子数据。

第七条　检验机构职责

（一）按照中纤局的管理要求，提前做好国储棉轮出公证检验各项准备工作。

（二）在库机构根据中纤局下达的检验任务，及时与承储仓库联系接洽，督促其落实配合公证检验所需的现场工作条件及搬倒设备，确定启动公证检验的时间；按时到库，负责现场核验轮出国储棉的实物、数量、垛位卡、批号、包号等信息与中储棉总公司提供的台账等报验信息是否一致；按照国家标准和检验操作规程对国产棉进行重量公证检验、报送电子数据，出具重量公检证书；分别按照对进口棉和国产棉的抽样比例要求，逐批抽取品质公证检验所需的样品并与公检实验室在仓库进行交接。

在库机构需配合承储仓库做好各项安全防范工作。

（三）公检实验室根据中纤局下达的公证检验任务，及时与在库机构做好衔接，确定在库机构开始工作时间；按时到仓库与在库机构进行样品交接，在符合要求的公检实验室完成品质公证检验，报送电子数据，出具品质公检证书。

第八条　中储棉总公司职责

（一）负责提供轮出国储棉的存放地点、数量、台账明细表及承储仓库联系方式等报验信息。

（二）负责通知承储仓库做好公证检验相关准备工作，并抄送中纤局等有关单位。

（三）负责协调承储仓库配备满足现场检验所需的工作场地及装卸、搬倒、称重等设备。

（四）协调承储仓库配合公检机构做好公证检验，保证公证检验进度。

第九条　承储仓库职责

（一）根据承储仓库实际条件，提供满足现场公证检验所需的装卸、搬倒、称重等设备和配合人员。称重等现场设备应在有效法定检定周期内。

（二）开辟专门的检验工作区域，对需要公证检验的国储棉进行拆垛整理，按检验需求逐批码放在检验区，配合承检机构做好公证检验。

（三）指定专人负责解决公证检验期间相关事宜。

（四）保障现场检验安全；负责现场取样棉包的回包、回垛整理等。

第四章　公证检验工作流程

第十条　拆捆整理

承储仓库将待公证检验的国储棉进行拆捆整理，按批次码放到检验区域。原则上应以4层8包或3层6包为一个单元，码放时要露出棉包两侧的取样口。同一批棉花应码放在同一个工作面上。

在可以达到随机抽样的比例要求的前提下，进口棉可以不进行拆捆，在原棉垛抽样。抽样时仓库应提供必要的配合人员和设备。

在确保安全作业和检验工作质量的前提下，在库机构应与承储仓库配合，根据仓库实际情况优化流程，可以采取棉花下垛、过磅、取样穿插进行的方式进行检验。

第十一条　核验货物

中纤局将中储棉公司提供的台账明细表下发承检机构，在库机构据此现场核验棉包实物、数量、垛位卡、批号、包号等信息与中储棉公司提供的台账等报验信息是否一致。有以下任一情况，该批棉花暂不检验，在库机构与承储仓库确认情况后，及时上报中纤局，中纤局协调中储棉总公司进行检查核实后，由中纤局和中储棉总公司分别将处理意见书面通知在库机构和承储仓库。

（一）批次棉包实物与报验信息不一致或存在人为调换迹象的，如：同一批次棉包唛头标示不一致、悬挂条码与唛头标识不符、改换包头、无验讫印章等现象；

（二）在库机构收到中纤局下发的台账信息中批次总包数与导出条码明细的批次总数不一致的；

（三）承储仓进行拆捆时，整理出的某批次实际包数未达到该批次报验包数，且缺失数量达到或超过报验包数5%的；

（四）因复包等原因出现白包数量占该批次总包数的比例达到或超过5%的；

（五）棉包出现严重污染、水渍，发现火烧、霉变等现象，或者有异味及包装不完整、严重崩包（炸包）等现象的。

第十二条　国产棉重量公证检验

国产棉重量公证检验的项目包括：毛重、皮重、净重、回潮率、含杂率、公定重量。

毛重检验由在库机构在承储仓库的配合下完成，相关记录填写在棉花衡重检验单上。

皮重检验的棉包皮重原则上采用入库检验的棉包皮重结果。必要时可在现场测试一个棉包。

回潮率检验执行现行有效的国家标准。遇有天气状况可能影响检验结果的，应暂停检验。

含杂率检验样品应当和品质检验样品同时抽取，依据《原棉含杂率试验方法》（GB/T 6499-2012）国家标准进行检验，填写棉花含杂率检验单。不得采取估验方式进行杂质检验。

在库机构应于每日将当日已完成批次的检验数据进行审核，审核后及时将相关电子数据报送至中纤局。数据一经上报，不得变更。

重量公证检验过程中的原始单据应与台账明细等报验材料装订成册，存档备查。

第十三条　取样

所有样品抽取应当在称重之后进行。

在库机构依据棉花国家标准规定的取样方法及国家有关部门要求，进口棉按照10%的比例、国产棉按照100%比例对核验合格批次的国储棉逐批抽取品质检验样品，并抽取含杂率检验样品。

对于无法取到符合检验需求样品的棉包，可开包取样。但要避免对棉包包装的过度破坏，以减小对回垛及运输的影响。

第十四条　加盖验讫印章

对取样的棉包应逐包加盖验讫印章，印章字迹应清晰可辨认。棉布包装的加盖在棉包包身和包头，塑料包装的棉包加盖在不干胶标签上。对无法加盖印章的棉包（如塑料材质包装），须标注便于辨认的标记。

印章内容包括：验讫标志、检验机构代码和中储棉总公司英文缩写（CNCRC）。印章形状为圆形，直径6cm。印章第一行内容是中储棉总公司英文缩写；第二行内容是检验机构代码，第三行内容是验讫标志。

第十五条　样品交接

在库机构和公检实验室样品交接人员按照检验操作规程有关要求，逐批清点样品无误后，在样品交接单上签字确认，完成交接。

第十六条　品质公证检验

依据棉花国家标准、相关技术规范和棉花颜色级、轧工质量实物标准等，公检实验室对抽取棉样进行品质公证检验，检验项目包括：颜色级、轧工质量、长度、马克隆值、断裂比强度、长度整齐度指数。

品质公证检验执行中纤局制定发布的相关检验操作规程。

公检实验室应于每日将当日已完成批次的检验数据进行审核，审核后及时将电子数据报送中纤局。数据一经上报，不得变更。

第十七条 中纤局审核发送数据

中纤局对承检机构上报的公证检验数据审核后，以电子数据形式发送至中储棉总公司。同时，中纤局将审核结果通知承检机构。

第十八条 出具公检证书

在库机构和公检实验室分别根据中纤局通知的审核结果出具重量公检证书和品质公检证书。品质公检证书由公检实验室交予在库机构后，在库机构将品质公检证书与重量公检证书一并交予承储仓库，并与承储仓库办理证书交接手续。证书一式两联，一联由承储仓库留存；一联随货同行。

第十九条 交接公检证书时，相应批次的品质检验样品应随证书一同交接给承储仓库并办理交接手续，供承储仓库随货提供给购棉方（与中储棉总公司签署合同的买受人）。

第五章 复检规定

第二十条 购棉方应对所购国储棉质量、重量进行验收，对轮出国储棉中存在崩包、炸包问题的，应在提货时及时协调仓库予以解决。购棉方若对质量、重量有异议，且提供相关检验结果的，可在储备棉出库单开具后10个工作日内向全国棉花交易市场提交复检申请，全国棉花交易市场初审符合申请条件的交中纤局，中纤局指定复检机构，按申请人申请项目进行复检。

第二十一条 复检项目：2014/2015年度公证检验的进口棉可接受颜色级、轧工质量、长度、马克隆值的复检申请；2015/2016年度公证检验的进口棉可接受颜色级、轧工质量、长度、马克隆值、断裂比强度、长度整齐度指数的复检申请；2015/2016年度公证检验的国产棉可接受公定重量、颜色级、轧工质量、长度、马克隆值、断裂比强度、长度整齐度指数的复检申请。

第二十二条 复检样品重新抽取，申请人应确保棉花按批次单独码放，件数完整、未经使用。

第二十三条 申请复检应当提交的材料：《国家储备棉（轮出）公证检验复检申请单》（附件1）、购买合同复印件、储备棉出库单复印件、轮出国储棉公证检验证书复印件。复检所有申请材料应当加盖购棉方单位公章。

第二十四条 中纤局收到符合要求的复检申请资料后，出具《国家储备棉（轮出）公证检验复检受理通知书》（附件2），向复检申请人告知复检机构或不予受理理由。

对超出规定时限的复检申请不予受理。

第二十五条 复检后由复检单位出具棉花国家公证检验复检证书，原公检证书作废。一次复检为终局检验。

第二十六条 根据复检允差值判定标准（附件3），复检结果与原公证检验结果一致的，由复检申请方承担因复检发生的相关费用；复检结果与原公证检验结果不一致的，复检申请方不承担任何费用。

第六章 附则

第二十七条 对公证检验过程中发现质量违法问题线索的，停止公证检验，按照《棉花质量监督管理条例》予以处理。

第二十八条 中纤局接受各购棉企业、承储仓库以及涉棉行业的企业单位对检验机构的工作质量、工作作风等进行监督。中纤局监督举报电话：010-51006258，举报邮箱：jubao@cfi.gov.cn。

第二十九条 本办法由中国纤维检验局负责解释。

第三十条 本办法自发布之日起实施。

附件：

1. 国家储备棉（轮出）公证检验复检申请单
2. 国家储备棉（轮出）公证检验复检受理通知书
3. 国家储备棉（轮出）公证检验复检允差判定标准

附件1：

国家储备棉（轮出）公证检验复检申请单

中国纤维检验局：

我公司竞拍购买的国家储备棉，经初步检验与公检结果不一致，特提出复检申请，请你局安排检验机构进行复检。

如复检结果与原验结果一致，我公司同意缴纳复检所需费用。

申请单位：（加盖公章）						申请日期
全国棉花交易市场初审意见						审核日期
储备棉轮出提货仓库						
棉花现存放单位						
棉花现存放地址						
联系人及联系电话						
棉花是否未经使用、件数完整、按批次单独码放						
序号	批号	产地	件数	公检证书编号	出证日期	申请复检项目
1						
2						
3						
4						
公检结果（附证书复印件）：						
自检结果（附检验报告复印件）：						
购棉企业质量验收过程、使用的仪器设备型号、仪器设备检定情况：						

附件2：

国家储备棉（轮出）公证检验复检受理通知书

____________：

你单位提出的轮出国储棉公证检验复检申请（轮出国储棉公检证书编号：______________），经我局审核，□同意/□不同意受理。

对我局同意复检的申请，请你单位据此受理通知书及时联系复检机构，安排复检事宜。

特此通知。

附表：

（一）复检机构：____________（同意受理情况下填写）

联系人：__________

电　话：__________

（二）不予受理原因：（不同意受理情况下填写）

1.	
2.	
3.	
4.	
5.	

中国纤维检验局（复检受理章）

年　月　日

附件3：

国家储备棉（轮出）公证检验复检允差判定标准

项目	单位	允差值	判定标准
上半部平均长度	mm	±0.6	批次比对，平均长度在允差值范围内，判定为一致
长度整齐度指数	%	+1.5	批次比对，长度整齐度指数平均值在允差值范围内，判定为一致
断裂比强度	cN/tex	±1.5	批次比对，断裂比强度平均值在允差值范围内，判定为一致
马克隆值	—	±0.2	批次比对，马克隆值平均值在允差值范围内，判定为一致
颜色级	—	—	逐样比对，每批棉花颜色级相符率不低于80%，判定为一致
轧工质量	好、中、差	—	逐样比对，每批棉花轧工质量相符率不低于80%，判定为一致
公定重量	Kg	±1%	复检公定重量与原公定重量相差在±1%范围内，判定为一致

关于解决进口棉集中提货问题和规范承储库收费行为的公告

【发布单位】中国储备棉管理总公司

【发布日期】2016年5月18日

各购棉企业：

现就近期购棉企业反映较为突出的有关问题，经研究公告如下。

一、关于进口棉提货慢的问题

近期进口棉集中挂拍，超出承储库正常作业能力，企业反映提货缓慢。中储棉总公司高度重视，多次与社会承储库协调，并派人现场督导，要求社会承储库加快出库进度，不能以此为理由拖延出库，必要时从直属单位抽调设备支援社会承储库。

二、确保出库工作规范有序

各承储库要根据《储备棉提货单》开具的时间，编制提货计划，提前通知购棉企业有序提货。由于购买进口棉企业等待提货时间较长，经5月18日联席会议商定，允许购棉企业自愿申请，中储棉总公司核实后予以退货。请后期参与竞买的企业充分考虑有关因素，谨慎购买。

三、严格收费标准，禁止违规收费

根据有关规定，各承储库要严格执行收费标准，不得巧立名目违规收费，不得强制指定运输企业和运输车辆。中储棉总公司对出库过程中违规收费和吃、拿、卡、要行为坚决查处，追究违规者法律责任并列入“黑名单”。

中储棉总公司开设专门的投诉电话：010-59793586；传真：010-58931123，请购棉企业以书面形式进行投诉，同时在提货过程中要保留承储库违规收费的相关证据。

特此公告。

关于反映江苏海东物流有限公司出库慢等问题的公告

【发布单位】中国储备棉管理总公司

【发布日期】2016年5月23日

各购棉企业：

中储棉总公司根据有关部门联席会议精神，安排储备棉挂拍销售工作，由于政策原因，进口棉集中挂拍，超出承储库作业能力，导致出库慢等问题。江苏海东物流有限公司出库问题尤为突出，该库库存进口棉7.1万吨，从5月3日开始，累计成交6.3

万吨，出库3000多吨。同时，该库还须配合出库公证检验工作。

接到企业反映，中储棉盐城有限公司及时进行协调，要求该库在保证安全作业的前提下增加出库作业力量，中储棉盐城公司抽调2台8米夹包机支援该库。同时，要求该库向提货企业做好解释和安抚工作，消除负面影响，按照成交时间顺序安排提货，严禁出现乱收费现象。该库也承诺，每天出库量不少于500吨，争取更多一些，严格按照中储棉总公司相关要求规范收费，不强行指定运输代办。

该库预计出库7.1万吨，按照每天最低500吨测算，出库时间需要近4个月。由于出库时间较长，为了解决购棉企业短期用棉需要，根据5月18日联席会议商定，允许购棉企业自愿申请退货。

特此公告。

关于做好逾期未提货棉花保险及安全工作的公告

【发布单位】中国储备棉管理总公司
【发布日期】2016年5月24日

各购棉企业、各承储仓库：

《国家储备棉购销合同》第九条约定，买受人须于《储备棉出库单》开具之日起10个工作日内提货完毕，超过10个工作日未提货的，全部仓库费用包括但不限于保管费等及货物毁损灭失风险由买受人承担。因此，《储备棉出库单》开具之日起10个工作日内未提货的，储备棉自动转为商品棉，物权转移至相应的买受人。

高温多雨季节即将来临，储备棉亦处于出库动态管理状态，多因素叠加致使出险概率成倍加大。因此，中储棉总公司提醒各购棉企业务必做好未在规定时限内提货棉花的保险工作，各承储仓库做好在库储备棉及商品棉的安全保管工作。

第七部分

附　录

附录 1　国内主要涉棉机构通信录

涉棉机构	通信地址	电话
国家发展和改革委员会经济贸易司	北京市西城区月坛南街38号	010-68502000
财政部经济建设司	北京市西城区三里河南三巷3号	010-68551114
商务部对外贸易司	北京市东长安街2号	010-65197420
农业部种植业司	北京市朝阳区农展馆南里11号	010-64193366
农业部农村经济研究中心	北京市西城区西四砖塔胡同56号	010-66115901
中国海关总署信息中心	北京市建国门内大街6号	010-65195623
国家统计局农村司	北京市西城区月坛南街57号	010-68783311
国家统计局工交司	北京市西城区月坛南街57号	010-68782859
中国农业发展银行	北京市西城区月坛北街甲2号	010-68081453
中国纤维检验局	北京市东城区安定门东大街5号	010-51106110
中国棉花协会	北京市复兴门内大街45号主楼7层	010-66053900
中国棉花协会棉花加工分会	北京市西直门南大街2号成铭大厦	010-66118607
中国棉纺织行业协会	北京东长安街12号	010-85229479
中国纺织品进出口商会	北京市朝阳区潘家园南里12号楼	010-67739316
中国储备棉管理总公司	北京市西城区华远街17号	010-58519365
中华棉花集团有限公司	北京市西城区宣武门外大街甲1号环球财讯中心B座11-12层	010-59338189
中棉工业有限责任公司	北京市西城区宣武门外大街甲1号环球财讯中心B座6层	010-59338976
中纺棉花进出口公司	北京市建国门内大街19号中纺大厦7层	010-85112255
国家棉花市场监测系统	北京市海淀区紫竹院路116号嘉豪国际中心B座15层	010-58931122
全国棉花交易市场	北京市西城区宣武门外大街甲1号环球财讯中心B座15层	010-88086850
郑州商品交易所	河南省郑州市未来路69号	0371-65610069
中国农业科学研究院棉花研究所	河南省安阳市开发区黄河大道38号	0372-2562200
安徽财经大学棉花工程研究所	安徽省蚌埠市宏业路255号	0552-3112124
合肥国家棉花交易中心	安徽省合肥市新站区胜利路光大国际广场B座15层	0551-2117788

附录2 国内主要棉花纤维检验机构

单位名称	地址	电话
中国纤维检验局	北京市东城区安定门东大街5号	010-51106110
北京市纺织纤维检验所	北京市朝阳区朝阳北路60号	010-59796990
天津市纺织纤维检验所	天津市南开区科研西路2号增6号	022-60266979
河北省纤维检验局	河北省石家庄市中华南大街537号	0311-67568296
山西省纤维检验局	山西省太原市并州西街51号	0351-2024189
内蒙古自治区纤维检验局	内蒙古自治区呼和浩特市新城区内蒙展览馆东路	0471-4963542
辽宁省纤维检验局	辽宁省沈阳市和平区永安北路8号	024-23894057
吉林省纤维检验处	吉林省长春市卫星路7440号	0431-85315584
黑龙江省纤维检验局	黑龙江省哈尔滨市香坊区珠江路100号	0451-82309475
上海市纤维检验所	上海市长乐路1228号	021-62495305
江苏省纤维检验所	江苏省南京市光华东街3号	025-84670512
浙江省纤维检验局	浙江省杭州市天目山路222号	0571-85123534
宁波市纤维检验所	浙江省宁波市江南路1588号F座	0574- 87326309
安徽省纤维检验局	安徽省合肥市包河工业园省质检中心园区内（延安路13号）	0551-63356467
福建省纤维检验局	福建省福州市仓山区照屿路17号	0591-83710801 0591-87893952
江西省纤维检验局	江西省南昌市高新技术开发区火炬大街188号	0791-8101480
山东省纤维检验局	山东省济南市经二路343号（济南二环北路18号）	0531-87911540
青岛市纺织纤维检验所	山东省青岛市延安三路123号	0532-83890032
河南省纤维检验局	河南省郑州市东明路北17号	0371-63297181
湖北省纤维检验局	湖北省武汉市武昌区公平路8号	027-88224867
湖南省纤维检验局	湖南省长沙市新建西路41号	0731-89967222
广州市纤维产品检测院	广东省广州市海珠区滨江中路草芳围35-2号	020-34402303
广西壮族自治区纤维检验所	广西南宁市新竹路12号	0771-5869795 0771-5843391
重庆市纤维检验局	重庆市渝北区高新园云杉北路50号	023-89232606
四川省纤维检验局	四川省成都市蜀都大道少城路7号（人民公园斜对面）	028-86639111
贵州省纤维检验局	贵州省贵阳市云岩区头桥海马冲街45号	0851-6518084
云南省纤维检验所	云南省昆明市教场东路21号	0871-5191011
陕西省纤维检验局	陕西省西安市西八路尚平路18号	029-87444832
甘肃省纤维检验局	甘肃省兰州市金昌南路208号质检大楼	0931-8828553
青海省纤维检验局	青海省西宁市西关大街31号古城台青海质监大楼	0971-6111169
宁夏回族自治区纤维检验局	宁夏银川市兴庆区凤凰南街193号	0951-7860500
新疆维吾尔自治区纤维检验局	新疆乌鲁木齐市新华南路167号	0991-2823582

附录3　2015/2016年度全国新体制棉花加工企业名录

（全国统计1091家，时间截至2016年8月31日24点）

序号	棉花加工企业名称
新疆维吾尔自治区**612**家	
1	博尔塔拉蒙古自治州中亚有限责任公司
2	博尔塔拉蒙古自治州恒昌棉业有限责任公司
3	博州亚东有限责任公司
4	博乐市银博棉业有限责任公司
5	博乐银丰棉花加工有限责任公司
6	博乐捷福棉业有限公司贝乡轧花厂
7	博乐市协力棉花加工有限责任公司
8	博乐市康瑞棉花加工有限公司
9	博尔塔拉蒙古自治州华棉棉业有限责任公司
10	博尔塔拉蒙古自治州恒昌棉业有限责任公司套特轧花厂
11	博乐捷福棉业有限公司乌镇轧花厂
12	博乐市银鑫棉业有限公司
13	博乐市宝林棉油加工有限责任公司
14	博乐科纺棉花有限公司
15	新疆金宏祥高科农业股份有限公司
16	新疆贝正国合棉业有限公司贝正轧花厂
17	精河县托里棉花加工厂
18	新疆惠农棉业有限公司大河沿子轧花厂
19	精河县天顺祥棉花加工有限公司
20	新疆贝正国合棉业有限公司南方轧花厂
21	新疆惠农棉业有限公司阿合其轧花厂
22	精河县精棉棉业有限责任公司茫丁轧花厂
23	新疆惠农棉业有限公司棉种轧花厂
24	精河县托里二牧场棉业有限公司
25	精河县天顺祥棉花加工有限公司河西分公司
26	精河县康瑞棉花加工有限公司
27	精河县和丰棉业有限公司
28	精河县精棉棉业有限责任公司黑树窝子轧花厂
29	精河县裕泰棉业有限公司
30	精河县西域阳光纺织有限公司原料加工厂
31	昌吉利华棉业有限责任公司昌吉市开发区轧花厂
32	新疆丰汇棉业有限公司
33	中棉集团昌吉市棉花有限公司榆树沟轧花厂
34	昌吉一通工贸有限公司大西渠轧花厂
35	新疆昌吉州棉麻有限责任公司二分公司
36	中棉集团昌吉市棉花有限公司老龙河轧花厂
37	昌吉利华棉业有限责任公司昌吉市佃坝轧花厂
38	昌吉市下巴湖棉花加工厂
39	新疆中纺锦华棉业有限公司东戈壁棉花加工厂
40	昌吉利华棉业有限责任公司昌吉市老龙河分公司
41	呼图壁县万源棉业有限公司
42	呼图壁县宏昌棉业有限公司
43	新疆中纺锦华棉业有限公司二十里店棉花加工厂
44	新疆中纺锦华棉业有限公司大桥棉花加工厂
45	呼图壁县红柳塘棉业有限公司
46	呼图壁县隆祥轧花有限责任公司
47	呼图壁县嘉丰棉业有限公司
48	呼图壁县天源棉业有限公司
49	新疆中纺锦华棉业有限公司祁家户棉花加工厂
50	新疆中纺锦华棉业有限公司北戈壁棉花加工厂
51	呼图壁县银弘棉业有限公司
52	呼图壁县西域良种棉有限责任公司

续表

序号	棉花加工企业名称	序号	棉花加工企业名称
53	呼图壁县云龙棉业有限公司	87	哈密天云棉业有限公司
54	呼图壁县鑫欧棉业有限公司	88	哈密市良种棉加工厂
55	呼图壁县天丰棉业有限公司	89	哈密市中发农产品专业合作社
56	呼图壁县天鼎棉业有限公司	90	克拉玛依市独山子华银棉花产业有限责任公司
57	呼图壁县东泉棉业有限公司	91	克拉玛依鑫达棉业有限公司
58	呼图壁县大丰棉业有限公司	92	克拉玛依市银磊棉业有限公司
59	新疆万达棉业有限公司	93	克拉玛依市天地农牧实业有限公司棉花加工厂
60	乌鲁木齐市米东区供销棉麻有限责任公司昌吉市农之鑫轧花厂	94	新疆福日棉业有限公司
61	吉木萨尔县庭州棉麻有限责任公司	95	克拉玛依市小拐乡聚源机械化采棉农民专业合作社
62	中棉集团玛纳斯棉业有限公司	96	奎屯瑞丰轧花有限公司锦丰分公司
63	玛纳斯银天棉业有限公司乐土驿轧花厂	97	奎屯利锦棉业有限公司
64	玛纳斯县拓宏棉业有限责任公司	98	奎屯起步达农业发展有限公司
65	玛纳斯县金海利棉业有限公司	99	奎屯巨达农业科技发展有限公司
66	玛纳斯新众棉业有限责任公司	100	新疆鲁创油脂有限公司
67	新疆鑫棉科技发展有限责任公司六户地镇轧花厂	101	伊犁哈萨克自治州伊欣棉业有限责任公司棉花油脂蛋白厂
68	玛纳斯银天棉业有限公司北五岔金仕达轧花厂	102	奎屯浩泰棉业有限公司
69	玛纳斯银天棉业有限公司北五岔轧花厂	103	奎屯瑞丰轧花有限公司
70	玛纳斯县丰元棉花育种基地良种棉轧花厂	104	伊犁州奎屯银和棉业有限公司
71	玛纳斯县丰棉棉业有限公司	105	奎屯世丰棉业有限公司
72	玛纳斯县沣泽棉业有限责任公司	106	新疆华纺纺织有限公司
73	玛纳斯乐丰棉业有限公司	107	新疆奎屯云森纺织有限公司
74	玛纳斯县兰桥棉业有限公司	108	奎屯世丰棉业有限公司瑞雪分公司
75	玛纳斯万盈棉业有限公司	109	奎屯康瑞棉花加工有限公司
76	玛纳斯县大漠棉业有限责任公司	110	伊犁哈萨克自治州伊欣棉业有限责任公司奎屯棉花加工厂
77	新疆宏祥棉业有限公司	111	奎屯准噶尔棉业有限公司
78	玛纳斯县新民畜产品有限责任公司	112	奎屯康泰棉麻有限公司
79	玛纳斯县潮鑫棉业有限责任公司	113	新疆银汇棉纺织有限公司
80	哈密市奔达棉业有限公司	114	奎屯叁强棉麻工贸有限公司
81	哈密双银棉业有限责任公司二堡棉花加工厂	115	奎屯裕盛棉业有限公司
82	哈密协力棉业有限责任公司棉花加工厂	116	奎屯银瑞棉花贸易有限公司
83	哈密信合棉业股份有限公司	117	和布克赛尔蒙古自治县新久棉业有限公司
84	哈密三达棉业有限责任公司	118	和布克赛尔县察和特开发区禹杰棉花加工厂
85	哈密双银棉业有限责任公司大泉湾棉花加工厂	119	和布克赛尔蒙古自治县华丰有限责任公司察和特棉花加工厂
86	新疆利嘉棉业有限公司哈密市二堡镇轧花厂		

续表

序号	棉花加工企业名称	序号	棉花加工企业名称
120	沙湾县康瑞棉花加工有限责任公司	155	乌苏市哈图布呼农牧发展有限责任公司
121	沙湾县鑫盛祥棉业有限公司	156	乌苏市汇通棉花加工厂
122	沙湾县秦岭棉业有限责任公司	157	乌苏市星光棉麻有限责任公司
123	沙湾德盛棉业有限责任公司	158	乌苏市汇康棉业有限责任公司
124	沙湾县康华工贸有限责任公司康华棉业分公司	159	乌苏市银河棉业有限责任公司
125	沙湾县棉花产业有限责任公司沙棉分公司	160	乌苏市昌茂纺织有限责任公司九间楼棉花加工厂
126	沙湾县棉花产业有限责任公司丰棉分公司	161	乌苏市振兴棉花加工有限责任公司
127	沙湾县棉花产业有限责任公司恒棉分公司	162	乌苏市阿克其棉业有限公司
128	沙湾县棉花产业有限责任公司中棉分公司	163	乌苏市锦鹏棉纺织有限公司城镇棉花加工厂
129	沙湾县棉花产业有限责任公司优质棉分公司	164	乌苏市光辉棉花加工有限责任公司汇银分公司
130	沙湾县棉花产业有限责任公司云棉分公司	165	乌苏市利达棉花加工有限责任公司
131	新疆沙龙棉业有限责任公司柳毛湾分公司	166	乌苏市杨帅棉花加工有限责任公司
132	新疆天鹰鑫绿农业科技有限公司	167	乌苏市顺达棉业有限公司
133	沙湾县思远棉业有限责任公司	168	乌苏市光辉棉花加工有限责任公司隆兴分公司
134	沙湾县元一棉业有限责任公司	169	乌苏市明新棉业有限责任公司
135	沙湾县棉花产业有限责任公司秦棉分公司	170	乌苏市百泉棉业有限责任公司
136	沙湾县华瑞棉业有限责任公司	171	乌苏市锦泰棉花加工有限责任公司
137	沙湾县棉花产业有限责任公司荣棉分公司	172	乌苏市光辉棉花加工有限责任公司新棉分公司
138	沙湾县棉花产业有限责任公司兴棉分公司	173	乌苏市古尔图锦纺棉业有限责任公司
139	沙湾县鑫达有限公司	174	乌苏市新鑫棉业有限责任公司
140	沙湾县银珠棉业有限责任公司	175	乌苏市康隆棉业有限责任公司
141	新疆宝地种业有限责任公司棉花加工厂	176	乌苏市石桥银翔棉业有限责任公司
142	沙湾县棉花产业有限责任公司泰棉分公司	177	乌苏市皇宫银海棉业有限公司
143	沙湾县元康棉业有限公司	178	乌苏市新棉创业棉业有限责任公司
144	沙湾县康华工贸有限责任公司华银棉业分公司	179	乌苏市锦绣棉业有限公司
145	沙湾县棉花产业有限责任公司惠棉分公司	180	乌苏市隆兴棉业有限责任公司
146	沙湾县泰和棉业有限公司	181	乌苏市立新棉花加工有限责任公司
147	新疆太和龙瑞农业发展有限责任公司	182	乌苏市鼎瑞棉业有限责任公司
148	沙湾西部银富棉业有限公司	183	乌苏市康瑞棉花加工有限责任公司
149	托里县顺志棉业加工有限公司	184	乌苏市星亚棉花加工有限责任公司
150	托里县兵锦棉业有限公司	185	乌苏市新棉红星棉业有限责任公司
151	乌苏市锦鹏棉纺织有限公司宏发棉花加工厂	186	乌苏市甘河子恒丰棉业有限公司
152	乌苏市光辉棉花加工有限责任公司	187	乌苏市创新棉业有限公司
153	乌苏市创锦棉业有限公司	188	乌苏市帛鑫棉业有限公司
154	乌苏市江华棉业有限责任公司	189	乌苏市胜远棉业有限责任公司

续表

序号	棉花加工企业名称	序号	棉花加工企业名称
190	乌苏市鑫丰益棉业有限公司	222	阿克苏天成棉业有限责任公司
191	鄯善县新昱棉麻有限责任公司达浪坎棉花加工厂	223	阿克苏立友棉业有限责任公司
192	鄯善县新昱棉麻有限责任公司新城棉花加工厂	224	阿克苏恒信棉业有限公司
193	吐鲁番市大林棉业有限公司	225	阿克苏地区友谊棉花加工有限责任公司
194	吐鲁番同润棉业有限责任公司	226	阿克苏市金田农场有限责任公司
195	吐鲁番市华泰棉业有限责任公司艾丁湖乡棉花加工厂	227	阿克苏久如棉业有限责任公司
196	托克逊县西域棉业有限责任公司	228	新疆维吾尔自治区棉麻公司阿克苏棉麻站棉花加工厂
197	托克逊县天马棉业有限责任公司	229	阿克苏昌盛棉业有限责任公司
198	托克逊县工尚棉花加工有限责任公司	230	阿克苏新得利棉业有限公司
199	托克逊县天马棉业有限责任公司第一分公司	231	新疆阿克苏市广联实业有限公司
200	托克逊县天马种子有限公司	232	阿克苏永兴棉业有限责任公司
201	托克逊县银星棉业有限责任公司	233	阿克苏地区宏欣棉业有限公司
202	乌鲁木齐市米东区供销棉麻有限责任公司蒋家湾轧花厂	234	阿克苏市纵横棉业有限责任公司
		235	阿克苏地区永衡棉业有限责任公司
203	乌鲁木齐市米东区供销棉麻有限责任公司昌吉市黎明轧花厂	236	阿克苏地区供销社兴农合作农场棉花加工厂
		237	阿克苏贝乐棉业有限公司
204	乌鲁木齐市米东区供销棉麻有限责任公司昌吉市五十户轧花厂	238	新和县佳利农业发展股份有限公司塔木托克拉克乡轧花厂
205	奎屯华生棉业有限责任公司	239	阿克苏地区天宇棉业有限责任公司
206	奎屯诚丰棉业有限公司	240	阿克苏地区华丰棉业有限公司
207	伊犁八棉锡达棉业有限公司	241	阿克苏市潘氏棉业有限公司
208	阿克苏市同旺纺织有限责任公司棉花加工厂	242	阿克苏鑫牛棉业有限公司
209	阿克苏金土地棉业有限责任公司	243	阿克苏地区金翔棉业有限责任公司
210	阿克苏地区金诚棉业有限责任公司	244	新疆汇联棉花加工有限公司
211	阿克苏地区天泉棉业有限责任公司	245	库车利生棉业有限责任公司
212	阿克苏地区友邦棉业有限责任公司	246	阿克苏润德棉业有限公司
213	阿克苏联发棉业有限公司	247	阿克苏昌盛实业轧花有限公司
214	阿克苏地区金泰棉业有限责任公司	248	阿克苏泰星棉业有限公司
215	新疆鸿昌棉业有限公司轧花厂	249	阿克苏永翔棉业有限责任公司
216	阿克苏建光棉业有限责任公司	250	阿克苏市侨兴棉业有限责任公司
217	阿克苏地区腾达棉业有限责任公司	251	阿克苏瑞丰棉业有限公司
218	阿克苏地区宏丰棉业有限责任公司	252	阿克苏永华棉业有限责任公司
219	阿克苏大海实业有限公司	253	新疆阿克苏天山种业有限责任公司良种棉加工三厂
220	新疆阿克苏天山种业有限责任公司良种棉加工一厂	254	新疆鑫隆棉业有限公司
221	阿克苏大自然棉业有限公司		

续表

序号	棉花加工企业名称	序号	棉花加工企业名称
255	阿克苏金金棉业有限公司	288	库车县棉麻公司东城轧花九厂
256	阿瓦提新新棉业有限责任公司乌鲁却勒棉花收购加工厂	289	库车县天富棉业有限公司
		290	库车县棉麻公司莫明特力克轧花十四厂
257	新疆鲁泰丰收棉业有限责任公司第一加工厂	291	库车县棉麻公司草湖轧花十二厂
258	阿瓦提银花棉业有限责任公司	292	库车县恒丰棉业有限责任公司
259	新疆华孚恒丰棉业有限公司九连棉花加工厂	293	库车县纵横棉业有限责任公司
260	阿瓦提县卡尔墩农场有限责任公司	294	库车银花棉业有限责任公司
261	阿瓦提县农科院丰元科技有限责任公司	295	库车县龟兹种业公司良种棉轧花厂
262	阿瓦提县天韵棉业有限责任公司	296	库车县白泉棉业有限责任公司
263	阿瓦提新雅棉业有限公司一厂	297	阿克苏英达雅军垦农场棉业有限公司
264	阿瓦提县棉麻公司阿依巴格乡棉花收购加工厂	298	库车新盛农牧有限责任公司轧花厂
265	中棉集团阿瓦提棉花产业化有限公司	299	新疆恺缌珈棉业有限责任公司
266	阿瓦提县金泰棉业有限公司	300	库车县棉麻公司轧花一厂
267	阿瓦提县棉麻公司英艾日克棉花收购加工厂	301	库车县金朋棉业有限责任公司轧花厂
268	阿瓦提县棉麻公司庆丰棉花收购加工厂	302	库车联发棉业有限公司
269	阿瓦提新雅棉业有限公司	303	库车金鑫棉业有限公司
270	新疆华孚恒丰棉业有限公司棉花加工厂	304	库车永翔棉业有限责任公司
271	阿瓦提县棉麻公司多浪棉花收购加工厂	305	沙雅富力棉花有限责任公司托依堡轧花厂
272	阿瓦提新新棉业有限责任公司塔木托拉克棉花收购加工厂	306	沙雅九九棉业有限公司
		307	沙雅新垦棉花有限责任公司
273	阿瓦提县新雅宏伟棉业有限公司	308	沙雅银花棉业有限责任公司
274	柯坪县汇隆棉业有限责任公司	309	沙雅塔里木兴农棉花有限责任公司
275	柯坪县金泰棉业有限公司	310	沙雅国泰棉花有限公司
276	柯坪县海峰棉业有限责任公司	311	沙雅益康棉业有限公司红旗轧花厂
277	柯坪县兴丰棉业有限责任公司	312	沙雅纵横棉花有限责任公司
278	库车县白金棉花油脂加工有限责任公司	313	沙雅县华瑞棉业有限责任公司
279	库车县兴合棉花有限责任公司	314	新疆沙雅白云商贸有限责任公司努尔巴格轧花厂
280	库车天润棉业有限公司	315	新疆守信种业科技有限责任公司
281	库车县棉麻公司英叶轧花十一厂	316	新疆国泰棉业有限公司
282	库车中棉棉业科技有限公司	317	沙雅银泰棉业有限公司
283	库车县棉麻公司哈尼喀塔木轧花三厂	318	新疆鸿力棉业有限公司海楼乡包孜墩轧花厂
284	库车县棉麻公司齐满轧花二厂	319	沙雅银鑫棉业公司洋塔霞轧花厂
285	库车县龟兹种业公司比西巴格轧花厂	320	沙雅银鑫棉业公司县城一厂
286	库车县棉麻公司玉奇吾斯塘轧花五厂	321	沙雅恒洋棉业有限责任公司
287	库车县棉麻公司阿拉哈格轧花七厂	322	沙雅塔里木润城农牧有限责任公司监狱轧花厂

续表

序号	棉花加工企业名称	序号	棉花加工企业名称
323	沙雅新源棉业有限责任公司	356	新疆银星棉花加工有限责任公司
324	沙雅益康棉业有限公司托依堡分公司	357	和硕县棉麻公司县城轧花厂
325	乌鲁木齐利华新创棉业有限责任公司沙雅分公司	358	库尔勒新丰普惠棉业有限责任公司
326	乌鲁木齐利华新创棉业有限责任公司沙雅第二轧花厂	359	巴州国棉配送棉业有限公司
327	新疆鸿力棉业有限公司盖孜库木轧花厂	360	巴州美华棉业有限责任公司普惠棉花加工厂
328	温宿县银丰棉业有限公司	361	库尔勒市良种棉轧花厂
329	温宿银花棉业有限责任公司	362	库尔勒宝丰棉业有限责任公司
330	新疆金丰源种业股份有限公司良种棉加工二厂	363	库尔勒鑫福棉业有限责任公司
331	新和益新棉业有限公司	364	新疆维吾尔自治区国家农作物原种场库尔勒哈拉苏轧花厂
332	温宿博嘉棉业有限责任公司	365	巴州正圣棉业有限公司
333	温宿德丰棉花产业有限责任公司佳木轧花厂	366	新疆利华棉业股份有限公司第一棉花加工厂
334	温宿信泰棉业有限责任公司	367	新疆银通棉业有限公司库尔勒轧花厂
335	温宿县银利棉业有限公司	368	巴州丰润棉业有限责任公司
336	新疆大草原棉业有限公司	369	巴州美华棉业有限责任公司托布力其棉花加工厂
337	新疆金丰源种业股份有限公司良种棉加工一厂	370	库尔勒市银翔棉业有限公司
338	阿克苏天玉种业有限公司原(良)种棉加工厂	371	库尔勒顺盛棉业有限责任公司
339	温宿德丰棉花产业有限责任公司共青团加工厂	372	新疆银通棉业有限公司哈拉玉宫轧花厂
340	中棉集团新和棉业有限公司	373	新疆国家棉花原种繁殖基地库尔勒市阿瓦提乡轧花厂
341	新和县永红有限责任公司棉花加工厂	374	库尔勒包头湖棉花加工有限责任公司
342	新疆桑塔木种业股份有限公司良种棉轧花厂	375	库尔勒兴宇棉花加工有限公司
343	新和金泰实业有限公司	376	巴州冠农库尔楚棉业有限公司
344	新疆益康集团有限责任公司轧花厂	377	巴州恒熙棉业有限公司
345	新和县佳利农业发展股份有限公司玉其哈特乡轧花厂	378	巴州浩鑫棉业有限公司轧花厂
346	新和县永红有限责任公司玉奇喀特乡棉花加工厂	379	库尔勒旭鑫棉花加工有限责任公司
347	新和银花棉业有限责任公司	380	巴州德润商贸有限公司普惠棉花加工厂
348	新和县宏信棉业有限责任公司	381	巴州德福农贸有限责任公司
349	新和县宏信机采棉有限公司	382	新疆利华棉业股份有限公司第二棉花加工厂
350	博湖宝丰棉业有限责任公司博斯腾湖棉花收购加工厂	383	新疆利华棉业股份有限公司第三棉花加工厂
351	博湖县桦峰棉业有限责任公司	384	库尔勒玖润棉业有限公司
352	和静冠农棉业有限责任公司	385	巴州同庆丰棉业有限公司
353	新疆成岳棉花产业有限公司巴润哈尔莫墩镇轧花厂	386	新疆利华棉业股份有限公司第四棉花加工厂
354	新疆银硕棉业有限责任公司	387	新疆利华棉业股份有限公司第五棉花加工厂
355	和硕县清水河宏岳棉花加工有限责任公司	388	库尔勒惠祥棉种有限公司

续表

序号	棉花加工企业名称	序号	棉花加工企业名称
389	新疆泰昌实业有限责任公司轧花厂	424	巴州迈思创棉业有限公司
390	巴州宏益棉业有限公司轧花厂	425	尉犁兴平棉业有限责任公司
391	巴州尉杨棉业有限公司	426	尉犁县林丰棉业有限公司
392	巴州鸿泰棉业有限公司轧花二厂	427	巴州顺泰棉业有限责任公司
393	轮台县家家旺棉业有限责任公司	428	尉犁县中良棉业有限责任公司库尔勒分厂
394	轮台县远江农工贸有限责任公司棉花加工厂	429	巴州百家惠纺织有限责任公司
395	轮台县塔河棉业有限责任公司	430	巴州天盛棉业有限公司
396	轮台县永盛棉花工贸有限责任公司	431	新疆焉耆县棉麻有限责任公司
397	巴州鸿泰棉业有限公司轧花一厂	432	和田银丰棉业有限责任公司
398	巴州鸿泰棉业有限公司轧花四厂	433	和田天王纺织有限公司
399	轮台县银恒棉业有限公司	434	和田县种子经营中心斯玛瓦提良种棉加工厂
400	轮台鸿泰种业有限公司原种棉轧花厂	435	和田县白金棉业有限公司
401	巴州鸿泰棉业有限公司轧花三厂	436	皮山县利兴棉业有限责任公司
402	新疆国欣种业有限公司	437	新疆棉花产业（集团）巴楚棉业有限责任公司英吾斯坦轧花厂
403	且末县昆仑棉业有限责任公司棉花加工一厂		
404	且末县玖润棉业有限公司	438	新疆棉花产业（集团）巴楚棉业有限责任公司恰瓦克轧花厂
405	且末县新垦棉业有限责任公司		
406	且末县昆仑棉业有限责任公司棉花加工二厂	439	新疆棉花产业(集团)巴楚棉业有限责任公司唐巴扎轧花厂
407	且末县昆仑棉业有限责任公司棉花加工三厂		
408	若羌玖润棉业有限公司棉花加工二厂	440	新疆棉花产业(集团)巴楚棉业有限责任公司阿克萨克马热勒轧花厂
409	若羌玖润棉业有限公司棉花加工一厂		
410	巴州宏业统其克棉花加工有限公司	441	新疆棉花产业(集团)巴楚棉业有限责任公司群库恰克轧花厂
411	巴州恒通棉业有限公司		
412	新疆千棉棉业有限责任公司	442	新疆棉花产业(集团)巴楚棉业有限责任公司阿拉根轧花厂
413	尉犁县中良棉业有限责任公司	443	巴楚县良种轧花厂（有限公司）三厂
414	尉犁县棉麻公司塔里木收购站	444	巴楚县良种轧花厂（有限公司）
415	尉犁县诸旺农牧业有限公司	445	巴楚县克拉克勤农牧有限责任公司
416	尉犁县九九棉业有限公司	446	新疆棉花产业（集团）巴楚棉业有限责任公司下马力轧花厂
417	尉犁泰富棉业有限公司		
418	尉犁县瑞成棉业有限责任公司	447	新疆棉花产业（集团）巴楚棉业有限责任公司色力布亚轧花厂
419	巴州泰昌农业开发有限公司轧花厂	448	巴楚县光大棉业有限责任公司
420	新疆承天种业科技股份有限公司	449	巴楚县嘉德棉业有限责任公司
421	尉犁县瑞华棉业有限责任公司	450	巴楚县鑫鹏棉业有限责任公司
422	尉犁县棉麻公司琼库勒收购站	451	新疆润孚棉业有限公司
423	巴州孔雀棉业有限责任公司	452	喀什宏岳润丰棉业有限公司

续表

序号	棉花加工企业名称	序号	棉花加工企业名称
453	新疆棉花产业（集团）巴楚棉业有限责任公司阿瓦提轧花厂	480	新疆棉花产业（集团）麦盖提棉业有限责任公司央塔克轧花厂
454	巴楚县裕华棉业有限公司	481	新疆棉花产业（集团）麦盖提棉业有限责任公司县城轧花厂
455	巴楚县震华棉纺有限责任公司轧花厂		
456	巴楚县金谷棉业有限公司	482	新疆棉花产业（集团）麦盖提棉业有限责任公司克孜勒阿瓦提轧花厂
457	巴楚县华联棉业有限责任公司		
458	巴楚县泰昌棉业有限公司	483	新疆棉花产业（集团）麦盖提棉业有限责任公司库尔玛轧花厂
459	巴楚县冠农棉业有限责任公司	484	麦盖提县中联棉纺有限责任公司
460	巴楚县德昌棉业有限公司	485	麦盖提基地军联棉业有限责任公司
461	巴楚县利鑫强棉业有限公司	486	麦盖提良种棉业有限公司
462	新疆棉花产业集团伽师棉业有限公司卧里托呼拉克乡轧花厂	487	麦盖提九九棉业有限公司
		488	喀什新花棉业有限公司
463	新疆棉花产业集团伽师棉业有限公司玉代克力克乡轧花厂	489	喀什金盛棉业有限责任公司
464	伽师县银丰棉花有限责任公司	490	麦盖提易丰棉业有限公司
465	新疆棉花产业集团伽师棉业有限公司县城轧花厂	491	麦盖提县宏丰棉业有限公司
466	新疆棉花产业集团伽师棉业有限公司和夏瓦提乡轧花厂	492	喀什星宇农业开发有限公司
		493	喀什中利农业开发有限公司
467	新疆棉花产业集团伽师棉业有限公司夏普吐勒乡轧花厂	494	伽师县皖新棉业有限责任公司
		495	麦盖提县浩丰实业有限公司
468	喀什广新纺织股份有限公司	496	新疆棉花产业（集团）莎车棉业有限责任公司伯什坎轧花厂
469	伽师新雅棉业有限公司		
470	新疆棉花产业集团伽师棉业有限公司克孜勒苏乡轧花厂	497	新疆棉花产业集团英夏尔棉业有限公司英尔力克乡轧花厂
471	伽师县中加棉业有限公司	498	新疆棉花产业集团英夏尔棉业有限公司牙甫泉镇轧花厂
472	喀什实信棉业有限责任公司		
473	喀什永泰现代农业开发有限公司	499	喀什牌楼农场有限责任公司轧花厂
474	喀什天利纺织原料有限公司莎车县分公司	500	新疆棉花产业（集团）莎车棉业有限责任公司阿瓦提轧花厂
475	喀什新粤纺织有限公司		
476	喀什亿顺农业开发有限责任公司	501	新疆棉花产业（集团）莎车棉业有限责任公司艾力西湖轧花厂
477	新疆棉花产业（集团）麦盖提棉业有限责任公司尕孜库勒轧花厂	502	新疆棉花产业（集团）莎车棉业有限责任公司阿斯兰巴格轧花厂
478	新疆棉花产业（集团）麦盖提棉业有限责任公司吐曼塔勒轧花厂	503	新疆棉花产业（集团）莎车棉业有限责任公司吾达力克轧花厂
479	新疆棉花产业（集团）麦盖提棉业有限责任公司希依提墩轧花厂	504	新疆棉花产业（集团）莎车棉业有限责任公司依干其轧花厂

续表

序号	棉花加工企业名称	序号	棉花加工企业名称
505	新疆棉花产业（集团）莎车棉业有限责任公司依什库力轧花厂	529	新疆棉花产业集团英夏尔棉业有限公司城区轧花厂
506	新疆棉花产业（集团）莎车棉业有限责任公司荒地轧花厂	530	新疆棉花产业集团英夏尔棉业有限公司塔孜洪乡轧花厂
507	新疆棉花产业（集团）莎车棉业有限责任公司再热甫夏提轧花厂	531	新疆棉花产业（集团）叶城棉业有限责任公司零公里轧花厂
508	莎车县新龙棉业有限责任公司	532	新疆棉花产业（集团）叶城棉业有限责任公司江格勒斯轧花厂
509	莎车县利成海棉纺有限责任公司	533	喀什丝绸棉业有限公司
510	莎车县叶尔羌棉业有限责任公司	534	新疆棉花产业（集团）叶城棉业有限责任公司库其轧花厂
511	莎车县叶尔羌棉业有限责任公司二厂	535	喀什通力棉业有限公司
512	新疆棉花产业（集团）莎车棉业有限责任公司阿拉买提轧花厂	536	新疆棉花产业(集团)叶城棉业有限责任公司恰瓦克轧花厂
513	新疆棉花产业（集团）莎车棉业有限责任公司阿扎提巴格轧花厂	537	英吉沙县棉麻公司克孜勒加工厂
514	新疆棉花产业（集团）莎车棉业有限责任公司巴格阿瓦提轧花厂	538	英吉沙县棉麻公司苏盖提加工厂
515	新疆棉花产业（集团）莎车棉业有限责任公司恰热克轧花厂	539	英吉沙县棉麻公司城镇加工厂
516	莎车县中加棉业有限公司	540	英吉沙县棉麻公司芒申加工厂
517	莎车县叶尔羌叶河棉业有限责任公司	541	新疆棉花产业集团岳普湖棉业有限公司下巴扎乡轧花厂
518	莎车县昆仑棉业有限责任公司	542	新疆棉花产业集团岳普湖棉业有限公司铁力木乡轧花厂
519	莎车县银絮棉业有限责任公司	543	新疆棉花产业集团岳普湖棉业有限公司县城轧花厂
520	新疆棉花产业（集团）疏附棉业有限责任公司英吾斯坦轧花厂	544	新疆棉花产业集团岳普湖棉业有限公司绿洲轧花厂
521	新疆棉花产业（集团）疏附棉业有限责任公司托克扎克轧花厂	545	岳普湖县良种棉轧花厂
522	疏附县良种轧花厂	546	新疆光大西域科技有限公司
523	新疆棉花产业（集团）疏附棉业有限责任公司阿瓦提轧花厂	547	新疆棉花产业集团岳普湖棉业有限公司巴依瓦提轧花厂
524	新疆棉花产业（集团）疏附棉业有限责任公司栏杆轧花厂	548	新疆棉花产业集团泽普棉业有限公司县城轧花厂
525	疏勒县润丰棉业有限公司	549	新疆棉花产业集团泽普棉业有限公司阿克塔木乡轧花厂
526	新疆棉花产业集团英夏尔棉业有限公司羊大曼轧花厂	550	新疆棉花产业集团泽普棉业有限公司依玛乡轧花厂
527	新疆棉花产业集团英夏尔棉业有限公司阿拉甫乡轧花厂	551	新疆棉花产业集团泽普棉业有限公司古鲁巴格乡轧花厂
		552	泽普县富强棉业有限责任公司
		553	新疆棉花产业集团泽普棉业有限公司阿依库勒乡轧花厂
528	新疆棉花产业集团英夏尔棉业有限公司罕南力克镇轧花厂	554	阿克陶县恒丰棉麻有限公司
		555	克州欣汇联实业有限公司

续表

序号	棉花加工企业名称
556	阿克陶县昌隆棉业有限公司
557	阿克陶县金泰棉业有限公司
558	阿克陶县盛丰棉业有限责任公司
559	阿克陶县鲁丰棉业有限责任公司
560	阿克陶县奔达实业有限公司
561	新疆阿图什金泉商贸有限责任公司阿克陶县轧花厂
562	阿克陶县新陆棉业有限公司
563	克州宏健棉业有限责任公司
564	阿克陶县托塔依农场轧花厂
565	阿克陶县天人棉业有限责任公司
566	阿克陶县昌盛棉业有限责任公司
567	阿克陶县盛丰棉业有限责任公司第二轧花厂
568	阿克陶县恒丰棉麻有限公司轧花厂
569	克州富民棉业有限公司
570	克州百川棉业有限责任公司
571	阿图什市海纳棉业有限公司
572	中棉集团克州棉业有限公司
573	阿图什市供销合作社联合社棉麻公司
574	克州卓达棉业有限公司
575	新疆生产建设兵团第二师永兴供销有限责任公司棉麻二分公司
576	巴州冠农棉业有限责任公司普惠轧花厂
577	农二师群克棉业有限公司
578	尉犁银丰棉业有限公司
579	巴州冠农十八团渠棉业有限责任公司
580	新疆生产建设兵团农二师昆山棉业有限公司
581	新疆生产建设兵团农二师银莱棉业有限公司
582	新疆生产建设兵团农二师卫东棉业有限公司
583	新疆生产建设兵团第二师万佳棉业有限责任公司
584	新疆生产建设兵团第二师玖祥棉业有限责任公司
585	新疆前海惠农生物科技股份有限公司
586	新疆前海新农棉业股份有限公司
587	新疆前海益农棉业股份有限公司
588	新疆前海利农棉业股份有限公司
589	莎车县三得利棉业有限责任公司
590	奎屯创锦棉业有限公司
591	新疆博赛银丰棉业有限公司
592	新疆生产建设兵团农五师种棉加工厂
593	沙湾县新赛棉业有限责任公司
594	新疆新赛精纺有限公司
595	麦盖提县邦顺棉业有限公司
596	克拉玛依市锦田棉业有限公司
597	呼图壁县锦源棉业有限责任公司
598	新疆明瑞棉业有限公司
599	奎屯顺裕棉业有限公司
600	克拉玛依市乌尔禾区锦宏棉业有限公司
601	新疆生产建设兵团第十三师立亨棉业有限公司
602	新疆生产建设兵团第十三师红星三场棉花收购加工厂
603	哈密天宇农业科技发展有限责任公司棉花加工厂
604	新疆生产建设兵团第十三师天元供销（集团）有限公司棉花加工厂
605	新疆生产建设兵团棉麻公司库尔勒轧花厂
606	奎屯天凯棉业加工有限责任公司
607	新疆大禾油脂有限公司克拉玛依市棉业分公司
608	昌吉金西域棉业有限责任公司玛纳斯县分公司
609	哈密市兵棉棉业有限公司
610	沙雅宏信棉花有限责任公司
611	奎屯惠民棉业有限公司
612	阿克苏锦阿棉业有限责任公司
建设兵团139家	
1	新疆生产建设兵团第一师十二团棉花加工厂
2	新疆生产建设兵团第一师十四团加工厂
3	新疆生产建设兵团第一师一团加工厂
4	新疆生产建设兵团第一师八团棉花加工厂
5	新疆生产建设兵团第一师三团粮油加工厂
6	新疆生产建设兵团第一师七团加工厂
7	新疆生产建设兵团第一师阿拉尔农场阿拉尔加工二厂
8	新疆生产建设兵团第一师十六团加工厂

续表

序号	棉花加工企业名称	序号	棉花加工企业名称
9	新疆生产建设兵团第一师幸福农场棉业加工厂	42	新疆生产建设兵团第三师四十二团加工厂
10	新疆生产建设兵团第一师十三团幸福城加工厂	43	第三师四十五团综合加工一厂
11	新疆生产建设兵团第一师六团加工厂	44	新疆生产建设兵团伽师总场综合加工厂
12	新疆塔里木河种业股份有限公司金银川分公司	45	第三师四十八团综合加工厂
13	新疆生产建设兵团第一师阿拉尔市十团加工厂	46	图木舒克市四十九团综合加工厂
14	新疆生产建设兵团第一师二团加工厂	47	第三师四十五团轧花二厂
15	新疆生产建设兵团第一师十一团棉副产品加工厂	48	图木舒克市五十一团综合加工厂
16	新疆生产建设兵团第一师十三团红桥加工厂	49	新疆丰达农业有限公司（轧花厂）
17	新疆生产建设兵团第一师阿拉尔农场阿拉尔加工一厂	50	新疆前海泽农棉业股份有限公司
		51	霍城县六十三团综合加工厂
18	新疆生产建设兵团第一师二团棉花加工二厂	52	新疆生产建设兵团农四师六十四团加工厂
19	新疆生产建设兵团第一师五团加工厂	53	农四师六十七团棉花加工厂
20	新疆生产建设兵团第一师八团棉花加工二厂	54	新疆赛里木现代农业股份有限公司霍热分公司
21	新疆塔里木河种业股份有限公司阿拉尔分公司	55	新疆生产建设兵团第五师八十三团场轧花厂一分厂
22	新疆生产建设兵团农一师一团沙井子民族农场	56	新疆生产建设兵团农五师八十五团轧花厂
23	新疆塔里木河种业股份有限公司阿拉尔良种繁育场	57	农五师八十六团综合加工厂
24	阿拉尔农一师棉麻鹏飞棉业有限责任公司	58	新疆生产建设兵团第五师八十九团
25	新疆生产建设兵团第二师二十九团棉花加工厂	59	新疆生产建设兵团第五师九十团
26	新疆生产建设兵团第二师三十团棉花加工一分厂	60	新疆生产建设兵团第五师九十一团轧花厂
27	新疆生产建设兵团第二师三十一团英库勒种子加工厂	61	新疆生产建设兵团第五师八十二团联合加工厂
		62	农五师八十四团保尔德轧花厂
28	新疆生产建设兵团第二师三十四团轧花厂	63	新疆生产建设兵团第六师新湖农场三场轧花厂
29	第二师三十五团加工厂	64	新疆生产建设兵团第六师一O三团轧花厂
30	新疆生产建设兵团第二师三十六团加工厂	65	新疆生产建设兵团第六师芳草湖农场四场轧花厂
31	第二师三十三团乌鲁克机采棉花加工厂	66	新疆生产建设兵团第六师一O五团轧花厂
32	新疆生产建设兵团第二师三十一团加工厂	67	新疆生产建设兵团农业建设第六师一〇二团轧花厂
33	第二师三十三团加工厂	68	新疆生产建设兵团第六师新湖农场一场轧花厂
34	巴州冠农棉业有限责任公司	69	新疆昌吉枣园加工厂
35	新疆生产建设兵团第二师二十九团棉种加工厂	70	新疆生产建设兵团第六师芳草湖农场二场轧花厂
36	新疆生产建设兵团第二师三十团棉花加工二分厂	71	新疆生产建设兵团第六师芳草湖农场六场轧花厂
37	新疆生产建设兵团第二师三十一团卡拉加工厂	72	第六师共青团农场综合加工厂
38	新疆生产建设兵团第二师三十一团机采棉加工厂	73	新疆生产建设兵团第六师新湖农场二场轧花厂
39	图木舒克市四十四团中心团场齐干却勒加工厂	74	新疆生产建设兵团第六师新湖农场六场轧花厂
40	图木舒克市五十三团综合加工厂	75	新疆生产建设兵团第六师一O六团加工厂
41	图木舒克市五十团综合加工厂	76	新疆生产建设兵团第六师芳草湖农场一场轧花厂

续表

序号	棉花加工企业名称	序号	棉花加工企业名称
77	新疆生产建设兵团第六师芳草湖农场三场轧花厂	111	第八师石河子市一四八团一加工厂
78	新疆生产建设兵团第六师芳草湖农场五场轧花厂	112	第八师一四九团联合加工厂
79	新疆芳草湖准噶尔棉业有限责任公司	113	第八师一四九团棉花加工二厂
80	新疆鹏飞棉业有限公司	114	第八师一五〇团加工二厂
81	玛纳斯县旺隆农业开发有限公司	115	石河子下野地农场沙门子镇加工厂
82	玛纳斯县鑫裕棉业有限公司	116	石河子新安农场第四加工厂
83	新疆生产建设兵团第六师新湖农场七场轧花厂	117	第八师一五〇团加工一厂
84	新疆生产建设兵团第六师新湖农场四场轧花厂	118	石河子开发区银祥棉业有限责任公司
85	车排子农工商联合企业总公司加工厂	119	石河子新安棉花加工厂
86	农七师柳沟总场加工厂	120	石河子桃花农场加工总厂二分厂
87	新疆锦棉棉业股份有限公司高泉棉花加工厂	121	克拉玛依一三六团联合加工厂
88	农七师前山总场综合加工厂	122	第八师石河子市一四八团三加工厂
89	新疆生产建设兵团第七师棉麻公司	123	第八师一五〇团加工三厂
90	新疆屯南棉麻有限责任公司	124	新疆石河子八棉纺织有限公司
91	农七师科克兰木总场加工厂	125	石河子新安农场第二加工厂
92	新疆华天种业有限公司	126	石河子新安农场第三加工厂
93	克拉玛依市共青镇农工商联合企业总公司加工厂	127	石河子市农丰良种棉脱棉加工有限公司
94	新疆克拉玛依市五五农工商联合企业总公司棉花加工厂	128	石河子市宏兴和棉业有限公司
95	新疆锦棉种业科技股份有限公司良种加工二厂	129	石河子开发区德威立业工贸有限责任公司基地轧花厂
96	新疆锦棉种业科技股份有限公司良种加工一厂	130	石河子开发区华丰棉业有限责任公司
97	农七师苏兴滩总场加工厂	131	新疆银力棉业股份有限公司第一加工厂
98	石河子炮台农场炮台联合加工厂	132	石河子开发区大有赢得种业有限公司棉花种子加工厂
99	第八师石河子市一四八团二加工厂	133	石河子市鸿福棉业有限公司
100	石河子总场泉水地加工厂	134	新疆生产建设兵团第十三师火箭农场粮棉油加工厂
101	新疆石大棉业有限责任公司	135	新疆生产建设兵团第十三师红星四场粮棉加工厂
102	石河子炮台农场东野联合加工厂	136	新疆生产建设兵团第十三师红星二场粮棉加工厂
103	石河子桃花农场加工总厂三分厂	137	新疆生产建设兵团第十三师红星一场粮棉加工厂
104	石河子桃花农场加工总厂一分厂	138	新疆生产建设兵团第十三师黄田农场加工厂
105	石河子一三四团加工厂	139	新疆生产建设兵团第十三师红星二牧场棉花加工厂
106	石河子北野农场加工厂		山东**148**家
107	石河子新安农场第一加工厂	1	滨州市大地棉油有限公司
108	新疆华侨农场联合加工厂	2	滨州市泽兴棉业有限公司
109	石河子一四四团加工厂	3	山东省惠民县聚鑫棉业有限责任公司
110	新疆石河子一四七团联合加工厂		

续表

序号	棉花加工企业名称	序号	棉花加工企业名称
4	博兴县嘉禾棉业有限公司	39	夏津县宏丰棉业有限公司
5	山东省博兴县宏润棉业有限公司	40	武城县星海棉业有限公司
6	滨州市星河棉业有限公司	41	夏津县新时棉业有限公司
7	山东省博兴县德鑫棉业有限公司	42	宁津县广润棉业有限公司
8	博兴县昌盛棉业有限公司	43	夏津县瑞生棉业有限公司
9	山东省博兴县华茂棉业有限公司	44	武城县龙翔棉业有限公司
10	山东省博兴县汇鑫源棉业有限公司	45	武城县诚信棉业有限公司
11	滨州鑫源棉花加工有限公司	46	乐陵市银海棉业有限公司
12	惠民县富国棉业有限公司	47	武城县吉兴棉业有限公司
13	惠民县瑞银棉业有限公司	48	武城县天利棉业有限公司
14	博兴县纳利达棉业有限公司	49	武城县金亿棉业有限公司
15	无棣利源棉业有限公司	50	武城县鑫兴棉业有限公司
16	山东顺鑫棉业有限公司	51	武城县腾安棉业有限公司
17	沾化恒盛棉业有限公司	52	三阳纺织有限公司
18	无棣华胜棉业有限公司	53	广饶县华源工贸有限责任公司
19	山东省博兴县远洋棉业有限公司	54	利津县犇鑫棉籽油加工有限公司
20	无棣宏发棉业有限公司	55	利津中正纺织有限公司
21	武城县华兴棉花加工厂	56	东营市瑞丰油棉加工有限责任公司
22	武城县金鑫棉花加工厂	57	东营市富源棉业有限公司
23	武城县南洋棉花加工厂	58	东营市庚泰棉业有限公司
24	武城县海恒棉业有限公司	59	广饶县胜源工贸有限责任公司
25	武城县天宏棉业有限公司	60	东营三强工贸有限公司
26	武城县银兴棉花加工厂	61	东营市润丰棉业有限公司
27	武城县银山棉花加工厂	62	东营市华茂棉花收购有限公司
28	武城县银海棉花加工厂	63	利津县鲁翔棉油加工有限责任公司
29	山东鑫秋农业科技股份有限公司	64	利津县棉花良种加工服务站
30	武城县盛鑫棉业有限公司	65	广饶县华能油棉加工有限公司
31	武城县银恒棉业有限公司	66	东营市河口区美华棉业有限公司
32	武城县兴宏棉花加工厂	67	广饶县天鑫棉业有限公司
33	武城县华源棉业有限公司	68	广饶县广源工贸有限公司
34	武城县第九棉花加工厂	69	利津信通油料加工有限公司
35	夏津县东盛棉业有限公司	70	利津县瑞兴油棉加工有限责任公司
36	夏津县长顺棉业有限公司	71	山东众力棉业科技有限公司
37	武城县厚丰棉业有限公司	72	利津县宏鑫纺织有限公司
38	夏津县旺盛皮棉经营有限公司	73	广饶县源丰工贸有限公司

续表

序号	棉花加工企业名称	序号	棉花加工企业名称
74	利津恒信油料加工有限公司	109	金乡县金昊源农贸有限公司
75	东营市华杰工贸有限公司	110	金乡县宏大棉业有限公司
76	山东达隆集团利津棉麻有限公司	111	金乡县东方棉业有限公司
77	利津县金宇油料加工有限公司	112	嘉祥县金燕棉业有限公司
78	东营市富华棉业有限公司	113	金乡县富星棉业有限公司
79	广饶县天宇棉业有限公司	114	鱼台县天源农副产品经营有限责任公司
80	山东高棉集团有限公司	115	金乡县鹏诚棉业有限公司
81	单县锦棉棉业有限公司	116	金乡县长城农贸有限公司
82	巨野县恒和棉业有限公司	117	金乡县锦花商贸有限公司
83	成武县鑫隆棉业有限公司	118	金乡县银星农贸有限公司
84	菏泽金棉棉业有限公司	119	金乡县金丝源商贸有限公司
85	成武县腾达棉业有限公司	120	济宁金嘉纺织有限公司
86	巨野县国丰棉业有限公司	121	济宁市众鑫棉纺织品有限公司
87	山东瑞星棉业有限公司	122	金乡县泰升棉业有限公司
88	成武县汇丰棉业有限公司	123	山东如意数码科技印染有限公司
89	成武县农丰棉业有限公司	124	金乡县程前棉业有限公司
90	巨野祥和棉业有限公司	125	嘉祥县椿林棉纺织品有限公司
91	巨野县鲁玉棉花加工有限公司	126	济宁市明源棉业有限公司
92	巨野县中信棉业有限公司	127	金乡县泰鑫棉业有限公司
93	巨野县申花棉花有限公司	128	金乡县阳光棉业有限公司
94	山东巨野华纬棉业有限公司	129	金乡县百泰农贸有限公司
95	巨野县金秋棉花有限公司	130	高唐县华泰棉业有限公司
96	成武县海韵棉业有限公司	131	山东智德纺织有限公司
97	成武县银海棉业有限责任公司	132	山东亿溪纺织有限公司
98	巨野县宏兴棉业有限责任公司	133	高唐县永恒棉业有限公司
99	巨野县鑫原棉花加工有限公司	134	临清市鲁丰棉业有限公司
100	山东鑫诚棉业有限公司	135	高唐华威棉纺织有限公司
101	金乡县霍古商贸有限公司	136	高唐县鑫洲棉业有限公司
102	金乡县银海商贸有限公司	137	临清市宝昌棉业有限公司
103	金乡县银利农贸有限公司	138	高唐恒丰棉业有限公司
104	金乡县恒昌商贸有限公司	139	临清市通泽棉业有限公司
105	金乡县众鑫商贸有限公司	140	高唐县创鑫棉业有限公司
106	鱼台县鑫盛棉花加工有限公司	141	临清市聚鑫棉业有限公司
107	金乡县威哥农贸有限公司	142	高唐县庆丰棉绒加工有限公司
108	鱼台县晨雨农副产品有限公司	143	高唐县恒昌棉业有限公司

续表

序号	棉花加工企业名称	序号	棉花加工企业名称
144	高唐县瑞丰棉业有限公司	30	河北永润棉业有限公司
145	泰安雪彤棉业有限公司	31	邱县永兴棉花加工厂
146	寿光市新城棉业有限公司	32	河北鑫强棉业有限公司
147	青州建为棉业有限公司	33	邱县庆鑫棉业有限公司
148	寿光市宏达棉业有限公司	34	邱县和润棉业有限公司
河北**88**家		35	肥乡县付海棉纺有限公司
1	保定硕丰农产股份有限公司	36	肥乡县长源棉花加工有限公司
2	河间市国欣棉花专业合作社	37	曲周县雪花棉业有限公司
3	东光县于兴棉业有限公司	38	邱县圣隆棉业有限公司
4	东光县金源棉业有限公司	39	河北龙兴棉纺织印染有限公司
5	东光县大河百益棉业有限公司	40	永年县恒银棉业有限公司
6	东光县兴业棉业有限公司	41	邱县旦寨乡第六棉花加工厂
7	东光县银瑞棉业有限公司	42	河北银田种业有限公司第一分公司
8	东光县瑞和棉业有限公司	43	冀州市欧尚棉业有限公司
9	东光县瑞丹棉纺有限公司	44	冀州市三益棉花收购加工厂
10	东光县恒利棉业有限责任公司	45	冀州市鹏鑫棉源有限责任公司
11	吴桥县梁集镇银鑫棉花加工厂	46	故城县恒裕棉业有限公司
12	河间市曙光棉花有限公司	47	故城县裕通棉业有限公司
13	吴桥县联兴棉业有限责任公司	48	景县晟通棉业有限公司
14	东光县玉洁棉业有限公司	49	冀州市南午村西北棉花加工厂
15	河间市雪云农作物专业合作社	50	河北九鼎棉业有限公司
16	东光县银利棉业有限公司	51	阜城县清泉棉花有限公司
17	东光县东胜棉业有限公司	52	衡水市冀州区鑫鼎棉业有限公司
18	吴桥德盛棉业有限公司	53	河北银雪棉业有限公司
19	东光县骏源棉纺有限公司	54	冀州市顺祥棉业有限公司
20	东光县全胜棉业有限公司	55	辛集市银瑞棉油厂
21	吴桥县隆源棉业有限公司	56	唐山市万泰隆棉业有限公司
22	东光县裕丰棉业有限公司	57	唐山市瑞盛棉业有限公司
23	吴桥县梁集镇龙腾棉花加工厂	58	唐山市丰南宁丰棉业有限公司
24	东光县德惠棉业有限公司	59	唐山市丰南鸿运棉花收购加工厂
25	东光县嘉汇棉业有限公司	60	唐山市丰南区王兰庄镇兴海棉花收购加工厂
26	东光县华兴纺织有限责任公司宏业分公司	61	唐山市丰南区隆昌棉业有限公司
27	魏县兴达得天棉业有限公司	62	唐山市丰南区鑫硕棉业有限公司
28	河北华银棉业纺织有限公司	63	河北德宏棉业有限公司
29	邱县瑞丰棉花加工厂	64	威县裕华棉业有限责任公司

续表

序号	棉花加工企业名称
65	威县全财棉业有限公司
66	河北南虹棉业有限责任公司
67	广宗县顺兴棉业有限公司
68	威县冀丰棉业有限责任公司
69	威县梨固棉业有限公司
70	巨鹿县欣棉棉业有限公司
71	广宗县良棉厂
72	威县腾达棉业有限责任公司
73	威县巨久棉业有限公司
74	威县银海棉业有限责任公司
75	威县聚力棉业有限公司
76	广宗县银海棉花加工厂
77	河北宁达棉花加工有限公司
78	临西县恒生棉花加工厂
79	威县国龙棉业有限公司
80	广宗县昌泰棉业有限公司
81	邢台市大曹庄管理区天和棉业有限公司
82	威县西环棉业有限公司
83	威县西街棉业有限公司
84	河北腾盛棉业有限责任公司
85	南宫市昌达棉业有限公司
86	广宗县东兴棉花加工厂
87	广宗县顺达棉业有限公司
88	广宗县荆寨棉花加工厂
湖北**29**家	
1	湖北昌丰棉麻有限公司
2	黄梅县高华棉业有限责任公司
3	黄梅小池银丰棉花有限公司
4	荆州市晶发棉业有限公司
5	湖北百盛棉花贸易有限公司
6	荆州市凌辉棉花加工有限公司
7	湖北德永盛纺织有限公司
8	玉沙集团监利五岭棉业有限公司
9	监利县鑫泰棉花工贸有限公司
10	潜江市金城棉业有限公司
11	潜江市巨发棉业有限公司
12	潜江市恒发棉业有限公司
13	湖北省西大垸龙信粮棉油有限公司
14	天门景天棉业有限公司渔薪分厂
15	天门市瑞昌棉业有限公司
16	天门市新建棉贸有限责任公司
17	天门市鸿源棉花有限公司
18	武汉市盛发棉业有限公司
19	湖北顺和棉业有限公司
20	仙桃市银基棉业有限公司
21	仙桃市永强棉业有限责任公司
22	仙桃市昌丰棉业有限公司
23	宜城市万洋棉业有限公司
24	枣阳市锦鹏棉业纺织有限公司
25	襄阳泰通棉业有限责任公司
26	孝感市银棉商贸有限责任公司
27	枝江市白银纺贸有限责任公司江北棉花收购加工厂
28	枝江市白银纺贸有限责任公司江南棉花收购加工厂
29	枝江银丰棉业有限公司
甘肃**17**家	
1	金塔县益盛棉业有限公司
2	甘肃省国营小宛农场棉花公司
3	瓜州县宏祥棉业有限责任公司
4	瓜州县常鸿棉业有限责任公司
5	瓜州县金禾实业有限责任公司
6	瓜州县长兴棉业有限责任公司
7	敦煌市莫高棉业有限公司
8	敦煌联友棉业有限责任公司
9	敦煌市飞天棉业有限责任公司
10	金塔县金举棉业有限公司
11	敦煌富民棉业有限责任公司
12	瓜州银地棉业有限公司
13	瓜州县张氏农业综合开发有限责任公司
14	瓜州县金兴棉业有限责任公司
15	金塔县晟盛棉业有限公司

续表

序号	棉花加工企业名称	序号	棉花加工企业名称
16	瓜州县蜀陇棉业有限责任公司	4	江苏华星轧花油脂有限公司
17	瓜州县常捷棉业有限责任公司	5	东台市唐洋棉业有限公司
安徽**15**家		6	大丰市银利棉业有限公司
1	东至县金湖工贸有限责任公司	7	射阳德翔棉纺有限公司
2	安徽白云棉业股份有限公司	8	大丰市同心棉业有限公司
3	安徽陵江棉业有限公司	9	大丰市华达棉业有限公司
4	宿松县松厦棉花有限公司	10	江苏银都棉麻股份有限公司
5	安徽省金松棉业有限责任公司	天津**19**家	
6	宿松县皖农棉业有限责任公司	1	天津市凯丰棉业有限公司
7	安庆市清怡良种轧花有限责任公司	2	天津市嘉华棉业有限公司
8	安庆市皖苏棉业有限公司	3	天津市宁河县余鑫棉业有限公司
9	巢湖市昌联棉业有限公司	4	天津市宁河县春意棉业有限公司
10	安徽桐城振兴棉业有限公司	5	天津市宁河县福东棉业有限公司
11	安徽省无为县星源棉业有限公司	6	天津市宁河县凤顺棉业有限公司
12	无为县华龙棉业有限公司	7	天津市宁河县恒利棉业有限公司
13	安徽省万友棉业有限公司	8	天津市宁河县伟业棉业有限公司
14	安徽省无为县鑫洁棉业有限公司	9	天津市宁河县聚源达棉业有限公司
15	宣城市众益棉业有限公司	10	天津市宁河县鑫旺棉业有限公司
湖南**10**家		11	天津市双益棉业有限公司
1	湖南兆生棉业有限公司	12	天津市兴丰棉业有限公司
2	安乡县亿棉棉业有限公司	13	天津旺盛达棉业有限公司
3	安乡县长盛棉业有限责任公司	14	天津市宁河县海发棉花加工有限公司
4	津市市兴发棉业有限公司	15	天津市宁河县江和棉业有限公司
5	安乡云锦棉业有限公司	16	天津市宁河县鹏飞棉花加工有限公司
6	安乡县富康工贸有限公司	17	天津市宁河县永兴棉业有限公司
7	澧县继弘棉业有限责任公司	18	天津市宁河县大田棉业有限公司
8	安乡县兴农棉业有限责任公司	19	天津市银兴棉业有限公司
9	南县常冠纺织原料有限公司	浙江**1**家	
10	华容县惠农棉业有限责任公司	1	杭州临安银花贸易有限公司
江苏**10**家		山西**3**家	
1	启东市通兴棉业有限公司	1	山西恒晟纺织印染有限公司
2	南通万盛棉业有限公司	2	运城市盐湖区天久棉业有限公司
3	海安县浦港棉业有限公司	3	永济市恒晟棉花加工有限公司

图书在版编目（CIP）数据

中国棉花年鉴. 2015/2016 / 中储棉花信息中心编
. -- 北京 : 中译出版社, 2017.12
ISBN 978-7-5001-5502-7

Ⅰ. ①中… Ⅱ. ①中… Ⅲ. ①棉花—作物经济—中国
—2015-2016—年鉴 Ⅳ. ①F326.12-54

中国版本图书馆CIP数据核字(2017)第331120号

出版发行 / 中译出版社
地　　址 / 北京市西城区车公庄大街甲 4 号物华大厦 6 层
电　　话 / (010) 68359376　68359827（发行部）　68359719（编辑部）
邮　　编 / 100044
传　　真 / (010) 68357870
电子邮箱 / book@ctph.com.cn
网　　址 / http://www.ctph.com.cn

责任编辑 / 王博佳
封面设计 / 胡小慧

排　　版 / 北京竹页文化传媒有限公司
印　　刷 / 北京玺诚印务有限公司
经　　销 / 新华书店

规　　格 / 880 毫米 ×1230 毫米　1/16
印　　张 / 18.75
版　　次 / 2017 年 12 月第一版
印　　次 / 2017 年 12 月第一次

ISBN 978-7-5001-5502-7　**定价：480.00 元**